高职高专经济管理类"十二五"规划系列教材

管理学基础

GUANLIXUE JICHU

主　编　曹秀娟

副主编　王景胜　刘卫东

中国金融出版社

责任编辑：张　超　单翠霞
责任校对：张志文
责任印制：陈晓川

图书在版编目（CIP）数据

管理学基础（Guanlixue Jichu）/曹秀娟主编 . —北京：中国金融出版社，2012.8
高职高专经济管理类"十二五"规划系列教材
ISBN 978 – 7 – 5049 – 6447 – 2

Ⅰ . ①管…　Ⅱ . ①曹…　Ⅲ . ①管理学—高等职业教育—教材　Ⅳ . ①C93

中国版本图书馆 CIP 数据核字（2012）第 130312 号

出版
发行　中国金融出版社

社址　北京市丰台区益泽路 2 号
市场开发部　（010）63266347，63805472，63439533（传真）
网上书店　http://www.chinafph.com
　　　　　　（010）63286832，63365686（传真）
读者服务部　（010）66070833，62568380
邮编　100071
经销　新华书店
印刷　利兴印刷有限公司
尺寸　185 毫米 ×260 毫米
印张　20.75
字数　458 千
版次　2012 年 8 月第 1 版
印次　2012 年 8 月第 1 次印刷
定价　39.00 元
ISBN 978 – 7 – 5049 – 6447 – 2/F. 6007
如出现印装错误本社负责调换　联系电话（010）63263947
编辑部邮箱：jiaocaibu@ yahoo. com. cn

前　　言

随着世界经济的发展，人们越来越深刻地认识到经济发展需要的管理人才是多元化、多层次的——既需要大批优秀的理论型、研究型人才，更需要大批应用型人才。而应用型人才，必须掌握能灵活运用管理基本知识、规律、方法的技能。"管理学基础"是一门系统研究运用管理基本知识、规律、方法的技能的课程；是一门研究所有工程类、经济类专业的高素质管理人才应必备的管理能力、技巧、方法等知识的课程；是一门能满足培养各类专业管理应用型人才的重要专业基础课程。实用性、时代性、实践性、可操作性和通用性是管理实务的基本特性。"管理学基础"在管理专业课程体系中起着统领整体，核心基础的作用，是管理专业的核心专业课。

本书使用面广，既可作为高职高专院校管理专业管理课程教学教材，也可作为各类专业管理课程教材及管理学基础能力专项培训教材，还适合作为管理工作者及对管理学有兴趣的社会人士的学习参考书。

本书围绕应用讲理论，坚持理论联系实际、学以致用的原则，充分反映岗位的要求，体现了以就业为导向的培养目标，具有明确的职业性、实践性。本书内容上基本涵盖了各种具体管理业务内容和处理程序，包含了从事管理实践活动应具备的管理基本知识和操作技能，是管理岗位群必备的基本理论素质和专业业务素质的基本要求，是从事管理工作的先决条件。通过本书的学习，能够对管理工作的不同业务内容和程序有一个轮廓性的了解，能够对各种管理手段和方法有概括性认识和把握。

本书力求体现务实性，淡化理论，偏重于从事管理工作实际能力的培养，突出实践技能，采用管理职能模块体例，体现了管理学基础能力培训的"菜单式"服务；系统、务实、灵活地运用管理启迪展示当今世界管理实践活动的新成就，以便达到学以致用的目的。

本书注重管理学基础内容的科学性、创新性、可操作性，既解释了管理理论的成因和发展，介绍了当今世界管理理论的最新思潮，又密切联系现代管理实践。全书以管理职能为主线，对管理与管理学的基本原理，管理理论的形成与发展，管理计划职能，决策职能，组织职能，人力资源管理职能，领导职能，质量管理、营销管理等进行了全面的阐述。

本书以突出实用性为宗旨，努力做到从内容到形式都有所突破。为了便于读者消化理解教材相关内容，本教材设有小看板，既开阔了视野、增长知识，又增加了趣味性、可读性。本书十分关注管理实践现实状况，对管理中普遍存在的典型问题进行了深入、务实的分析研究，充满实战气氛，叙述生动鲜活，保持了与时代发展的高度同步。

本书更加突出实践环节。为培养读者的应用技能、增加实践经验，以便达到学以致用，根据各章内容，在本章自测题中设有实训题、案例分析题。

本书由大连海洋大学职业技术学院曹秀娟任主编，青海大学职业技术学院王景胜、大连海洋大学职业技术学院刘卫东任副主编。曹秀娟编写第一章、第二章、第三章、第六章，王景胜编写第四章、第八章、第九章、第十章，刘卫东编写第五章、第七章、第十一章。全书由曹秀娟总纂定稿。

本书在编写过程中，借鉴、参考和引用许多国内外作者的观点和有关资料，主要参考文献已列于书后，或在文下注明，在此谨向各位作者表示衷心的感谢。同时感谢中国金融出版社全体编辑对本书的关心、支持和帮助。

由于编者水平有限，加之时间仓促，难免会有缺点甚至错误，恳请广大读者及同行专家批评指正，以便我们改进。

曹秀娟

2012 年 9 月 29 日

目　　录

第一章

管理与管理学

GUANLI YU GUANLIXUE

【学习目标】

通过本章的学习，掌握管理的含义、性质；理解管理的重要性与职能；学会识别管理者所扮演的角色，掌握管理者应具备的技能和管理方法；明确管理的重要性；了解管理学的特点、研究方法。

【引例】

管理无处不在

现实生活中，每一天都会有与管理相关的活动或事情在我们身边发生。美国 IBM 公司创始人托马斯·J. 沃森（Tomas J. Walson）曾经用一个故事生动地说明了管理在社会生活中的作用。一个男孩子在试穿一条长裤时，发现裤子长了一些。于是他请奶奶帮忙将裤子剪短一点。可奶奶说，她现在太忙，让他去找妈妈。而妈妈则回答他，今天她已经同别人约好去打桥牌。男孩子又去找姐姐，但是姐姐有约会。时间已经很晚了，这个男孩非常失望，担心明天不能穿这条裤子了去上学，他怀着这样的心情去睡觉了。奶奶忙完家务事，想起了孙子的裤子，就拿剪刀将裤子剪短了一些；姐姐约会回来心疼弟弟，也把裤子剪短了一点；妈妈打完桥牌回来后又把裤子剪去一截。第二天早晨，全家就将发现一种没有管理的行动带来了什么样的后果。这是一个日常生活中因缺乏管理而导致的一个行动虽有良好愿望却带来了破坏性后果的事例。

可以说，大到一个国家，小到一个家庭，管理时刻存在于我们的社会生活中。管理是神奇的。学习管理，会让你懂得很多道理。

第一节　管理的概述

一、管理的含义

自从有了人类的集体活动，就出现了管理活动，管理存在于人们生产、生活的各个方面，并已演化成为一项专门的社会职能，并且其本身的重要性、复杂性也日益加深，那么，什么是管理？其含义、构成、特征是什么？下面就这些问题予以说明。

（一）从管理的产生看管理

管理活动起源于人类的协作劳动，自古有之。人类为了战胜大自然、需要共同劳动、共同合作，实现共同目标，就需要协调群体中成员间的行动，因而，就产生了管理活动。管理产生于人类的共同劳动，单独的个体劳动无须管理。马克思说："一切规模较大的直接社会劳动或共同劳动，都或多或少地需要指挥，以协调个人的活动……一个单独的提琴手是自己指挥自己，一个乐队就需要一个乐队指挥。"所以，管理是协作劳动的必然产物，管理的本质就是协调。

（二）从词义本身来看管理

"管"——古代的钥匙呈管状，钥匙称"管"，持钥匙者谓"主管"、"掌管者"，现指负有主要责任或拥有财产、权力的人。

"理"——本意是顺着玉的纹理剖分它，即将玉从石头中分割出来。现指将原本无序的控制为规整、有序。

在英语中，Manage，Control，Administer 是从意大利语 Maneggiare 和法语的 Maneggiare 和法语的 Manage 演变而来，原意是"训练和驾驭马匹"，引申为指挥、控制。

所以，从中西方语言中管理一词的词义本身看，管理即掌握财产、权力或责任者，将原本无序的控制为规整、有序。广义的管理包括对任何事物的管理；狭义的管理，指对组织的管理。

（三）从管理的定义看管理

在现代社会，人们对管理的作用已无所怀疑。但什么是"管理"，对管理的定义却因研究的角度、重点、内容的差异，而有不同的理解。关于管理的定义，尽管尚未取得公认和统一的观点，但大致有以下两种有代表性的阐释：

1. 将管理解释为一种活动、工作程序、办事方法，认为管理是门科学。"科学管理之父"泰罗认为，管理就是"确切知道要别人干什么，并注意用最好、最经济的方法去干"。

法国古典管理学家亨利·法约尔认为："管理是所有的人类组织（不论是家庭、企业或是政府）都有的一种活动。""管理就是计划、组织、指挥、协调、控制。"

斯蒂芬·P. 罗宾斯认为"管理就是指同别人一起或通过别人使活动完成得更有效的过程"。而马丁·J. 坎农则认为："管理是一种为取得、分配并使用人力和自然资源以实现某种目标而行使某些职能的活动。"

诺贝尔经济学奖获得者，美国前财政部部长，中国科学院外籍院士，赫伯特·亚历山大·西蒙教授认为："管理就是决策"，"决策是一个过程"。

这些阐释强调了管理作为一种活动的普遍规律，强调理论的指导作用。

2. 将管理视为处理人与事的艺术。管理的对象是以"人"和"事"为中心，而人的思想、行为以及心理情绪，差异万千，几乎让人不可捉摸。而各种事物的形态种类及变化，以及各种事物千丝万缕的关系和无数的排列组合，令人不可能观察一切，明白一切。所以管理难以运用固定不变的法则来应付千变万化的环境，不存在普遍适应的最好的管理模式。

彼得·德鲁克认为："管理是有关人类的。它的任务是使人们在一起工作，并且使他们的弱点互不相干。"

巴纳德（C. I. Barnard）认为："管理是一种行为的知识，即运用实际技巧的艺术。"

美国系统管理学派的主要代表人物弗里蒙特 E. 卡斯特认为："管理是一个社会过程，组织是一个社会系统。通过它，大量互无关系的资源得以结合成为一个实现预定目标的总体。"

美国著名管理学家哈罗德·孔茨认为："管理就是设计和保持一种良好的环境，使人们在群体里高效地完成既定目标。"

中国古人的智慧名言，无不是持这种观点，《孙子兵法·地形篇》中说："视卒如婴儿，故可与之赴深溪；视卒如爱子，故可与之俱死。"北宋梅尧臣则讲："扶而育之，则亲而不离，爱而勖之，则信而不疑，故虽死与死，虽危与危。"

管理的重点在于建立分工合作的融洽的人际关系，激发组织成员的工作热情。这种阐释强调了管理活动在具体情景中的特殊性、创造性。

（四）管理的含义

综合以上分析，我们认为，管理就是在一定的环境中，由拥有权力或负有责任者，为协调以人为中心的组织资源，通过计划、组织、指挥、协调、控制等职能，以实现既定的组织目标的活动过程。管理既是一门科学，也是一门艺术。对管理一词作最通俗最简单的解释就是管理能促使人们把事做好。

二、管理要素

从管理的含义可以看出，完整的管理包括以下要素。

（一）管理的目标

管理的目标是管理的首要要素。管理是为实现组织目标的有目的、有意识的行为过程。世界上既不存在无目标的管理，也不存在无管理的目标。管理的目的就是以最少的投入获得更多的产出。评判管理工作绩效的尺度不是看管理者一天工作了几个小时，付出多少辛苦，而是看组织管理达到了什么样的目标。管理目标是管理的出发点和归宿点，其确定要依据外部环境和内部条件。

（二）管理的主体

管理者是管理的主体。管理的主体就是指一个组织中拥有权力或负有责任、行使管理职能的人，表现为单个管理者或管理者群体。管理者是管理的关键、核心要素。管理者的素质、能力决定一个组织的管理成败。

（三）管理的对象

管理的对象也称管理的客体。管理的对象是指能够被管理主体影响和控制的组织及组织拥有的各种资源。管理总是对一个组织实施的，所以，管理对象首先可以理解为不同功能、不同类型的社会组织。而任何社会组织为发挥其功能，实现其目标，必须拥有一定的资源，企业拥有的资源包括人力资源、物力资源、财力资源、信息资源、技术资源等，其中人力资源是最为关键的资源。管理的任务就是对这些资源或要素进行合理的配置、使用，管理的有效性集中体现在组织资源的投入、产出的比较上。

（四）管理的职能

管理工作的过程是由一系列相互关联、连续进行的活动所构成的。这些活动包括计划、组织、指挥、协调、控制、创新、激励等，它们成为管理的基本职能。

（五）管理的本质

管理的本质是协调。单独个人活动不需要管理，当出现分工协作时，就需要协调，由此产生了管理。管理就是使组织各环节、各部门间相协调，使管理目标与组织及资源、环境相协调、相统一。

（六）管理的真谛

管理的真谛是"简单"。优秀的管理就是以最少的监督、最少的决策拖延去管理。把事情变复杂很简单，把事情变简单很复杂。事情总在朝着复杂的方向发展，复杂会造成浪费。科学的管理不应把事情人为地复杂化；要把握事情的实质、主流，解决最根本的问题。管理就是把复杂的问题简单化，把混乱的问题规范化，剔除干扰，抓住主要矛盾，解决最根本的问题，以保持正确的方向。懂得简单行事的管理者才是最出色的管理者。

（七）环境

管理工作是在一定的变动的环境条件下开展的。环境既提供了机会，也构成了威胁。管理的方法和策略要因环境条件的不同而随机应变、因势利导。

三、管理的特征

（一）科学性

管理的科学性是指管理是有规律可循的，是可以通过学习和传授而得到的。管理作为一项活动过程，有着自身运动发展的客观规律，人们从管理实践中，总结、归纳、验证的反映管理活动客观规律的理论、原则是科学的，应在管理实践中严格遵循，管理像其他学科一样，其理论知识是可以传承的，20世纪以来，西方发达国家兴办各类管理学校，培养出了大批管理人才，这些人才在管理实践中运用所学知识取得了举世公认的成绩，成为促进社会进步的重要力量。

（二）艺术性

管理的艺术性是指管理在运用时具有很强的实践性、技巧性、创造性和灵活性。要成为一个合格的管理者，必须要经过管理实践的长期锻炼。哈佛大学注重案例教学，表明了哈佛对管理真谛的一种认识。管理者在具体情景下进行管理时，必须既要考虑具体情景的特点，又要考虑执行者的个性。正所谓"水因地而制流，兵因敌而胜，故兵无常势，水无常形"。因此，管理无定式，不存在一个普遍适用的最好的管理模式。管理是科学性与艺术性的有机统一。管理的艺术可以上升为科学理论，同时，管理艺术也需要科学理论指导。

（三）动态性

管理的动态性特征是指管理工作是在一定的变动的环境条件下开展的，管理应随组织所处的客观环境与自身条件的不同，以变应变，采用不同的管理手段和方法。管理要适应外部环境的变化，并能充分利用外部环境提供的各种机会。"审时度势将国家的政策转化为企业的行为"是当代中国成功的企业家的共同经验。

（四）经济性

经济性是指管理的目的是以最少的投入获得更多的产出。判断管理的成败不是看其理论上如何完美、无懈可击，而是看其是否实现了管理的目标，是否符合经济性。管理的过程就是对资源有效整合的过程。

管理的经济性首先反映在资源配置的机会成本上，管理者选择一种资源配置方式是以放弃另一种或几种资源配置方式为代价的，这里有一个筹划选择的过程。其次反映在管理方式、方法选择上也有一个成本比较，因为在众多进行资源配置的方式方法中，不同方法的成本是不一样的，所以如何选择也就有经济性的问题。管理者应采用"奥卡姆剃刀"，即"如无必要，勿增实体"（Entities should not be multiplied unnecessarily），使管理高效、低成本。

管理的上述特性是相互关联、相互补充的，是管理不同方面的反映。

四、管理的职能

所谓管理职能是人们对管理工作应有的一般过程和基本内容所作的理论概括。管理是一种实际工作、是人类的一种行为，人们发现在不同的管理者的管理工作、管理行为中，管理者往往采用具有某些类似程序和某些共性的内容，比如计划、组织、控制等。研究者对这些管理行为加以系统性归纳，并根据管理过程的内在逻辑，划分为几个相对独立的部分，逐渐形成了"管理职能"这一被普遍认同的概念。法约尔认为管理具有以下五项职能。

（一）计划

计划（Prevoyance）就是预见未来和制订行动方案。具体包括分析外部环境和内部条件、研究判断未来的发展趋势，明确组织的使命、目标，制定战略决策、行动方案、作业计划与各种规章制度等。任何管理活动都是首先从计划开始的，因此，计划是管理的首要职能。正确发挥计划职能的作用，有利于组织活动适应市场需要和环境变化；有利于管理者正确地把握未来，对付外部环境带来的不确定性；有利于对有限的资源进行合理的分配和使用，以取得较高的效益。

（二）组织

组织（To Organize）就是将一个组织的人财物各要素组合成一个能协同作战的机器。

具体包括设置机构、确定各职能机构的作用、分工和职责、规定上下级之间的权力和责任等。再好的计划方案也只有落实到行动中才有意义。要把计划落实到行动中，就必须要有组织工作。具体地说，组织就是管理者根据计划对组织活动中各种要素和人们的相互关系进行合理的安排，组织工作包括分工、构建部门、确定层次等级和协调等活动，其任务是构建一种工作关系网络，使组织成员在这样的网络下更有效地开展工作。组织工作是计划工作的延伸，其目的是把组织的各类要素、各个部门和各个环节，从劳动的分工和协作上，从时间和空间的连接上，从相互关系上，都合理地组织起来，使劳动者之间和劳动工具、劳动对象之间，在一定的环境下，形成最佳的结合，不断提高组织活动的效率和效益。

（三）指挥

指挥（To Command）是管理者使组织按照统一的步调运行，确保员工的活动符合目标要求的各种命令。指挥的最终目的是通过组织运转而实现组织整体的目标。当社会组织建立以后，就要让指挥发挥作用。通过指挥使本单位的所有人作出最大的贡献，实现本企业的利益。

（四）协调

协调（To Coordinate）就是使组织的所有活动和要素相互统一与和谐，这就像机器的运转不能缺少润滑油一样。具体包括使组织各环节、各部门间相协调；使管理目标与组织及资源、环境相协调、相统一，将相对分散的行动与努力加以联系并使之相配合，促其趋于一致，结合为一个整体。管理的本质就是协调。也有这样定义管理的："管理就是一个人或更多的人来协调他人的活动，以便收到单独个人所不能收到的效果而进行的各种活动。"成功的管理是将整体能力放大，大于单独个体的代数和，而不是"三个和尚没水喝"。

（五）控制

控制（To Control）就是核实情况的发展是否与计划、规章相符合，以便及时发现，及时采取措施。具体包括将实际情况与目标、计划、标准相比较，衡量实际工作绩效，分析出现的偏差，并采取相应行动纠正偏差，以求目标的实现。控制的方法有很多种，有事前控制、事中控制、事后控制等。企业中控制人员应该具有持久的专业精神，敏锐的观察力，能够观察到工作中的错误，及时地加以修正。控制工作包括衡量组织成员的工作绩效，发现偏差，采取矫正措施，进而保证实际工作符合计划要求。

（六）创新

创是始的意思，创新（Innovation）是指对组织的整体或其中的某些部分进行变革，从而使其得以更新与发展的活动。随着科学技术的飞速发展，市场需求瞬息万变，社会关系日益复杂，管理者每天都会遇到新情况、新问题。如果墨守成规、没有创新，就无法应付新形势的挑战，从而无法完成所肩负的管理任务。所以，创新是社会发展的源泉，人类社会就在不断的创新中获得了进步、发展和完善。

【小看板 1 – 1】

柯达失败：时代的错？

拥有 132 年历史的老牌影像器材生产商柯达，曾一度是全球最大胶卷生产商，创造了"胶卷时代"的巅峰——全球超过 14.5 万名员工，占据全球 2/3 的市场份额，地位相当于今天的苹果或谷歌。然而，在 2012 年 1 月 19 日，柯达向纽约曼哈顿的一家法院提交了破产保护申请。翻开历史的相册，这位"黄色巨人"在为世人保留下精彩瞬间的同时，自身也仿佛成为一个永恒的经典。

"你按快门，剩下的交给我们！"这则闻名世界的广告语，是柯达公司创始人乔治·伊士曼在一个多世纪前提出的著名口号。1880 年，当时还是银行职员的乔治·伊士曼利用自己发明的专利技术——批量生产摄影干版成立了伊士曼干版公司，这就是柯达公司的前身。1886 年，伊士曼又研制出卷式感光胶卷，即"伊士曼胶卷"，结束了笨重易碎的玻璃片作照相底片的历史。当时的照相设备极为复杂，包括一个黑色的大帐篷、一个水箱、一个装着厚厚玻璃感光板的容器等，而更为复杂的则是操作，如果没有接受专门的培训，一般人根本无法驾驭这个庞大的家伙。在伊士曼的努力下，一款小型、轻便、人人都会用的照相机诞生了，伊士曼为它取名"柯达"。

1975 年又一个具有里程碑意义的事件降临柯达。柯达的工程师斯蒂夫·萨森在实验室中制造出第一台数码相机。不过，公司管理层对于这个新鲜玩意儿似乎并不感兴趣。在传统影像没落和数码影像崛起的转换期，柯达未能及时把握转型的机会。2003 年，柯达胶片利润下滑了 70%。直到此时，柯达才意识到数码技术已经是大势所趋，但此时，已为时晚矣。

相比在数字化道路上患得患失、举棋不定的柯达，老对手日本富士公司在数码相机这条路上走得更坚决。自从 1999 年研发出 Super CCD 技术后，富士就一直在大力发展自己的数码业务，并成为全球少数几家完整掌握数码相机技术的厂商之一。2002 年，柯达产品数字化比例只有 25%，而富士已经达到 60%。随着数字技术逐渐取代了昔日的胶片和显影液，柯达这家百年老店终于走到近乎关门大吉的地步。

而最具讽刺意味的是，这个曾经的数码技术先驱，最后却倒在了数码应用兴起的时代。柯达的失败充分证明：在自主创新是企业生命的时代，任何抱残守缺、故步自封，甚至随波逐流的做法，都将被这个时代所淘汰和遗忘。

资料来源：东方财经网。

管理职能总是与组织环境、管理主体、管理客体相联系的。有什么样的组织要素，就应有什么样的管理职能。以上职能只是描述了管理活动的一般过程，对于具体领域中具体的管理活动并不一定完全与该描述相一致，在管理中实施的职能可能多一项，也可能少一项，尤其是对特殊性质的管理问题而言，更是如此。许多管理学者对管理职能有不同的阐述，出现了不同的学派，但从总体上说，只是繁简不同，并没有实质上的差异。

管理的职能划分，并不意味着这些管理职能是互不相关、截然不同的。划分管理职能的意义在于：划分管理的职能明晰管理活动的整个过程，有助于实际的管理工作以及管理教学工作；有助于管理者在实践中实现管理活动的专业化，提高管理工作效率；有助于管理者运用职能观点去建立或改革组织机构，根据管理职能规定出组织内部的职责和权力以及它们的内部结构，从而也就可以确定管理人员的人数、素质、学历、知识结构等。

五、为什么要学习管理

（一）管理是人类社会最基本、最重要的活动之一

人类社会活动需要管理，古来有之。人类自远古时代、群居群猎时起，就知道"合群"可以抵御危险、征服自然。显然，其"合群"的目的就是为了集结个人的力量，发挥集体的更大作用。要实现这一目的，在人类这种群体的"组织"中，就存在着合作、协作或协调的问题，这就是管理。管理活动作为人类最重要的一项活动，广泛地存在于个人、家庭、组织、国家乃至国际上，在政治、经济、军事、科技、教育的每一个领域，社会生活的各个领域无不需要管理、无不存在管理。可以说，管理是人类生活中最常见、最需要、最普遍和最重要的活动之一。管理活动贯穿于整个人类历史过程以及社会生活的各个方面，并且随着社会的发展、经济的繁荣，使得管理活动愈来愈必需和普遍。现代社会的发展离不开管理。学习管理是人类共同劳动和生活的需要。

（二）管理是促进社会进步和经济发展的重要方面

日美两个发达国家自称其成功经验是"三分技术，七分管理"。第二次世界大战后，一些英美专家小组去美国学习工业方面的经验。他们很快就发现，英国在工艺和技术方面并不比美国落后很多，然而，英国的生产率水平同美国相比为什么如此悬殊呢？进一步的调查发现，英国工业在生产率水平方面比较低的主要原因在于英国的组织管理水平远远落后于美国。而美国经济发展速度比英国快，其主要原因就是依靠较高的管理水平。研究结果表明，在破产企业中，几乎有90%是由于管理不善所致。

技术和管理是推动社会进步、经济发展不可缺一的两个方面。有人将技术和管理比做是汽车的两轮、飞机的两翼，应并驾齐驱，忽略任何一个，经济都不可能快速发展。并且，管理与技术相比较而言，管理是"软件"，管理水平的提高、手段和方法的更新，不需要太大的投入，而先进的技术意味着更多的投入，每一次技术进步、设备更新，都是以更大的投入为代价。单独提高技术，反而会使效益更低，是造成我们不少企业"一流的技术、二流的管理，三流的效益"的原因所在。因此，在提高技术的同时，要更加重视管理水平的提高，这对促进我国的社会进步和经济发展有更大的现实意义。

【小看板 1 – 2】

张瑞敏：管理，中国企业更大的短板

"一只木桶盛水的多少，并不取决于桶壁上最高的那块木块，而恰恰取决于桶壁上最短的那块。"这就是短板理论。技术和管理是企业发展的两大推动力，管理是中国企业"最短的那块木板"。

海尔 CEO 张瑞敏说："如何在速度中做到准确度？在追求效率的同时，做到有效能？如果企业内部的管理不能够真正地做到有竞争力的话，中国的经济其实还真会像吴敬琏所说的：宏观经济走强，微观企业走弱。也正如日本报纸说的：中国整体经济是繁荣昌盛，但中国企业的竞争力却在下降。这其实蛮可怕的。既然整体非常好，个体又不好，那是谁来支撑呢？当然是由外资企业来支撑，这是非常危险的。现在国家大力倡导技术创新，却很少强调管理创新。我觉得：管理可能是中国企业更大的短板。而且因为管理不到位，技术的创新也很难真正做到有竞争力。"

资料来源：http：//www.jrj.com，《海尔：我们正在进入高原期》（有改动）。

（三）发展市场经济要求我们应掌握先进的管理方法和手段

市场经济讲究经济性，旨在提高效益、效率，即要求以更少的投入获得更多的产出，而科学管理的目的就是追求以更少的投入获得更多的产出。所以，作为未来将在社会的各种组织中工作的在校学生，也应学会和掌握先进的管理方法和手段，在将来的工作中讲究更大的经济效益和工作效率；作为企业的技术人员或管理人员必须学会和掌握先进的管理方法和手段，使各项技术活动不仅技术先进，更要经济合理，真正将科学技术转化为生产力，从而，提高整个社会的经济效益和社会效益。有人呼吁，在 21 世纪应开展新的"扫盲"，"扫管理盲"活动，如果每一位社会成员都懂管理、会经营，那么我们所有的工作的效率和效益都将得到提高。

（四）学习管理关系到每一个人的切身利益

不仅仅是企业，小到个人、家庭，大到学校、军队、政府机构，管理无处不在，是人类的生存和发展得以保障、社会不断发展进步的巨大推动力。比如，对于大学生来说，为了生活不得不工作，那么几乎总是作为某个组织或群体的一员，于是或者是管理者，或者是为管理者工作。所以，学习和掌握一些管理学的基本原理和方法，是非常必要的。将有利于个人职业生涯的发展，也有利于社会的发展。实际上每个人，一生都在自觉或不自觉的从事管理。从某种意义上讲，学习研究管理是人的天职。

第二节 管理者概述

管理者是管理的主体，是管理的组织者、实施者。在组织中，管理者决定着组织的

发展战略，是目标的确认者；负责制订各类计划，是行动的指挥者；掌握着组织人财物各类资源的配置权，是资源的分配者。管理者的素质与技能直接决定着一个组织的运行和发展，决定着组织的生死存亡。因此，对管理者的研究具有重要意义。

一、管理者的定义

管理者是管理的主体，是管理的关键、核心要素。管理者就是指一个组织中担任某一职务，具有相应权利和责任，通过协调、指挥他人的活动以达到实现组织目标的人。表现为单个管理者或管理者群体。

管理者不同于操作者。操作者是指组织中直接从事具体实施和作业工作的人。例如，汽车装配线上的装配工人、餐厅中制作菜肴和食品的厨师、商店卖场的售货员、医院里的医生、学校里的教师等，这些人处于组织中的最基层，被称为作业层、操作层，不具有监督指挥他人工作的职责。

而管理者是告诉别人该做什么以及怎样去做的人，例如，在学校里有校长、系主任以及其他各类管理人员，在工作场所有主管人员、车间主任等。这些人都在为了实现组织的目标，对人或事进行管理，虽然这些人有时也要完成一些具体工作，但是他们的主要职责是制定整个组织或分支机构的目标，并创造出一种能引导其他人参与工作的良好环境，有效率地实现组织目标。

但是，当今组织以及工作性质的变化正在模糊管理者和操作者之间的界限，许多看似操作的职位现在都包括了管理性的活动，如学校里的教师、监理单位的监理员，除了直接从事具体的操作任务外，偶尔也从事一些管理性的活动。许多管理者除了担任一定的管理工作外，也会从事一些作业活动，如企业的基层管理者在担任管理工作外，还要完成本人必须完成的既定的操作任务，医院的院长也可定期坐诊、做手术，校长也可以不定期地承担一些教学任务。但是，作为高层管理者如果不能很好地处理操作任务和管理任务两者的关系，经常事必躬亲地去做具体工作，必然会忽视自己的本职工作——管理，这会影响到管理者作用的发挥，降低组织的运行效率。

二、管理者的分类

一个组织中，从事管理活动的人很多，可以依据不同的标志对管理者进行分类。

（一）按管理者在组织中所处的层次划分

按管理者在组织中的级别、职位和职能头衔不同，可分为高层管理者、中层管理者和基层管理者三个层次。通常，在组织中大量的管理人员是处于组织的基层，其次是处于中层，处于高层的管理者比例最少，用图表示，呈金字塔形，如图 1-1 所示。

1. 高层管理者。高层管理者也称战略管理者，是指对整个组织的管理负有全面责任的人。他们的主要职责是制定涉及企业命运和前途的、重大的、长远问题的决策，确定组织的长期总目标、总战略，规划组织未来发展方向，确定组织的大政方针，并监督解释外部环境状况、评价整个组织的绩效等。高层管理者制定组织的目标、决定组织的方向，关注的是效果、方向，即"做正确的事"。在西方，企业中的高层管理者是指 CEO（行政首长，又称首席执行官）、COO（运营首长，又称首席运营官）、CFO（财务首长，

图 1 – 1　管理者层次分类图

又称首席财务官）等。再比如医院的院长，学校的校长，公司的总裁、董事、总经理等，也属于高层管理者。其下属是中层管理者。

2. 中层管理者。中层管理者也称战术管理者，是指处于高层管理人员和基层管理人员之间的一个或若干个中间层次的管理人员。他们的主要职责是，贯彻执行高层管理人员所制定的重大决策，监督和协调基层管理人员的工作，制定关于具体经营管理业务问题的决策及本部门的中期规划、年度计划。如部门总监、地区经理、部门部长。其下属是基层管理者。中层管理者制定组织实现目标的具体策略，决定组织实现目标的速度，关注的是效率、方法，即"正确地做事"。

3. 基层管理者。基层管理者又称一线管理者，具体是指工厂里的班组长、小组长等。他们的主要职责是传达上级计划、指示，直接分配每一个成员的生产任务或工作任务，随时协调下属的活动，控制工作进度，解答下属提出的问题，反映下属的要求，制订短期工作计划。他们工作的好坏直接关系到组织计划能否落实，目标能否实现，所以，基层管理者在组织中有着十分重要的作用。对基层管理者的技术操作能力要求较高，但并不要求其拥有统筹全局的能力。如部门主管、班组长、办公室主任。其下属是操作员。

根据级别、职位、职能、职责和任务的不同，企业管理者可分成的三个层次，如表 1 –1 所示。

表 1 –1　　常见的企业管理者层次表

组织级别	职位	职能头衔	职责、任务
高层管理者（下属是管理者）	执行官	总裁 生产副总裁 销售副总裁 人力资源副总裁 首席财务官	对整个组织的管理负责 制定组织的总目标、总战略 把握企业未来的发展方向，如"在未来 5 年内企业成功升级、转型"

续表

组织级别	职位	职能头衔	职责、任务
中层管理者 （下属是管理者）	经理或总监	生产总监 销售总监	贯彻执行高层管理人员所制定的重大决策
		人力资源部总监	监督和协调基层管理人员的工作
		财务部总监	具体规划某一方面的工作进行，如"年度人员招聘、新产品开发、销售规划"
基层管理者 （下属是操作层）	主管	生产监督员	传达上级计划、指示
		地区销售经理	随时给下属作业人员分派具体工作任务
		人力资源助理经理	直接指挥和监督现场作业活动
		主会计师	

（二）按管理者在组织中的工作任务的领域划分

管理总是伴随组织的其他活动进行的，管理者管理的范围和工作任务会因管理要求的不同而不同，按管理者在组织中的工作任务的领域划分，管理者可以分为综合管理者和专业管理者两大类。

1. 综合管理者。是指负责管理整个组织或组织中某个事业部全部活动的管理者。对于一个小型组织来说，企业的总经理就是综合管理者，他要统管该组织生产、经营、人事、财务等主要业务活动。但对于按事业部设立的大型企业组织而言，组织的权力层层下授，高层管理者无法统管组织的各个层面和环节。此时，该组织的综合管理者的范围就大大拓宽，也包括组织中各分公司经理或事业部经理等。如厂长、经理、校长、省长等均属于综合管理者。

2. 专业管理者。也称为职能管理者。指负责组织中某一部门管理职能的管理者。根据企业管理者专业领域性质的不同，可以具体划分为研发部门管理者、生产部门管理者、营销管理部门管理者、财务部门管理者、人事（人力资源）部门管理者等。除企业的部门管理者外，教务处处长、农业部部长等均属于专业管理者。

三、管理者的角色

所谓管理角色是指特定的管理行为类型。20 世纪 50 年代至 60 年代，一些研究者从领导者行为和管理者实践活动的角度来探讨"管理者干什么"的问题，加拿大学者亨利·明茨伯格（Herry Mjntzberg）通过对总经理的工作研究发现，管理者们所从事的都是大量变动短期工作，通常要担当三大类 10 种内容不同的但却高度相关的角色。

（一）人际关系方面的角色

人际关系方面的角色是指管理者在人际关系建立和维护方面担任的角色。管理者要与各界打交道，故需建立各种人际关系。人际关系方面的角色包含三个具体角色，即挂名首脑、领导者和联络者。

1. 挂名首脑角色。挂名首脑（Ngurehead）角色又称象征性首脑角色，指所有的管理者是组织的象征，必须从事本部门或组织中礼仪性或象征性的活动，必须履行许多法律性或社会性的例行义务。有些属于例行公事，有些是为鼓舞人心，但只涉及人际关系，不涉及信息处理和决策。其活动有：会见宾客、问候参观者；签署法律文件；出席各种仪式、典礼，赴宴、致辞、剪裁和象征性的职责等。

2. 领导者角色。领导者（Leader）角色是指管理者的职能角色是指挥、激励、培训下属，负责用人。其活动有：负责人员配备；指导、激励、招聘、培训、奖励和惩罚下属；与下属沟通，将分散的因素整合为一个合作的整体等。

3. 联络者角色。联络者角色是指管理者的角色是维护组织内部和外部的各种关系、信息渠道，从中得到有用的信息。信息的来源，可以是组织内部的，也可以是组织外部的，例如，人事经理从销售经理那里获得信息属于内部联络关系，而人事经理与外部的人才招聘机构发生联系时，他就有了外部联络关系。其活动有：建立和维护内外信息渠道，通过邮件、电话、参加各种活动和会议维持与组织内外的联系等。

（二）信息传递方面的角色

信息传递方面的角色是指管理者在组织内外的信息传递中处于中心地位的角色。管理者在信息传递方面也扮演了三种角色，即监听者、传播者和发言人。

1. 监听者角色。监听者（Monitor，The Listener）角色是指管理者要时刻寻求和获取各种内部和外部信息，以便全面、透彻地了解组织和环境的变化，找出问题和机会，成为组织内部和外部信息的中枢神经。其活动有：关注各种媒体、社会公众或与他人谈话来了解公众兴趣的变化或竞争对手的情况；阅读并分析内部各种报告、文件；关注新闻媒体；与有关人员保持私人接触等。

2. 传播者角色。传播者（Disseminator）角色是指管理者要将从外部人员和下级那里获得的信息传达给组织的其他成员，这些信息有些是关于事实的信息，有些是传达上级的决策、指示精神。其活动有召开会议、打电话、发公告等方式传达信息。

3. 发言人角色。发言人（Spokesperson）角色是指管理者代表组织向外界发布组织的计划、政策、行动、结果等信息，以期争取公众、利害关系人的理解与支持。其活动有：代表组织在各种会议上发言，向媒体公众发布信息，与和组织有利害关系的单位、个人进行沟通等。

（三）决策制定方面的角色

决策制定方面的角色是指管理者在组织决策指挥方面担任的角色。管理者对他的组织的决策负有全面的责任。明茨伯格在决策角色中又划分出企业家、障碍处理者、谈判者和资源分配者四种角色类型。

1. 企业家角色。企业家（Entrepreneur）角色又称组织家角色，是指管理者负责寻求组织和环境中的机会，具有敏感的商业头脑、卓越的决策能力；是组织的掌控者，具有高超的管理技巧；勇于创新，是改革的设计者和发起者。其活动有：审时度势地组织各项重大决策，制订各种改进方案。

2. 障碍处理者角色。障碍处理者（Barriers to treatment handler）是指管理者负责在组织面临重大的、意外的混乱时采取补救行动。其活动有：处理各种不可预见的冲突和问题，解决各种危机。

3. 谈判者角色。谈判者（Negotiator）角色指管理者代表组织与相关单位和个人进行协商和谈判。其活动有：与有关部门、单位协商各种事宜，亲自参加各种谈判。

4. 资源分配者角色。资源分配者（Resource Allocator）角色是指管理者负有分配组织中的各种资源的责任，各种资源包括人力、物力、财力、时间等。其活动有：审核、批准各种计划、方案。审核、批准各项开支，确定组织中各部门、各类人员的责权利等。

一般来说，不论是在何种类型的组织中，还是在组织的哪个层次上，管理者都可能扮演或履行不同的角色。但研究发现，管理者角色强调的重点会随组织的层次不同而变化，如信息传播者、象征性首脑、谈判者、联络者和发言人的角色主要表现在组织的高层，而领导者的角色在低层管理者身上表现得更加显著。

四、管理者的素质修养与管理技能

（一）管理者的素质修养与技能决定着组织的运行和发展

1. 管理者的素质修养与管理技能关系到决策的正确与否和水平高低。组织未来发展的中长期规划、远景规划决定了组织的发展方向，决策的正确与否关系到组织的生死存亡，决策的水平高低关系到组织的发展水平。管理者是决策者，管理者的素质修养与技能决定了其思维高度，从而决定了其所决策的正确与否和水平高低，进而影响着组织的运行和发展。

2. 管理者的素质修养与技能关系到组织的执行力。组织有了良好的方针政策、计划和方案后，必须进行有效的落实。组织执行力的好坏与组织管理者素质修养与技能的高低休戚相关，组织管理不能仅限在作计划、作方案方面，更重要的是体现在执行上，体现在能否积极引导全体员工向同一目标奋斗。

3. 管理者的素质修养与技能关系到组织人才的选拔和培育。组织的一切经营活动都必须由人来完成，人才是组织最宝贵的资源，是否建立一支优秀的人才队伍，直接关系到组织的经营成果和经营效益的好坏。有什么样的领导就会选拔什么样的下属，民间歇后语有"武大郎开店，不要个大的"，管理者的素质修养与技能直接影响着组织人才的选拔和培育，关系着组织人才队伍的建设，关系到组织的生存和发展。

4. 管理者的素质修养与技能关系到组织文化的建设和内涵。组织文化作为外显于组织风貌，内显于员工共同的行为准则，对外是一面旗帜，对内是向心力，在管理中起着重要的作用，而管理者作为组织的领袖人物，是组织"上行下效"的对象，管理者的言行可以传播为员工共同的价值观，使组织文化的内涵和精神受到同化的影响，潜移默化为组织成员共同遵守的行为准则，影响到组织的文化内涵，影响着整个组织的风气。

5. 管理者的素质修养与技能关系到组织的应变能力。组织生存的环境和面对的挑战不是一成不变的，可以说是瞬息万变，有人说，现在唯一不变的是变化。面对变化的外部环境，组织必须以变应变，才能在竞争中立于不败之地。管理者必须具有敏锐的洞察力，能够高瞻远瞩、审时度势地作出变革的决策，所以管理者的素质与技能关系到组织的应变能力。

6. 管理者的素质与技能关系到组织对外的社会形象的建立。组织作为一个社会单位，具有相应的社会形象，管理者的形象很大程度上代表着组织的形象，管理者良好的素质修养与技能也是组织对外的一张名片。管理者必须时刻维护其个人在社会上的良好、积极的形象。

（二）管理者的素质修养

素质修养是指一个人内在的品质、道德、气质以及对生命、对生活的感悟，是一个人经过锻炼和培养达到的内化水平。有修养的人，是一个真我的人，一个自律的人，一个宁静的人，一个挑战自己的人，一个自省的人，是一个具有宽容气度、严谨节操、淡泊情趣、高雅气质的人。管理者的素质修养是取得管理成效的极为重要的主观条件。

管理者必须具备的基本素质修养条件有：

1. 品德素质。作为管理者应首先加强品德素质修养。"小胜靠谋略，大胜靠品德。"唐朝魏征写《谏太宗十思疏》开篇就说道："臣闻：求木之长者，必固其根本，欲流之远者必浚其泉源，思国之安者必积其德义，源不深而望流之远，根不固而求木之长，德不厚而思国之安，臣虽下愚，知其不可。"品之不修而成其才，德之不养而成其能，小为可以，大为不行，短期可以，长期不行。

《孙子兵法·计篇》讲，"将者，智、信、仁、勇、严"即"智不可乱，信不可欺，仁不可暴，勇不可惧，严不可犯"。五德具备方可为将。"智"，是指高瞻远瞩的判断力、当机立断的决策力、得心应手的驾驭力；"信"是指言必行，行必果的诚实守信的为人之道、立身处世之本；"勇"是指"万夫不当之勇"；"严"是指有凛然不可犯的气度。孙子认为一个优秀的将帅要有"进不求名，退不避罪，唯民是保，而利合于主"，光明磊落不为功名所引诱、不为罪责所困扰，认为国家的利益、人民的利益高于一切的崇高的思想境界。

品德指导着一个人对现实的态度和行为方式。修身重德，事业之基。一个人的高尚品德是一生事业的基础。做事之前先做人。做人做好了，他的世界也就是好的。管理者应具备的品德特征有：具有高尚的道德情操，正确的世界观、人生观、价值观和修养，高尚的品格，为人正派、坦诚、重情义、重孝道，讲信用，有礼貌。

【小看板1-3】

"不用聪明人"的西武精神

在著名财经杂志《福布斯》公布的全球最富有的企业家排名中，西武集团老板堤义明曾于1987年、1988年两度雄居世界第一。日本西武集团旗下目前拥有170多家大型企业，员工超过15万人。面对这样一个庞大的集团，堤义明是如何实现自己的领导呢？其中"不用聪明人"的西武精神已经获得许多中外企业家的共鸣，成为影响一个时代的商业智慧。

　　西武集团为什么不轻易用一般认为是聪明绝顶的人？有三个原因：第一，聪明人常犯的毛病是看不起身边的人。堤义明认为，让自大的人做高层领导会造成员工不安情绪，从而破坏员工信心，降低整体效率，最后形成一股影响公司发展的阻力，聪明人尽管在才智方面超过常人，但很少长期保持谦逊反省的态度。第二，聪明人的欲望较常人强烈。因此，在群体中经常成为麻烦的来源，堤义明认为聪明人欲望重，而荣誉、地位、利益时常会腐蚀一个人的内心，这就会在群体中造成矛盾，破坏团结。第三，堤义明认为聪明人的欲望、野心是常人的10倍甚至100倍，一旦掌权，很可能私心超良心，开始为自己的权力欲找出路，不仅压制别人工作，还可能以权谋私。所以，堤义明认为，那些中等人才比较容易满足，他们注重公司给予的职位，会踏踏实实地工作，也易于出成绩。这是堤义明从父亲那里继承而来的西武社旨，是西武成功的原因，是员工不愿离开西武的原因，也是西武精神。

　　对那些一上手工作便能干得十分出色冒尖的员工，从不轻易给予宠信。他的原则是"看人看三年"，不到三年不作评价。因为，他发现，干工作，一时干好并不难，难的是长期干好；少数"聪明人"头一年表现出色，第二年起就开始动脑筋偷懒，倒是起初成绩平平的人，一旦进入角色，便能坚持长久地埋头苦干。堤义明的这一主张源自他对公司职员的工作性质的独到见解：他们应做马拉松运动员，而非短跑选手。堤义明表示，一项工作如果不做上20年，就不会成为真正的专家。西武体系的旅馆和高尔夫球场的经理，多半在同一职位上持续待了10年、15年。相反，开始时动作迟钝的、缺乏表现力又其貌不扬的职员，也许领悟力较差，不容易掌握工作要领，但一旦掌握就绝不会偷懒。而且，这种人还担心如果不加紧努力就会被人赶上，所以努力不懈，即使别人不愿做的工作他也做。出于这种独特的思路，堤义明对经理和子公司的社长的提拔方法也别具一格，能言善道、思路敏捷而又自命不凡的人，基本上绝不会被安置在重要的岗位上。

　　2. 具备稳定健全的心理人格素质。《孙子兵法·九地篇》说，"将军之事，静以幽，正以治"，即主持军政大事，要做到沉着冷静、幽深莫测，公正严明、有条不紊。管理者应有对复杂问题较强的分析、判断、处理能力，敢于面对，遇事冷静，分析透彻，遇事沉着、冷静。管理者在组织发展过程中，往往会遇到各种意想不到的困难，会遇到强大的竞争对手，甚至遭受挫折和失败，这就要求管理者具有百折不挠的拼搏精神和吃苦耐劳的实干精神，要有承受风险以及自我控制等良好的心理素质。

　　管理者应具有宽宏的气度，胸怀大局，待人宽厚、诚恳，有度量，能容纳不同意见及反对过自己的人；有较强的亲和力，关爱同事，与人沟通或交往能很快拉近距离；具有合作精神，管理者的工作依赖于他人的努力程度，管理者要有合作精神和奉献精神。

　　此外，管理者是组织和社会的中坚力量，是具有一定社会地位的人。在工作和生活中，管理者都会遇见各种不正当的，甚至是违反道德和法律的诱惑。管理者在面对诱惑时，一定要有良好的自制能力。

3. 专业管理素质。专业管理素质是指组织管理者实施组织管理行动和活动必备的素质，是组织管理者履行管理职责的基本要求。

对组织管理的专注和热情，具有强烈的事业心和责任感。管理者要有一种服务于社会、造福于人民的奉献精神，对事业执著追求，严格要求自己，处处以身作则，尽职尽责地工作，不惜牺牲个人利益，最大限度地发挥自己的潜力。同时，只有组织管理者热情洋溢地投入工作才会感染员工，使整个组织充满生机和活力。

【小看板 1 - 4】

托利得定理

法国社会心理学家 H. M. 托利得认为："测验一个人的智力是否上乘，只看脑子里能否同时容纳两种相反的思想，而无碍其处世行事。"这一观点被称为"托利得定理"。组织管理者在工作中面临内外环境方面不同的声音、不同的观点，甚至是批评的声音和压力时，一定要有自我控制力，以宽广的胸怀、海纳百川的气魄、正常的心态处理来自内外不同的观点，营造一个广进贤言的良好局面。

资料来源：中国企业管理世界网。

（三）管理者的技能

所谓技能，是指后天发展起来的，处理特定的人、事、物的能力。管理者应具备的技能包括技术技能、人际关系技能和概念技能。

1. 技术技能。技术技能是指管理者掌握与运用某一专业领域内的知识、技术、方法的能力。技术技能包括：基础知识、专业知识、经验、技术、技巧；程序、方法、操作、工具运用熟练程度。

对于管理者来说，虽然没有必要使自己成为精通某一领域技能的专家，但也必须了解相当的专门知识，掌握最基本的专业技能。否则就将很难与他所主管的组织内的专业技术人员进行有效的沟通，从而也就无法对他所管辖的业务范围内的各项管理工作进行具体的指导。比如，医院的院长不应该是对医疗过程一窍不通的人；学校的校长也不应该是对教学科研工作一无所知的人；军事首长更不能对军事指挥一无所知。

（1）基础知识。基础知识是提高管理水平和管理艺术的基础与源泉。由于管理是一门综合性的科学，涉及的基础学科知识很广。基础知识是指对社会和世界的基本认识方面的知识。基础知识包括自然科学知识、人文社科知识两个方面。管理者要有完善的知识结构，在知识方面应相对均衡，不能有重大的知识缺陷，如管理者必须具有政治、法律方面的知识，以便把握国家的路线、方针、政策以及有关的法令、条例等。

（2）组织管理知识。组织管理者的工作对象就是组织，工作行为就是管理，所以，作为一名合格的组织管理者，必须在组织管理知识方面具有扎实的基础，不断钻研组织管理知识，为实践打好基础。懂得按管理科学办事，了解管理理论的新发展，能熟练运用各种管理方法、手段，判断准确，决策科学。

2. 人际关系技能。人际关系技能是指以外圆内方的方式与人沟通的能力，即处理与人事关系有关的技能，包括理解能力、沟通能力、领导能力、协调能力、激励能力、与他人共事能力。

外圆内方是中国人推崇的处世之道，即表面随和，内心严正，有忍的精神，有让的胸怀。所谓"方"，是内外相应，言行相称，方方正正，做人做事有自己的主张和原则，不被外人所左右。"方"是做人之本，是堂堂正正做人的脊梁；所谓"圆"，是以包容的方式掌握全局，圆滑世故，融通老成，做人做事讲究技巧，能够认清时务，使自己进退自如、游刃有余。"圆"为处世之道，是妥妥当当处世的锦囊。现实生活中，有在学校时成绩一流的，进入社会却成了打工的；有在学校时成绩二流的，进入社会却当了老板的。为什么呢？就是因为成绩一流的同学过分专心于专业知识，忽略了做人的"圆"；而成绩二流甚至三流的同学却在与人交往中掌握了处世的原则。正如卡耐基所说："一个人的成功只有15%是依靠专业技术，而85%却要依靠人际关系、有效说话等软科学本领。"真正的"方圆"之人是大智慧与大容忍的结合体，有勇猛斗士的威力，有沉静蕴慧的平和；能对大喜悦与大悲哀泰然不惊；行动时干练、迅速，不为感情所左右，退避时，能审时度势、全身而退，而且能抓住最佳机会东山再起。

3. 概念技能。概念技能是指对事物的洞察、分析、判断、抽象和概括的能力。概念技能要求管理者能够站在有利于组织整体的长远发展的高度，能够快速、敏捷地从混乱复杂的情况中辨别出各种因素的相互作用，抓住问题的起因和实质，预测问题发展下去会产生什么影响，需要采取什么措施解决问题，这种措施实施以后会出现什么后果。概念技能具体包括：

（1）理解事物的相互关系从而找出关键影响因素的能力、确定和协调各方面关系的能力，以及权衡不同方案优劣和内在风险的能力等。

（2）快速的反应能力。思维敏捷，反应快，决策果断，能即时调动、整合可利用的资源，行动快而有效。

（3）具有创新精神。面对复杂多变的管理环境，管理人员要以开放的心态，去积极地接纳新事物，不仅要在组织中建立起吐故纳新的机制，同时管理者个人也应具有创新精神，建立起相应的思维和行为习惯，及时跟上外界的变化，与时俱进，勇于引进新技术、采用新的管理方式，摒弃故步自封和安于现状的守旧心理，不断实现自我突破和发展。

由于管理层次和管理岗位的不同，对管理者技能的要求也有差异，如图1-2所示。

而管理层次越低的管理人员就越需要具有技术技能。特别是一线的管理者，技术技能尤为重要，因为，一线的管理人员大多从事训练下属人员或回答下属人员有关具体工作方面问题的工作。如车间主任要熟悉各种机械的性能、使用方法、操作程序，以及各种材料的用途、加工工序等；办公室管理人员要熟悉组织中有关的规章、制度以及相关法规，熟悉公文收发程序、公文种类及写作要求等。

管理层次越高的管理人员就越需要掌握概念技能，能对组织的战略发展方向和战略目标有清晰的把握和准确的定位，使组织更好地适应不断变化的环境；而技术技能对高

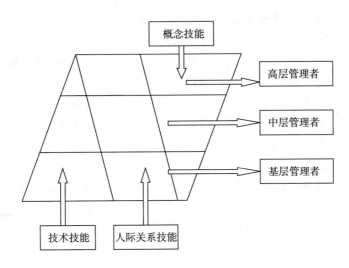

图 1－2 不同层次管理者所需的技能

层管理者却不是最重要的。例如，惠普首席执行官卡莉、IBM 掌门人郭士纳、Dell 掌门人戴尔都没有技术背景，但都是所在领域的杰出领导人，他们都有着极强的制定发展战略并予以实施的能力，与客户、合作伙伴和媒体进行很好沟通的能力，以及喜欢挑战、勇于变革，并在过去的工作中有着很好的业绩。

人际关系技能是管理者技能中最重要的技能，这种技能对各层次的管理人员都具有同等重要的意义。因为，管理者的大部分时间和活动都是与人打交道的，要么是要领导下属，要善于激励诱导下属人员的积极性，要有一呼天下应的号召力，掌握驾驭人心的技巧，是下属的精神领袖；要么是要与上级领导打交道，要领会领导意图，学会说服上级领导；要么是要与同事和外界打交道，要学会同其他部门同事和外界紧密合作。

（四）提高管理者素质与技能的有效途径

管理者的素质与技能不是先天具有的，主要得依靠后天的教育、培训。特别是在管理者人才梯队建设、接班人的培养上，组织均需高度关注管理者素质提高的问题。目前，提升组织管理者素质的途径有：

1. 工作中提升。组织为了提高管理者的能力，有意识、有计划地对管理者在工作安排方面进行特别处理。比如通过岗位轮流，了解其他部门的运作，拓宽视野；通过较高职务的代理方式，提高其处理问题的思维高度；安排特殊性的工作，考验和提高处理特殊事务的能力。在工作中提升是提高组织管理者实践能力的有效途径。比如 IBM 公司就有一个"长板凳计划"，为管理者和重要岗位人员都设置后备人才。对这些人员都制订有详细的培训计划，特别是工作中的提升方面的内容。

2. 集中式教学。将管理者送入较长期的教育培训机构，接受比较系统的学习和训练。这种方式比较常见的有组织的内部大学、培训中心，外部培训机构，以及大学的 MBA、EMBA 教育等。这种培训方式的优点在于系统化、规范化，特别适合提高管理者的知识水平。

3. 短期培训。要求管理者参加较短期的、专题性的培训。如营销培训、财务培训、决策能力培训、具体管理工具等方面的专题培训等。短期培训针对性非常强，是及时"充电"的有效方法。这种培训方式，特别适合提高管理者的实际能力和技巧。

4. 教育后的支持、巩固。管理者进行培训和教育后，回到实际工作中，由于组织缺乏相应环境、缺乏管理上的其他支持，管理者不能将学到的东西用于实践，不知不觉又回到了教育前的状况，管理水平无法真正提高。为了避免这种现象，组织必须做好两方面的工作：一是管理者的培训教育必须有的放矢，与组织的发展规划有机结合；二是为管理者施展管理才能提供空间。

5. 管理者自我修养。组织的培训教育不是万能的，品德方面的提升主要得依靠自己。古人的"修身、齐家、治国、平天下"的理想，首先就得从修身开始，最后才能平天下。管理者提高个人素质与技能方面，也必须从修身开始，从做人开始，不断加强道德和业务方面的修养，不断提高自身素质与技能。

【小看板 1 -5】

修　养

修养，像一盏清茶，细细品味方觉清香扑鼻；修养，似一坛老窖，久藏多年方才浓厚甘醇；修养，是一簇繁花，默默绽放却也芳香四溢。修养是春风，在清凉你的同时也可抚平他人心灵的创伤。修养，能提升自己，芬芳世界。

生活中处处都能体现一个人的修养，每个人的言行举止在无形中为自己的修养贴上了标签，给了别人评判自己的依据。

曾经听过一个关于北大教授季羡林的真实故事。有一个秋天，北大新学期开始了，一个外地来的学子背着大包小包走进了校园，实在太累了，就把包放在了路边。这时正好一个老人走了过来，年轻学子就拜托老人替自己看一下包，而他则轻装去办理手续。老人爽快地答应了，近一个小时过去了，老人还在尽职尽责地看守，年轻学子办完手续后归来，谢过老人，两人分别。几日后，在北大的开学典礼上，年轻学子惊讶地发现，主席台上就座的北大副校长季羡林正是那一天替自己看包的老人。

修养往往不是源于高智商，而是源于低姿态，季老先生做到了。修养是个人素质的体现，是个人品质的载体。修养给人以和善与友好，修养体现在日常生活中，一个微笑，一声谢谢。生活中，一个人的一颦一笑、举手投足都是修养的最好诠释。

如果说人格是最高的学府，那么修养则是这所学府中最重要的一门学科。林则徐曾经在《观操守》中说过："观操守在利害时，观度量在喜怒时，观存养在纷华时。"对于修养，也莫不如此，修养的芬芳，来源于坦然的心境。

修养铸造完美的品质。"宠辱不惊、去留无意"，"贫贱不移，威武不屈"，这些都是一个人应该拥有的修养。青少年，正处于人生的关键时期，应深谙修养之道，这不仅关系到我们个人的修养，也关系到中华民族的未来。

五、有效的管理者

弗雷德·卢森斯（Fred Luthans）与其助手对管理者主要从事的四种管理活动进行了分析研究，他们发现，不同类型的管理者在组织活动中所从事的管理活动的侧重点不同，并会影响管理者的工作绩效。管理者的活动主要包括以下四个方面：

（1）传统管理，指决策、计划和控制；

（2）沟通，指交流例行信息和处理文书工作；

（3）人力资源管理，指激励、惩罚、调节冲突、人员配备和培训；

（4）网络关系，指社交活动、政治活动和与外界交往。

研究发现，管理者分配在这四种不同管理活动上的时间有很大的差异。一般管理者在传统管理方面最为关注，所用时间也最多，将主要时间用于沟通方面；成功管理者（在组织中晋升最快的人称为成功管理者）将主要精力集中在网络关系上；而有效管理者（工作成绩的数量和质量以及下级对其满意和承诺最佳者称为有效的管理者）将主要时间用于沟通方面。成功管理者与有效管理者的管理风格有显著区别。两者的不同主要在于：维护网络关系对管理者的成功贡献最大，从事人力资源管理活动相对贡献较小。而在有效管理者中，沟通的相对贡献最大，维护网络关系的贡献最小。这说明社交和施展政治技巧对于管理者在组织中的晋升起着十分重要的作用（见表1-2）。

表1-2　　　　一般的、成功的和有效的管理者在每种活动上的时间分布　　　　单位：%

	传统管理	沟通	人力资源管理	网络关系
一般管理者	32	29	20	19
成功管理者	13	28	11	48
有效管理者	19	44	26	11

六、你想成为管理者吗

如果你想成为管理者，那么有大量的研究可以帮助你鉴别自己是否适合这项工作。

1. 个性和爱好。国外专家约翰·霍兰认为个性（包括价值观、动机以及需要）是影响人们作出职业选择的重要的决定性因素。他的研究表明，通过职业偏好测试，几乎所有成功的管理者至少符合两种个性类型中的一种：

（1）社会型。社会型的人喜欢从事能够为他人提供帮助的职业。此类职业一般包括管理者、心理咨询医生和社会工作者。一般而言，社会型的人会发现自己很容易与各种人交谈，善于帮助有心理问题或遇到麻烦的人，能巧妙地向他人解释一些事情，而且他们也乐于帮助他人解决个人问题，喜欢教育他人以及结交陌生人。

（2）企业型。企业型的人喜欢为实现某一目标，而去说服他人或者是监督他人的工作，尤其喜欢用言语来影响他人，律师和公共关系管理人员就表现出这种倾向。企业型的人认为自己有雄心壮志并且做事果断，善于在公众场合演讲，善于与难相处的人打交道，能够成功地组织他人的工作。他们喜欢影响他人，善于推销产品或观点，喜欢作为团队的领导并监督他人的工作。

2. 能力倾向。能力倾向也将决定能否成为好的管理者。埃德加·沙因认为，职业生涯的规划是一个不断了解自我的过程。在这个过程中，人们了解了自己具有的天分、能力、动机以及价值观，慢慢形成了较清晰的对职业的理解。当你更多地了解自己时，你就形成了自己的职业认定，一旦作出选择，就不会轻易放弃。沙因根据自己对麻省理工学院毕业生的研究，得出结论：管理者有非常强烈的管理能力职业倾向。他们表现出非常强烈的想成为管理者的动机，他们的经历使其相信自己有胜任管理职位所必需的能力，他们最终的目标是成为高级管理者。当要求他们解释为什么认为自己有获得这些职位所需的能力时，许多人会说自己具备三方面的能力：一是分析能力，即在信息不完全和不确定情况下识别、分析、解决问题的能力；二是处理人际关系能力，即影响、监督、领导及操控各种各样的人的能力；三是情感能力，在情感压力和人际关系危机下，能够保持良好的状态，而不是表现得疲惫不堪，能够承担重大的责任而不至于被压垮。

第三节　管理学基础的特性与研究方法

随着世界经济的发展，人们越来越深刻地认识到经济发展需要的管理人才是多元化、多层次的——既需要大批优秀的理论型、研究型人才，更需要大批应用型人才。而应用型人才必须掌握能灵活运用管理基本知识、规律、方法的技能。管理学基础是一门系统的研究各类管理人才应必备的运用管理基本理论、知识、规律从事管理活动的技能、方法的课程，是一门真正能满足培养各类专业管理应用型人才的重要专业基础课程。

一、管理学基础的特性

管理学基础是专门研究管理实践的基本理论、规律、原则、方法、手段等的科学。管理学基础作为一门课程与其他课程相比，具有许多自身的特性。

（一）实用性

实用性是管理学基础的最大特性。本课程围绕应用讲理论，坚持理论联系实际、学以致用的原则，充分反映岗位的要求，体现了以就业为导向的培养目标，具有明确的职业性、实践性。管理学基础的实用性体现在它的实践性。管理学基础的理论与方法来源于管理的实践，是管理实践经验的总结，并在不断反复的实践中完善；同时，管理学基础的理论与方法的有效性要通过实践来检验，而且只有通过实际应用才能体现其价值、发挥其作用。管理学基础的实用性要求管理者、操作者必须在掌握管理知识的基础上，通过实践和应用培养能灵活运用管理基本知识、规律、方法的技能。管理学基础不可能脱离实践，管理学基础必须与管理实践相结合。

（二）时代性

社会进步和全球科学技术的发展，对各级各类组织的形式、运行方式和管理手段产生了巨大的影响。由此产生了许多新的管理问题，需要人们去研究、去解决，为此所产生的新的管理理论和方法将会大大推动管理学基础理论体系的更新和扩展。因此，管理学基础是一门体现时代实践的要求、每时每刻都在发展的课程。

（三）实践性

管理学基础的理论与方法是人们通过对各种管理实践活动的深入分析、概括、总结、升华而得到的，反过来它又被用来指导人们的管理实践活动。管理学基础是应用性学科，是实践性学科，它一刻都不能脱离管理实践。要真正掌握管理学，必须通过大量的管理实践活动去体会，理论联系实际。

（四）不精确性

在给定条件下能够得到确定结果的学科称为精确的学科。管理学基础在已知的条件完全一致的情况下，有可能产生截然相反的结果。如在投入的资源完全相同的情况下，其产品可能不同。这是因为影响管理结果的因素太多，许多因素是无法完全预知的，如国家的政策、法规、自然资源的变化、竞争者的决策、人的心理等因素。所以，管理学基础是门不精确学科，其影响管理效果的因素很多，而且许多因素是无法完全预知的。

（五）软科学性

如果把组织中的人力、财力和物力看做硬件，则管理就是软件，充分调动人的积极性，发挥他们的内在潜力，有效地利用财力和物力，用较少的消耗，取得较大的效益，正是管理学的任务。

二、管理学基础的研究方法

（一）比较研究法

该方法是通过对有某种联系的事物加以比较、对照，确定彼此间的相同点和差异点，总结带有规律性的管理经验。通过对世界各国的管理思想、管理理论、管理模式、管理方法和技术的全面比较和分析，寻其异同，权衡优劣，取长补短。比较研究法还可鉴别出哪些管理思想和方法是根植于一国文化之中、不可移植的，哪些是具有共性的、可以移植的，以洋为中用，以探索管理的一般规律和基本原理的可转移性。此外，在管理理论指导实践的过程中。也可以通过比较分析、优化方案、科学决策，使管理活动更加符合客观规律的要求。

（二）调查研究法

运用调查研究法，就是在现实的管理过程中，通过观察、调查、试验、实践，掌握第一手材料，进行归纳、分析、综合，从中找出规律性的东西来。这种方法既适用于从事实际管理的人，也适用于进行理论研究的人，他们可以以调查者、观察者的身份进行实地参观、访问，也可以用问卷等方式进行调查，其研究结论可靠性大。

（三）案例研究法

这种方法的前提是要编写出现成的管理案例，这种案例应是现实中的具体事件，有一定的代表性和复杂性。通过案例研究，可以生动、形象、深刻地揭示出管理要确保做对的事，而且要尽可能做得好。好的管理就是要做好对的事。

（四）归纳演绎研究法

归纳和演绎是人们认识世界的两种推理方法。归纳法是从大量个别事实中概括出一般性结论的思维方法。演绎法是根据一般原理推论出特殊结论的思维方法。这两种方法相互联系、相互补充。在管理学的研究中，需要运用归纳法，去总结许多管理经验，从中找出管理的普遍规律并提出新的管理理论。演绎法是逻辑证明的重要工具，是科学预见的重要手段。管理学研究中可运用演绎法，从某个概念或原理出发，借助逻辑关系的模型，计算、推理出特定问题的解决方案，提高预测的科学性。

三、管理基本原理

（一）人本原理

人是社会的主体，一切社会活动都是通过人来进行的。现代管理的核心是人，人是管理的主体，又是管理的客体，离开人，就不存在管理。因此，如何创造良好的社会环境和管理环境，充分发挥人的主观能动性，是一个组织进行管理的重要任务。

人本原理，就是管理要以人为本，其基本含义是，任何组织和系统的管理，必须以人为中心，注重人的思想、感情和需求，以激发人的主动性和创造性为根本、以调动人的积极性为目的。

【小看板 1–6】

本田公司的想法

日本本田汽车公司视人才为珍宝，把调动每一位员工的积极性、发挥他们的创造性，使人尽其才、才尽其用、用得其所作为企业兴旺发达之本。公司董事长本田与职工和工人穿一样的工作服，他把所有的同事看做是他的"老师"。他认为，可通过向他们提出问题进行学习，因为他们每个人在其专业知识及实践中的具体问题都比他知道得多，他有 2 500 名老师（同事），因而就有了相当丰富的知识，有了世界上最大的图书馆。

为了发掘人的潜能，本田避免职工长期在同一岗位上重复同样的操作，而经常使他们的工作有变换，以便他们掌握多种专业知识和工作技能，多方面发挥才能。公司广泛提倡每一位员工都参与管理，积极采纳他们的合理化建议。公司将有天资的人和最优秀者安置在重要的研究部门。每年，从那些提出过特别有益的革新建议的人中，挑选出 20 名最优秀者到公司的研究中心来。本田认为，他取得成功的一个重要原因是授予每一个人进行思考和希望学习的权利。它利用职工的这种特性，激发他们的主动精神和发明创造的天才。本田指挥的人中，没有不能独立思考的机器人，都是决心尽可能完美地做好工作的助手。

启示： 职工不是机器，不是工具，是有头脑、有思想、有独立意识的人，充分发挥每一个人的作用。这才是企业家真正成功之本。领导的高明之处。不仅在于使用大贤大德之人，更在于善于使用有缺点的平常人，发现这些人可利用的地方，变"废才"、"庸才"为"人才"，从而达到自己的目的。

（二）规律性原理

规律性原理，就是运用辩证唯物主义的规律性认识管理工作并对其进行研究，达到按照生产力、生产关系和上层建筑发展运动的客观规律来管理企业的目的。

根据生产力发展规律。管理学要达到以下要求：社会化大生产必须按专业化、协作化、联合化加以组织，生产过程的组织要依据不同的生产特点和类型采用不同的组织形式、控制方法；企业的发展和技术改造要符合生产力合理布局的要求。

按照生产关系运动规律的要求。企业管理就是要使生产关系适应生产力，符合社会主义基本经济规律，如按劳分配、价值规律等。

（三）系统性原理

所谓系统，就是按照统一的功能目的而组成的有机整体。现代管理不再是过去的小生产管理，它总是处在各个层次的系统之中。每个单位，每个管理法则，每个人都不可能是孤立存在的。它既属于本系统内，又与周围各系统发生各种形式的"输入"与"输出"联系。同时还从属于一个更大的系统范畴之内。因此，为达到最佳管理，必须进行充分的系统分析，这就是管理的系统原理。

系统理论强调系统的整体性与环境或系统内构成部分之间的联系性。企业作为一个系统是由生产、财务、人事和研究开发等子系统所构成的。要达到整体功能大于部分功能之和，必须使系统内部结构合理，使之形成一个有机整体。通过通盘规划，合理安排整体中每个局部。达到整体最优，使每一个局部都服从于一个整体目标，做到人尽其才，物尽其用。搞好系统内物质、能量、信息的流通，力求避免各种资源的浪费，使系统达到最佳功能。

（四）控制性原理

现代管理的控制活动，就是通过不断接受和交换内外信息，依据一定的标准，监督检查计划的执行情况，发现偏差，采取有效措施，调整生产经营活动，以达到预期的目标。

控制职能是社会化大生产的客观要求，没有控制职能，管理职能体系就不完整，也就不能进行有效的管理。

（五）弹性原理

弹性原理是指管理在客观环境作用下为达到管理目标的应变能力。其主要内容：一是由于随机性和偶然性是客观存在的，不能静止地、机械地看问题；二是由于随机性和管理领域的特点，要求管理系统包括企业管理必须具有一定的弹性；三是使管理具备弹性的办法是在大量统计中发现规律，从高层次范围内发现方向，从潜在的问题中进行应变准备，给管理系统更大的灵活性。

（六）激励原理

激励，是指通过科学的管理方法激励人的内在潜力，使每个人都能在其组织中尽其所能，展其所长，为完成组织规定的目的而自觉、努力、勤奋地工作。

人是生产力诸要素中最活跃的因素，创造团结和谐的环境，满足职工不同层次的需求，正确运用奖惩办法，实行合理的按劳分配制度，开展不同形式的劳动竞赛等，都是激励原理的具体应用，都能较好地调动人的劳动热情，激发人的工作积极性，从而达到提高工作效率的目的。

（七）效益原理

效益原理，是指企业通过加强管理工作，以尽量少的劳动消耗和资金占用，生产出尽可能多的符合社会需要的产品，不断提高企业的经济效益和社会效益。

提高经济效益是社会主义经济发展规律的客观要求，是每个企业的基本职责。企业在生产经营管理过程中，一方面努力降低消耗、节约成本；另一方面又努力生产适销对路的产品，保证质量，增加附加值。从节约和增产两个方面来提高经济效益，以求得企业的生存和发展。

企业在提高经济效益的同时，也要注意提高社会效益。一般情况下，经济效益与社会效益是一致的，但有时也会发生矛盾，在这种情况下，企业应从大局出发，首先要满足社会效益，在保证社会效益的前提下，要最大限度地追求经济效益。

四、管理的基本方法

管理方法是行使管理职能、贯彻管理原则、实现管理目标的手段。管理原理必须通过管理方法才能在管理实践中发挥作用，所以，管理方法是管理指导管理活动的必要中介和桥梁，是实现管理目标的途径和手段，它的作用是管理理论和原理本身所无法替代的。

管理实践的发展使管理方法逐步丰富。

（一）顺其人性自然方法

最好的管理方法就是顺其人性自然。人际关系学说认为：最高的领导能力在于了解职工的物质和精神方面的不同需求，能够做到顺民意、抚民心，最大限度地使员工得到满足，因势利导以提高员工的情绪和态度，即士气，从而提高工作效率。金钱或经济刺激对促进工人提高劳动生产率只起第二位的作用，金钱只是人们需要的一部分，人们所需要的还有被承认、被重视及安全的感觉和他与周围人的关系。

（二）经济方法

经济方法是运用经济杠杆及其他经济手段和经济方式调节人们之间的物质利益关系，从而行使管理职能的管理方法。经济手段是指税收、信贷、工资、奖金、罚款等价值工具。经济方式是指经济合同、经济责任制、经济核算等经济管理方式。

经济方法具有以下特点：

1. 利益性，即通过利益机制引导被管理者去追求某种利益，且与个人利益和组织整体利益联系起来，具有内在动力；

2. 灵活性，经济方法针对不同的管理对象、不同情况，可以采用不同的手段；

3. 间接性，经济方法不是采用行政命令的强制方法直接干预，而是借助经济杠杆和各种经济手段，调节人们之间的物质利益关系，引导组织按照市场需求组织生产经营活动。

在管理中运用经济的方法，便于处理各方面之间的经济关系，最大限度地调动各方面的积极性、主动性、创造性和责任感，但是经济方法要求做到公平、公正，否则，会导致腐败、不公，挫伤各方面的积极性。

（三）教育方法

教育方法是指利用一定的培训、教育等方式，全面提高人的素质，以影响和调节人们的经济行为，达到行使管理职能的管理方法。其主要特点是：

1. 灵活性。如对于思想性质的问题，可灵活地采取讨论的方法、说理的方法、批评和自我批评的方法进行疏导。

2. 实效性。对于传授知识和技能方面的教育，可采取有目的、有指导的小组讨论、现场实习和体验学习等方法，或让受教育者按他们自己创造的学习方法去学习，都很有成效。

教育方法的实质就是激发劳动者的主动精神，变管理者的意图为劳动者的自觉行为，把潜在生产力变成现实生产力。教育的内容包括人生观及道德教育、爱国主义和集体主义教育、民主教育、法制教育、纪律教育、科学文化教育、组织文化建设和创新意识的培养等。

（四）行政方法

行政办法是依靠领导者的权威，运用命令、指令、指示、监督等行政手段，按照管理层次，行使管理职能的管理方法。其主要特点是：

1. 权威性。行政方法所依托的基础是管理机关和管理者的权威。管理者的权威越高，他所发出的指令接受率就越高。

2. 强制性。行政方法的强制性是要求人们在行动的目标上服从统一的意志，并以一系列的行政措施，如表扬、奖励、晋升、任务分配、工作调动以及批评、记过、降级、撤职等处分直至开除等为保证来执行的。

3. 垂直性。行政方法一般都是自上而下、纵向直线传达的。

在管理中运用行政的方法，便于统一领导和指挥，做到令行禁止，便于处理各种问题。但是行政的方法也有其局限性，如管理效率受管理水平的影响、易出现官僚主义、以权谋私等行为。

（五）法律方法

法律方法是运用立法和司法的手段或各种组织、团体制定的条例、守则、规章制度等行使管理职能的管理方法。法律方法中的"法"，不仅指国家制定的法律、法规、法令，而且泛指各种组织、团体制定的条例、守则、规章制度等。它的主要特点是：

1. 强制性。法律法规一经制定就要强制执行，各个组织以至每个成员都必须毫无例外地遵守。

2. 规范性。法律是行为的规范，对于违法程度和处理办法都有明确的规定。

3. 稳定性。法律和法规的制定必须严格按照一定的程序和规定进行，法律和法规一经制定，就不能随意改变。

4. 平等性。法律面前人人平等。

在管理中运用法律的方法，可以保证必要的管理秩序，协调管理中各利益群体的关系，促进管理的法制化、科学化。但是法律的方法缺少灵活和弹性，不利于发挥组织成员的主动性和创造性。

【小看板1-7】

制度的作用

有七个人住在一起，每天分一大桶粥，但是，粥每天都是不够的。一开始，他们抓阄儿决定谁来分粥，每天轮一个。于是乎每周下来，他们只有一天是饱的，就是自己分粥的那一天。后来他们开始推选出一个道德高尚的人出来分粥。强权就会产生腐败，大家开始挖空心思去讨好他，贿赂他，搞得整个小团体乌烟瘴气。然后大家开始组成三人的分粥委员会及四人的评选委员会，互相攻击扯皮下来，粥吃到嘴里全是凉的。最后想出来一个方法：轮流分粥，但分粥的人要等其他人都挑完后拿剩下的最后一碗。为了不让自己吃到最少的，每人都尽量分得平均，就算不平，也只能认了。大家快快乐乐，和和气气，日子越过越好。同样是七个人，不同的分配制度，就会有不同的风气。

所以一个单位如果有不好的工作习气，一定是机制问题，一定是没有完全公平、公正、公开，没有严格的奖勤罚懒。如何制定这样一个制度，是每个领导需要考虑的问题。

以上管理方法各有利弊，我们应如何选择呢？司马迁曾提出"善者因之，其次顺之，其次利导之，其次整齐之，最下者与之争"。这句话的意思是：最好的管理方法是符合人性，顺民意、抚民心；起第二位的作用的管理方法就是因势利导通过金钱或经济刺激，促进工人提高劳动生产率；再次就是利用教育的方法，利用一定的培训、教育等方式；再再次是采用法律方法、行政的方法；最差的管理手段是逆民意、背民心、不顾百姓的利益、强权压制、与民相争。孙子在《行军》中提出："卒未亲附而罚之则不服；不服则难用；卒已亲附而罚不行，则不可用。故令之以文，齐之以武，是谓必取。令素行以教其民，则民服；令不素行以教其民，则民不服。令素行者，与众相得也。"这段话的意思是："将领在实施奖惩的时候，如果士兵尚未亲近依附自己，就贸然处罚他们，士兵定会不服，这样在作战中就难以使用；反之，也不能因为士兵已经亲近依附自己，便一味迁就，该罚不罚，这样在作战中也是难以指挥的。所以，对待士兵既要用政治道义来教育引导，又要用军纪军法来整治，这样才能统一指挥，步调一致，打起仗来必定取得胜利。平时教育士兵严格执行命令，遵纪守法，树立良好的纪律观念和法制观念，战时他们才会服从命令，听从指挥；平时法令不严，军纪不整，战时士兵们就不会自觉地服从命令，听从指挥。无论平时还是战时，将帅与士兵之间必须建立起相互信赖的关系，互相团结，才能上下统一，令出必行，无往而不胜。"这就是孙子的治军原则"令文齐武"。文在这里含有道义教育和仁爱关怀等意思，武指军纪军法；令文齐武即爱兵在先、教育在先，强制在后。

司马迁与孙子对管理方法的使用的思想不谋而合。最好的管理方法就是顺其人性自然，我们应以顺其人性自然方法为根本，以经济方法和教育方法为先导、为基础，以行政方法和法律方法为依据、为保证,将各种方法配合使用,取长补短,综合发挥不同方法的特点,以实现既定的组织目标。

本章自测题

【实训题】

管理状况、管理工作内容、管理者应具有的基本素养和技能调查。

实训目标

1. 增强对管理工作及管理者应具有的基本素养和技能的感性认识。
2. 培养调查分析的初步能力。
3. 自觉培养自身的管理者素养和技能。
4. 增强对不同层次的管理工作的差异性的感性认识。

实训内容与方法

1. 调查一企业或你所在院校,了解该企业或你所在院校的管理情况,并运用所学知识进行分析诊断。
2. 需搜集的主要信息:
(1) 所调查的企业或你所在院校的管理状况、特色、管理的优缺点;
(2) 向所访问的管理人员了解其从事的管理工作的主要内容;
(3) 围绕管理者应具有的基本素养和技能访问组织主要领导,了解管理者应具有的基本素养和技能。

实训要求

在班级进行大组交流与研讨,并做好记录。

1. 组织分析企业或你所在院校的管理状况、特色,管理的优缺点。是否存在有待改善的方面。
2. 组织分析管理者应具备的基本素养和技能是什么?最重要的素养和技能是什么?
3. 比较不同层次的管理者管理工作内容的差异性。

【案例分析题】

◎ 案例一

李嘉诚的管理名言

"亚洲首富"和"华人首富"李嘉诚是全球财富巨人中令人尊敬的一人。因为李嘉诚牢牢地抓住了市场经济的两大支柱:一个是信用,一个是资本。他运用资本的智慧以及他的真诚信用,让人们不得不跟着他走。

李嘉诚的管理名言:两个生命八点主张。李嘉诚说:"我深刻地感受到:资金,它是企业的血液,是企业生命的源泉;信誉、诚实,也是生命,有时比自己的生命还重要！也就是说，企业管理应突出资金和信誉两大作用。李嘉诚的管理思想非常全面，他提出管理的八点主张：

（1）勤是一切事业的基础。要勤奋工作，对企业负责，对股东负责。

（2）对自己要勤俭，对他人则要慷慨。处理一切事情以他人利益为出发点。

（3）始终保持创新意识，用自己的眼光注视世界，而不随波逐流。

（4）坚守诺言，建立良好的信誉。一个人良好的信誉，是走向成功的不可缺少的前提条件。

（5）决策任何一件事情的时候，应开阔胸襟，统筹全局。而一旦决策之后，则要义无反顾，始终贯彻这个决定。

（6）给下属树立高效率的榜样。集中讨论具体事情之前，应早几天通知有关人员准备资料，以便对答时精简确当，从而提高工作效率。

（7）政策的实施要沉稳持重。在企业内部打下一个良好的基础，注重培养企业管理人员的应变能力。

（8）要了解下属的希望。除了生活，应给予员工好的前途；并且一切以员工的利益为重，特别是在员工年老的时候，公司应给予他们绝对的保障，从而使员工对集团有归属感，以增强企业的凝聚力。

资料来源：中国企业家 EMBA 特训班教材，根据 EMBA 经典案例——李嘉诚智慧改编。

讨论：从李嘉诚的管理名言中，了解到管理者应具备的基本素养和技能是什么？

◎ 案例二

天　　堂

一位行善的基督徒，临终后想知道天堂与地狱究竟有何差异，于是天使就先带他到地狱去参观，到了地狱，在他们面前出现一张很大的餐桌，桌上摆满了丰盛的佳肴。"地狱的生活看起来还不错嘛！"基督徒说。"不用急，你再继续看下去。"天使说。过了一会，用餐的时间到了，只见一群骨瘦如柴的饿鬼鱼贯地入座。每个人手上拿着一双长十几尺的筷子。可是由于筷子实在是太长了，最后每个人都夹得到，却吃不到。"我再带你到天堂看看。"天使说。到了天堂，同样的情景，同样的满桌佳肴，每个人同样用一双长十几尺的长筷子。不同的是，围着餐桌吃饭的可爱的人们用筷子夹菜喂对面的人吃，对方也喂他吃，每个人都吃得很愉快。

资料来源：百度百科

讨论：这个故事告诉我们，作为管理者应首先加强哪些方面的基本素质修养？为什么？

【思考与练习题】

一、问答题

1. 查阅相关资料，看看其他学者对管理是如何定义的。这些管理的定义与教材有什么不同？

2. 有人说，"不学管理，也会管理"；也有人说"学了管理，就会管理"。请你分析这些说法对不对，为什么？

3. 某公司李总经理在听完张教授关于"管理与管理学"的讲课之后，产生了两个困惑：

（1）管理有艺术性？我在工作中怎么没发现？

（2）既然管理难以运用固定不变的法则来应付千变万化的环境，不存在普遍适应的最好的管理模式，那何必还要学习管理理论？

请你谈谈你对这两个问题的看法。

4. 学院的老师是管理者吗？为什么？

5. 请你谈谈效果和效率即"做正确的事"与"正确地做事"哪个更重要。

6. 学习管理的基本方法对你有何启发？举例说明你对不同的管理方法的认识和理解。

二、填空题

1. "管理"起源于_____，自古有之。

2. _____和_____是企业发展的两个轮子。

3. _____是管理的出发点和归宿点。

4. _____是管理的主体。

5. 管理的客体是_____。

6. 评判管理工作绩效的尺度_____。

7. 管理的本质是_____。

8. 构成完整的管理包括以下要素：_____、_____、_____、_____、_____。其中_____是管理的核心、关键要素。

9. 管理的特性有_____、_____、_____、_____。

10. 厂长、经理、校长、省长等均属于_____管理者。

11. 管理者通常要担当三大类 10 种内容不同的角色分别是_____、_____、_____、_____、_____、_____、_____、_____、_____、_____。

12. 一位工作表现很出色的基层主管在被提升为中层主管，尤其是高层主管后，尽管工作比以往更卖力，绩效却一直甚差。其中的原因很可能就在于这位管理人员_____欠缺。

A. 概念技能　　　B. 技术技能　　　C. 人际技能　　　D. 领导技能

三、论述题

1. 试论述管理的职能。

2. 为什么要学习管理？谈谈你对管理的重要性的认识。

3. 拿破仑曾说过"狮子率领的绵羊军队能战胜绵羊率领的狮子军队"。请谈谈你的看法。

4. 你认为管理者应该具备哪些技能？不同层次的管理者所需要的技能的侧重点有何不同？

5. 管理者的素质和技能对组织发展的作用有哪些？

第二章
管理理论的形成与发展
GUANLI LILUN DE
XINGCHENG YU FAZHAN

【学习目标】

通过本章的学习，要求了解中外早期的管理思想，明晰管理理论发展的基本脉络和管理理论体系；掌握古典管理理论、人际关系学说和行为科学理论的基本内容；熟悉现代主要管理流派及主要管理思想。

【引例】

早期管理思想成就伟大的摩西

《圣经·出埃及记》记载：摩西带领希伯来人摆脱埃及人的奴役而出走，之后在旷野生活了四十年，这期间，百姓人数越来越多，摩西对各种实务事必躬亲，出现了百姓从早到晚站立在摩西两侧等待他裁决事务的景象。此时，来访的摩西岳父叶忒罗给了他恰当的建议："你做的事情效果不好，你和跟随你的百姓都会累垮的，因为这些工作对你来说负担太重，你不可能单独一人来完成这些工作。现在请听我说，你应该一是制定法令，诏告民众；二是建立等级，授权委任管理者，从百姓中挑出有能力的人，千人一长，百人一长，五十人一长和十人一长，让他们协助你审理百姓的事情，那就是，小事都由他们审理，大事提交给你。只要这样，你才能坚持到底，而百姓也会平安地到达目的地。"当摩西听到岳父清晰的建议时，他毫不犹豫地照做了。自此，以色列不再是一盘散沙，不再是彷徨的流浪者，而是将领导者和管理者的职能区别开来，挑选有才能的人作为管理者，将管理权力逐级下放、逐级授权，发挥组织整体的力量的统一、高效的组织整体。最终，摩西成为以色列民族的领袖，成为那个时代中所向披靡的征服者。

摩西岳父叶忒罗传授给摩西的就是一种人类早期的管理思想。公元前5000年的摩西凭借人类早期的管理思想就完成了如此伟业，那么，今天我们系统地学习发展完善的管理理论更能有助于我们成就国家、社会、个人的各项事业。

管理理论的形成和发展大致可以分为四个阶段：即早期管理思想（公元前5000年至19世纪末）、古典管理理论阶段（20世纪初至20世纪20年代）、人际关系学说与行为科学阶段（20世纪初20年代至20世纪40年代）、现代管理理论阶段（20世纪40年代至今）。管理理论的形成与发展的阶段划分并不是绝对的，从不同的研究角度出发，划分的阶段数和起止年代可能都不一样。一个阶段的主导管理思想往往孕育于前一个阶段之中，两个阶段之间往往没有绝对的界限，但是中外学者的各种划分观点间基本脉络是一致的，没有根本性的分歧，所以这并不影响我们对管理理论发展史的认识。让我们来了解管理理论的历史发展过程，明晰管理理论的知识体系，掌握管理理论的精髓。

第一节　中外早期管理活动和管理思想

人类早期的管理活动因集体活动的需要而产生，并随着协作劳动规模的扩大而复杂，人类早期的有组织的管理活动源远流长，伴随着人类自身发展的始终。

一、早期管理活动

（一）中国早期管理活动

中国是四大文明古国之一，中国的管理实践和思想有着悠久的历史。在中国历史上，有许多体现管理思想的管理活动例子。

1. 人类文明史上最伟大的建筑工程万里长城。万里长城始建于春秋战国时代，后经历代王朝修建，东起河北省的山海关，西至甘肃省的嘉峪关，横跨河北、北京、山西、内蒙古、陕西、宁夏和甘肃七个省、自治区、直辖市，蜿蜒于崇山峻岭之中，长达6 700公里。这样浩大的工程必须依靠严密的施工组织、完善的工程管理才得以完成。据《春秋》记载，当时没有任何机械，工作环境又是崇山峻岭、峭壁深壑，而工程计划却十分周到细致，不仅计算了城墙的土石方量，连所需的人力、材料，以及从何处征集劳力，他们往返的路程、所需口粮，各地应担负的任务也都一一明确分配。

2. 2 000多年前的春秋战国时期田忌与齐王赛马这一在我国流传甚广的故事，包含了对策论管理思想的雏形。这对竞争中的现代企业仍有启发意义。

3. 在中国的历史上，秦始皇不但建立了第一个多民族的统一国家，而且在他短暂的统治时期内，表现出了卓越的管理才能。他建立了以郡县制为基础的中央集权体制，设立了以三公九卿为主的行政管理机构，制定了一系列法律条令，统一了全国的文字、货币和度量衡制度。

4. 唐朝刘晏的漕运改革也颇有创举。他实行有偿劳动,并将漕运分为几段,按各段水情招聘船工,使用船只,并将大米由散装改为袋装,既方便搬运,又便于失事后打捞。这项改革使当时南方大米运进京都西安的时间由原来的八九个月缩短到 40 天左右。

5. 宋真宗祥符年间,由于皇城失火,宏伟的昭君宫被烧毁,大臣丁渭受命全权负责宫殿的修复。当时,这项工程极为浩大,不仅要进行完整的施工设计,还要解决诸多的困难:清墟的垃圾无处堆放、烧砖烧瓦无处取土、大型木材石料运输极其困难。丁渭对此提出了一个巧妙的方案:先在宫殿前的街道挖沟,把取出的土烧砖烧瓦;再把京城附近的汴水引入沟渠中,形成一条运河,用船把各地的木材石料等建筑材料运到宫前,解决了运输问题;最后沟渠撤水,把清墟的碎砖烂瓦就地回填,修复原来的街道。这个方案合理、高效地同时解决了三个问题。这是中国古代一次成功的工程管理活动实践。

(二)外国早期管理活动

1. 公元前 5000 年左右,古代埃及人建造了世界七大奇迹之一的金字塔。据考证,大金字塔占地约 5.3 公顷,建造大金字塔共耗用万斤重的大石块 230 多万块,每块石头平均重达 2.5 吨,最重的达 15 吨。动用了 10 万人力,耗时 20 年。在浩大的工程中先干什么、后干什么,每个人每天都干什么活,采石、运输、砌石等工作之间如何协调等,涉及一系列的工程设计、组织施工、工程管理等方面知识,组织管理工作的严密和卓有成效,令现代人也叹为观止。

2. 古罗马帝国兴盛,疆域辽阔,包括了整个欧洲和北非。人口五千万,治理这样一个庞大的帝国谈何容易。公元 284 年,当时的皇帝戴克利先把整个帝国分成 101 个省,这些省归并为 13 个区,再进一步归并为 4 个大区。皇帝自己兼任一个大区的领导,再委派 3 个助手分别管辖余下的 3 个大区。大区的首脑委派领导各个区的总督,再由总督委派领导各省的省长。省长只管本省内的民政,而不统率军队。这样做使省长既无法以军队来反抗中央政权,又能根据当地的特点来治理好本省。这种政权的组织形式使罗马能号令整个帝国并保持了帝国的稳定。

3. 罗马天主教的组织结构基本上是在公元 2 世纪建立的,教会的最高权威集中于罗马,教会有一个简单的权力结构,由五个层次组成,即社区教士、主教、大主教、枢机主教和教皇。至今这种结构基本上没有什么变化。

4. 古巴比伦国王汉谟拉比于公元前 2000 年左右发布了一部法典——《汉谟拉比法典》。法典全文 282 条,对个人财产、不动产、商业活动、个人行为、人与人的关系、工资报酬、职责和其他民事与刑事等都作了具体规定,其中有许多涉及经济管理的思想,如控制借贷、贵金属的存放和付给、货物的经营贸易、最低工资、会计和收据的处理、责任的承担等。

【小看板 2 −1】

滴水藏海

有一个年轻人跋涉千山万水来到森林中的寺院，请求寺院里德高望重的住持收他为徒。住持郑重地告诉他："如果你真要拜我为师追求真道，你必须履行一些义务与责任。""我必须履行哪些义务和责任呢？"年轻人急切地问。"你必须每天从事扫地、煮饭、劈柴、打水、扛东西、洗菜……的工作。""我拜你为师是为了习艺正道，而不是来做琐碎的杂工、无聊的粗活的。"年轻人一脸不悦地丢下这句话，就悻悻然离开了寺院。

其实，正道不是深不可测、高不可攀的，正如所有的管理思想都是在长期的管理活动实践中积累、总结出来的。一滴水可以藏海，平凡的日常琐碎、生活细节，孕育、隐藏着大的哲理。学会在生活、工作中多观察、多思考、多感悟会成就大事业。

资料来源：智库百科。

二、早期管理思想

人类在长期的管理活动中逐渐总结、积累了丰富的管理经验，在对这些经验思考的基础上，逐渐提炼，形成了早期的管理思想。

（一）中国早期的管理思想

1. 道家管理思想。老子认为"道常无为"，管理者应"处无为之事，行不言之教"。"无为而治"的管理方式是现代管理的最高境界，值得今天的管理者深入研究。比如高速公路对个体的控制实有似无，一方面非常有效地控制了交通秩序，另一方面又使车辆的行驶方便自如，既从总体上维持了平衡和稳定，又给个体提供了更多自主选择的机会。这就是总体的自然有序和个体的自由自主达到了统一。具体来说，无为而治就是通过最少的、必要的、有效的法律制度把社会干涉行为减少到最低限度，从而实现组织的自然和谐与个人自由的协调发展。

2. 儒家管理思想。儒家管理哲学的基本精神是以"人"为中心。孔子在《礼记·中庸》中说："为政在人，取人以身，修身以道，修道以仁。仁者人也，亲亲为大。"其意思是："为政之道，在于得到人才，而得到人才的方法，在于领导者能修养自身，以德行感召人才。"这些观点符合现代行为科学理论。

3. 法家管理思想。法家主张"法治"，反对"人治"。韩非子提出"上法而不上贤"（《韩非子·孝忠》）。他认为，历史上的贤君和暴君都是很少的，绝大多数君主都属于"中人"，即只具有中等管理水平的统治者。如果实行法治，通过健全的法律法规制度，这些"中人"就可以把国家管理好；如果实行"人治"则非要等"千世一出"的圣贤不可，那是不现实的。

4. 兵家管理思想。春秋战国时期，杰出的军事家孙武所著的《孙子兵法》计13篇，篇篇闪耀着智慧的光芒。以孙子为代表的中国兵家思想十分丰富，不仅对于古代的军事，而且对于现代的军事和管理都有重要的参考价值。1990年的海湾战争中，美国发给自己的军官人手一册《孙子兵法》。日本和美国的一些大公司把《孙子兵法》列为培训经理的必读书。

对于管理的战略，孙子强调，优秀的战争指挥员应该依靠计谋取胜，"故上兵伐谋，其次伐交，其次伐兵，其下攻城"；"知己知彼，百战不殆；不知彼而知己，一胜一负；不知彼，不知己，每战必殆"。这些重视战略筹划的思想，对于管理人员具有重要的启迪作用。

对于管理的策略，孙子指出："水因地而制流，兵因敌而制胜。故兵无常势，水无常形；能因敌变化而取胜者，谓之神。"这种"因变制胜"的策略思想，对于现代管理仍是有参考价值的。

孙子提出分级管理的原则，即"沿众如沿寡，分数是也"。要使管理多数人像管理少数人一样，就要依靠组织和编制的作用。如何形成富有战斗力的组织呢？孙子又提出"令文齐武"的治军原则，文武两手包含恩威并用、信赏明罚、爱卒善俘，就是要用思想教育的手段，对部属晓之以理，动之以情。同时要用制度控制的方法，严明纪律，严肃法度。这对于现代管理仍是适用的。

中国古代关于管理方面的思想还可以在《周礼》、《墨子》、《齐民要术》、《天工开物》等许多著作中找到，这些著作极大地丰富了中国古代的管理思想。

（二）工业革命后外国早期管理思想

工业革命的标志是1733年英国人约翰·怀亚特发明了纺织机，1769年英国人瓦特发明了蒸汽机，1769年、1771年英国人理查德·阿莱特设立了毛纺厂。机器的大量使用使手工作坊向工厂发展，大量的工人共同从事生产活动，带来了一系列的新问题，于是，许多学者、专家也开始了对工厂生产管理思想的探讨，出现了许多有代表性的工业企业管理思想。

1. 亚当·斯密的管理思想。亚当·斯密（Adam Smith，1723—1790）是苏格兰的政治经济学家与哲学家，他在1776年发表了代表作《国富论》。该著作不仅对经济和政治理论的发展有着突出的贡献，对管理思想的发展也有重要的贡献。亚当·斯密的管理思想主要有：

（1）劳动分工能大大提高生产效率。亚当·斯密在他的《国富论》中以制针业为例说明了劳动分工给制造业带来的变化。他发现一个受过训练的工人独自完成制针的全过程，最快每天也不会超过制作20根针。如果将制针分解成许多单一的作业，拔丝、矫直、切段、磨针尖、在另一端钻孔做针鼻……这样一来，平均一个人每天可以生产4 800枚针。这段生动论述，形象地把劳动分工的优越性展现出来了。

亚当·斯密认为，劳动分工之所以能大大提高生产效率，可归结为以下三个原因：①劳动分工使每个人只从事单一性和重复性的作业，提高了技巧和熟练程度，增加了每个工人的技术熟练程度；②节省了从一种作业变换到另一种作业所耗费的时间；③有利于发明专门使用的机器，更进一步节省了时间。

今天广泛采用的专业化工作和专业化生产无疑与斯密的劳动分工可以提高劳动生产率的思想是一脉相承的。

（2）"经济人"的观点。亚当·斯密在研究经济现象时，一个根本的观点是，经济现象是具有利己主义的人们的活动所产生的。他认为，人们在经济行为中追求的完全是私人利益。但是每个人的私人利益又受到其他人的利益所限制。即迫使每个人必须顾及其他人的利益，正是这种限制进而产生了社会利益，社会利益是以个人利益为立脚点的。这种认为人是追求物质、经济利益的，将人类的行为始点归于"经济"因素的观点，即"经济人"的观点。

（3）劳动是国民财富的源泉。亚当·斯密认为，劳动是国民财富的源泉。即若要增加国民财富，必须增加生产性劳动，减少非生产性劳动，特别是必须提高劳动者的劳动熟练程度和劳动技能。

2. 罗伯特·欧文的人事管理思想。罗伯特·欧文（Robert Owen，1771—1858）是19世纪初期英国卓越的空想社会主义者。他早年在苏格兰的纽拉纳克经营一家大纺织厂，并以在该厂进行了前所未有的试验而闻名于世。试验前此厂是当时"社会的缩影"，集中了"工厂制度下的一切罪恶"，如劳动时间长、劳动强度高、工资低、生活条件恶劣等。欧文认为人是环境的产物，两者相互作用，并强调只有"社会主义"才能克服"资本主义的一切罪恶"。为此，他在自己开办的纺织厂里实行了一系列大胆的改革：改善工作条件，包括将劳动时间缩短为10.5小时、严禁未满9岁的儿童参加劳动等；提高工资，并免费供应膳食；建设工人住宅区，改善工人的生活条件；开设工厂商店，按成本出售工人所需要的生活必需品；设立幼儿园和模范学校，创办互助储金会和医院，发放抚恤金；等等。

欧文实验的目的是探索在改善工人生活条件的前提下，能否有利于工厂所有者大幅度地提高劳动生产率；探索出对工人和工厂所有者双方都有利的管理方法和制度。尽管试验最终以失败告终，但不可否认的是他的设想在"一定条件下"是能成功的。他的改革确实改善了工人阶级的生活条件，同时也使工厂所有者获得了丰厚的利润。

欧文的管理思想主要有：工厂所有者要像"关心"机器那样"关心"工人，重视人的因素和人的作用；主张对人力进行投资；重视"人"的作用。正因为罗伯特·欧文最先注意到"人"的因素，因此，他被后人称为"人事管理之父"。

3. 英国数学家查尔斯·巴贝奇的思想。查尔斯·巴贝奇（Cbarles Babbage，1792—1871）是英国剑桥大学数学教授，同时又是机械工程师。他于1832年出版了《关于机器和制造业的经济效益》一书。

巴贝奇的管理思想主要有：

（1）提出了工资加利润分享制度。即工人除了拿工资外，还应按工厂所创利润的百分比额外地得到一部分报酬，以此来调动劳动者的工作积极性。这种做法有以下几点好处：使每个工人的利益同工厂的发展及其所创利润的多少直接有关；每个工人都会关心浪费和管理不善等问题；能促使每个部门改进工作；有助于激励工人提高劳动生产率；工人同雇主的利益一致，可以消除隔阂，共求企业的发展。

（2）巴贝奇提出应分析制造程序及成本；应花时间研究技术；搜集资料时应使用印好的标准表格；分析企业机构的实际工作时，宜采用比较分析法；应研究各种不同颜色的纸张与油墨的效果，以确定何种颜色不易使眼睛疲劳；提问题时要研究如何发问才能获得最佳效果；应根据以所得为基础的统计资料来确定所需；生产程序的管理应该集权化；以是否邻近原料供应地来确定厂址等。

巴贝奇的这些思想无论在深度上还是在广度上都比前人、同代人有较大的进步。

第二节 古典管理理论

产业革命后，随着生产力的提高，技术进步加快，许多新发明开始出现，企业的规模越来越大，但是管理仍处于主要依靠自己经验的阶段，采用传统的方法进行管理，经验和主观臆断盛行，缺乏科学的依据等，所以，在管理实践中，难免遇到了中、小型企业中没有遇到过的问题，如效率低、管理困难、机构如何设置，等等。同时，由于企业管理落后，使美、法、德等西方国家的经济发展和企业的劳动生产率都远远落后于当时的科学技术成就所带来的可能性，例如，美国许多工厂的实际产量都低于其额定的生产能力的60%。怎样使管理水平与迅速扩大的生产力相适应，已成为管理上需要迫切解决的新问题。为了适应生产力发展的需要，改善管理的粗放化和低水平，当时在美国出现了以泰罗为代表的科学管理理论，在法国出现了以法约尔为代表的一般管理理论，在德国出现了以韦伯为代表的行政组织理论等。尽管这些管理理论的表现形式各不相同，但其实质都是在简单、朴素的早期管理思想的基础上经过实践验证、提炼发展起来的，都采用当时所掌握的科学方法和手段对管理过程、职能和方法进行探讨和试验。

古典管理理论阶段（从20世纪初至20世纪20年代）的特点是：第一次使管理从经验上升为科学，并提出管理职能分工，强调以规范化和标准化的措施，辅以金钱的刺激来提高劳动生产率，这对劳动生产率的提高起了很大的作用。

一、泰罗的科学管理

（一）泰罗生平

泰罗（Fredreick W. Taylor, 1856—1915）出生于美国费城的一个律师家庭，从少年时代起，他对任何事情都有一股刨根问底、追求真理的劲头，观察问题缜密，并有进行验证的决心。在继承父业的思想指导下，他考上了哈佛大学的法律系，由于得了眼疾，不得不辍学。1875年进入费城的一家机械厂当徒工。1878年进入费城的米德维尔钢铁公司当技工，于1884年被提升为总工程师。1890年至1893年间，泰罗在一家制造纸板纤维的制造投资公司担任总经理。1901年以后，他用大部分的时间从事写作、演讲，宣传他的科学管理。取得过发明高速工具钢等专利。他于1911年发表了《科学管理原理》一书，系统地提出了科学管理思想。泰罗科学管理的最大贡献是在历史上第一次使管理从经验上升为科学，他被后人称为"科学管理之父"。泰罗科学管理的精髓是用精确的调查、实验研究和科学知识来代替个人经验。

（二）泰罗的科学管理理论的主要观点

1. 科学管理的中心内容是追求最高生产效率。泰罗认为工人和雇主的矛盾就像两个人争大饼，雇主关心的是高利润，工人关心的是高工资，雇主得到的多些，工人得到的就少些。科学管理的关键是工人和雇主都必须进行一次彻底的"精神革命"和"思想变革"，用相互协作代替对抗与斗争，使双方都认识到提高劳动生产率对双方都是有利的，只有不断地提高生产效率，使"饼"做大，每个人分到的才能更多。泰罗在《科学管理原理》的开头就写道：劳资双方在科学管理中所发生的精神革命是，双方都不把利润分配看成头等大事，而是把注意力转移到增加利润的量上来。直到利润大到不必为如何分配而进行争吵的程度……足以给工人高工资，给雇主高回报……最高工作效率是共同富裕的基础，没有雇员的富裕，雇主的富裕是不长久的。

2. 标准化原理。标准化原理是指工人在工作时要采用标准的操作方法，使用标准的工具、机器、材料，所在工作现场环境等都应该标准化，以利于提高劳动生产率。

【小看板 2 - 2】

泰罗的"铁锹试验"

当时伯利恒钢铁公司的铲运工人上班都是自己带铁锹，而且铁锹的大小、规格差别很大。泰罗认为这种做法是不合理的。泰罗对此进行了研究，发现对于一流的铲工，每一锹的载荷大约在21磅时生产效率最高。为使确保每锹21磅，泰罗依据不同的物料设计了12种不同规格的标准铁锹。铲运的物料是铁矿石就用小锹，物料是煤屑就用大锹。这种对工具进行标准化的做法大大提高了工作效率。这种做法大大地提高了生产效率。

泰罗的"搬运生铁块的实验"

泰罗以工序为对象，通过动作研究，把每一个工作都分成尽可能多的简单的基本动作，同时，选择最适用的工具、机器，然后通过对最熟练工人每一个操作动作的观察，选择出每一个基本动作的最快和最好的方法，并把时间记录下来，然后再加上必要的休息时间和其他延误的时间，得到完成这项工作的标准定额时间。

在伯利恒钢铁公司，有75名搬运工人负责搬运生铁块这项工作。每个铁块重40多千克，搬运距离为30米，每人每天平均只能把12.5吨的铁块搬上火车。泰罗在助手的帮助下对这项工作进行了认真的观察、分析和研究，重新确定了工作的时间和程序。泰罗的助手挑选一名叫施米特的工人进行试验，施米特在泰罗助手的指挥下工作，搬起铁块、行走，放下铁块、休息等都严格按照流程要求。一天下来，施米特搬运了47吨铁块，以后每天施米特都能搬运47吨，而且不会危害健康。泰罗经过认真的观察、分析，就把这项工作的每人每日标准工作定额确定为47吨，提高了将近3倍，并使工人的工资也有了很大提高。

3. 差别计件工资制。即在科学地制定劳动定额的前提下，采用差别计件工资制鼓励工人完成或超额完成定额。泰罗认为这种工资制度会大大提高工人们的劳动积极性，雇主的支出虽然有所增加，但利润提高的幅度要大于工资提高的幅度，所以对于雇主和工人来说都是有利的。

【小看板2-3】

泰罗的差别计件工资制

泰罗在米德维尔钢铁公司任工长的时候，发现工人在工作中存在的最大弊端是"磨洋工"：工人一般只干正常工作量的三分之一至二分之一。

泰罗认为工人磨洋工的原因是：①人的懒惰的天性引起的"无意磨洋工"；②错综复杂关系和重重顾虑引起的"有意磨洋工"；③企业报酬制度不合理。泰罗认为磨洋工现象的存在应该责怪管理部门，而不应该由工人负责，管理工作就是要设计好工作，并提出适当的激励办法，以克服磨洋工现象。

泰罗在分析了原有的报酬制度后认为，要在科学地制定劳动定额的基础上，采用差别计件工资制度。其具体做法是：如果工人完成或超额完成定额，可按比正常单价高出25%计酬。不仅超额部分，而且定额内的部分也按此单价计酬。如果工人完不成定额，则按比正常单价低20%计酬。这种工资制度大大提高了工人们的劳动积极性，从而大大提高了劳动生产率。

4. 对工人进行科学的挑选、培训和晋升。即主张改变工人挑选工作的传统，而坚持以工作挑选工人，每一个岗位都挑选第一流的工人，以确保较高的工作效率。泰罗认为，第一流的工人包括两个方面：一是能力与工作相适应，该工人的能力最适合做这种工作；二是该工人必须愿意做这种工作。身强力壮的人干体力活可能是第一流的，心灵手巧的人干精细活可能是第一流的。要根据工人的能力和天赋把他们分派到最适合的岗位上去，还要对他们进行培训。教会他们科学的工作方法，激发他们的劳动热情。

5. 管理职能分工。泰罗认为，用科学工作方法取代经验工作方法能大大提高劳动生产率，工人凭经验很难找到科学的工作方法，所以应该把计划同执行分离开来，管理部门要在实验和研究的基础上确定标准的操作方法和采用标准的工具、设备，制订计划，负责执行计划的是工长和工人，这样计划职能与执行职能相分离，有助于采用科学的工作方法。

6. 例外原则。泰罗认为，规模较大企业还需要运用例外原则。所谓例外原则，就是指高级管理人员为了减轻处理纷乱烦琐事务的负担，把处理各项文书、报告等一般日常事务的权力下放给下级管理人员，高级管理人员只保留对例外事项的决策权和监督权。泰罗的这种以例外原则为依据的管理控制原理，以后发展成了管理上的分权化和实行事业部的管理体制。

（三）泰罗科学管理的缺陷

泰罗认为工人的主要动机是经济，工人最关心的是提高自己的金钱收入，即坚持"经济人"假设。他还认为工人只有单独劳动才能好好干，集体的鼓励通常是无效的。他在伯利恒钢铁公司工作时，规定不准 4 个以上工人在一起工作。经过工长的特别允许除外，但不得超过 1 周。泰罗侧重于低层的管理，泰罗的科学管理只解决具体工作的作业效率问题，对于企业如何进行整体性的经营和管理则没有涉及。

二、法约尔的一般管理

（一）法约尔生平

亨利·法约尔（Henry Fayol，1841—1925），出生于法国一个资产阶级家庭。1860年毕业于圣艾蒂安国立矿业学院，并进入科门特里富香博公司担任工程师。1888 年，当公司处于破产边缘时，他被任命为总经理，并按照自己关于管理的思想和理论对公司进行了改革和整顿，关闭了一些经济效益不好的冶金工厂，并吸收资源丰富的新矿来代替资源枯竭的老矿，他于 1891 年吸收布列萨克矿井，1892 年吸收了德卡斯维尔的矿井加工厂并把新的联合公司命名为康曼包公司。1900 年他吸收了东部煤区的莱得莱维尔矿井，把原来濒于破产的公司整顿得欣欣向荣。在第一次世界大战期间，他领导的公司为战争提供了大量资源。法约尔曾任法国陆军大学和海军学校的管理学教授。他 1916 年出版的《工业管理与一般管理》一书，为阐述其基本思想的代表著作。法约尔认为其管理理论不仅适用于所有的各类企业的管理，也适用于所有的非企业界的管理，如对学校、医院、行政机关乃至一个地区、国家的管理活动，所以，将其理论称为一般管理理论。

（二）法约尔的一般管理理论的主要观点

1. 经营不同于管理。法约尔认为，经营是指管理者引导一个组织趋向某一既定目标。管理是组织经营的一项活动。工业企业的经营活动可以概括为六大类：

技术活动——指生产、制造、加工等；

商业活动——指购买、销售、交换等；

财务活动——指资金的筹集、运用和控制等；

会计活动——指盘点、制作财务报表、成本核算、统计等；

安全活动——指维护设备和保护职工的安全等；

管理活动——指计划、组织、指挥、协调和控制。

法约尔因首次提出经营和管理是两个不同的概念，被后人称为"经营管理之父"。

2. 管理的五大职能。法约尔首次把管理活动划分为计划、组织、指挥、协调与控制五项职能，并对这五大职能进行了详细的分析。

3. 管理人员的十四条原则。法约尔十分重视管理原则的系统化，他根据长期的管理经验，总结出管理人员应严格遵循的十四条原则。

（1）劳动分工。实行劳动的专业化分工可以提高效率。不仅适用于技术工作，也适用于管理工作。

（2）权力与责任。权力与责任应对等，权力大者责任应大。权力有职位权力和个人权力之分，职位权力是由个人的职位高低决定的，个人权力则是由个人的智慧、知识、品德及指挥能力等因素形成的。优秀的管理者应兼有职位权力及个人权力，以个人权力补充职位权力。

（3）纪律。任何组织成员，包括高层管理者，都必须受到纪律的约束。

（4）统一指挥。一个下级只能接受一个上级的命令。多重命令对于权威、纪律和稳定性都是一种威胁。

（5）统一领导。组织全部活动必须服从同一目标，按照同一个计划进行。一个组织只有行动协调统一才能形成最强的力量。

（6）个人利益服从集体利益。集体的目标必须包含员工个人的目标。但个人利益绝不能放在集体利益之上。

（7）合理的报酬。薪酬制度应当公平。对工作成绩优良者应有奖励，但奖励应以能激起职工的热情为限，否则将会出现副作用。

（8）集权和分权。企业管理中适度的放权能提高下属积极性，但又必须有某种程度的集权，其集中的程度应根据组织的自身条件、所处的环境和管理者的个性、能力以及下属的素质来决定。

（9）跳板原则。企业管理中的等级权力渠道是从最高管理人员直到最基层管理人员，它也是信息传递的渠道。为了保证命令的统一，各种沟通都应按层次逐级进行，但这样可能产生信息延误现象。

为了解决这一问题，法约尔提出了"跳板"原则。如图2-1所示，在一个企业里，并行的相邻部门 C_1 与 C_2 发生必须两者协商才能解决的问题时，可先由这两个部门直接协商解决，只有在两者不能达成协议时才各自向双方上一级 B_1 和 B_2 报告，由双方上级 B_1 和 B_2 再协商解决。这样，一般的问题就能在较低的一级层次解决；只有在各级都不能达成协议以及下级难以处理时才需由高级层次作出决定。跳板原则既能维护命令统一原则，又能迅速及时地处理一般事务，是组织理论上的一个重要原则。

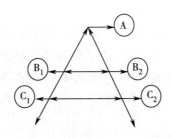

图2-1　"跳板"原则示意图

（10）秩序。"凡事各有其位。"如设备、工具、人员要有自己确定的位置。合理的秩序是按照事物的内在联系确定的。

（11）公平。公平和公道是有区别的，公道是按规则、制度行事，公平就是由公道产生的。

（12）保持人员稳定。人员变动频繁是管理不善的原因和结果。要保持组织的相对稳定。

（13）创新精神。全体成员发挥创新精神，对整个组织来说是一种巨大的动力。

（14）人员的团结。组织的力量来源于团结和协调。

至今，这些原则仍对我们的管理工作有指导意义。

【小看板 2 -4】

法约尔 vs 泰罗：两位互补的大师

在管理发展史上，法约尔是与泰罗并驾齐驱的古典管理理论创始人之一，二人处于同一时代，且都有工程师背景，都曾长期任职于重工业部门，在集中研究管理理论之前，两人都因技术研究和实验而出名，他们都出生在相当富裕的家庭，而且都受过工程师教育。

所不同的是，法约尔是在一个强调以传统为基础的法国文化环境中通过遗传和长期、忠诚的服务取得成功，成长为管理雄才的，法约尔一开始就当上了副经理，以后又担任了大公司的最高领导，并在法国的多种机构从事过管理方面的调查和教学工作，法约尔是从经理——办公桌旁边开始对管理的研究的，他集中注意于经理人员并向下研究，法约尔没有遭到有组织的工人的敌视。而泰罗则是在新教徒的伦理和美国开放式文化环境中，通过自己不懈努力发迹的，泰罗开始是一名工人，其后主要从事工程技术工作，把工作的重点放在作业现场上，是从车工——车床旁边开始对管理的研究的。

由于个人的经历不同，因而也就决定了他们的管理理论具有明显不同的特色，法约尔主要关注上级指令的有效性，以及指令如何影响整体组织功能，而泰罗主要关注劳动生产率和个人任务。正如日本学者占部都美所说："泰罗是以工厂管理合理化这一具体目标为出发点的。而法约尔的管理理论从一开始就是以大企业的整体为研究对象，不仅适用于企业，也适用于军政机关和宗教组织。因此，他的管理理论是概括性的，也非常富有原则性。"泰罗的科学管理理论标志着古典管理理论的诞生，其划时代的意义是十分巨大的。虽然法约尔在泰罗发表《科学管理原理》（1911 年）之前于 1908 年就曾发表演讲了，但是第一次世界大战的爆发影响了其理论的总结。

资料来源：中国管理传播网。

三、韦伯的行政组织理论

韦伯与泰罗、法约尔是同一时代人，是德国的古典管理理论代表人物之一。他在管理思想方面的贡献是提出了理想行政组织体系理论，由此被人们称为"行政组织理论之父"。

韦伯管理思想的主要内容有：

1. 明确分工。对每个职位上的组织成员的权力和责任都有明确的规定，并作为正式职责使之合法化。

2. 权力体系。官员们按职务等级系列和权力等级进行安排，形成一个自上而下的等级严密的指挥体系，每一职务均有明确的职权范围。

3. 规范录用。人员的任用完全根据职务的要求，通过正式的考评、教育和训练来实现。每个职位上的人员必须称职，同时，不能随意免职。

4. 管理职业化。管理人员有固定的薪金和明文规定的晋升制度，是一种职业管理人员，而不是组织的所有者。

5. 公私有别。管理人员在组织中的职务活动应当与私人事务区别开来，公私事务之间应有明确的界限。管理人员没有组织财产的所有权，并且不能滥用职权。

6. 遵守规则和纪律。组织中的所有成员，包括管理人员在内，都必须严格遵守组织的规则和纪律。

科学管理理论使企业管理走向了正规化、制度化和科学化的轨道，极大地推动了劳动生产率的提高。但与生产高效化相伴生的是人的工具化，以及工人对工作的厌烦；劳资矛盾的激化。科学管理理论在实践中暴露出本质的弱点：对人性的忽视；没有看到工人精神上、感情上的需求。

第三节　人际关系学说与行为科学

随着生产力的迅速发展、新技术相继出现并广泛应用，资本主义经济进入了一个新的时期，产业结构的调整和第三产业的兴起，工人的文化水平和生活水平都有了提高，工人已逐步解决了温饱问题，其觉悟也逐步提高，这种情况下仍采用严格管理和金钱刺激就失去了过去所能起到的作用；同时随着脑力劳动的比重增加以及以优质服务制胜的第三产业的发展，一方面，泰罗的时间动作研究已无用武之地，另一方面，泰罗的重奖重罚的外部监督制度对脑力劳动和服务质量的监督，治标不治本，需要更多地依靠"自我控制"。为了缓解劳资矛盾，调动工人的积极性，提高劳动生产率，促进经济的发展，迫切需要找出更好的管理理论和方法。在这样的形势下，人际关系学说、行为科学应运而生。

人际关系学说与行为科学阶段（20 世纪 20 年代至 40 年代）的特点是：把人看做是社会的人，充分地尊重职工，鼓励职工的敬业精神和创新精神，注重满足职工自我实现的内在激励，注重培育共同的价值观，关注于人的需求及与人相关的社会因素的研究。

一、人际关系学说

（一）霍桑试验

霍桑试验是从 1924 年至 1932 年在美国芝加哥郊外的西方电器公司的霍桑工厂进行的，以验证生产环境对工人劳动生产率的影响。霍桑工厂当时有 25 000 名工人，有较完善的娱乐设施、医疗制度和养老金制度，但是工人们仍有很强的不满情绪，生产效率很低。为了探明原因，1924 年 11 月，美国国家研究委员会组织了一个包括多方面专家的研究小组进驻霍桑工厂，开始进行试验。当时，许多管理者和学者认为，工作环境的物质条件同工人的健康及生产率之间有明确的因果关系。因此霍桑试验是根据工人对给予的工作条件可能作出相应的反应的假设进行的，其目的是想研究工作环境的物质条件与产量的关系，以发现提高劳动生产率的途径。试验分为以下四个阶段：

（1）工作场所照明试验（1924—1927 年）。该试验从变换车间的照明开始，打算研究工作条件与生产效率间的关系。研究人员希望通过试验得出照明强度对生产率的影响，但试验结果却发现，照明强度的变化对生产率几乎没有什么影响。该试验以失败告终，从中可以得出的结论是：工作场所的照明只是影响工人生产率的微不足道的因素；由于牵涉因素较多，难以控制，所以照明对产量的影响无法准确衡量。

（2）继电器装配室试验（1927—1928 年）。从这一阶段起，梅奥参加了试验。研究人员选择了 5 名女装配工和 1 名画线工在单独的一间工作室内工作（一名观察员被指派加入这个工人小组，以记录室内发生的一切）。在试验中分期改善工作条件，如改进材料供应方式、增加工间休息、供应午餐和茶点、缩短工作时间、实行集体计件工资制等，女工们在工作时间可以自由交谈，观察员对她们的态度也很和蔼。这些条件的变化使产量上升。但一年半后，取消了工间休息和供应的午餐和茶点，恢复每周工作六天，产量仍维持在高水平上。经过研究，发现其他因素对产量无多大影响，而监督和指导方式的改善能促使工人改变工作态度、增加产量。

（3）大规模访谈（1928—1931 年）。研究人员在上述试验的基础上进一步在全公司范围内进行访问和调查，达 2 万多人次。刚开始调查人员提出了有关督导管理和工作环境方面的问题，但是他们发现职工的回答往往是带有防卫性的或是千篇一律的陈词滥调。因此，他们决定改变直接提问的方式，允许职工自由选择他们自己的话题，结果却得到了大量有关职工态度的第一手资料。他们发现，影响生产力的最重要因素是工作中发展起来的人群关系，而不是待遇和工作环境。每个工人的工作效率的高低，不仅取决于他们自身的情况，还与其所在小组中的同事有关，任何一个人的工作效率都要受他的同事们的影响。这一看法又导致了进一步系统研究职工在工作中的群体行为。

（4）接线板接线工作室观察（1931—1932 年）。该室有 9 名接线工、3 名焊接工和 2 名检查员。在这一阶段有许多重要发现：①大部分成员都自行限制产量。公司规定的工作定额为每天焊接 7 312 个接点，但工人们只完成 6 000 ~ 6 600 个接点，原因是怕公司再提高工作定额，怕因此造成一部分人失业，要保护工作速度较慢的同事。②工人对待他们不同层次的上级持不同态度。对于小组长，大部分工人认为是小组的成员之一；对于小组长的上级——股长，认为他有点权威；对于股长的上级——领班，每当他出现时，大家都规规矩矩，表现良好。这说明，个人在组织中的职位越高，所受到的尊敬就越大，大家对他的顾忌心理也越强。③成员中存在一些小派系。每一个派系都有自己的一套行为规范，派系的成员必须遵守这些规范。如果违反规范，就要受到惩罚。这种派系是非正式组织，这种组织并不是由于工作不同所形成的，而是与工作位置有些关系。这种非正式组织中也有领袖人物，他存在的目的是对内控制其成员的行为，对外保护自己派系的成员，并且注意不受管理阶层的干预。

霍桑工厂进行的试验经历了8年时间，获得了大量的第一手资料，为人际关系理论和行为科学的形成和发展打下了基础。梅奥在霍桑试验后，利用获得的大量的宝贵资料继续进行研究，最终提出了人际关系理论。

（二）梅奥的人群关系学说

乔治·艾尔顿·梅奥（George Elton Mayo，1880—1949）出生于澳大利亚，1899年在阿得雷德大学取得逻辑学和哲学的硕士学位后，在昆士兰大学教授逻辑学和哲学。后来赴苏格兰学习医学，并参与精神病理学的研究，后移居美国。从1926年起，他应聘于哈佛大学，任工业研究副教授，随后带队参加了霍桑试验。梅奥的代表作是《工业文明的人类问题》。在这本书中，他总结了亲身参与并指导的霍桑试验及其他几个试验的初步成果，并阐述了他的人群关系理论的主要思想。

人群关系学说是着重于研究人群际关系的理论，其主要内容有：

1. 工人是"社会人"而不是"经济人"。科学管理把人当成"经济人"，认为金钱是刺激人们工作积极性的唯一动力。梅奥则认为，人是"社会人"，影响人们生产积极性的因素除了物质以外，还有社会和心理方面的因素，人们需要友情、需要受人尊敬、需要安全等。

2. 企业中存在着非正式组织和正式组织。企业、部门、单位为正式组织。梅奥认为，人是社会人，在企业的共同工作当中，人们必然相互发生关系，形成共同的感情，进而构成一个体系，这就是非正式组织。非正式组织形成的原因很多，有地理位置关系、兴趣爱好关系、亲戚朋友关系、工作关系等。

正式组织的逻辑多为效率逻辑，即组织中各成员之间，为提高效率，保持着形式上的协作。而非正式组织的逻辑多为感情逻辑，即组织中是出于某种感情而采取行动。非正式组织的存在为其成员提供了一个交流感情的空间和机会，有利于人员的稳定。但是，当正式组织的政策、目标与非正式组织成员的利益相冲突时，会遭到非正式组织的集体抵制。不仅是工人，技术人员、管理人员中也同样存在非正式组织。

梅奥认为，管理者要充分重视非正式组织的作用，注意在正式组织的效率逻辑同非正式组织的感情逻辑之间保持平衡，以便使管理人员同工人之间、工人相互之间能互相协作，充分发挥每个人的作用，提高效率。

3. 新的领导能力在于提高职工的满意度，以提高职工的士气，从而提高工作效率。最好的管理就是顺其人性自然。管理人员的新型的领导能力在于了解职工的物质和精神方面的不同需求，顺民意、抚民心，最大限度地使员工得到满足，因势利导以提高员工的情绪和态度，即士气，从而提高工作效率。金钱或经济刺激对促进工人提高劳动生产率只起第二位的作用，金钱只是人们需要的一部分，人们所需要的还有被承认、被重视及安全的感觉和他与周围人的关系。

【小看板 2 - 5】

格罗培斯的难题：最人性的就是最好的

世界著名建筑大师格罗培斯设计的迪士尼乐园，经过了 3 年的施工，马上就要对外开放了。然而各景点之间的道路该怎样联络还没有具体的方案。施工部打电话给正在法国参加庆典的格罗培斯大师，请他赶快定稿，以便按计划竣工和开放。

格罗培斯大师从事建筑研究 40 多年，攻克过无数建筑方面的难题，在世界各地留下了 70 多处精美的杰作。然而建筑中最微不足道的一点小事——路径设计却让他大伤脑筋。对迪士尼乐园各景点之间的道路安排，他已修改了 50 多次，没有一次是让他满意的。

接到催促电报，他心里更加焦躁。巴黎的庆典一结束，他就让司机驾车带他去了地中海海滨。他想清醒一下，争取在回国前把方案定下来。汽车在法国南部的乡间公路上奔驰，这里是法国著名的葡萄产区，漫山遍野到处是当地农民的葡萄园。一路上他看到人们将无数的葡萄摘下来提到路边，向过往的车辆和行人吆喝，然而很少有人停下来。

当他们的车子进入一个小山谷时，发现在那里停着许多车子。原来这儿是一个无人看管的葡萄园，你只要在路边的箱子里投入 5 法郎就可以摘一篮葡萄上路。据说这座葡萄园主是一位老太太，她因年迈无力料理而想出这个办法。起初她还担心这种办法能否卖出葡萄。谁知在这绵延百里的葡萄产区，她的葡萄总是最先卖完。她这种给人自由选择的做法使大师格罗培斯深受启发。他下车摘了一篮葡萄，就让司机调转车头，立即返回了巴黎。

回到住地，他给施工部发了一封电报：撒上草种提前开放。施工部按要求在乐园撒了草种，没多久，小草出来了，整个乐园的空地都被绿草覆盖。在迪士尼乐园提前开放的半年里，草地被踩出许多小道，这些踩出的小道有窄有宽，优雅自然。第二年，格罗培斯让人按这些踩出的痕迹铺设了人行道。1971 年在伦敦国际园林建筑艺术研讨会上，迪士尼乐园的路径设计被评为最佳设计。

当人们问他，为什么会采取这样的方式设计迪士尼乐园的道路时，格罗培斯说了一句话：艺术是人性化的最高体现。最人性的，就是最好的。

资料来源：http://www.jrj.com。

二、行为科学理论

行为科学，就是研究人的行为的科学。行为科学理论研究的内容主要包括人的本性和需要、行为动机、生产中的人际关系等。认为人的需要引发动机，而动机支配人的行为，行为决定达到的目标，如图 2-2 所示。

其中影响较大的理论观点主要有：

1. 马斯洛的需要层次理论。需要层次理论是研究人的需要结构的一种理论，是美国

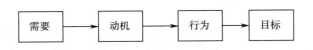

图 2－2　行为科学示意图

心理学家马斯洛（Abrahamh Maslow，1908—1970）于 20 世纪 50 年代提出的一种理论。人的基本需要按其重要性和由低到高发生的顺序可分为五个等级，如图 2－3 所示。

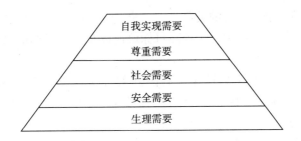

图 2－3　需要层次理论示意图

（1）生理需要：包括衣、食、住、行、医疗保健等需要。

（2）安全需要：包括劳动中的安全措施、职业病的避免、不公正待遇的去除以及对未来的保障。

（3）社交需要：如协调的集体、同事的友谊、丰富多彩的业务条件等。

（4）尊重需要：包括个人自尊心、自信心、求知欲、地位欲望以及受到他人尊重和赞赏等。

（5）自我实现需要：它可以理解为我们通常所说的事业心，即人可以自觉地充分发挥自己的聪明才智的一种内在需要。

2. 赫茨伯格的"双因素"理论。"双因素"理论是着重于研究激励人的动机的内容的理论。赫茨伯格（F. Herzberg）在 20 世纪 60 年代根据影响人的行为因素的研究提出了激励的双因素理论，把影响人的行为因素分为两类。一类是工作环境和工作关系方面的因素，称为保健因素。如公司的政策、管理、监督、工资、同事关系、工作条件等。另一类是工作内容本身方面的因素，称为激励因素。如成就、上级赏识、工作责任、个人进步等。他认为保健因素只能消除职工的不满，但不能起到调动积极性的作用，只有激励因素才能使人们感到满意，调动人们的工作积极性。作为组织的管理者，不仅要满足人们的保健因素，更要满足人们的激励因素。

3. 费鲁姆的期望价值理论。期望价值理论是着重于研究激励人的动机的力量大小的理论，是美国心理学家费鲁姆（Victor H. Vroom）于 1964 年在其著作《工作与激励》中提出的。期望价值理论认为，激励力量的大小，取决于所能得到的结果全部预期价值乘以他认为得到该结果的概率。用公式表示是

$$M = V \times E$$

式中：M（Motivation）——激励力量，指调动一个人的积极性，激发出人的潜力的
强度；

　　　　V（Valerlce）——目标价值，指达到目标后对于满足个人需要价值的大小；

　　　　E（Expectancy）——期望概率，指根据主观判断，能达到得到期望结果的目标的
概率。

他认为，这里必须处理好三个方面的关系：

第一，个人努力与绩效的关系；

第二，绩效与奖励的关系；

第三，奖励与满足个人需要的关系。

这一模式说明，管理者必须善于提高目标价值以及实现目标的可能性，才能有效地
激发职工的行为积极性。

4. 麦格雷戈的 X 理论与 Y 理论。美国麻省理工学院教授道格拉斯·麦格雷戈
（Douglas McGregor, 1906—1964）在 1960 年发表的《企业中人的因素》中提出了关于
人性假设的 X 理论与 Y 理论。

在 X 理论的假设下，管理人员必须用强硬的控制方法，如用惩罚等方法去驱使下
属工作，根本谈不上对下属的激励。在这种情况下，大多数管理者将人看成动机唯一
的"经济人"，只注意人的生理需要和安全需要，以金钱做管理工具，采取惩罚手段，
即"胡萝卜加大棒"理论。显然，在这种人性假设基础上的管理方法是难以激发其动
机的。

在 Y 理论的假设下，管理者所采取的主要管理方式就应是正确激励下属。具体地
说，就是要协调组织目标与个人目标之间的矛盾。让工作人员参与组织目标的设计，相
信下属有良好的工作愿望，让他们自己参与管理，使之承担一定的责任，并注意在组织
中创造有利于个人发展的良好环境。

【小看板 2 –6】

洞察人性，利义兼顾的管理手段

明万历初年，明神宗朱翊钧对首辅张居正不但给之高位，赐以金钱，并且对张居
正敬重备至，待之以师臣之礼，口口声声称"先生"或"张先生"。就是在下御札时，
也从不直呼其名，只称先生或元辅。以后传旨批奏时也多不提其名，只写"谕元辅"。

1574 年的一天，神宗在宫中传皇太后旨意，询问近侍太监："元辅张先生父母存
乎？"左右回答："先生父母俱存，年俱七十，甚康健。"

到了五月十九日视朝的日子，神宗给张居中正写了手谕："闻先生父母俱存，年
各古稀，康健荣享，朕心嘉悦，特赐大红蟒衣一袭，银钱二十两，又玉花坠七件、彩
衣纱六匹，乃奉圣母恩赐。咸钦承，著家僮往赏之。外银钱二十两，是先生的。"命
文官刘东把手谕及赏物送至内阁。

皇恩不仅降于自己一身，还被及父母，这样的厚恩使张居正感激涕零，立即写了谢恩疏给皇帝，说："恩出非常，感同罔极"；"士而知己，许身尚不为难；臣之受恩，捐躯岂足云报"。并且表示，立即派遣僮仆星夜兼程赶往江陵老家，归奉亲欢，传子孙为世宝。

这里，明神宗采取的政策就是用荣誉来辅助奖赏的不足。每个人都希望自己富而且贵，人的本性就是这样的。领导者要笼络人心，不但要使人富，还应使人贵，这个"贵"就是身份、地位的贵重。

上有榜样，下必效尤，一时满朝臣工对张居正都是敬重有加，从而使得张居正对神宗皇帝一心一意，竭力辅佐。在他的努力下，万历新政顺利施行，万历初期经济得到大力发展，国库充实，国力强盛，人民安居乐业。

义利兼顾的行赏往往能让受赏者更加心存感激。聪明的领导不但用利益激励下属，而且要认同他，授予他荣誉。

资料来源：陈东升编著：《中国式管理的32个手段》，中国致公出版社，2005。

5. 亚当斯公平理论（Equity Theory）。公平理论是着重于研究激励人的动机的过程的理论。公平理论最初是由美国心理学家约翰·斯塔希·亚当斯（John Stacey Adams）提出来的。它是研究人的动机和知觉关系的一种激励理论。

亚当斯公平理论的基本内容包括三个方面：

（1）公平是激励的动力。公平理论认为，人能否受到激励，不但依他们得到了什么而定，还要依他们所得与别人所得是否公平而定。

这种理论的心理学依据，就是人的知觉对于人的动机的影响关系很大。他们指出，一个人不仅关心自己所得所失本身，而且还关心与别人所得所失的关系。他们以相对付出和相对报酬全面衡量自己的得失。如果得失比例和他人相比大致相当时，就会心理平静，认为公平合理心情舒畅。比别人高则令其兴奋，是最有效的激励，但有时过高会带来心虚，不安全感激增。低于别人时产生不安全感，心理不平静，甚至满腹怨气，工作不努力、消极怠工。因此分配合理性常是激发人在组织中工作动机的因素和动力。

（2）公平理论的模式（即方程式）：

$$Q_p/I_p = Q_o/I_o$$

式中，Q_p代表一个人对他所获报酬的感觉。I_p代表一个人对他所做投入的感觉。Q_o代表这个人对某比较对象所获报酬的感觉。I_o代表这个人对比较对象所作投入的感觉。

（3）不公平的心理行为。当人们感到不公平待遇时，在心里会产生苦恼，呈现紧张不安，导致行为动机下降，工作效率下降，甚至出现逆反行为。

公平与否的判定受个人的知识、修养的影响，即使外界氛围也是要通过个人的世界观、价值观的改变才能够发挥其作用。不公平、不合理会带来心理挫伤。中国古代就有"不患寡而患不均"的说法。但过于平均又会削弱竞争，必须妥善处理。

第四节　现代管理理论

第二次世界大战后，许多国家都致力于本国经济的发展，随着现代自然科学和技术的日新月异，生产和组织规模急剧扩大，生产力迅速发展，生产社会化程度不断提高，这一切都推动了管理研究的进一步深入。许多学者在前人的理论与实践经验的基础上，结合自己的专业知识，从不同的角度出发对管理进行多方面的研究，由于研究条件、掌握材料、观察角度以及研究方法、思路等方面的不同，产生了众多的管理学派。

现代管理理论阶段（从20世纪40年代至今）的特点是：众多学派之间相互补充、相互影响，从不同方面来阐述管理中的有关问题，极大地丰富了管理科学，共同构筑了完整的管理理论体系，形成了盘根错节的局面，被称为"管理理论丛林"。

一、现代管理理论丛林

（一）管理过程学派

管理过程学派主要代表人物为哈罗德·孔茨。该学派推崇法约尔的管理职能理论，认为应对管理的职能进行认真的分析，从管理的过程和职能入手，对企业的经营经验加以理性的概括和总结，形成管理理论，指导和改进管理实践。

管理过程学派在西方很有影响，主要原因有以下两点：

1. 该学派为管理理论和实践的发展提供了一个广阔的空间。认为管理的本质就是计划、组织、指挥、协调和控制这样一些职能和过程，其内涵既广泛又易于理解，一些新的管理概念和管理技能均可容纳在计划、组织和控制等职能中。

2. 该学派认为，各个企业和组织所面临的内部条件和管理环境都是不同的，但管理的职能却是相同的。在企业的实践活动中，可以通过对管理过程的研究分析，总结出一些基本的、有规律性的东西，这些有规律性的东西就是管理的理论与原理，反过来又可以指导管理实践。该学派强调管理的基本职能，即管理的共同性，从而使人们在处理复杂的管理问题时得到启发和指导。

（二）社会系统学派

社会系统学派最早的代表人物是美国的巴纳德。该学派认为，人的相互关系就是一个社会系统，它是人们在意见、力量、愿望以及思想等方面的一种合作关系。管理人员的作用就是要围绕着物质的、生物的和社会的因素去适应总的合作系统。

社会系统学派的基本观点是：组织是一个复杂的社会系统，应用社会学的观点来分析和研究管理的问题。在巴纳德看来，梅奥等人的人际关系学说研究的重点是组织中人与人之间的关系，并没有研究行为个体与组织之间关系的协调问题。而如果将组织看做是一个复杂的社会系统，要使系统运行有效，则必然涉及组织中个人与组织之间的协调问题。正是基于这样的历史背景，社会系统学派得以产生，并将协调组织中个人与集体之间的关系作为其研究的主导方向。

（三）决策理论学派

决策理论学派的最主要代表人物是美国的赫伯特·西蒙。决策理论学派认为：

1. 决策是管理的中心，决策贯穿管理的全过程。西蒙认为，任何作业开始之前都要先作决策，制订计划就是决策，组织、领导和控制也都离不开决策。

2. 在决策准则上，用满意性准则代替最优化准则。西蒙认为，完全的合理性是难以做到的，管理中不可能按照最优化准则来进行决策。首先，未来含有很多的不确定性，信息不完全，人们不可能对未来无所不知；其次，人们不可能拟订出全部方案，这既不现实，有时也是不必要的；最后，即使用了最先进的计算机分析手段，也不可能对各种可能结果形成一个完全而一贯的优先顺序。

3. 强调集体决策与组织对决策的影响。西蒙指出，经理的职责不仅包括本人制定决策，也包括负责使他所领导的组织或组织的某个部门能有效地制定决策。他所负责的大量决策制定活动并非仅仅是他个人的活动，同时也是他下属人员的活动。

4. 发展人工智能，逐步实现决策自动化。他强调计算机在企业管理中的应用，特别是计算机在高层管理及组织结构中的应用。

（四）系统管理理论学派

系统管理理论学派的代表人物是理查德·约翰逊、卡斯特和罗森茨韦克。该理论强调管理的系统观点，要求管理人员树立全局观念、协作观念和动态适应观念，既不能局限于特定领域的专门职能，也不能忽视各自在系统中的地位和作用。基本要点有：

1. 把企业等各种组织作为一种开放系统来看待。

2. 企业是由各种子系统组成的整体。企业这个开放的系统是由五种不同的子系统构成的，它们分别是目标与价值子系统、技术理性子系统、社会心理子系统、结构子系统、管理子系统。

3. 企业管理必须坚持系统观点。要用系统观点来考察企业及其管理活动。

（五）经验主义学派

经验主义学派又称案例学派。主要代表人物有彼得·F.德鲁克、欧内斯特·戴尔等。这个学派的基本观点是，否认管理理论的普遍价值，主张从"实例研究"、"比较研究"中导出通用规范，由经验研究来分析管理。他们通过对大量管理的实例和案例的研究，来分析管理人员在个别情况下成功或失败的管理经验，从中提炼和总结出带有规律性的结论，这样，可以使管理人员能够学习到更多的管理知识和技能。该学派重点分析了许多组织管理人员的经验，然后加以概括，找出他们成功经验中共性的东西，然后使其系统化、理论化，并据此向管理人员提供实际的建议。很多学者认为，该学派的主张实质上是传授管理学知识的一种方法，称为"案例教学"。实践证明，这是培养学生分析问题和解决问题的一种有效途径。

（六）权变理论学派

权变理论（Contingency Approach）学派是 20 世纪 60 年代末 70 年代初在经验主义学派基础上发展起来的管理理论。其代表人物有卢桑斯、菲特勒等人。

权变理论的兴起有其深刻的历史背景，20 世纪 70 年代的美国，社会不安，经济动荡，企业所处的环境很不确定。但以往的管理理论，如科学管理理论、行为科学等，主要侧重于研究加强企业内部组织的管理，对解决企业如何适应瞬息万变的外部环境，显得无能为力。在这种情况下，随机制宜地处理管理问题的理论，即权变理论应运而生。

权变理论学派认为每个组织的内在要素和外在环境条件都各不相同，因而在管理活动中根本没有所谓的一成不变、普遍适用的最好的管理方式（领导风格、决策方式）去管理组织（领导团队、制定决策）。权变理论学派的基本观点是，管理者应根据组织规模的大小、组织自身的条件、下属个人之间的差别、管理者职位的高低、管理者的职权大小、组织所处的环境等实际情况来选择最好的管理方式（领导风格、决策方式）。成功管理的关键在于对组织内外状况的充分了解和有效的应变策略。

权变理论的出现意味着管理手段和方法追求更精确、更有效、更适应组织个体的内外状况的独特个性的目标。权变理论的出现意味着管理理论向实用主义方向发展前进了一步。

二、当代管理理论的进展

（一）企业流程再造

企业流程再造概念来源于美国著名管理专家迈克尔·哈默和詹姆斯·钱皮合著并于1993年出版的《再造公司——企业革命宣言》一书。所谓企业流程再造，是指为了获取可以用诸如成本、质量、服务和速度等方面的绩效进行衡量的显著的成就，对企业的经营过程进行根本性的再思考和关键性的再设计，打破原有的企业组织结构，使企业集合成效率高、应变能力强、职工参与管理的一种全新过程型的组织结构。

1. 企业流程再造的起源与发展。"再造"一词出现于1987年前后，当时迈克尔·哈默是信息技术方面的顾问，那时候"再造"之说仅在一个很小的知识分子圈内流传。1993年哈默和钱皮合著的《再造公司——企业革命宣言》正式把"再造"学说介绍给全世界。

不少企业通过流程再造，重新激发了企业活力，并取得明显的绩效。这些公司包括福特汽车、IBM、克莱斯勒汽车、强生、AT&T、百事可乐、惠普等。到20世纪90年代中期，约有80%的美国大型企业已经或正在进行再造。甚至有人认为，美国的国际竞争力自20世纪90年代以来超过日本，其主要原因之一就是美国企业再造的成功。

【小看板2-7】

马自达的流程再造

福特汽车公司在取得日本马自达公司25%的股权之后，经过观察，福特的主管阶层发现，马自达公司物资采购部的全部财务会计工作，竟然只用了5个人来处理，而福特汽车公司却用了50多人，与马自达公司区区5个人相比，简直是天壤之别。就算福特公司借助办公自动化，降低了两成的人事费用，仍旧无法和马自达公司精简的人事相提并论。其中，根本的区别在于两者作业流程的不同，因此，修正这种流程就成为提高企业效率的根本。然而，修正流程不能只从财务部门做起，而要从整个企业的流程改革着手。

资料来源：杨凤敏主编：《管理学基础与应用》，中国农业出版社，2005。

从美国现有的经验看，处于不同境况下的企业都可以进行再造，关键是企业要认清形势，把握机会，下决心去做。

2. 企业流程再造的原则与方法。企业流程再造的原则和方法很多，但重点有以下几条：

首先，要紧密配合市场需求确定企业的业务流程；

其次，要根据企业的业务流程确定企业的组织结构，以新的、柔性的、扁平化的和以团队为基础的企业组织结构取代传统的企业组织结构；

最后，强调信息技术与信息的及时获取，加强企业与顾客、企业内部经营部门与职能部门的沟通与联系。

企业流程再造是围绕业务流程展开的。进行再造的企业首先回答的问题是："我们做事情要达到什么目的？我们怎样做好我们所做的事情？"业务流程再造的关键是重新设计业务流程。再造不是修修补补，不是对现有的东西稍作改良。再造就是要治本，要割舍旧的东西，重新做，从头做，要脱胎换骨，要从根本上改变思路，使业绩有显著的飞跃。

（二）学习型组织

美国著名管理学教授罗宾斯在其所著《组织行为学》中指出："全面质量管理是 80 年代的潮流，企业再造是 90 年代初的潮流，学习型组织已成为跨世纪的最新潮流。"

学习型组织是指通过营造整个组织的学习气氛、充分发挥员工的创造性思维能力而建立起来的一种有机的、高度柔性的、横向网络式的、符合人性的、能持续发展的组织。美国管理学家彼得·圣吉于 1990 年出版了《第五项修炼——学习型组织的艺术与实践》一书，指出未来组织所应具备的最根本性的品质是学习。该书把研究带出了纯理论性与概念性的探索，进入了可操作的实践性领域，试图推动人们刻苦修炼，学习和掌握新的系统思维方法。他认为，要使组织变成一个学习型组织，必须具有以下五项修炼的扎实基础：

1. 系统思考。系统思考是五项修炼的核心，是整体、动态、本质看待事物的修炼。这项修炼最为重要，员工个人、管理者自己或一个组织的事业成败都与能否进行系统思考有关。管理者可在拓宽思维的广度、挖掘思维的深度、掌握动态思维方法上加以努力，以提高系统思考水平。

2. 自我超越。自我超越是五项修炼的基础，强调要认识真实世界并关注于创造自己的最理想境界，并由这两者之间的差距产生不断学习的意愿，不断地自我创造和自我超越。在这个过程中，并非降低理想来与现实相符，而是提升自我以实现理想，由此培养出创意与能耐，并以开阔的胸襟来学习、成长和不断超越自我。

3. 改善心智模式。员工和管理者都有根植于脑海的心智模式。心智模式即思维定式，以及由思维定式所决定的思想、心理和行为方式。人无完人，每个人的心智模式都有缺陷之处。改善心智模式的修炼主要落实在对自己心智模式的反思和对他人心智模式的探询上。员工的心智模式也应划入管理的对象之中。相同或相近的心智模式以及下面要谈及的建立在个人愿景基础上的组织愿景，会使组织产生更强的亲和力、凝聚力，从而增强组织对内的活动效率和对外的适应、发展能力。人们要学习如何改变自己多年来养成的思维习惯，摈弃陋习，下力气强制和约束自己进入新的心智模式，破旧立新。

4. 建立共同愿景。所谓共同愿景，是指能鼓舞组织成员共同努力的愿望和远景，或者说是共同的目标和理想。共同愿景主要包括三个要素：共同的目标、价值观与使命感。"愿景"强调的是大家共同愿意去做的远景，因此与纯粹只是告诉大家什么是"远景"不同。有了衷心渴望实现的共同目标，大家才会努力学习，才会追求卓越，不是因为他们被要求这样做，而是由衷想要如此。因此组织需要建立共同的理想、共同的文化、共同的使命，能使员工看到组织近期、中期和远期的发展目标和方向，从而使员工心往一处想，劲往一处使，使每个人的聪明才智得以充分发挥，使组织形成一种合力。

5. 团队学习。团队学习就是通过开放式交流，集思广益，互相学习，取长补短，以达到共同进步，使团队的力量得以充分发挥的目的。团体学习的修炼包含深度会谈和讨论。在深度会谈时，团体成员自由交流想法，在一种无拘无束的气氛中，把各自深藏的经验与想法完全展现出来。要达成成功的深度会谈和讨论，所有成员都必须在不本位、不自我防卫、不预设立场、不敬畏的情况下共同学习，以发挥协同作用，充分体现集体智商大于各个人智商的效力。

学习型组织突破了原有方法论的模式，以系统思考代替机械思考，以整体思考代替片段思考，以动态思考代替静止思考。该理论试图通过一套修炼方法提升人类组织整体动作的"群体智力"。现代企业和其他许多组织面临复杂多变的环境，只有增强学习能力，才能适应种种变化，未来真正出色的组织将是能够设法使组织各阶层人员全心投入，并有能力不断学习的组织，也就是"学习型组织"。

（三）自我管理

自我管理有广义和狭义之分，狭义的自我管理是指个人通过不断地自我认识、自我设计、自我教育、自我激励、自我控制、自我完善的动态过程，以实现个人理想和目标。而广义的自我管理的对象则扩大到组织，是指为实现目标，取得最大效益而进行的组织内部的自我调解、自我控制的过程。在组织管理中，自主性和平等民主参与性是自我管理活动的两大显著特征。因此，自我管理的原则包括自识、系统、统一、自愿、效率等。

1. 自我管理具有以下几方面的特点：

（1）管理范围的普遍性。自我管理虽然只是管自己，但是它却几乎适用于所有人。

（2）管理时域的全程性。自我管理贯穿于人生的全过程，从儿童、少年、青年、壮年到老年。

（3）管理内容的复杂性。自我管理具有十分广泛的内容，主要包括目标的确定、行为的控制、情感的调解、才智的发挥、时间的利用、信息的处理等许多内容。

（4）管理方法的差异性。人的个性、素质、能力及经历、处境是千差万别的，人的自身的管理方式也是因人而异的。

（5）管理理论的广延性。人的生命运动是人的思维运动的物质基础，而人的思维运动对人的生命运动产生着强大的能动作用。此外，人生活在世上，每天都要与自然界、社会接触，收到大量的自然信息和社会信息，这些信息要靠人的心身自动调解功能来处理。这些，都给研究人的自我管理的理论带来了广延性。

2. 自我管理有两种表现形式：个人的自我管理与团队的自我管理。

所谓个人的自我管理，就是指个人可以在组织共同愿景或共同的价值观指引下，在所授权的范围内自我决定工作内容、工作方式，实施自我激励，并不断地用共同愿景来修正自己的行为，以使个人能够更出色地完成既定目标。也就是在这样一个过程中，个人使自己得到了充分的发展，使自己在工作中得到了最大的享受。

所谓团体的自我管理，是指组织中的小工作团队的成员在没有特定的团队领导人条件下自己管理团队的工作，进行自我协调，共同决定团队的工作方向，大家均尽自己所能为完成团队任务而努力。团队自我管理在某种条件下比个人自我管理更为困难一些，因为团队中有许多人，如果有一两个希望搭便车的人的话，就会在团队中造成很大的冲突与麻烦。所以，成功的团队自我管理不仅需要每个团队成员均有良好的素质和责任，还需要有一个团队精神，以此凝聚众人。

自我管理已成为现代组织广泛采用的一种组织机制，它以重视人为基础，通过民主参与管理，在成就人的同时推进组织的有效运行。

（四）知识管理

20世纪90年代，美国企业的发展出现了一些新的现象：信息技术广泛应用于企业的生产经营过程；网络化成为企业组织结构调整的突出原因；全球化成为影响和制约企业发展的一个重要环境变量；知识正在成为企业管理的主要资源。

知识管理就是对一个企业集体的知识与技能的捕获，并把这些知识与技能分布到能够帮助企业实现最大产出的任何地方的过程。具体地说，就是通过对组织知识资源的开发和有效利用以提高组织创新能力，从而提高组织创造价值能力的管理活动。可见，以知识为核心的知识管理包括两个不可分割、紧密联系的方面：其一是对知识进行管理，知识是管理的主要对象；其二是运用知识进行管理，知识是管理的主要手段。

1. 知识管理可分为人力资源管理和信息管理两个方面。人力资源管理是知识管理的核心内容。人力资源管理就是一种以"人"为中心，将人看做是最重要资源的现代管理思想。知识经济时代，智力资本成为促进生产力发展的第一要素。管理者需要充分认识到，人作为智力资本的拥有者，与生产力的其他要素存在明显的差别：人追求自我实现、自我发展。智力资本的拥有者逐渐发展成为管理的主体，管理者的角色应从管理控制逐渐转向引导和帮助。它包括对企业人力资源个体、团队甚至整个企业组织的知识、技能、智商与情商的管理。

信息管理是实现有效的知识管理的基础。信息管理可分为三个层面：最底层的是通信网络，用来支持信息的传播；第二层是高性能计算机服务器，这是存取信息、数据的关键环节之一；第三层是信息库、数据库系统层，它是信息管理系统的关键层。对于组织来说，知识管理的实施在于建立激励员工参与知识共享的机制，培养组织创新和集体创造力。

2. 知识管理具有以下特点：

（1）知识管理重视对组织成员进行精神激励。组织成员拥有不断创新和创造新的有用知识的能力，他们是组织知识创新的主体。因此，采取恰当的激励机制就显得尤其重要，它不仅注重物质激励，更注重精神激励——一种新型的精神激励，即赋予组织成员更大的权利和责任，使其更好地发挥自觉性、能动性和创造性。

（2）知识管理重视知识的共享和创新。未来组织间的竞争取决于其整体创新能力，所以，有效的知识管理要求把集体知识共享和创新视为赢得竞争优势的支柱，创造一种组织知识资源能够得到共享和创新的环境，其目的是通过知识的更有效利用来提高个人或组织创造价值的能力。

（3）知识管理强调运用知识进行管理。传统管理是经验管理，而经验只是知识中的一个层次。管理科学产生后，管理的知识也是不完整、有失偏颇的。在知识管理中，管理的知识应当是完整的、全面的、有机统一的，它要求管理者能够掌握并在管理过程中综合地运用各种相关知识，使得管理活动卓有成效。将知识视为组织最重要的战略资源，把最大限度地掌握和利用知识作为提高竞争力的关键。

3. 实施知识管理要做到以下几点：

（1）要设立知识总监。设立知识总监或主管的目的是要在没有先例可循的情况下能够熟练地丰富、支配和管理不断发展的知识体系，以便有效地运用集体的智慧提高应变和创新能力。例如，可口可乐、通用电气、孟山都等公司都设立了知识主管。

（2）要从市场和客户那里获得信息和知识。从市场和客户那里获得信息和知识，是实施知识管理的重要途径。因为对未来的预测建立在时下隐约可见的星点迹象之上，而这些迹象总是体现在客户的需求和愿望之中。此外，通过给客户提供超越业务范围相关知识的服务也是企业获得信息和知识的重要手段。

（3）要建立知识与信息的共享网络和知识联盟。知识与信息共享网络主要有两种：一是内部网，二是虚拟网。二者都具有众多的功能。例如，美国的波音公司通过建立虚拟网络，实现了空军地勤的"无纸"开发。波音公司的员工无论在世界哪个角落都能使用相同的数据库。知识联盟有助于组织之间的学习和知识共享，使组织能够开展系统思考。

（4）要以知识创新为基础设立职位。这体现了知识时代独特的管理理念。发达国家的许多公司都开始实施知识创新管理规则，即根据职员知识创新的表现发放奖金和晋升职位。此外，美国的 IBM 公司、日本各大公司等，还鼓励专业技术人员与管理人员进行岗位交换，目的是使职员获得更多的有关公司的整体化知识。

（5）要建立学习型组织。从国际范围来看，破除旧的管理观念与思维模式的束缚，强调学习和"知识能力"的重要性，已成为各国管理理论界注视的中心。人们越来越意识到，知识将成为创造财富及其附加价值的主体；获取和应用知识的能力，也将成为企业核心竞争力的关键。知识社会的来临使得企业再造和学习型组织成为时代的热潮。

本章自测题

【实训题】

调查组织管理的实际情况。

实训目标

1. 增强对组织管理实际情况的感性认识。

2. 培养对自身管理的初步能力。

3. 增强对管理理论的理解与运用能力。

实训内容与方法

1. 调查一企业或你所在院校，对该企业或你所在院校的管理情况进行调查，并运用所学知识进行分析诊断。

2. 需搜集的主要信息有：

（1）调查企业或你所在院校的目前发展状况、管理特色；

（2）调查企业或你所在院校的管理成效或成功经验；

（3）调查企业或你所在院校的管理中存在的问题。

实训要求

1. 要求对调查的结果写出调查报告。

2. 在班级进行座谈讨论：

（1）组织探讨与分析诊断企业或你所在院校的目前发展状况、管理中存在的问题。

（2）用所学的知识组织探讨与分析诊断调查单位的哪些管理行为有悖于管理理论的要求，说明应当改进的方面有哪些，并试着提出一些改进的措施。

（3）用所学的知识组织探讨与分析诊断调查单位的管理中值得肯定的做法有哪些，体现了哪些管理理论，有哪些成功的经验值得学习推广。

【案例分析题】

世界著名公司的用人之道

麦当劳的"学校观念"。麦当劳的管理者认为，企业首先是培养人的学校，其次才是快餐店，它用自己独特的职业道德取胜市场，着力于寻求相貌平平，但具有吃苦耐劳的创业精神的人，并以公司自身的经验和麦当劳精神来培训自己的职工。

东芝的"重担子主义"。"合理化先生"士光敏夫在担任日本东芝株式会社社长时认为，要尊重人就应委以重任，论证担得起 100 公斤，就交给谁 120 公斤，从而激发人的创造力。他推行的"重担子主义"的用人路线，使企业经久不衰。

索尼的"人才开发政策"。索尼公司的不断发展，其关键在于不拘一格使用人才。演员出身的大贺则卫被录用以至提升为总裁的例子最为典型。他充分发挥自己声乐和经营方面的特长，9 年以后，终于使索尼的录音公司成为日本最大的录音公司。

松下的"人才再生产"。日本松下公司，以电视和录像器材蜚声世界。松下幸之助在《对人的思考》等著作中谈到成功的经营管理经验，重要的一条就是重视人才的培养和人才的"再生产"。公司建有 36 个实验室，培养了 2.2 万名研究员、工程师，使企业获得了 5.5 万项专利产品。

资料来源：搜狐 IT 频道。

讨论：请你评价以上公司用人之道的异同点，并逐一分析其理论依据。

【思考与练习题】

一、问答题

1. 泰罗科学管理理论的主要内容有哪些？
2. 法约尔提出了哪些管理职能和哪 14 条管理法则？
3. 例外事项是指重要事项吗？请举例说明。
4. 人际关系学说的主要观点有哪些？
5. 生活中存在非正式组织吗？请举例说明。
6. 霍桑实验是否全面否定了泰罗的理论的科学性？为什么？
7. 王东同学在学完本章内容后认为，泰罗和法约尔给了我们一些明确的管理原则，而权变理论却说一切取决于当时的情境，我们一下倒退了七八十年，从一套明确的原则又回到一套不明确的和模糊的指导方针上去了。你是否同意这种说法，为什么？
8. 除了课本上的理论外，你还接触过其他的当代管理理论吗？如果有，请告诉你的老师和同学。
9. 当代管理理论是否可以指导未来的企业管理实践？为什么？
10. 纵览管理理论的产生、发展史，给我们什么启示？
11. 自我管理在实际工作中行得通吗？你认为应具备什么样的条件才可行？
12. 自我管理靠什么实现？个人在团体的自我管理中承担了什么角色？

二、填空题

1. 管理理论的形成和发展大致可以分为_____、_____、_____、_____四个阶段。
2. 工业企业的经营活动可以概括为_____、_____、_____、_____、_____、_____六大类。
3. 马斯洛认为人的基本需要按其重要性可分为_____、_____、_____、_____、_____。
4. 期望价值理论认为，激励力量的大小，取决于_____乘以_____。
5. 决策理论学派，在决策准则上，用_____代替_____。

第三章

目标和计划

MUBIAO HE JIHUA

【学习目标】

本章在分析组织目标的含义、特点、目标制定的基本原则和步骤等内容的基础上，要求了解计划的内容、表现形式、类型及作用，明确计划制订的主要方法，熟悉计划的制订步骤和审定过程，掌握目标管理的特点及实施程序，学会绘制网络图并进行节点时值计算。

【引例】

明确目标与计划是高效开展管理工作的前提

曾经有人做过这样一个实验：组织三组人，让他们沿着公路步行，分别向10公里外的三个村子行进。

甲组不知道去的村庄叫什么名字，也不知道它有多远，只告诉他们跟着向导走就是了。这个组刚走了两三公里时就有人叫苦了，走到一半时，有些人几乎愤怒了，他们抱怨为什么要大家走这么远，何时才能走到。有的人甚至坐在路边，不愿再走了。越往后，他们的情绪越低，七零八落，溃不成军。

乙组知道去哪个村庄，也知道它有多远，但是路边没有里程碑，人们只能凭经验估计大致要走两小时左右。这个组走到一半时才有人叫苦，大多数人想知道他们已经走了多远了，比较有经验的人说："大概刚刚走了一半的路程。"于是大家又簇拥着向前走。当走到四分之三的路程时，大家又振作起来，加快了脚步。

丙组最幸运。大家不仅知道所去的是哪个村子，它有多远，而且路边每公里有一块里程碑。人们一边走一边留心看里程碑。每看到一个里程碑，大家便有一阵小小的快乐。这个组的情绪一直很高涨。走了七八公里以后，大家确实都有些累了，但他们不仅不叫苦，反而开始大声唱歌、说笑，以消除疲劳。最后的两三公里，他们越走情绪越高，速度反而加快了。因为他们知道，要去的村子就在眼前了。

上述实验表明，要想带领大家共同完成某项工作，首先要让大家知道要做什么，即要有明确的目标（走向哪个村庄）。其次要让大家对目标有清晰的认识，心中有数（大家不仅知道所去的是哪个村子，而且知道它有多远）；更为重要的一点是，目标的表述不仅要准确无误，还要考虑到进度的可测性，要指明实现目标的计划方案和量化业绩的标准（让大家对快捷的路线心中有数，并且看见清楚的路标）。因此，明确目标与计划是高效开展管理工作的前提。

第一节　组织目标概述

计划职能是管理的首要职能，确定目标、制订计划是计划职能的核心任务。而计划的制订是以目标明确为前提的。因此，明确并统一目标是现代管理的首要任务。

目标为管理工作指明了方向，组织的一切活动都是围绕目标展开的；目标是组织期望获取的成果，对成果的期望促使组织成员团结一致；目标是衡量组织存在的价值的尺子，是判断管理绩效的标准。因此，目标是前进的方向、是团结的旗帜、是证明组织价值的依据。任何组织及组织管理都有其目的性，世界上不存在无目标的组织，也不存在无目标的管理，目标是一个组织及组织管理最基本的要素。

一、组织目标的含义及特点

（一）组织使命和宗旨

一个组织的最终目标是组织的宗旨和使命，组织的宗旨和使命是组织目标的出发点和基础。组织的使命和宗旨是指组织成员在深入理解和把握社会赋予组织的基本职责的基础上，对组织存在价值的高度凝练与概括，它描述了组织的理想和追求，表明了组织存在的理由。

任何一个组织的存在都有其自己独特的意义和作用，如企业能够为社会创造财富，学校能为社会培养和造就有用的人才，医院的存在为人类的健康提供了保障，政府存在的必要性在于管理公共事业以及保证社会的稳定和发展。不同的组织扮演着不同的角色，并从不同的侧面为人类的文明与发展作出贡献。为使组织成员容易接受并牢记在心，组织的宗旨与使命往往简洁、形象、生动、有特色而且内涵丰富。例如，美国强生公司认为，其存在的目的是要"减轻病痛"；美国通用电气公司则"以科技及创新改善生活品质"。一个精心制定的使命是制定目标的基础。没有明确的使命，管理者就有可能随意地制定目标，组织因而难以实现预定的目标。据估计，美国接近半数以上的公司都有自己正规的使命宣言。正规使命宣言从广义上说明和界定了区别于其他同类组织的基本业务领域和行为。使命宣言的内容通常着重于市场、客户以及期望有所作为的领域。有些使命宣言也描述了公司的特征，如企业的价值观、产品质量、资源配置和对员工的态度。

定义组织的宗旨和使命有助于促使管理当局认真思考确定组织将从事的业务范围。马克斯—斯潘塞公司（简称马斯）是英国首屈一指的零售商，该公司占领着英国16%的服装市场和5%的食品市场，1990年，公司在全球拥有商店680家。1884年，迈克尔·马克斯（Micheal Marks）在英国的Leeds开办了第一个廉价商店，10年后便发展到9个商店。1894年，马克斯与美国人汤姆·斯潘塞（Tom Spencer）合伙成立了马斯公司。公司一成立，他俩就认真思考公司的使命与宗旨，最后确定为："向工人和中等收入阶层提供物美价廉的商品，让人们的钱值钱！"这种概念成为公司之后发展的基础。要让人们的钱值钱，关键是准确地选择好经营领域。试想，对于那些人们不常购买的特殊商品，即使能够降低价格，也不能做到让人们的钱真正值钱。由于战略选择正确，到了30年代，马斯已经成为欧洲最大的零售商。

任何组织的目标如果不是依据自己的宗旨和使命得出的，或是偏离了组织的宗旨与使命，那么就一定会危及组织的生存与发展，一定会使组织的存在意义出现疑问。例如，若是让企业以培养人才作为其目标，让学校以创造最大利润为目标，这样的企业和学校的生存与生存意义都会出现问题。

【小看板3-1】

目标明确是成功的前提

马拉松比赛正在进行着，进行到5 000米以后，有两个人逐渐甩开了后面的人，跑到了前面。长时间的奔跑，已经使他们的体力消耗很大，但是他们仍然坚持着向前跑。这时的天气很不好，雾很浓，几十米内几乎看不见东西，后来天空又渐渐地飘起了小雨，这给比赛又增加了难度。

跑在最前面的一个人，依然在拼命地跑着，即使雾很大，他也不去理会，但他却担心会被脚下的雨水滑倒，他始终注视着脚下不远的地方。跟在他后面的另一个人却把头昂得高高的，他在注视着目标，他心里在不停地默念着终点，终点，我就要到终点了。

两个人的体力都支持不住了，他们仅相差几米远。后来跑在最前面的人终于累倒在地上……

第二个人也感觉要趴下了，但是他却猛然发现终点就在前面的几十米处，透过迷雾，他隐约可以看见终点处摆动的旗帜。所以，他猛然又增添了一种力量，顽强地最先跑到终点。

启示：第一个人因为没有看到目标，所以在就要成功的时候失败了。毋庸置疑，这就是目标对于成功的重要性。成功等于目标，目标明确是成功的前提。

资料来源：百度文库。

（二）组织目标的含义

每一个组织都有自己的目标。组织目标（Target）是指组织期望在未来一定时期内要实现的目的性指标。它反映了组织在特定的时期内，在综合考虑内外部环境条件的基础上，希望某一时间段内在履行其使命上能够达到的程度或取得的成效。

构成完整的组织目标有三个要素：

目标对象——目标指向的客体；

目标定额——期望成果的衡量标准；

目标时限——目标实现的承诺期。

如国家确立的"年增长7%的经济发展目标"，其目标对象是"经济增长"，目标定额是"7%"，目标时限是"1年"。

（三）组织目标的特点

1. 系统性。任何组织的目标都不是单一存在的独立的目标，往往是一系列目标的总和，形成一个目标系统。企业的目标既有经济性的，如追求利润与发展，也有社会性的，如力求节能与环保，树立良好的社会形象。此外，同一性质的大目标也由许多小目标构成，靠小目标支持。所以说，组织的目标又是一个网络系统，这个网络系统的目标必须有机地结合，如在企业新产品的开发中，就会形成这样的目标网络。

2. 层次性。为了使组织目标成为组织中每一个成员的行动指南，组织目标往往需要进一步的分解和细化，形成一定的层次性，使组织中不同层次和不同岗位上的员工都了解各自的工作职责，从而完成组织的总体目标。

一般地，组织目标可按具体化程度不同分为总目标、战略目标和行动目标三个层次。总目标和战略目标是公开的，它也是该组织希望达到的社会目标；而行动目标则是保密的，它是组织的真正目标，一般只有少数高层管理人员清楚。组织目标也可按组织等级分为总体目标、部门目标和岗位目标。

3. 时间性。组织目标是组织在未来一段时间内要达到的目的。一个完整的目标，首先有一定的时间限制，即完成目标任务的期限是明确的。

4. 可考核性。将目标量化、细化就可以衡量组织存在的价值、判断管理的绩效。目标可用做绩效标准，比如，如果组织希望增长15%，而实际增长17%，管理绩效则超过了所规定的标准。

组织目标的系统性、层次性和时间性及可考核性，体现了组织目标体系的复杂性。作为管理者，只有充分认识和把握组织目标的这些基本特点，才能制定出符合组织发展宗旨的目标。

二、目标的分类

一个组织的目标可以依据不同的分类标准进行分类。借助这些分类可以进一步认识目标所具有的各种特性，并区别对待。

（一）按层次分类

每位管理人员都要制定目标，但处于不同组织层次上的管理人员所关注的目标是不同的，进而可以把目标分成四个层次，其中宗旨和使命是最高层次，由董事会负责制定；高层管理当局主要负责制定战略，战略是指导全局和长远发展的方针，涉及发展方向以及资源分配方针等；中层管理人员主要应制定战术目标；基层管理人员则负责具体作业目标。

（二）按时间分类

按照组织目标时间跨度的不同，组织目标可分为长期目标、中期目标和短期目标。其中长期目标一般是指五年及其以上时间内要实现的目标；中期目标一般是指五年以内、一年以上时间内要实现的目标；而近期目标则是指一年以内的时间里要实现的具体目标。

一般来说，在一个组织中，管理层次越高，组织目标的时间跨度越长，目标内容越抽象和笼统；反之，管理层次越低，组织目标的时间跨度越短，目标内容越具体。

（三）按内容分类

一个组织的目标还可以按照组织不同的活动内容所要实现的各种目标进行分类。例如，一个企业可以有利润目标、市场占有量目标、劳动生产率目标、组织发展目标，等等。对于国家或一些大型组织来说，其目标还可以按照组织不同的活动内容分成政治目标、经济目标、社会发展目标等。通常不同性质的组织其按照内容分类的目标是不同的。

对于一个组织来说，不同类型的目标不是截然分开的，它们相互关联构成一个整体目标网络（见图3－1）。

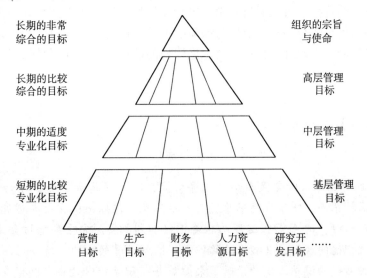

图3－1　目标网络体系

三、组织目标的作用

面对当今环境的复杂性，未来发展的不确定性，许多管理者往往把工作重心放在业务性工作和短期目标结果上，而不是集中在长期的目标上。然而，对于组织来说，制定组织各个层次的清晰的目标是非常重要的，因为它除了改善财务和运营绩效外，还可传输外在和内在信息，这些信息传递给外部和内部公众，为组织发展提供良好的重要影响。

（一）支配组织的一切活动

目标是一切组织管理活动的出发点，一切有组织的活动（包括管理活动）都是在努力实现既定目标的支配意识下完成的。在有组织的活动中，人们总是以既定目标来衡量自己的工作成绩，检讨自己为实现目标而开展的有计划行动，调整自己的活动内容和活动方式与方法。所以目标对组织活动的支配作用是全面性的和全过程性的。

（二）增强组织的凝聚性

组织的使命描述了组织的内涵及存在的理由。对于投资者、客户、供应商这样的外部公众来说象征着其合法性。强烈的使命感对内部员工具有很强的凝聚性，增强他们信任组织并认同组织的整体意图。为员工提供方向感和责任感，帮助引导员工明确其工作职责。目标把注意力放在具体的任务上，引导员工致力于取得重要成果。

（三）激励人员士气

目标会对组织中的各级人员起到不同的激励作用。高层人员可以把目标的实现及其实现过程看成自我实现的过程，下层人员可以把目标的实现与任务的完成和报酬的获得联系起来。在管理实践中，许多管理者都在充分运用目标作为激励人员士气的有力武器。中国有句俗话叫"望山跑死马"，这句话是对目标激励作用的最好说明，其意思是指当人们看到目标以后会受到目标的极大激励，从而会去十分努力的工作。

（四）指导计划编制

任何组织的活动都是有计划的活动，而组织计划的依据就是组织要实现的目标，所以首先要有确定的目标，再依据目标制订出行动计划，然后才能按照计划采取行动。目标与计划的关系是目的与手段、前提与保障的关系。计划是实现目标的手段，计划管理的目的就是最终能够实现既定目标；目标是计划的前提条件，计划是保障目标实现的管理手段。

【小看板 3 - 2】

目标与成功

唐太宗贞观年间，长安城西的一家磨坊里，有一匹马和一头驴子。它们是好朋友，马在外面拉东西，驴子在屋里推磨。贞观三年，这匹马被玄奘大师选中，出发经西域前往印度取经。17年后，这匹马驮着佛经回到长安。它重到磨坊会见驴子朋友。老马谈起这次旅途的经历：浩瀚无边的沙漠，高入云霄的山岭，凌峰的冰雪，热海的波澜……那神话般的境界，使驴子听了大为惊异。驴子惊叹道："你有多么丰富的见闻呀！那么遥远的道路，我连想都不敢想。""其实"，老马说，"我们跨过的距离是大体相等的，当我向西域前进的时候，你一步也没停止。不同的是，我同玄奘大师有一个遥远的目标，按照始终如一的方向前进，所以我们打开了一个广阔的世界。而你被蒙住了眼睛，一生就围着磨盘打转，所以永远也走不出这个狭隘的天地。"

资料来源：百度文库。

四、目标的制定原则

并不是说任何的目标都能够起到上述多方面的作用。实际上，目标要起到其应有的作用，必须达到特定的要求。在目标制定过程中应该遵循一定的原则。

（一）组织目标必须具有整体性和长远性

对于任何组织来说，一定目标的实现是为了求得组织的生存和发展。因此，确立组织目标时一定要首先弄清楚组织的发展战略如何。美国管理学家德鲁克认为，在确立企业目标时，首先应搞清楚以下问题：本企业是个什么样的企业？将来准备发展成一个什么样的企业？只有能够体现组织发展战略的目标才是有效的组织目标。

（二）组织目标必须具体并可量化

组织目标的确立是组织实施控制职能的基础。因为只有确立了目标，才可能根据目标去划分每项工作的责任与权限，才有了进行控制的标准。也正因为如此，要求组织目标应具有可衡量性和进度的可测性，如"利润增加2％，废品减少1％"，以方便人们对目标最终是否实现进行比较客观的评价和考核。如果设定的目标不可衡量，也就无法对它进行必要的考核和适当的评价，也难以对员工起到激励作用，这显然不利于对目标实施的管理。当然，并非所有的组织目标都可以用数字表述，可根据需要进行目标的表述。

（三）组织目标必须富有挑战性且切实可行

目标太容易实现，会使员工感到没有动力。只有制定的目标具有一定的挑战性，才能激发组织成员的潜力并保持必要的压力，激发全体成员的工作热情、献身精神和创造力。但是，管理人员还要保证所设定的目标是建立在现存资源基础上的，未超过各部门所拥有的时间、设备和财务资源能力。组织目标必须是通过组织成员的努力可以达到的目标，所以在制定目标时应充分考虑组织内外环境的因素，以及实现组织目标所需要的条件和能力是否具备，以便制定出切实可行的目标。过高的目标，不仅不切合实际，而且会给员工过多的压力，不利于积极性的调动。

（四）组织目标必须具有重点性和期限性

首先，目标设计不可能兼顾到个人行为或组织的每一个方面。否则，事无巨细会使计划变得毫无意义。组织目标的多重性并不否定在众多的目标当中，仍然有主要目标和次要目标之分。不分清组织目标的主次，就不可能抓住管理的主要矛盾，从而会形成管理资源的浪费。

其次，在某一特定的发展时期，因组织所处环境的不同，组织所强调的目标重点是会随之发生变化的。因此，企业目标表述必须包括一个实现该目标的时间期限。时间期限是指目标实现且可以验收的最后期限。一般情况下，战略目标时间跨度为5～10年，可以设定实现部分目标的具体日期。对于任何工作或任务，在布置时，如果没有提出在完成时间上的要求，则接受该工作或任务的人，就不可能清楚该工作或任务的紧迫程度，从而也就很难对所需完成的工作作出适当顺序的安排，企业管理人员也难以对其进行有效的考核。所以，必须设有具体的完成目标的时间。

（五）组织目标必须具有协调性

由于组织目标的多样化，往往在这些目标中会出现相互冲突的目标，比如目标的经济性与目标的社会生态性之间的矛盾，企业常常为了增加盈利而放弃维持生态环境目标的追求。因此，管理者在制定组织目标时应尽可能在多样化的目标之间进行平衡，以协调多重目标之间的矛盾冲突。

（六）组织目标必须与奖励挂钩

目标实现的最终结果在某种程度上取决于工资增加和职位提升的程度，奖励赋予了目标的意义和重要性，有助于激励员工实现目标。

【小看板 3-3】

简单的道理

有两个饥饿的人，得到了一位长者的恩赐：一根鱼竿和一篓鲜活硕大的鱼。其中，一个人要了一篓鱼，另一个人要了一根鱼竿，于是他们分道扬镳了。得到鱼的人原地就用干柴搭起篝火煮起了鱼，他狼吞虎咽，还没有品出鲜鱼的肉香，转瞬间，连鱼带汤就被他吃个精光，不久，他便饿死在空空的鱼篓旁。另一个人则提着鱼竿继续忍饥挨饿，一步步艰难地向海边走去，可当他已经看到不远处那片蔚蓝色的海洋时，他浑身的最后一点力气也使完了，他也只能眼巴巴地带着无尽的遗憾撒手人寰。

也有两个饥饿的人，同样得到了长者恩赐：一根鱼竿和一篓鱼。只是他们并没有各奔东西，而是商定共同去找寻大海，他俩每次只煮一条鱼，他们经过遥远的跋涉，来到了海边，开始了以捕鱼为生的日子，几年后，他们盖起了房子，有了各自的家庭、子女，有了自己建造的渔船，过上了幸福安康的生活。

一个人只顾眼前的利益，得到的终将是短暂的欢愉；一个人目标高远，但也要面对现实的生活。只有把理想和现实有机结合起来，才有可能成为一个成功者。这个简单的道理，对组织目标的制定者也同样有着意味深长的启示。

资料来源：百度百科。

五、目标的制定过程

一般说来，确定组织目标需要经历调查研究、拟定目标、评价论证和选定目标四个具体步骤。

（一）调查研究

在制定组织目标的工作中，首先必须进行大量的调查研究工作，并对已经做过的调查研究成果进行复核，进一步整理研究，把机会与威胁、长处与短处、自身与对手、需要与资源、现在与将来加以对比，搞清楚它们之间的关系，才能为确定组织目标奠定比较坚实的基础。调查研究一定要全面进行，但又要突出重点，主要侧重于企业与外部环境的关系和对未来变化的研究与预测。

（二）拟定目标

拟定组织目标一般需要经历两个环节：拟定目标方向和拟定目标水平。首先在既定的组织经营领域内，依据对外部环境、需要和资源的综合考虑，确定目标方向。其次，通过对现有能力与手段等诸种条件的全面估量，对沿着战略方向展开的活动所要达到的水平也作出初步的规定，这便形成了可供决策选择的目标方案。在确定组织目标的过程中，必须注意目标结构的合理性，并要列出各个目标的综合排列次序。在满足需要的前提下，要尽可能减少目标个数。一般采用的方法是：把类似的目标合并为一个目标；把从属目标归于总目标；通过计算形成一个单一的综合目标。此外，企业领导还要注意充分发挥参谋智囊人员的作用。要根据实际需要与可能，尽可能多地提出一些目标方案，以便于对比优选。

（三）评价论证

组织目标拟定以后，就要组织多方面的专家和有关人员对提出的目标方案进行评价论证。论证和评价要围绕目标方向是否正确进行，要着重研究拟定的组织目标是否符合企业精神，是否符合企业整体利益与发展的需要，还要论证组织目标的可行性。论证与评价的方法，主要是按照目标的要求，分析企业的实际能力，找出目标与现状的差距，然后分析用以消除这个差距的措施。对消除这个差距有足够的保证，就说明这个目标是可行的。也要对拟定目标的完善化程度进行评价，要着重考察目标是否明确、目标的内容是否协调一致以及有无改善的余地。

如果在评价论证时，人们已经提出了多个目标方案，那么这种评价论证就要在比较当中进行。通过对比，权衡利弊，找出各种目标方案的优劣所在。

目标的评价论证过程，也是目标方案的完善过程。要通过评价论证，找出目标方案的不足，并想方设法使之完善起来。如果通过论证发现拟定的目标完全不正确或根本无法实现，那就要回过头来重新拟定目标，然后再重新评价论证。

（四）选定目标

选定目标要从以下三个方面权衡各个目标方案：目标方向的正确程度，可望实现的程度，期望效益的大小。对这三个方面要作综合考虑。在选定目标时，要掌握好决断的时机，既要防止在机会和困难没有搞清楚前就轻易决断，也要反对无休止的拖延和优柔寡断。

从调查研究、拟定目标、评价论证一直到选定目标，这四个步骤是紧密联系在一起的，要前后照应协调进行。

【小看板3-4】

目标的重要性

芸芸众生中，真正的天才与白痴都是极少数，绝大多数人的智力都相差不多。然而，这些人在走过漫长的人生之路后，有的功盖天下，有的却碌碌无为。为何他们的成就有天壤之别呢？哈佛大学有一个关于目标对人生影响的跟踪调查。调查对象是智力、学历、社会环境等条件差不多的大学毕业生，结果是这样的，27%的人是没有目标的，60%的人目标模糊，10%的人有短期的清晰目标，只有3%的人有清晰而长期的目标。25年后，对这群学生的跟踪调查结果是：有清晰而长期目标的人，几乎都成为成功人士，其中不乏行业领袖、社会精英；有短期清晰目标的人，不断实现其短期目标，都在各自的领域里取得了一定的成功，生活在社会的中上层；目标模糊的人，没有特别的成绩，生活在社会的中下层；27%的没有目标的人过得很不如意，生活在社会的下层。原来，杰出人士与平庸之辈最根本的差别，并不在于天赋，也不在于机遇，而在于有无人生的目标！对于没有目标的人来说，岁月的流逝只意味着年龄的增长，平庸的他们只能日复一日地重复自己。因此，确定清晰而长期的目标，并持之以恒地向前迈进，是走向成功的第一步。对一个人的人生是如此，对一个组织的管理也是如此。

资料来源：百度文库。

第二节　目标管理

一、目标管理的基本思想

古典管理理论偏重于以工作为中心，忽视了人的一面；而行为科学理论又偏重于以人为中心，忽视了人同工作相结合。有没有一种管理方法，将上述两种思想综合起来，将为实现组织目标所需做的工作和做这些工作的人结合呢？这就是目标管理。目标管理通过鼓励工人参与管理，在满足工人自我实现需要的同时，实现了组织的目标；在工人个人需要得到满足的过程中实现了组织目标。通用电气公司率先在实践中实施目标管理，取得较好的效果。

目标管理是将科学管理的 X 理论和行为科学的 Y 理论有机结合起来的一种行之有效的管理制度或管理方法。德鲁克在 1954 年出版的《管理的实践》一书中最早提出了目标管理的思想。德鲁克认为人们在做任何事情时，首先必须知道他们的目标是什么，哪些活动有助于实现这些目标以及如何完成目标等。"并不是因为有了工作才有目标，而是因为有了目标才需要确定每个人应该做的工作。如果没有方向一致的目标来指导每一个人的工作，那么组织规模越大、人员越多，发生冲突和浪费就越多。"目标管理打破了传统管理的严格监督控制，提倡目标激励与自我管理和控制，将组织成员的个人需要和组织目标的实现结合起来。

美国学者爱德华·施莱在他的专著《成功管理》一书中，强调了目标管理的重要性。他认为，管理目标规定了每个人在一个特定时期完成的具体任务，从而使整个管理部门的工作能在特定的时刻内充分地融合为一体。

二、目标管理的概念及特点

（一）目标管理的概念

目标管理（Managing by Objective）也称为成果管理，是指组织的最高领导层根据组织所面临的形势和社会需要，制定出一定时期内组织经营活动所要达到的总目标，然后层层落实，要求下属各部门管理者以至每个员工根据上级制定的目标制定出自己工作的目标和相应的保证措施，形成一个目标体系，并把目标完成的情况作为各部门或个人工作绩效评定的依据。简单地说，目标管理就是让组织的管理者和员工亲自参加目标的制定，在工作中实行"自我控制"并努力完成工作目标的一种管理制度或方法。

（二）目标管理的特点

1. 目标管理具有目标体系，是一种系统的管理。组织作为一个系统，是由组织内各要素即各个子系统的有机结合构成的。目标管理借助于目标体系，把组织内部各个子系统如人力资源、新产品开发、生产组织、市场营销、财务管理等，整合成具有整体性、相互联系性、目的性、动态性和开放性等系统管理特征的系统。

2. 目标管理实行参与式管理，是自主的管理。从目标的制定、目标的实施，到目标的成果考评，都强调下属的参与。下属与管理者共同制定目标，下属可以提出自己的建议和设想，把个人目标和组织目标结合起来。下属对自己承诺的目标能够发挥主动性和创造力，能够信守承诺，自己负责，自己检查，自己控制，确保目标的实现。

3. 目标管理重视人的因素，强调"自我控制"。在管理方法上，目标管理通过对动机的控制来实现对行为的控制。用"自我控制的管理"代替"压制性的管理"。德鲁克认为，员工是愿意负责的，是愿意在工作中发挥自己的聪明才智和创造性的。"自我控制"可以激励员工尽自己最大努力把工作做好，使员工发现工作的兴趣和快乐，享受工作的满足感和成就感，形成平等、尊重、支持、依赖的上下级关系，同时组织的目标也得以完成，这正是目标管理的主旨。

4. 目标管理促使权力下放，是一种民主的管理。目标管理，在目标制定之后，上级根据目标的需要，授予下级部门或个人以相应的权力。授权是提高目标管理效果的关键。

5. 注重管理实效，是一种成果管理。目标管理重视对结果、目标的控制，而不是注重对过程、手段的控制。目标管理的工作评价特别强调把评价的中心放在工作成效上而不是放在个人品格上，这样的评价方法使评价具有建设性，可以激发人们的工作热情，并能促使员工成长和发展。

三、目标管理的基本步骤

目标管理主要由目标体系的建立、目标实施和目标成果的评价三个阶段形成一个周而复始的循环，预定目标实现后，又要制定新的目标，进行新一轮循环。

（一）目标体系的建立

首先，建立组织总目标。根据组织的宗旨，充分研究组织的外部环境和内部条件，分析可供利用的机会和面临的威胁以及组织自身的优势和弱点，通过上级管理者的意图与员工意图的上下沟通，对目标项和目标值反复商讨、评价、修改，取得统一意见，最终确定出组织一定时期特定的总目标。

然后，对总目标进行分解展开。目标分解展开的方法是自上而下层层展开，自下而上层层保证。

所谓"自上而下"层层展开，是指每一层次的目标需要一定的手段来实现，将这些手段作为下一层次的目标，实现下一层次目标的手段又可以作为更下一层次的目标，这样逐级展开，并通过上下级共同协商，就可以制定出组织各部门直至每个员工的目标。所谓"自下而上"层层保证，是指下级或员工的目标的实现是上级目标与总目标实现的保证。

上下级的目标之间就形成一个"目标—手段"链，总目标是分目标的目的，分目标是总目标的保证。这也正是目标纵向性的表现（见图3-2）。

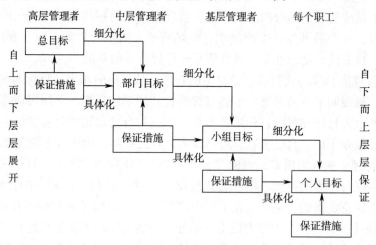

图3-2 目标展开示意图

目标分解展开的要求有：

1. 组织开展多方位、多层面的协调活动。上下级间应进行深入的交流和沟通，一方面对各级目标的目标项、目标值反复商讨和评价，力争做到目标实施计划编制细致，问题分析透彻，各项保证措施具体、明确；另一方面，对目标成果考评内容、目标成果考评办法反复商讨和评价，目标成果考评内容必须与目标管理计划相符合，目标成果考评办法将影响目标成果考评结果，进而将决定各类人员的利益和待遇，力争做到目标成果考评内容规范、考核标准公平合理。

2. 建立一套以组织总目标为中心的一贯到底的目标体系。根据目标措施计划及目标成果考评内容和办法绘制组织各部门人员的目标体系图（见图3-3）或绘制目标措施表，形成目标管理实施计划文件。落实各级人员的目标责任，同时，明确目标进度日期要求。

3. 举行签字仪式。各部门负责人与目标项目的责任人在目标管理实施文件上签字，以便确认目标责任计划。签字文件是目标实施和目标成果考评的依据。

（二）目标实施

目标实施是目标管理过程第二阶段的工作，它是关系到目标能否实现的关键环节。这一阶段的所有工作都是围绕实现目标体系所确定的目标和要求来进行的。为保证目标的顺利实现，在实施阶段要做好以下几方面工作：

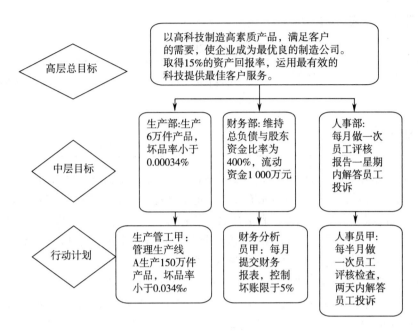

图3-3　某制品公司部分部门人员的目标体系

1. 逐级授权和自我控制。建立了组织自上而下的目标体系之后，上一级就根据责权相等的原则，授予下级部门或员工个人以相应的权力，让他们有权、有责，在工作中发挥自己的聪明才智和创造性，产生强烈的责任感，自行决定目标实施的具体途径和方法，实行自主管理。

2. 实施过程的检查和控制。在目标实施过程中，上级管理者应对目标实施过程实行检查和控制。主要体现在指导、协助、检查、提供信息以及创造良好的工作环境等方面。检查一般实行下级自查报告和上级巡视指导相结合的办法。如果发现问题，应及时给予解决。另外，在实施过程检查的基础上，应将目标实施的各项进展情况、存在问题等用一定的图表和文字反映出来，对目标值和实际值进行比较分析，实行目标实施的动态控制。

（三）目标业绩考评

目标业绩考评就是对各级目标的完成情况进行检查和评价。目标成果考评结果将决定各类人员的利益和待遇。目标成果考评内容必须与目标管理计划相符合。

目标业绩考评一般实行自我评价和上级评价相结合，共同协商确认成果。自我考评，就是员工个人对照目标和所取得的成绩来判断自己做得如何。上级考评，就是组织的上级部门对下级部门及组织成员进行考评，考评过程也是对照工作业绩与目标进行分析判断。

目标业绩的具体评价一般采用综合评价法，即在考评过程中主要考评三个方面的内容：按目标的实现程度，目标的复杂困难程度和在实现目标过程中的努力程度三个要素对每一个目标进行评定，确定各要素的等级分，修正后得出单项目标的分数值，再结合各单项目标在全部目标中的重要性权数，便得出综合考虑的目标成果值，以此来确定目标成果的等级（见表 3 -1）。

表 3 -1　　　　　　　　　评价要素重要性权数参考数据表

评价要素 不同情况	达标程度	复杂程度	努力程度
一般职工	5	3	2
基础领导或管理人员	6	2	1
上级领导	7	2	1

1. 目标的完成程度。目标的完成程度是指目标的实际完成值和目标计划值之比。分为 A、B、C 三级。定量目标按目标的完成率进行定量评定。而对于那些如"提高职工工作积极性"或"提高服务质量"之类只有定性表示的目标，可以结合民意测验进行定性评定。

2. 目标的复杂难易程度。目标的难度是指目标任务本身的性质和客观条件、环境变化，实现目标必须付出的代价大小。分为 A、B、C 三级。

3. 成员主观努力程度。主要是看个人在完成目标时，发挥主观能动性的情况。在实施目标过程中，会遇到各种有利或不利的条件，此时，目标责任者的主观努力程度是不同的。也分为 A、B、C 三级。各部门的目标成果等级也用同样的方法进行评价。

目标管理的工作评价特别强调把评价的中心放在工作的成效上而不是放在个人品格上，这样的评价方法使评价具有建设性，可以激发人们的工作热情，并能促使员工成长和发展。目标业绩考评是目标管理的最后阶段，也是下一个目标管理循环的开始。通过目标业绩考评，组织及时宣传成功的经验、总结失败的教训，并据此制定相应的规则或标准，为下一循环打好基础。

【小看板 3 -5】

选择一个正确而统一的目标是管理的第一步

有位大富商定作了一辆豪华昂贵的马车，他嫌现有的四匹马拉得太慢，所以就从全国东南西北各地千里挑一，买来了四匹宝马。为了炫耀自己的财富，第二天，他在城郊向世人展示了他那配置完美的马车。刚开始一切都还顺利，可当马车的速度越来越快时，事情发生了变化，车夫逐渐控制不了这些宝马。因为配合时间太短，每匹马都习惯性地向各自家乡的方向跑去。最后，豪华的马车在一片尘嚣中被摔得粉碎，车上的富商也一命呜呼了。

由于组织内部每个人的知识、语言、文化、性格等都存在着差异，导致每个人对管理目标的理解和期望也迥异。对于快速发展的组织来说，如果组织内部各行其是、目标混乱，那么发展的速度越快，造成的损失也就越大。管理是一种有目的的活动，选择一个正确而统一的目标是管理的第一步，也是取得管理成效最起码的前提和条件。

资料来源：百度文库。

四、目标管理的评价

目标管理是以泰罗的科学管理和行为科学为基础形成的一套行之有效的管理制度和管理模式，根据美国《幸福》杂志最新调查，在美国前500强企业中有50%的企业采用目标管理。当然目标管理有其优点，也有其缺点。

（一）目标管理的优点

1. 提高管理效率。目标管理的全部优点概括为一句话，即它导致了管理工作效率的极大提高。目标管理使组织的每一个层次、每个部门、每个成员首先考虑目标的实现，因为这些目标是总目标的分解，所以当各层次、各部门、各成员的目标完成时，也就是组织总目标的实现。另外，在分解总目标时，并没有规定分目标实现的方式和手段，这就给了大家一个创新的空间，也就提高了组织的管理效率。

2. 明确组织的目标和任务。目标管理能够使组织的各级主管人员和成员明确组织的目标和任务，明确各自的职责范围和奋斗目标，使组织结构和组织的目标体系相协调。这些职责的明确，有助于组织采用分权管理，促使管理者按完成目标所需要的职权授权。

3. 实现自我管理。目标管理实际上是一种自我管理的方式，或者说是引导成员自我管理的方式。

4. 有利于控制。目标管理本身就是一种控制方式，即通过目标分解最终保证总目标的实现就是一种结果控制方式。在目标实施过程中，组织的高层管理者要经常检查，如果有偏差，就及时纠正。从另一方面看，一个组织如果有明确的可考核的目标体系，那么其本身就是进行监督控制的最好依据。

（二）目标管理的缺点

尽管目标管理存在以上优点，但它也有着一些缺点和不足。管理者在使用目标管理时，应对此予以注意。

1. 目标设置困难。由于环境的变化，使目标前提条件的确定很困难，也使得目标的制定较为困难。同时组织目标的实现应该是大家共同合作的结果，这种合作中很难确定你做了多少，他做了多少，因此，可度量的目标确定也十分困难。一个组织的目标有时只能是作定性的描述，尽管目标管理强调建立可考核的、定量的目标，但实际上有时定量是很困难的。

2. 目标设置短期性。短期目标比较容易分解，而长期目标比较抽象难以分解。所以目标管理中的目标通常是一些短期目标，很少有超过一年的，通常是一个季度或者更短一些。组织似乎常常强调短期目标的实现而对长期目标不关心。如此做法，将不利于组织的长远发展。

3. 管理缺乏弹性。目标管理执行过程中目标是不可以轻易改变的，正因如此会导致组织管理缺乏弹性。

第三节　计划概述

计划职能是管理的首要职能。要实现目标就必须制订计划。计划是目标实现的蓝图，具体明确了实现目标所必需的资源组合、时间进度、任务和其他举措。如果说目标是要明确未来要达到的状态，那么计划就是明确现在的手段。制订切实可行的计划是实现目标的唯一途径和手段。目标＋计划＋行动＝成功。有计划的工作，即使繁重也会井然有序，即使紧张也会创造事半功倍的高效。

一、计划的含义

计划（Plan）有广义和狭义之分。狭义的计划是计划工作中计划编制的结果。它告诉人们为实现既定目标需要在什么时间，由什么人，采取什么方法，去开展什么活动以最终实现既定的目标。一般情况下计划在制订出来以后多数是不变的。这样有助于计划执行者"依计而行"去开展卓有成效的工作，同时也有助于发挥计划的激励作用。但是在某些情况下，当制订计划的条件和情况发生变化以后，就必须调整计划，尤其是在发生了"计划跟不上变化"的情况下，计划已失去了指导作用，此时就必须修订原计划。因此，计划具有两种特性，其一是它的严肃性，即一旦计划出台后，在条件不变或变化不大的情况下，必须严格执行计划；其二是它的灵活性，即当计划条件发生较大变化时，必须调整计划，以适应变化了的条件。所以计划是一种可能变化也可能不变化的人们对未来行动与工作的安排方案。

广义的计划是指人们编制、执行计划，以及检查计划执行情况等一系列计划管理工作，简称为计划工作。确切地说，计划工作包括从分析预测未来的情况与条件，确定目标，决定行动方针与行动方案，并依据计划去配置各种资源，进而执行任务，最终实现既定目标的整个管理过程。计划工作是一项既广泛又复杂的管理工作，它涉及组织的每一项活动，需要深入细致的分析研究和非常高的技术技能。

【小看板 3 - 6】

保险销售员的故事

有个同学举手问老师："老师，我的目标是想在一年内赚 100 万！请问我应该如何计划我的目标呢？"

老师便问他："你相不相信你能达成？"他说："我相信！"老师又问："那你知不知道要通过哪些行业来达成？"他说："我现在从事保险行业。"老师接着又问他："你认为保险业能不能帮你达成这个目标？"他说："只要我努力，就一定能达成。"

"我们来看看，你要为自己的目标作出多大的努力，根据我们的提成比例，100 万的佣金大概要做 300 万的业绩。一年：300 万业绩。一个月：25 万业绩。每一天：8 300 元业绩。"老师说。

"每一天：8 300 元业绩，大概要拜访多少客户？"老师接着问他。

"大概要 50 个人。"

"那么一天要 50 人，一个月要 1 500 人；一年呢？就需要拜访 18 000 个客户。"

这时老师又问他："请问你现在有没有 18 000 个 A 类客户？"他说没有。"如果没有的话，就要靠陌生拜访。你平均一个人要谈上多长时间呢？"他说："至少 20 分钟。"老师说："每个人要谈 20 分钟，一天要谈 50 个人，也就是说你每天要花 16 个多小时在与客户交谈上，还不算路途时间。请问你能不能做到？"他说："不能。老师，我懂了。这个目标不是凭空想象的，是需要凭着一个能达成的计划而定的。"

目标不是孤立存在的，目标是计划相辅相成的，目标指导计划，计划的有效性影响着目标的达成。所以在执行目标的时候，要考虑清楚自己的行动计划，怎么做才能更有效地完成目标，是每个人都要想清楚的问题，否则，目标定得越高，达成的效果越差！

资料来源：百度文库《目标管理七个小故事》。

二、计划的构成要素

一份完整的计划必须包括哪些内容呢？

首先，每一项计划都是针对一个特定的目标提出的，因此，一项计划首先要明确所针对的目标。目标明确以后，在计划中还必须明确说明如何做、谁做、何时做、在何地做、需投入多少资源等基本问题。

除此之外，为了在实施过程中明确在什么情况下需要修改计划，在一项计划中还应该说明该项计划有效的前提条件；为了增强计划的适应性，要说明当实际情况与计划前提条件不符合时应采取的措施；为了便于在情况发生较大变化、计划实施条件不具备时，能够判断是应该放弃该项计划还是要竭尽全力、创造条件完成计划，计划书中还应说明进行这项工作或实现相应目标的意义或重要性。

综上所述，一项完整的计划应包括的要素见表 3 - 2。

表 3 - 2　　　　　　　一项完整的计划应包含的要素

要素	内容	所要回答的问题
前提	预测、假设、实施条件	该计划在何种情况下有效
目标（任务）	最终要达到的结果、目的、活动方向及相应任务	做什么
目的	理由、意义、重要性	为什么要做
战略	为了实现目标在将来应该怎样干、途径、基本方法、主要战术	如何做
责任	人选、奖惩措施、规章制度	谁做、做得好坏的结果
时间表	起止时间、进度安排	何时做
范围	组织层次或地理范围	涉及哪些部门或何地
预算	用数字来表示投入的数量、时间等	需投入多少资源
应变措施	最坏情况计划	实际与前提不相符怎么办

三、计划的类型

根据各种原则划分计划的种类，主要是便于研究分析。任何一种计划都可能有其他分类原则下某种计划类型的特征。例如，政策是按范围划分的一种计划类型，但它也可能是一种长期计划。同样，综合计划是按计划的内容划分出来的，它完全可能又是一种中期计划。企业的年度生产经营计划是一种综合性计划，它包括企业计划年度的供应、生产、销售、劳动、财务、技术改造等多方面内容，同时，它又具有短期计划的性质。

（一）按照时间期限的长短划分，可以分为长期、中期和短期计划

一般说来，人们习惯于把一年及其以内的计划称为短期计划，一年以上五年以内的计划称为中期计划，五年以上的计划称为长期计划。但是对一些环境条件变化很快，本身节奏很快的组织活动，其计划分类也可能一年计划就是长期计划，季度计划就是中期计划，而月度计划就是短期计划。

在这三种计划中，长期计划、中期计划是根据长远计划制订的，它比长期计划要详细具体，是考虑了组织内部与外部的条件与环境变化情况后制订的可执行计划。短期计划则比中期计划更加详细具体，它是指导组织具体活动的行动计划，它一般是中期计划的分解与落实。

在管理实践中，长期、中期和短期计划必须有机地衔接起来，长期计划要对中期、短期计划具有指导作用，而中期、短期计划的实施要有助于长期计划的实现。不考虑长期计划目标，仅局限于短期任务的完成，管理工作实际上也属于一种无目的的行为。在这方面，滚动计划方法对促使长期、中期、短期计划的衔接是十分有效的。当然，这种时间上的划分也不是绝对的。

1. 长期计划（Long - term Plans）。长期计划通常主要是方向性和长远性的计划，它主要回答的是组织的长远目标、发展方向以及怎样去实现本组织的长远目标的大政方针方面的问题，通常以工作纲领的形式出现。

2. 中期计划。中期计划与长期计划的内容基本一致，但更为详细和具体，是按照短期计划的执行情况和预测到组织内部与外部的条件与环境变化情况后制订的。中期计划具有衔接长期计划和短期计划的作用。长期计划以问题为中心，而中期计划以时间为中心，它包括各年的计划，每一年度都有明确的目标。中期计划往往依照组织的各种职能进行制订，并注重各计划之间的综合平衡，使比较松散的长期计划有了比较严密的内容，从而保证计划的连续性和稳定性。所以说，中期计划赋予长期计划具体内容，又为短期计划指明方向。

3. 短期计划（Short - term Plans）。短期计划比中期计划更加详细具体，一般是中期计划的分解与落实。它是能够满足指导每项具体活动需要的行动计划。以企业为例，短期计划包括利润、销售量、生产量、品种和质量等多种目标，此外还包括像生产率提高幅度、成本降低率等具体的绩效目标。短期计划可以是综合性的，也可以是单一目标的。短期计划由于对各种活动有非常详细的说明或规定，在执行当中选择的范围很小，因此有效地执行计划成为最主要的要求。此外，短期计划往往涉及的是环境的连续变

化，各因素较为确定，容易预测，也容易评价。

（二）按计划制订者的层次划分，可以分为战略计划、施政计划和作业计划

这种分类法与按时间划分计划类型有较多相同之处。如在时间的长度、广度方面就很相似，但也有些差别。

1. 战略计划（Strategic Plans）。战略计划是由高层管理者负责制订的具有长远性、全局性的指导性计划，它描述组织在未来一段时间内总的战略构想和总的发展目标，以及实施的途径，决定在相当长的时间内组织资源的运动方向，涉及组织的方方面面，并将在较长时间内发挥其指导作用。

2. 施政计划。施政计划是由中层管理者制订的，它将战略计划中具有广泛性的目标和政策，转变为确定的目标和政策，并且规定达到各种目标的确切时间。施政计划中的目标和政策比战略计划具体、详细，并具有相互协调的作用。此外，战略计划是以问题为中心，而施政计划是以时间为中心。一般情况下，施政计划按年度分别拟订。

3. 作业计划。作业计划由基层管理者制订。施政计划虽然已经相当详细，但在时间、预算和工作程序方面不能满足实际实施的需要，还必须制订作业计划。作业计划根据施政计划确定计划期间的预算、利润、销售量、产量以及其他更为具体的目标，确定工作流程，划分合理的工作单位，分派任务和资源，以及确定权力和责任。

（三）按计划所涉及的活动内容划分，可以分为综合计划、专业计划和项目计划

1. 综合计划一般会涉及组织内部的许多部门和许多方面的活动，是一种总体性的计划。它是与受指定范围限定的局部计划相对应的。习惯上人们把预算年度的计划称为综合计划。企业年度生产经营综合计划主要包括销售计划、生产计划、劳动工资计划、物资供应计划、成本计划、财务计划、技术组织措施计划等。这些计划都有各自的内容，但它们又互相联系、互相影响、互相制约，形成一个有机的整体。

2. 专业计划，也称局部计划。是涉及组织内部指定范围或某个方面的活动计划。如企业的生产计划、销售计划、财务计划等，它是一种单方面的职能性计划。它的内容专一性强，是综合计划的一个子计划，是为达到整个组织的分目标而确立的。企业年度销售计划是在市场预测和订货合同的基础上，确定年度销售的产品品种、质量、数量和交货期，以及销售收入、销售利润。另外，在制订局部计划时，要注意各种局部计划相互制约的关系，如销售计划直接影响生产计划和财务计划等其他局部计划。

3. 项目计划通常是组织针对某个特定课题所制订的计划。例如，某种产品的开发计划、企业的扩展计划、与其他企业的联合计划、职工俱乐部的建设计划等都是项目计划。它是针对某项具体任务的事务性计划。

（四）按计划约束力的大小划分，可以分为指令性计划和指导性计划

1. 指令性计划。指令性计划是由上级主管部门下达的具有行政约束力的计划。指令性计划一经下达，各级计划执行单位必须遵照执行，而且要尽一切努力完成，没有讨价还价的余地。能否保质保量地完成指令性计划是衡量一个组织管理好坏的重要标准之一。

2. 指导性计划。指导性计划是由上级主管部门下达的具有参考作用的计划。这种计

划下达之后，执行单位不一定要完全遵照执行，可以考虑自己单位的实际情况，决定是否按指导性计划工作。这是一种间接的计划方法，具有较大的灵活性。

四、计划的作用

计划是一项重要的管理工作。计划的最终成果是对未来发展的行动方针作出预测和安排，尽管各项管理职能都必须考虑组织的未来，但都不可能像计划那样以谋划未来为主要任务。无论是规划、预算，还是政策、程序，都是为了未来的组织行动有明确的目标和具体的方案作指导。在管理过程中，人们把计划列为第一位，即计划、组织、领导和控制。人们认为计划是火车头，而组织、领导和控制活动为一列牵引着的火车厢。因为计划工作指出方向，减少变化带来的影响，尽可能避免重复、遗漏和浪费，并制定标准以利于控制。因此，有效的计划是一切成功的秘诀。

（一）提供方向

计划为管理工作提供基础，是管理者行动的依据。通过清楚地确定目标和如何实现这些目标，可为未来的行动提供一幅路线图，从而减少未来活动中的不确定性和模糊性。

（二）合理配置资源

任何一个组织的资源都是有限的，计划就是要对组织有限的资源在空间和时间上作出合理的配置与安排，即达到资源配置和使用的最优化。因为计划工作说明并确定了组织中每一部门应做什么，为什么要做这些事，应在什么时候去做。目的和手段都很明确，通过计划对管理活动的各个方面进行周密的安排，综合平衡，减少了重复和浪费活动，并协调各项活动，使之与其他有关活动相配合。

（三）适应变化，防患于未然

计划通过预计变化来降低不确定性。为了制订合理的计划，管理者必须不断关注组织外部环境的动态变化，预测未来环境的变化趋势，这就迫使管理者习惯于在决策时考虑多种不可控因素的影响，并采取措施加以预防。当然，在"计划不如变化快"的市场经济年代，再好的计划也不能消除变化，因此计划工作的开展是为了预测各种变化和风险，并对它们作出最为有效的反应，而不是为了消除变化。

（四）提高效率，调动积极性

由于目标、任务、责任明确，可使计划得以较快和较顺利地实施，并提高经营效率。通过清楚地说明任务与目标之间的关系，可制定出指导日常决策的原则，并培养计划执行者的主人翁精神。

（五）为控制提供标准

计划尤其是中短期计划总是通过具体的计划指标来体现的，正是这些具体的计划指标使管理者能将实际的业绩和目标进行对照，有利于对计划进行监督和检查，及时纠正偏差，进行控制。通过计划明确组织行为的目标，规定实施目标的措施和步骤，来保证组织活动的有序性。计划不仅是组织行动的标准，同时也是评定组织效率的标准。所以说，没有计划也就无所谓控制。

【小看板 3 - 7】

未来取决于今天的定位

有三个人要被关进监狱三年，监狱长允许他们每人提一个要求。美国人爱抽雪茄，要了三箱雪茄。法国人最浪漫，要一个美丽的女子相伴。而犹太人说，他要一部与外界沟通的电话。

三年过后，第一个冲出来的是美国人，嘴里鼻孔里塞满了雪茄，大喊道："给我火，给我火！"原来他忘了要火了。接着出来的是法国人。只见他手里抱着一个小孩子，美丽女子手里牵着一个小孩子，肚子里还怀着第三个。最后出来的是犹太人，他紧紧握住监狱长的手说："这三年来我每天与外界联系，我的生意不但没有停顿，反而增长了200%，为了表示感谢，我送你一辆劳斯莱斯！"

这个故事告诉我们，选择什么样的目标决定什么样的生活。今天的生活是由三年前我们的选择决定的，而今天我们的抉择将决定我们三年后的生活。

资料来源：百度文库。

五、计划的制订和审定

（一）计划的制订过程

制订计划的过程，一般包括以下几个步骤。

1. 确定目标或任务。由于计划是组织目标的实施方案和规划，在制订计划之前，必须首先确立目标。目标为管理的各项活动指明方向，也为衡量管理活动的绩效提供标准。当然，计划中的目标应该具体可衡量，并且简明扼要。

目标和任务的明确是一项计划的核心。每一项计划最好只针对一个目标。因为一项计划如果设立的目标过多，行动时就可能会发生不知如何决定优先次序或协调达成各目标的情形。

2. 明确与计划有关的各种条件。计划是为了指导行动，现实生活中各种不可能的条件，不能作为计划的基础。因此，在明确目标以后，要积极与各方面沟通，搜集各方面的信息，明确计划的前提或对该计划的各种限制条件。

3. 制定战略或行动方案。确定目标、明确前提条件后，就要从现实出发分析实现目标所需解决的问题或需要开展的工作。在制定行动方案时，应反复考虑和评价各种方法和程序，因为一个好的计划，不仅应该程序、方法清楚可行，而且需要的人力和资金等各种资源的支出越少越好。

4. 落实人选，明确责任。在所要进行的各项工作任务明确以后，就要落实每项工作由谁负责、由谁执行、由谁协调、由谁检查。同时，要明确规定工作标准、检验标准，制定相应的奖惩措施，使计划中的每一项工作落实到部门和个人，并有清楚的标准和切实的保障措施。

5. 制定进度表。各项活动所需要时间的多少，取决于该项活动所需的客观持续时间，所涉及资源的供应情况及其可以花费的资金的多少。活动的客观持续时间是指在正常情况下完成此项工作所需的最少时间。在一般情况下，工作计划时间不能少于客观持续时间。实际工作时间的多少还受工作所需资源的供应情况的影响，如果所需资源能从市场上随时获得，则工作计划时间约为客观持续时间加上一个余量；如果所需资源的获得需要经过一段时间，则计划时间也要在客观实现持续时间上再加一个获得资源所需的时间。

另外，同样的工作，如不计成本，则可通过采用先进的技术、增加人力等缩短工作时间；资金不足，也会影响工作进展。所以，在一定条件下，计划时间与工作成本成反比。

6. 分配资源。一项计划所需要的资源及资源多少可根据该项计划所涉及的工作要求确定，不同的工作需要不同性质和数量不等的资源。根据各项工作对资源的需求、各项工作的轻重缓急和组织可供资源的多少，就可确定资源分配给哪些工作和各分配多少。每一项工作所需资源何时投入、各投入多少，则取决于该项工作的行动路线和进度表。

在配置资源时，计划工作人员要注意不能留有缺口，但要留有一定的余地，即必须保证工作所需的各项资源，并且要视环境的不确定程度留有一定的余量，以保证计划的顺利实施。

7. 制定应变措施。制订计划时，最好事先备妥替代方案或制订 2~3 个计划。制定多个方案的目的，一是因为在一个组织中，计划必须经过各方面的审议才能获得批准，制订多个计划有助于早日获得各方面的认可；二是因为尽管在制订计划时是按未来最有可能发生的情境制订计划，但未来的不确定性始终存在，为了应对未来可能的其他变化，保证在任何情况下都不会失控，就有必要在按最有可能的情况制订正式计划的同时，按最坏情况制订应急计划。

值得注意的是，应急计划可以是一个完整的应对最可能发生的最坏情况的计划，也可以只是简单说明一旦出现最坏情况该如何做。

上述计划的每一步都是制订完备计划所不可缺少的，当然，在顺序上可以有所调整。

(二) 计划的审定

计划的审定主要是评价所制订计划的完整性和可行性。完整性审定，也称为计划形式审查，主要看该项计划要素是否齐全。内容性审查，主要是评价计划中所列各事项的可行性。如果在计划的审定过程中，发现缺少某一部分或某一部分不合适，就要立即进行修改，以使计划更加行之有效。计划的审定可以由上级审定、同事审定，也可以由群众讨论评价。

计划审定通过后，该计划就可作为正式计划付诸实施。

第四节　计划制订方法

计划制订的效率高低和质量好坏在很大程度上取决于所采用的计划方法。过去人们常常采用定额换算法、系数推导法及经验平衡法制订计划。现代制订方法有网络图计划法、零基预算法、应变计划法。其中网络图计划法在下节单独介绍。

一、定额换算法

根据有关的技术经济定额来计算确定计划指标的方法。例如，根据各人、各岗位的工作定额求出部门应完成的工作量，再加上各部门的工作量，得到整个组织的计划工作量。

二、系数推导法

利用过去两个相关经济指标之间长期形成的稳定比率来推算确定计划期的有关指标的方法，也称比例法。例如，在一定的生产技术条件下，某些原材料的消耗量与企业产量之间有一个相对稳定的比例，根据这个比例和企业的计划产量，就可以推算出这些原材料的计划需用量。

三、经验平衡法

根据计划工作人员以往的经验，把组织的总目标和各项任务分解分配到各个部门，并经过与各部门的讨价还价，最终确定各部门计划指标的方法。

在稳定可预测的环境中，上述计划方法简单易行，表现出了较大的优越性。但现代组织由于面对的是更为复杂和动荡的环境，组织规模也在不断扩大，依靠传统的计划方法常常难以适应现代计划工作的要求。现代计划方法可以帮助确定各种复杂的经济关系，提高综合平衡的准确性，并能采用计算机辅助工作，加快计划工作的速度，已经为越来越多的计划工作者所采用。

四、滚动计划法

滚动计划法是根据计划的执行情况和环境变化情况定期修订未来的计划，并逐期向前推移，使短期计划、中期计划有机地结合起来。

在编制计划时，由于在计划工作中很难准确地预测将来影响企业经营所面临的经济、政治、文化、技术、产业、顾客等各种变化因素，而且随着计划期的延长，这种不确定性就越来越大，因此，若机械地按几年以前的计划实施，或机械地、静态地执行战略性计划，则可能导致巨大的错误和损失。

滚动计划法用近细远粗的办法制订，可以避免这种不确定性可能带来的不良后果。具体做法是，把计划期分成若干阶段（三至五个阶段为宜）及滚动间隔期。最近时间段的计划为实施计划，内容订得比较具体详细，以后各段的计划为预安排计划，订得逐渐粗简。随着计划的执行，在下一个滚动间隔期开始，根据企业外部和内部条件的变化，对以后几个间隔期的计划进行修订和调整。并把计划期向后延伸，产生新的实施计划和预安排计划。如此重复安排，把静态固定的计划变成动态跟踪的计划。图 3-4 显示了 5 年期的滚动计划方法。

由图 3-4 可以看出，在计划期的第一阶段结束时，要根据该阶段计划的实际执行情况和外部与内部有关因素的变化情况，对原计划进行修订，并根据同样的原则逐期滚动。每次修订都使整个计划向前滚动一个阶段。

滚动计划法不仅可以用于长期计划的编制，也可以用于年度计划、季度计划和月计

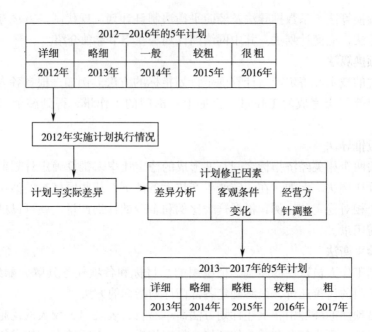

2012—2016年的5年计划				
详细	略细	一般	较粗	很粗
2012年	2013年	2014年	2015年	2016年

2012年实施计划执行情况

计划与实际差异

计划修正因素		
差异分析	客观条件变化	经营方针调整

2013—2017年的5年计划				
详细	略细	略粗	较粗	粗
2013年	2014年	2015年	2016年	2017年

图3-4 五年计划滚动程序示意图

划的编制。年度计划的滚动间隔期为季,季度计划的滚动间隔期为月,月计划的滚动间隔期为旬。

滚动计划法适用于任务类型的计划,其优点是:

(1)可以使制订出来的工作计划更加符合实际。由于人们无法对未来的环境变化作出准确的估计和判断,所以计划针对的时期越长,不准确性就越大。滚动计划法相对缩短了计划时期,加大了对未来估计的准确性,从而提高了近期计划的质量。

(2)使长期计划、中期计划与短期计划相互衔接。短期计划内部各阶段相互衔接。这就保证了即使由于环境变化出现某些不平衡时也能及时地进行调节,使各期计划基本保持一致。

(3)大大增强了计划的弹性。滚动计划方法大大加强了计划的弹性,这在环境剧烈变化的时代尤为重要。

五、零基预算法

最早提出零基预算思想的是美国德州仪器公司的彼德·菲尔。零基预算法的基本原理是:在每个预算年度开始时,将所有过去进行的管理活动都看做重新开始,即以零为基础。根据组织目标,重新审查每项活动对实现组织目标的意义和效果,并在成本—效益分析的基础上重新排出各项管理活动的先后顺序,再根据重新排出的先后顺序,分配资金和其他各种资源。

在美国,实施零基预算制度的具体方法,各公司不尽相同,但一般来讲,都要经过以下几个步骤:①在制定零基预算之前,公司领导人首先提出总方针,使下属部门在拟订本部门目标和行动方案时能有所遵循;②各部门根据公司的总方针对本部门的业务进行研究,进而提出本部门下一年度的各项目标及其行动计划方案;③各部门不仅要计算出各种行动方案的所需成本，而且还要进行效益分析；④各部门按照优劣主次排出各种行动方案的先后顺序；⑤将本部门的预算表和先后顺序上交给总公司，总公司根据先后顺序表对资金进行合理分配。

在使用零基预算法时应注意以下几个问题：①负责最后审批预算的主要领导者必须亲自参加对活动和项目的评价过程，以便真正了解该项目预算的由来，以及判断预算是否合理。②对各项管理活动和具体项目进行评价和编制预算时，管理人员必须对组织有透彻的了解，以便能正确判断哪些活动是必要的，哪些活动虽然必要，但在目前情况下是可有可无的以及哪些活动是完全不必要的。③在编制预算时，资金按照排出的先后顺序进行分配，应尽可能地满足主要活动的需要，如果资金有限，对于那些不是必须要进行的活动或项目，最好暂时放弃。

零基预算法可以准确全面地计算出各种数据，为计划提供准确的资料，减少盲目性。再有，它使计划和控制更有弹性，增强了组织的应变能力。此外，当管理者出现失误时，能及时纠正。可见，零基预算法把管理控制的重点从传统的现场控制和反馈控制转向了预先控制。它强调"做正确的事"，而不是"正确地做事"，突出了组织目标对全部管理活动的指导作用以及计划职能与控制职能的联系，以便更集中、更有效地利用资源，使组织目标的实现收到事半功倍的效果。

六、应变计划法

应变计划是当客观情况发生重大变化使计划失去作用时，被付诸实施适应环境变化的备用计划。运用应变计划法就是停止原来的计划，用应变计划加以替代。采用应变计划可以在客观情况发生变化时，使调整比较主动，争取时间，从而减少损失，保证获得一定的经济效益。编制应变计划与编制正常计划一样，同样要具备完整的计划内容。一般来讲，应变计划是正常计划目标的缩小或扩大。编制计划，不仅要分析和确定可能影响正常计划顺利实施的主要因素，还应与正常计划保持一定的衔接。

第五节　网络计划技术

一、网络计划技术简介

网络计划技术是 20 世纪 50 年代中期发展起来的一种科学的计划管理技术。起源主要有两个：其一，1956 年美国杜邦公司首先在化学工业上使用了 CPM（关键路径法）进行计划编排；其二，美国海军在建立北极星导弹时，采用了 Buzz Allen 提出的 PERT（计划评审法）技术。这两种方法逐渐渗透到许多领域，为越来越多的人所采用，成为网络计划技术的主流。我国从 60 年代中期开始，在著名数学家华罗庚教授的倡导和亲自指导下，开始在全国各个部门试点应用网络计划，并根据"统筹兼顾，全面安排"的指导思想，将这种方法命名为"统筹方法"。

网络计划技术最适用于复杂一次性的大型工程项目，在技术开发、大型建设过程、造船工业上应用广泛，同时在各种大型活动实施策划中应用也很成功。

网络计划技术的基本原理是：把一项工程或项目分解成各种作业，然后根据作业的先后顺序进行排列，通过网络的形式对整个工作进行统筹规划和控制，从而以较少的资源、最短的工期完成工作。其具体步骤是：运用网络图形式表达一项计划中各种工作（任务、活动、过程、工序）之间的先后次序和关键路线；然后，围绕关键路线，对工程或项目进行统筹规划、合理安排，以达到以最少的资源和时间消耗完成工程或项目的一种计划管理技术。网络计划技术的目的是实现工程或项目的工期最短、成本最低。

二、网络图的构成要素

1. 作业。作业也可称为工作、工序或活动。是指要消耗一定的人力、物力、财力和时间资源才能完成的工作。如果一项工作只消耗时间，不消耗人力、物力、财力等其他资源，也视为一项作业。如面食加工的发酵、铸造加工的自然冷却。作业用箭线（→）表示，箭线的箭尾表示作业的开始，箭线的箭头表示作业的结束，从箭尾到箭头表示一项作业过程；作业名称或代号一般写在箭线上方，完成该项作业所需的时间一般写在箭线的下方；箭线可以是直的，也可以是折箭线（见图 3 - 5 （a）、（b））。箭线也可以用该作业名称表示，在图 3 - 5 （b）中的箭线可以称箭线 B。

在不附设有时间坐标的双代号网络图中，箭线的长短与工序或作业所需时间无关。但在附设有时间的双代号网络图中，箭线长短必须按时间坐标的比例绘制。此外，还有一些工序仅仅表明工序间的逻辑关系，既不消耗时间也不消耗资源，叫虚工序，用虚箭线表示（见图 3 - 5 （c））。

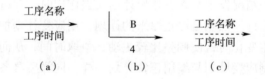

（a）　　　　　　（b）　　　　　　（c）

图 3 - 5　箭线示意图

2. 节点。也称事件或事项，指前后作业的连接点，只表示某项工序开始或结束的符号，事项本身不消耗时间和资源。在图中用"○"表示。

某节点前面的作业为该节点的紧前作业，某节点后面的作业为该节点的紧后作业；紧接在某作业前面的作业为该项作业的紧前作业，紧接在某作业后面的作业为该项作业的紧后作业。图 3 - 6 中 A，B，C 的紧后作业分别是 B，C，D；D，B，C，D 的紧前作业分别是 A，A，B，C；其中作业 B、C 为并列关系，共同作为作业 D 的紧前作业，表示作业 B、C 都完成后，作业 D 才能开始。某箭线前的节点称为该箭线的开始节点，某箭线后的节点称为该箭线的结束节点，图 3 - 6 中箭线 B 的开始节点为节点 2，箭线 B 的结束节点为节点 4。

在一个网络图中，从左向右第一个节点称始节点或始事件，最后一个节点称终节点或终事件，在一个网络图中只有一个始节点和一个终节点。

为了便于管理、计算和检查分析，要对网络图中的节点进行编号。从始节点到终节点，从左到右，编号由小到大。同一号码不能重复使用。节点编号通常是自然数，也可采用不连续的编号方法，如 1、3、5……或 5、10、15……，以避免以后增加工作时而改动整个网络图的节点编号。作业的名称除用文字或代码表示外，还可以用箭尾节点和箭头节点的编号来表示，如图3-6中代码为A的作业也可称为作业1—2，作业3—4为虚作业。

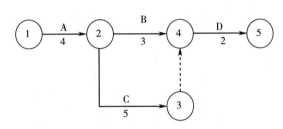

图3-6 网络图

3. 线路。在网络图中从始节点到终节点，沿箭线方向自左到右，连接不断的一条通道为线路。一个网络图中往往存在多条路线，图3-6中有线路1—2—4—5和线路1—2—3—4—5两条线路。线路上各作业时间之和为该线路的路长。线路1—2—4—5和线路1—2—3—4—5两条线路的路长分别为9、11。

路长最长的线路被称为关键线路。关键线路上的工序被称为关键作业。图3-6的关键线路是线路1—2—3—4—5。作业A、C、D为关键作业。关键线路一般用粗箭线（见图3-6）或双箭线标出，也可以用彩色箭线标出。

三、网络图的绘制

（一）网络图的绘制过程

1. 任务分解。把一项工程或任务根据需要分解为若干个作业。工程或任务规模较大的，其作业可分得粗略些，工程或任务规模小的，其作业可分得细致些。

2. 分析、确定作业间的关系。根据作业间的工艺要求或管理需要分析、确定作业间的关系。作业间的关系有先后顺序关系和并列关系两种。先后顺序关系指紧前作业完成后，紧后作业才能开始；并列关系指两项或两项以上的作业都完成后，紧后作业才能开始。

3. 绘制网络图。根据任务分解后的作业间关系绘制出网络图。

（二）网络图的绘制规则

在绘制双代号网络图时，一般应遵循以下基本规则：

1. 有向性。网络图是有向、有序网状图形，必须严格按照工作之间的逻辑关系绘制，这同时也是为保证工程质量和资源优化配置及合理使用所必需的。例如，已知工作之间的逻辑关系如表3-3所示，若绘出如图3-7（a）所示的网络图则是错误的，因为工作A不是工作D的紧前工作，工作D的开始节点应是节点2。图3-7（b）所示则为正确画法。

表3-3　　　　　　　　　　　某工程的作业程序明细表

工作代码	A	B	C	D
紧前作业	—	—	A、B	B

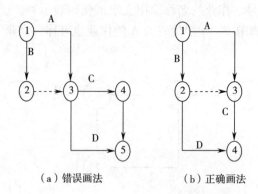

（a）错误画法   （b）正确画法

图 3 - 7   按表 3 - 3 绘制的网络图

2. 网络图中不能出现循环路线。网络图中严禁出现从一个节点出发，顺箭头方向又回到原出发点的循环路线（见图 3 - 8）。网络图中的箭线（包括虚箭线，以下同）应保持自左向右的方向，不应出现箭头指向左方的水平箭线和箭头偏向左方的斜向箭线。若遵循该规则绘制网络图，就不会出现循环回路。如果出现循环回路，会造成逻辑关系混乱，使工作无法按顺序进行。当然，此时节点编号也发生错误。

图 3 - 8   错误的画法

3. 二点一线。网络图中两个事项之间只能有一条箭线，否则应用虚工序将终点事项分为两个独立的事项。图 3 - 9（a）所示为错误的画法，图 3 - 9（b）为正确的画法。

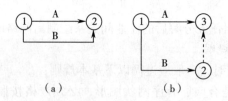

（a）   （b）

图 3 - 9   网络图

4. 严禁出现双向箭头、无开始节点无结束节点的箭线及无箭头的连线。网络图中严禁出现双向箭头（见图 3 - 10（a））；网络图中严禁出现无箭头的连线（见图 3 - 10（b））；除始节点和终节点，严禁出现无开始节点、无结束节点的箭线（见图 3 - 10（c））。因为工作进行的方向不明确，因而不能达到网络图有向性的要求。

5. 网络图中严禁出现没有箭尾节点的箭线和没有箭头节点的箭线。图 3 - 11 即为错误的画法。

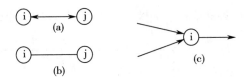

（a）双向箭线（b）无箭头连线（c）无开始节点、
无结束节点的箭线

图 3 – 10　　错误的画法

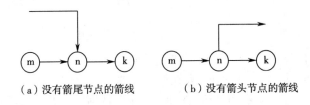

（a）没有箭尾节点的箭线　　　　　　　　（b）没有箭头节点的箭线

图 3 – 11　　错误的画法

6. 严禁在箭线上引入或引出箭线，图 3 – 12 即为错误的画法。

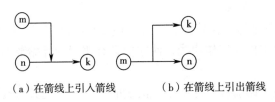

（a）在箭线上引入箭线　　　　　（b）在箭线上引出箭线

图 3 – 12　错误的画法

7. 但当网络图的起点节点有多条箭线引出（外向箭线）或终点节点有多条箭线引入（内向箭线）时，为使图形简洁，可用母线法绘图。即：将多条箭线经一条共用的垂直线段从起点节点引出（见图 3 – 13 （a）），或将多条箭线经一条共用的垂直线段引入终点节点（见图 3 – 13 （b））。

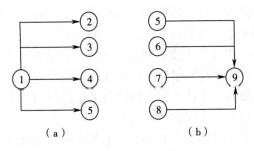

（a）　　　　　　　　　　　　（b）

图 3 – 13　母线法

8. 节点编号严禁有误。在一个网络图中只有一个始节点和一个终节点。从始节点到终节点，从左到右，编号由小到大。节点编号要严格按照要求编制，不得有误。

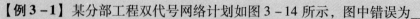

【例3-1】某分部工程双代号网络计划如图3-14所示，图中错误为_____。

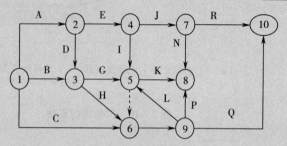

图3-14 网络图

A. 节点编号有误   B. 工作代号重复   C. 多个起点节点

D. 多个终点节点   E. 存在循环回路

提示： 选项A：圈9-8，9-5；选项B：无；选项C：无；选项D：圈8、10；选项E：圈5-6-9-5。

答案： ADE。

（三）网络图的绘制方法

当已知每一项工作的紧前工作时，可按下述步骤绘制双代号网络图：

1. 绘制没有紧前工作的工作箭线，使它们具有相同的开始节点，以保证网络图只有一个起点节点。

2. 依次绘制其他工作箭线。这些工作箭线的绘制条件是其所有紧前工作箭线都已经绘制出来。在绘制这些工作箭线时，应按下列原则进行：

（1）当所要绘制的工作只有一项紧前工作时，则将该工作箭线直接画在其紧前工作箭线之后即可。

（2）当所要绘制的工作有多项紧前工作时，应按以下四种情况分别予以考虑：

①对于所要绘制的工作（本工作）而言，如果在其紧前工作之中存在一项只作为本工作紧前工作的工作（在紧前工作栏目中，该紧前工作只出现一次），则应将本工作箭线直接画在该紧前工作箭线之后，然后用虚箭线将其他紧前工作箭线的箭头节点与本工作箭线的箭尾节点分别相连，以表达它们之间的逻辑关系。

②对于所要绘制的工作（本工作）而言，如果在其紧前工作之中存在多项只作为本工作紧前工作的工作，应先将这些紧前工作箭线的箭头节点合并，再从合并后的节点开始，画出本工作箭线，最后用虚箭线将其他紧前工作箭线的箭头节点与本工作箭线的箭尾节点分别相连，以表达它们之间的逻辑关系。

③对于所要绘制的工作（本工作）而言，如果不存在情况①和情况②时，应判断本工作的所有紧前工作是否都同时作为其他工作的紧前工作（即在紧前工作栏目中，这几项紧前工作是否均同时出现若干次）。如果上述条件成立，应先将这些紧前工作箭线的箭头节点合并后，再从合并后的节点开始画出本工作箭线。

④对于所要绘制的工作（本工作）而言，如果既不存在情况①和情况②，也不存在情

况③时，则应将本工作箭线单独画在其紧前工作箭线之后的中部，然后用虚箭线将其各紧前工作箭线的箭头节点与本工作箭线的箭尾节点分别相连，以表达它们之间的逻辑关系。

3. 当各项工作箭线都绘制出来之后，应合并那些没有紧后工作之工作箭线的箭头节点，以保证网络图只有一个终点节点（多目标网络计划除外）。

4. 当确认所绘制的网络图正确后，即可进行节点编号。

【例3-2】已知某工程各工作之间的逻辑关系如表3-4所示，则可按下述步骤绘制其双代号网络图。

表3-4　　　　　　　　　　　工作逻辑关系表

工作代码	A	B	C	D	E	G
紧前工作	—	—	—	A、B	A、B、C	D、E

（1）按前述方法 1 的要求，绘制工作箭线 A、工作箭线 B 和工作箭线 C，如图 3-15（a）所示。

（2）按前述方法的情况④绘制工作箭线 D，E。如图 3-15（b）所示。

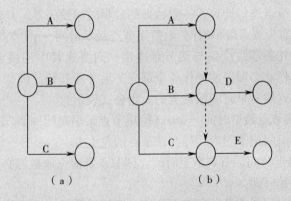

（a）　　　　　　　　（b）

图3-15　绘图过程

（3）按前述方法中的情况②绘制工作箭线 G。如图 3-16 所示。

当确认给定的逻辑关系表达正确后，再进行节点编号。表 3-4 给定逻辑关系所对应的双代号网络图如图 3-16 所示。

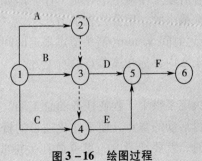

图3-16　绘图过程

四、网络图的时间计算

（一）作业时间（工序时间）

作业时间是指完成某项工序所需要的时间，即工序延续时间。

作业时间的确定方法有：

1. 工时定额法。工序有确定的工时定额，这一定额就是该工序的时间。

2. 三点估计法。工序没有工时定额或虽有定额但还是要考虑工序间运输、设备维修等时间的，那就要用三点估计法来确定工序时间。计算公式如下：

$$作业时间 = \frac{a + 4m + b}{6}$$

式中，a 为完成工序的最乐观时间；m 为完成工序的最大可能时间；b 为完成工序的最悲观时间。

（二）节点时间计算

1. 节点最早时间。节点最早时间，即节点紧后作业最早可能开始时间和节点紧前作业最早可能开始时间。

节点最早时间通常是从网络图的始点开始计算的，即从起点事项开始，由左往右顺箭线方向逐个节点进行计算，一般始点的最早时间设为零。其计算公式为

箭头节点最早时间 = 箭尾节点最早时间 + 两节点的作业时间

若同时有几条箭线箭头与某节点连接，则要选其中的最大值作为该节点的最早时间，因为后续作业必须等前面作业全部完工后才能开始。即如果一个节点有多个箭尾节点，则箭头节点的最早时间取最大的。用公式表示为

箭头节点最早时间 = max（箭尾节点最早时间 + 两节点的作业时间）

节点最早时间记于□内，标在该节点的左上方。

2. 节点最迟时间。节点最迟时间，即节点紧前作业最迟必须结束时间和节点紧后作业最迟必须开始时间。

节点最迟时间通常是从网络图的终点开始计算的，即从终点事项开始，由右往左逆箭线方向逐个节点进行计算，一般终点的最早时间即为其最迟开始时间。其计算公式为

箭尾节点最迟时间 = 箭头节点最迟时间 − 两节点的作业时间

若同时有几条箭线箭尾与某节点连接，则要选其中的最小值作为该节点的最迟时间，这是因为要保证各后续工序能尽早开始工作。即如果一个节点有多个箭头节点，则箭尾节点的最迟时间取最小的。用公式表示为

箭尾节点最迟时间 = min（箭头节点最迟时间 − 两节点的作业时间）

节点最迟时间记于△内，标在该节点的右上方。

五、关键线路

关键线路的路长决定了整个工程或任务的总工期。标志出关键线路和关键作业的最大好处就是明确了项目活动的重点，便于优化项目的资源分配；当管理者想缩短项目的完成时间、节约成本时，就要把考虑的重点放在关键线路上；在资源分配发生矛盾时，可适当调动非关键线路上的资源去支持关键线路上的作业，以最有效地保证项目的

进度。

确定关键线路的方法：

（1）路长法。计算各条线路的路长，路长最长的线路为关键线路。

（2）时差法。节点的最迟时间与最早时间的差，称节点的时差，时差为零的节点一个不落的连线，为关键线路。

【例3-3】已知某工程各作业程序及作业时间如表3-5所示。要求：（1）绘制双代号网络图。（2）做节点时值计算，并标在图上。（3）在图上标明关键线路。

表3-5　　　　　　　　某工程的作业程序及作业时间明细表

作业代码	A	B	C	D	E	F	G	H
紧前作业	—	—	A	B	B	C、D	C、D	E、F
作业时间	2	3	1	4	5	3	4	6

解：

绘制网络图，做节点时值计算；根据时差法，确定关键线路为1-3-4-5-6，如图3-17所示：

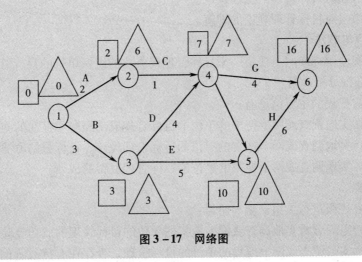

图3-17　网络图

本章自测题

【实训题】

◎ 实训一：计划工作调查。

实训目标

1. 使学生结合实际加深对计划管理的认识。

2. 使学生增强对计划工作重要性的认识。

3. 初步掌握计划编制方法，培养学生实际工作能力。

实训内容与方法

1. 调查一企业或你所在院校的计划编制情况，并运用所学知识进行分析诊断。

2. 需搜集的主要信息有：

（1）企业或你所在院校的计划编制程序、计划编制方法；

（2）负责计划编制的各主要部门、人员的职责权限；

（3）计划内容、计划主要指标的编写依据；

（4）调查单位计划工作的成功经验和问题。

实训要求

在班级进行大组交流与研讨：

1. 组织探讨与分析诊断企业或你所在院校的计划工作的成功经验和问题；

2. 分析探讨计划工作在组织管理中的地位和作用。

◎ **实训二**：参观或网上搜集一个目标管理较成功的组织的目标管理情况，然后分析该组织目标管理的成功经验及不足。

实训目标

1. 增强对目标管理的感性认识。

2. 增强对目标管理理论的理解。

实训内容与方法

1. 实地调查或网上搜集一家目标管理较成功的组织单位的目标管理情况，并运用所学知识进行分析诊断。

2. 需搜集的主要信息有：

（1）实地调查或网上搜集的单位的目标管理成功经验和存在的问题；

（2）实地调查或网上搜集的单位的目标管理程序、目标分解方法；

（3）实地调查或网上搜集的单位的目标管理取得的成效。

实训要求

1. 在班级进行大组交流与研讨：

（1）组织分析实地调查或网上搜集的单位的目标管理的成功经验及取得的成效；

（2）实地调查或网上搜集的单位的目标管理是否存在有待改善的方面，并提出改进措施。

2. 撰写调查报告。画出实地调查或网上搜集的单位的目标管理展开图。

【案例分析题】

◎ 案例一

北斗公司的目标管理

北斗公司刘总经理在一次职业培训中学习到很多目标管理的内容。他对于这种理论逻辑上的简单清晰及其预期的收益印象非常深刻。因此，他决定在公司内部实施这种管理方法。首先他需要为公司的各部门制定工作目标。刘总认为：由于各部门的目标决定了整个公司的业绩，因此应该由他本人为他们确定较高的目标。确定了目标之后，他就把目标下发给各个部门的负责人，要求他们如期完成，并口头说明在计划完成后要按照目标的要求进行考核和奖惩。但是他没有想到的是中层经理在收到任务书的第二天，就集体上书表示无法接受这些目标，致使目标管理方案无法顺利实施。刘总感到很困惑。

资料来源：单大明：《管理学》，中国传媒大学出版社，2010。

讨论：

1. 刘总的做法存在哪些问题？请应用你掌握的目标管理的理论知识解释一下。

2. 他应该如何更好地实施目标管理？你对他有何建议？

◎ 案例二

徐辉的烦恼

徐辉是食品公司的一位地区部经理，管辖一批连锁超级市场，在新年前夕他向各经理发出通知，我们要在市场价格上成为最具有竞争力的连锁公司，为了保持这种地位，希望每一位商店经理做到：将食品的腐损降低到最低程度；确保食品的质量和对顾客的服务；将加班费尽可能地降下来；把商品库存压缩到最低程度；尽早发出订货单，以便公司采购人员有足够时间去讨价还价；确保广告费不得超支，对采用购物优惠券要格外当心。

6个月后，公司总经理吴明光约见了这位地区部经理后。他再也高兴不起来了。在徐辉管辖的那个地区，利润并非像预计的那么高；吴明光还向徐辉出示了上半年在他管辖地区各商店经营的财务分析报表，食品的腐损与加班费都已超过了公司的平均水平，广告费开支也是如此。不过，库存积压是减少了，购物优惠券的费用也少了。但是，各商店经理的订货单要么来得太晚，要么急得要命，采购部一再向他反映这类事。

讨论：

1. 徐辉的管理存在哪些问题？请你客观地评价一下徐辉的管理工作。

2. 为了使年底总汇报表卓有成效徐辉应该怎样做？你对他有何建议？

【思考与练习题】

一、问答题

1. 什么是组织目标？组织目标的特点、作用是什么？

2. 什么是企业的宗旨和使命？宗旨和使命对企业发展会产生什么作用？

3. 试述目标制定过程中应该遵循的原则。

4. 试述目标制定的程序。

5. 什么是目标管理？其特点是什么？

6. 试述目标管理的实施程序。

7. 什么是计划？简述计划的作用。

8.《孙子兵法》中说:"多算胜,少算不胜。"从管理角度看,"算"意味着什么?主要包括哪些内容?

二、计算题

1. 某分部工程双代号网络计划如图 3 – 18 所示,其作图错误包括_____。

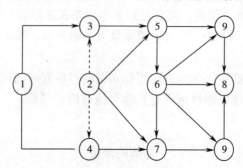

图 3 – 18　网络图

A. 多个始节点　　　　B. 多个终节点　　　　C. 节点编号有误

D. 存在循环回路　　　E. 有多余虚工作

2. 已知各工作之间的逻辑关系如表 3 – 6 所示,绘制其双代号网络图。

表 3 – 6　　　　　　　　　　工作逻辑关系表

工作代码	A	B	C	D	E
紧前工作	—	—	A	A、B	B

3. 已知某工程各作业之间的逻辑关系及作业时间如表 3 – 7 所示。要求:(1) 绘制双代号网络图。(2) 做节点时值计算,并标在图上。(3) 在图上标明关键线路。

表 3 – 7　　　　　　　　　某工程的作业程序及作业时间明细表

作业代码	A	B	C	D	E	F	G	H	I	J
紧前作业	—	A	A	B	B	D	F	E、F	C、E、F	G、H
作业时间	2	3	5	2	3	3	2	3	6	2

4. 已知某工程各作业程序及作业时间如表 3 – 8 所示。要求:(1) 绘制双代号网络图。(2) 做节点时值计算,并标在图上。(3) 在图上标明关键线路。

表 3 – 8　　　　某种产品生产技术准备各作业程序及作业时间明细表

	A	B	C	D	E	F	G	H
紧前作业	—	—	A	A	B、C	B、C	D、E	D、E、F
作业时间	5	9	2	10	3	5	7	9

三、填空题

1. 一个组织的_____是组织的宗旨和使命,组织的宗旨和使命是组织_____的出发点和基础。

2. 目标与计划的关系是_____与_____、_____与_____的关系。

3. 构成完整的组织目标有三个要素：_____、_____、_____。

4. 网络图的构成要素包括：_____、_____、_____。

第四章

调查和预测

DIAOCHA HE YUCE

【学习目标】

通过本章的学习，要求掌握环境的含义及构成要素，理解组织与环境的关系，明确管理环境的方法；掌握调查的概念、分类和调查的方法与步骤；掌握预测的概念及其在现代管理中的作用，了解预测的一般步骤和方法。

【引例】

青蛙实验

19 世纪末，美国康奈尔大学作过一次有名的实验。经过精心策划安排，他们把一只青蛙冷不防丢进煮沸的油锅里，这只反应灵敏的青蛙在千钧一发的生死关头，用尽全力跃出了那势必使它葬身的滚滚油锅，跳到地面安然逃生。

隔半小时，他们使用一个同样大小的铁锅，这一回在锅里放满冷水，然后把那只死里逃生的青蛙放在锅里。这只青蛙在水里不时地来回游动。接着，实验人员偷偷在锅底下用炭火慢慢加热。青蛙不知究竟，仍然在微温的水中享受"温暖"，等它开始意识到锅中的水温已经使它熬受不住，必须奋力跳出才能活命时，一切为时太晚。它欲试乏力，全身瘫痪，呆呆地躺在水里，终致葬身在铁锅里面。

这个例子告诉我们，一个企业，必须能够应对不断变化的社会环境，管理者更要有深远而犀利的洞察力，让企业始终保持高度的竞争力，切不可在浑浑噩噩中度日，更不可躲避在暂时的安逸中，如果管理者与企业对环境变化没有高度的警觉，企业最终会面临这只青蛙一样的下场。

第一节　环境概述

一、环境的含义

一般来讲，以组织界限来划分，可以把环境分为内部环境和外部环境，或称为工作环境和社会环境。组织内部环境是指管理的具体工作环境。影响管理活动的组织内部环境包括物理环境、心理环境、文化环境等。组织外部环境是指对组织绩效有着潜在影响的外部机构或力量的总和。外部环境从总体上来说是不易控制的，因此它的影响是相当大的，有时甚至能影响到整个组织结构的变动。对外部环境作分析，目的是要寻找出在这个环境中可以把握住哪些机会，必须要回避哪些风险。本节主要对影响组织生存与发展的外部环境进行介绍。

二、组织与环境的关系

环境对组织的生存和发展起着决定性作用。组织作为一个开放的系统，必然时刻与环境进行物质、能量、信息的交换，一方面组织需要从外部环境获取必要的信息、人力、物力等资源，另一方面需要向外部环境输出自己的产品或服务，并获得信息反馈。因此组织离不开外部环境，需要时刻与外部发生互动。外部环境的特点及其变化趋势会影响组织活动的方向、内容及方式的选择。

组织与外部环境的关系表现在两个方面。

一是外部环境对组织的决定和制约作用。外部环境对组织的决定和制约作用主要表现在外部环境为组织的生存与发展提供了必要的条件，同时外部环境对组织输出的产品或服务提出了限制，如企业的经营活动必须符合有关法律，否则就会受到制裁。

二是组织对外部环境的影响或反作用。组织对外部环境的反作用主要表现在是积极主动地适应环境还是消极被动地适应环境上。积极主动适应环境是指组织通过科学分析和预测环境要素及其发展变化趋势，并采取积极、主动的措施，顺应环境变化的趋势，甚至改变环境要素，为组织的发展创造条件；被动消极地适应环境是指组织完全按照环境的特点和要求调整自己的行为内容和行为方式，利用自身的条件去适应环境，而不对外部环境有任何的影响和改变。二者相比，显然前者对组织的发展更为有利。

三、组织外部环境的构成要素

组织外部环境是由多种要素构成的，因而是纷繁和复杂的。按照其对组织的影响程度和作用力度的大小，可以分为一般环境和具体环境。一般环境和具体环境与组织的关系及各自的环境要素如图 4-1 所示。处于组织最外围的五个环境要素即政治环境、社会环境、经济环境、技术环境、自然环境构成一般环境，离组织相对较远，影响的力度相对较弱，影响方式一般是间接影响；而与组织存在交叉关系的五个环境要素，即顾客、供应商、竞争者、政府、公众压力集团构成的具体环境，离组织相对较近，影响力度相对较大，影响方式一般是直接影响。

（一）一般环境

1. 政治环境。政治环境包括一个国家的社会制度，执政党的性质，政府的方针、政

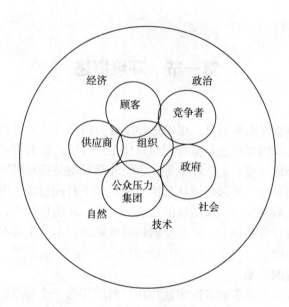

图 4 - 1 外部环境

策、法律等。不同的国家有着不同的社会制度，不同的社会制度对组织活动有着不同的限制和要求。即使社会制度不变的同一国家，在不同的时期，由于执政党的不同或在不同的时期，其政府的方针特点、政策倾向对组织活动的态度和影响也是不断变化的。对于组织来说，了解政府的政策、路线和法律法规要求，明确允许干什么、限制和禁止干什么是十分重要的。例如《劳动法》、《产品质量法》、《消费者权益保护法》对劳动者和消费者的权益进行了规范和约束。

2. 社会环境。社会环境主要包括一个国家或地区的价值观念、宗教信仰、风俗习惯、审美观点、居民受教育程度等。价值观念会影响居民对组织目标、组织活动以及组织存在本身的认可与否定；宗教信仰和风俗习惯会禁止或抵制某些活动的进行；审美观点则会影响人们对组织活动内容、活动方式以及活动成果的态度；居民受教育程度会影响居民的需求层次。例如，在意大利人们对服装样式的要求近乎苛刻，这导致意大利高档服装产业的发展。

3. 经济环境。经济环境是指组织所在国家或地区的总体经济状况。经济环境是影响企业的重要因素。经济环境主要包括宏观和微观两个方面的内容。宏观经济环境包括国民生产总值、国民收入及其变化情况，以及通过这些指标能够反映的国民经济发展水平和发展速度。宏观经济环境好，可以为企业的生存和发展提供有利的机会，而萧条、衰退的经济形势则可能给企业带来生存的危机。微观经济环境主要是指企业所在地区或所服务的消费者的收入水平、消费偏好、储蓄情况、就业情况等因素。如果居民的收入水平及可支配收入水平较高，则意味着一个地区或市场有较强的市场购买力，企业的发展会有较大的市场机会。

4. 技术环境。一般环境的组成要素中变化最迅速的就是技术。技术环境主要包括科学技术发展水平、社会技术进步程度、装备及制造现代化程度，以及发展和应用技术知识的能力和水平等。我们生活在一个技术不断变化的时代，新产品、新机器、新工具、新材料层出不穷，给人们带来的是更高的生产率、更高的生活水准和更加多样化的产品。伴随着信息化社会的到来，技术环境对组织的影响尤为显著。技术变革正从根本上影响着组织构建的基本方法以及管理者的管理方式。任何组织欲求生存和发展，就必须关注科学技术的变化，就必须在产品、服务、经营方式上，保持技术的先进性。技术领先的组织比那些没有先进技术的组织具有更强的竞争力。

5. 自然环境。自然环境主要是指组织经营所处的地理位置、资源状况及气候条件等自然因素。自然环境主要决定组织的资源优势或劣势，组织可以根据自然环境的特点，趋利避害。自然环境不仅对矿业公司、农场、水运企业至关重要，而且对某些制造业及服务业也很重要。

【小看板 4 - 1】

近 20 年发展起来的信息技术以不可阻挡之势向各行各业渗透。1995 年开始迅速崛起的互联网，不仅使信息产业的中心从此转移，更为深刻的是改变了几乎所有产业的运作规则。从 1999 年比尔·盖茨的深圳之行，及其推出的"维纳斯计划"中，我们可以真切地感觉到互联网的力量。互联网技术催生了信息家电，它把彩电、冰箱、空调、洗衣机等传统产业推向高科技的浪头。互联网不仅仅是一个新世纪产业，而且是一场社会大变革，它改变了人类的通信、娱乐、商业、政治等各个方面，促成了全新的整合经济。以前的产业界限纷纷被打破，通信业、计算机产业、出版业、电视娱乐业都在网络环境中形成一体。

（二）具体环境

具体环境是指对管理者决策和行动产生直接影响并与实现组织目标直接相关的要素。具体环境对每一个组织而言都是不同的，并随条件的改变而变化。具体环境主要包括顾客、供应商、竞争者、政府、公众压力集团等。

1. 顾客。顾客是组织产品或服务的购买者。组织是为了满足顾客的需要而存在的。顾客或客户是吸收组织产出的主体。顾客决定了组织的成败。不论是企业还是学校、医院乃至政府组织都是如此。例如，政府组织的存在是为了向公众提供服务。随着社会经济、文化、科技的发展与变化，顾客的需要、品位会发生改变，他们会对组织的产品或服务感到不满。为赢得顾客，组织必须适时了解、提前预测顾客需求的变化，及时为顾客提供满意的产品或服务。

2. 供应商。供应商是指为组织提供各种资源的供应者。供应商提供的资源包括原材料、设备、资金、人力等各类资源。供应商提供资源的质量、价格、交货期等方面会对组织活动的成本产生直接影响。如对于中国的肯德基快餐店来说，鸡肉及土豆的供应商对其正常经营具有重要意义。

3. 竞争者。竞争者是指与本组织存在资源和市场争夺关系的其他同类组织，既包括市场内已有的竞争者，也包括潜在的竞争者。所有组织都有一个或更多的竞争者。这些竞争者可能是来自同一行业提供相同产品或服务的其他组织，也可能是来自其他行业提供类似或替代产品或服务的组织。例如可口可乐公司与百事可乐公司以及其他软饮料公司互为竞争者。竞争者通过产品、价格、服务等形式进行竞争，与本组织争夺顾客、市场和资源。由于竞争者与组织存在资源和市场的争夺及此消彼长关系，因此组织必须时刻关注竞争者的发展状况和趋势，掌握哪些是直接竞争对手，哪些是潜在的竞争对手，哪些是产品或服务的替代品产生者，做到"知己知彼"，才能采取正确的应对策略。

4. 政府。政府是经济、社会等一切事务的管理者，它可以凭借国家权力按自己的意志对经济和社会事务进行管理，因此它对组织的生存与发展同样具有至关重要的影响。组织的行为内容及方式必须符合政府的要求，否则就会遇到障碍。组织在发展的过程中，得到政府的支持和帮助有利于组织的发展壮大。

5. 公众压力集团。作为管理者必须认识到，除了顾客、供应商、竞争者和政府之外，还会有一些因素对组织的行为产生直接影响，这些因素包括消费者协会、新闻传播媒介以及本组织所在社区机构等。这些机构或组织在其特定的范围内以其特定的方式与组织有着各种各样的联系，对组织的生存发展起着促进或威胁的作用，如新闻媒体对组织的表扬或批评，都会对组织产生正面或负面的社会影响，从而影响组织的形象、声誉及生存发展环境，因此，组织必须与这些组织公众压力集团建立良好的沟通协作关系，尽可能取得他们对组织的支持。

四、环境分析

（一）环境分析的意义

环境分析对于组织生存与发展具有重要的意义。通过环境分析准确把握环境的特点，分析和预测环境发展变化的规律与趋势，发现和利用环境中的机会，规避环境中的风险与威胁，比较出组织与其他同类型组织的优势与劣势，为计划、组织、领导、控制等管理工作的实施奠定坚实基础。如宏观经济环境恶化或发生战争，会使企业丧失发展的安定环境，导致开工不足或破产。

（二）环境分析矩阵

环境分析矩阵是著名的环境分析方法之一，它主要是从环境的变化程度、环境的复杂程度两个维度来分析环境的不确定性。

环境的变化程度是指环境要素改变的程度。由于各种要素的影响及事物本身的规律性，环境要素是经常变化的，有的变化程度大，有的变化程度小，丝毫不发生变化的环境要素是不存在的。根据环境要素变化程度的大小，可把环境分为动态环境和稳态环境。如果组织环境的构成要素经常变动，则称之为动态环境；如果变化很小，则称之为稳态环境。

环境的复杂程度是指组织所面对的环境要素数量的多少，以及识别这些环境要素所需知识的多少。根据环境要素数量的多少及识别这些要素所需知识的多少，可把环境分为复杂环境和简单环境。如果环境要素的数量较多，则这种环境就是复杂环境；如果环境要素数量少，则这种环境为简单环境。同时，如果识别环境要素所需知识较多，则这种环境也是复杂环境；反之，就是简单环境。与组织打交道的竞争者、顾客、供应商，以及政府机构越少，组织环境的复杂性就越小，不确定性因而就越少。

环境分析矩阵或分析环境的不确定性矩阵，是将环境的变化程度和复杂程度结合在一起，对环境的不确定性进行综合分析，把全部环境分为四种状态，这四种基本的环境状态组成了一个矩阵，如图4-2所示。

		变化程度	
		稳态	动态
复杂程度	简单	单元1 稳定的和可预测的环境 环境要素少 要素有某些相似并基本维持不变 对要素的复杂知识要求低	单元2 动态的和不可预测的环境 要素有某些相似但处于连续的变化过程中 对要素的复杂知识要求低
	复杂	单元3 稳定可预测的环境，环境要素多 要素彼此不相似但单个要素基本维持不变 对要素的复杂知识要求高	单元4 动态的和不可预测的环境 环境要素多 要素间彼此不相似且处于连续变化中 对要素的复杂知识要求高

图4-2 环境不确定性矩阵

环境的不确定性矩阵把环境状态分为低不确定性、较低不确定性、较高不确定性和高不确定性四种不同类型。单元1是稳态、简单的组合，代表不确定性程度最低的一种环境；单元2是动态、简单的环境的组合，代表的是较高不确定性程度的环境；单元3是稳态、复杂的组合，代表的是较低不确定性程度的环境；单元4是动态、复杂的组合，代表的是最高不确定性程度的环境。由于环境的不确定性威胁着一个组织的成败，因此管理者应尽力将这种不确定性减至最低程度。

（三）波特模型

波特模型（也称五种竞争力量模型）由美国著名战略专家、哈佛大学工商管理学院教授迈克尔·波特提出。波特模型是被广泛用于环境分析的方法和工具，如图4-3所示。

波特在五种竞争力量模型中，主要分析了行业或产业的五种力量，即行业内的现有竞争者、潜在进入者、供应商、顾客。这五种力量对组织造成的压力与威胁是不一样的，依次为现实竞争的威胁、潜在进入的威胁、供应商的威胁、顾客的威胁及替代产品或服务的威胁。对五种力量分析的内容也依类型的不同而有所不同。

1. 现有竞争对手。组织面对的环境通常是一个竞争的环境，众多同业者产生基本属于同类性质的产品，竞争是在所难免的。对竞争对手的分析主要包括基本情况的研究、主要竞争对手的研究和竞争对手发展方向研究。

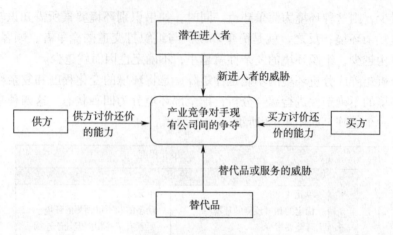

图4-3 波特模型

2. 潜在竞争者。任何一种产品或市场的成功经营，必然会招来新的组织的进入，这些新进入者既可能给经营注入新的活力，促进市场的竞争与繁荣，也势必给现有组织带来竞争压力，威胁其市场地位。对潜在竞争者的研究主要是分析进入壁垒，即一个企业在进入一个市场或产业时遇到的各种障碍，这些障碍直接影响甚至阻碍企业进入一个新的市场或行业。

3. 替代品。具有相同功能或使用价值的不同种类的产品，因为能够满足消费者的同种需要，故可被称为替代品。对替代品的分析主要从两个方面进行：一是分析哪些产品是本企业产品的替代品；二是判断哪些类型的替代品可能对行业和全企业造成威胁。

4. 买方。买方对企业的经营影响在于两个方面：一是买方的需求总规模决定着行业的市场潜力，从而影响行业内所有企业的发展边界；二是买方的讨价还价能力会影响到提供这种产品或服务的企业的获利状况。这两方面是研究分析买方的主要内容。

5. 供方。即供应商，它在企业的生产经营中也起着重要作用。一是供方能否根据需求按时、按量、按质地提供所需的生产要素，影响着企业生产规模的维持和扩大；二是供方所提供的生产要素价格决定着企业的生产成本，进而影响利润水平。因此，对供方的研究主要在于研究供方的供应能力、讨价还价能力和本企业寻找其他供货渠道的可能性。

（四）环境管理

一般而言，除了某些实力雄厚的特大型组织能够对组织环境的变化施加一定的影响外，大多数组织很难改变环境。但这并不表明组织对外部环境只能被动接受，实际上组织环境无论是自然的还是社会的，都有一定的规律可循。管理者若不去积极主动地研究和处理环境问题，就会导致组织的僵化。因此，作为管理者，必须学会认识和管理环境的方法。首先，要了解环境对组织的影响程度。管理者要随时随地利用各种渠道去了解和掌握环境，研究其变化规律，预测环境变化趋势及其可能对组织造成的影响。其次，确定关键的环境影响要素和变量，重点分析这些关键因素的变化趋势，由此确定组织的机会与威胁。最后，制定战略与应变措施。在稳定的环境中，组织可以根据事先对环境变化趋势的分析和预测，提前做好应变计划；在动态的环境中，管理者可以通过保持策略的灵活性来对付复杂多变的环境，如采用多样化的经营战略来减少市场风险。

第二节 调查工作

一、调查的含义

毛泽东同志曾说："没有调查就没有发言权。"这表明调查研究对做好管理工作具有重要的意义。调查是指通过各种途径，运用各种方式方法，有计划、有目的地了解事物真实情况。研究则是指对调查材料进行去粗取精、去伪存真、由此及彼、由表及里的思维加工，以获得对客观事物本质和规律的认识。二者既有明显的区别又有紧密的联系。调查是研究的前提和基础，研究是调查的发展和深化。

二、调查研究的作用

管理的核心是决策，决策贯穿于管理的全过程。科学决策不是凭空臆断，而是依据对组织内外环境的调查研究。调查研究是确保管理层决策科学性、合理性、实用性的依据。调查研究作为一种认识活动和实践活动，普遍存在于各行各业的各种工作中，其具体目的各不相同，但最终目的可以概括为三种。第一，根据调查得出的结论，建立科学的理论，指导实践。第二，根据调查得出的结论，制定有效的政策和措施，解决实际问题。第三，通过调查，在实践中检验政策、计划和理论的正确性。其作用可归结为四种：①感知，从感性认识入手来了解调查对象的真实情况；②描述，客观描述调查对象的状况；③解释，解释调查问题或现象的产生、发展和变化的原因，揭示调查对象的本质和发展规律；④预测，预测调查对象的发展趋势，探寻控制或促进社会现象发展的方法。

三、调查类型

调查的类型多种多样。以下主要从调查范围、调查目的、调查领域等方面，来介绍调查研究的分类情况。

（一）根据调查对象的范围分类

根据调查对象涉及的范围分类，可以将调查研究分为普查和抽样调查两种形式。普查是指对构成总体的所有个体无一例外地逐个进行调查。其特点是全面性、准确性、普遍性，但调查难度较大，因此，其适用范围不广。抽样调查指的是从所调查研究的总体中，按一定规则抽取部分对象进行调查，并根据调查结果，对总体情况进行推断。抽样方法在实际中应用范围广泛，其特点是省时、省力、省钱，并且可以迅速获得内容丰富的数据资料，准确性高。抽样调查适用于以下三种情况：一是要了解其全面情况但又无法进行普遍调查；二是某些可以进行普遍调查，但抽样调查可以取得同样效果的情况；三是对普遍调查进行质量检验或补充修正。

（二）根据调查的目的分类

根据调查目的可分为描述性和解释性两类。描述性调查是指对总体特征的分布情况进行详细的描述，其资料数据的采集和记录，着重于客观事实的静态描述。例如，市场潜力和市场占有率，产品的消费群结构，竞争企业的状况描述。解释性调查着重于找出事情发生的原因，它关注的是事情为什么会以现在的样子呈现出来。这种想要知道"为什么"的欲望，正是解释性调查研究最鲜明的特征。解释性调查通常是与描述性调查结合进行的。调查研究一般先是进行总体的描述，然后再针对某些具体问题进行解释。如进行一项城市犯罪调查，对城市各项犯罪指标的说明，就是描述性调查，而深入分析某个城市犯罪率较高，就是解释性调查。

（三）根据应用领域分类

按照应用领域来分类，调查可以分为很多种，如法律调查、经济调查、教育调查、学术调查和市场调查等。

【小看板 4 - 2】

在市场经济条件下，市场行为很难离开市场调查，一些大型跨国公司在进入中国市场前，都是以全面的市场调查为先导的。很难想象，一个现代企业的管理人员能够在没有市场调查的情况下，作出正确的企业经营决策。广义的市场调查也称为市场研究（市场调研或市场营销研究），它包含了从认识市场到制定营销决策的一切有关市场营销活动的分析研究；狭义的市场调查则偏重于搜集和分析市场信息。市场调查的对象主要是各式各样购买或使用商品的消费者，以及潜在的消费者；除此之外，还包括消费者以外的人群，如商家的生产、销售人员、媒体记者、政府官员等。市场调查可以用来研究消费者行为和对产品的满意度，也可以用来研究产品品牌、企业形象、广告宣传效果以及产品营销环境等。

四、调查方法

调查的方法是指调查的途径、手段。在实际的调查研究中，要根据调查的需求选择一种或几种调查方法。运用较为广泛的调查研究方法主要有：

（一）问卷调查法

问卷调查法是指调查研究者根据调查目的，制定调查问卷，由被调查者按问卷所提问题和给定的选择答案进行回答的调查方法。问卷调查是一种国际通行的专项调查形式。问卷调查突破了时空限制，能大范围地收集资料，资料便于汇总整理和分析，能够用较小的人力、物力消耗收到比较大的效果。问卷的发放、作答、回收可采取网络、电话、信函和现场等多种形式。

1. 问卷设计。问卷设计是问卷调查的关键环节。问卷必须能将问题传达给被调查者和使被调查者乐于回答。要实现这两个功能，问卷设计时应当遵循一定的原则和程序。

问卷设计原则：①有明确的主题；②结构合理、逻辑性强；③通俗易懂；④长短适宜，一般控制在 20 分钟左右回答完毕；⑤便于资料的校验、整理和统计。

问卷设计程序：①规定设计问卷所需的信息；②搜集有关研究课题的资料；③确定

调查方法的类型。调查问卷提问的方式分为封闭式提问和开放式提问，封闭式提问是在每个问题后面给出若干个选择答案，被调查者只能在这些被选答案中选择自己的答案，开放式提问是允许被调查者用自己的话来回答问题；④确定每个问答题的内容；⑤决定问答题的结构。

2. 调查问卷的基本格式。调研问卷通常由标题、问卷说明、填表指导、主题内容、编码和被调查者基本情况等构成。

（1）问卷标题。问卷标题要概括说明调研主题，使被调查者对所要回答的问题有一个大致的了解。确定问卷标题要简明扼要，但必须点明调查研究的主题。如"学生宿舍卫生间热水供应现状的调研"，而不要简单采用"热水问题调查问卷"这样的标题。这样无法使被调查者了解明确的主题内容，妨碍回答问题的思路。

（2）问卷说明。在问卷卷首一般有一个简要的说明，主要说明调查研究意义、内容和选择方式等，以消除被调查者的紧张和顾虑，以及向被调查者表示感谢。问卷的说明要力求言简意赅，文笔亲切又不太随便。下面举个实例加以说明。

您好：

我是×××暑期社会实践团队的采访员，我们正在进行一项关于×××的暑期实践调查，旨在了解×××的基本情况，以分析××发展的趋势和前景。您的回答无所谓对错，只要能真正反映您的想法就达到我们这次调查的目的。希望您能够积极参与，我们将对您的回答完全保密。调查会耽误您10分钟左右的时间，请您谅解。谢谢您的配合和支持。

（3）填表指导。填表指导就是对填写问卷的方法进行说明和指导。填表指导一般可以写在问卷说明中，也可单独列出，例如，问卷内容需您独立填写，问卷答案没有对错之分，只需根据自己的实际情况填写即可，如有疑问，敬请垂询您身边的工作人员。您的答案对于我们改进工作非常重要，希望您能真实填写。

（4）主题内容。这是调查问卷的主体部分，一般设计若干问题要求被调查者回答。调研主题内容是按照调研设计逐步逐项列出调研的问题。这部分内容的好坏直接影响整个调研价值的高低。

（5）编码。编码是将问卷中的项目及被选答案变成统一设计的代码。如果问卷均加以编码，就会易于进行计算机处理和统计分析。一般情况都是用数字代号系统，并在问卷的最右侧留出"统计编码"位置。

（6）被调查者基本情况。这包括被调查者的一些主要特征，如性别、年龄、民族等。这些是分类分析的基本控制变量。在实际调查研究中要根据具体情况选定询问的内容，并非多多益善。如果在统计问卷信息时不需要统计被调查者的特征，就不需要询问。这类问题一般适宜放在问卷的末尾，也可以放在"问卷说明"后面。

（7）访问员情况。在调研问卷的最后，有时要求附上调研人员的姓名、调研日期、调研的起止日期等，以利于对问卷质量进行监察控制。如果被调查者基本情况是放在"问卷说明"的后面，也可以将访问员情况与被调查者的基本情况放在同一个表格中。

（8）结束语。对被调查者的合作再次表示感谢，以及关于不要填漏与复核的请求。这种表达方式既显示调查者的礼貌，又督促被调查者检查问卷填写情况。例如："对于您所提供的协助，我们表示诚挚的感谢！为了保证资料的完整与翔实，请你再花一分钟，翻一下自己填过的问卷，看看是否有填错、填漏的地方，谢谢！"

【小看板 4-3】

酒店沟通调查问卷

本人是即将完成在某某酒店实习的一名实习生。作此问卷在于了解本酒店员工的内部沟通情况，便于实现对某某酒店内部管理的研究和完成毕业论文，希望获得广大同事们的大力支持。谢谢！

1. 您的性别：A. 女　　　　　　B. 男
2. 您的年龄：A. 20 岁以下　　B. 20~30 岁　　C. 31~40 岁　　D. 40 岁以上
3. 文化程度：A. 初中以下　　B. 高中　　　　C. 大中专　　　　D. 本科
　　　　　　 E. 研究生以上
4. 您的职位：A. 普通员工　　B. 领班、主管　C. 经理　　　　　D. 总监、总经理
5. 您的岗位：A. 前厅　　　　B. 客房　　　　C. 保安　　　　　D. 人资
　　　　　　 E. 餐饮　　　　F. 工程　　　　G. 财务　　　　　H. 销售
6. 您认为在酒店内影响您与他人或您与酒店沟通的最主要因素是：
A. 年龄差距　　B. 文化水平和能力差距　　C. 岗位满意度　　D. 沟通观念
......
12. 您和自己的领导（或下属）在日常工作和生活中能否进行顺畅而有效的沟通？
A. 沟通非常好　　B. 基本能做到　　C. 沟通差强人意　　D. 沟通效果很差
原因在于：_____
对于你所提供的协助，我们表示诚挚的感谢！为了保证资料的完整与翔实，请你再花一分钟，翻一下自己填过的问卷，看看是否有填错、填漏的地方。谢谢！"

调查时间：　　　　　　　　　　　调查地点：
调查对象：　　　　　　　　　　　调查人员：

（二）访谈调查法

访谈调查法是指研究者根据问卷内容，当面向被调查者口头提问，同时逐一记录被调查者回答内容的方法。访谈调查法要求访谈者不仅要做访谈前的各项准备工作，而且要善于进行人际交往，与被访谈者建立起基本的信任和一定的感情，熟练地掌握访谈中的提问、引导等沟通技巧，并根据具体情况采取适当的方式进行面谈。

（三）电话调查法

电话调查法是指研究者通过电话向被调查者提问调查的方法。电话调查在西方发达

国家应用较多。在我国处于起步阶段。电话调查的优点在于搜集资料速度快，费用低，可节省大量的调查时间和调查经费；搜集的资料覆盖面广，可以对任何有电话的地区的单位和个人直接进行电话询问。缺点在于每次电话调查时间不能过长，不能提过于复杂的问题，对挂断电话拒绝回答被调查者很难做做工作。

（四）会议调查法

会议调查是指研究者召集一些了解详细情况的人员，用座谈或讨论的形式，请他们谈谈某些问题的情况和他们对此问题的认识，提出建设性意见的调查方法。开调查会的好处是可以在短时间内了解到比较详细的情况，效率比较高，而且由于参加会议的人员是比较熟悉情况的，因此掌握的材料会比较可靠。做好会议调查的各项准备工作；②选择熟悉情况的人员参加会议；③创造好欲所欲言的会议气氛；④合理安排会议次数和时间。

（五）统计调查法

统计调查法是指利用固定统计报表的形式，把相关情况反映上来，通过分析而进行的一种常用的调查方法。由于统计报表的内容是比较固定的，因此可以通过报表分析出某项事物的发展轨迹和未来走势，如通过每月报表，可以分析出某个企业逐月产值完成情况，并能分析出比上年同期增减的情况，还可预测出下一步的趋势。运用统计调查法的基本要求：①统计口径要统一，否则数据不具有可比性；②以统计部门的数字为准；③报表分析和实际调查相结合，如对产值大幅度上升或下降的原因，报表中难以反映出来，只有通过实际调查才能形成完整概念。

（六）实验调查法

实验调查是指经过特殊安排，适当控制某些条件，使一定的社会现象发生，以提示其产生原因或规律的方法。其特点是：控制某种条件，较准确地了解有关现象的变化，深刻地掌握事物发展的规律。实验能否达到预期的目的，很大程度上取决于能否有效地控制实验过程，尤其是取决于对实验因素的控制和对非实验因素的控制。实验调查法通常有两个方面的作用：一是可以达到一定的理论目的，即检验一定的假设；二是可以达到一定的实践目的，即对新的政策、措施或社会形态的合理性进行检验。

（七）文献调查法

文献是记录知识、信息的资料。文献调查法是指通过对相关文献的搜集和整理，以获得关于调查对象信息的调查方法。文献是调查资料的重要来源。文献调查法的目的在于通过充分了解事物的背景与概貌，探求事物发展变化的规律。文献调查法往往是一种先行的调查方法。一般只能作为调查的先导，而不能作为调查结论的现实依据。

（八）实地观察法

实地观察法是指调查者有目的、有计划地运用自己的感觉器官或者借助科学工具，实地考察调查对象的方法。实地观察法能够在针对客观对象，获取直接的、生动的、具体的感性认识，能掌握大量的第一手资料。但实地观察法所观察到的往往是事物的表面现象或外部联系，带有一定的偶然性。

五、调查研究的程序与任务

调查研究的一般程序分为准备、实施、研究和总结四个阶段。调查研究的四个阶段是一个相互关联的、完整的循环过程。各阶段都有具体目标和相关任务。

（一）准备阶段

准备阶段具有重要的意义。如果准备工作充分，就能抓住现实中的关键问题，明确调查的中心和重点，避免首目性，使调查的实施工作比较顺利，使调查研究具有更大的理论价值和应用价值。准备阶段的主要任务包括：①通过对现实问题的探讨、选择、确定研究课题，明确研究任务。②通过初步探索和对文献考察明确调查研究的目的、意义和要求。③确定研究的目的要求，明确调查内容和理论基础。④提出研究设想，按照调查研究的目的要求，确定调查研究范围。⑤确定研究的类型和方法。⑥将调查研究内容具体化和操作化，明确调查地区、单位，对象，分析的单位与个人的支持与协助，并抽样方法，明确调查大纲、表格，培训调查人员。⑦制订抽样方案，选择调查者及其他们的生活环境，要积极争取获得被调查的检人员。⑧制订调查方案和研究假设的检验结果展开讨论。

（二）实施阶段

实施阶段是对调查研究过程中最重要的阶段，并得出结论的阶段。要实现从感性认识到理性认识的飞跃，要找出问题的症结所在，要提出解决问题的方法或理论。研究成效的基本保证。实施阶段主要任务是按照调查设计的内容和要求，准确性是调查阶段的主要任务是对大量的原始资料整理、分类、统计和分析。在分析资料时，要采取眼由此次调查要任务是对实施过程中，为顺利获得相关资料，调查人员要要熟悉被调做，由表及里，层层深入，具体分析的方式，从整体上把握现象的本质特征被调查者及其他们的生活环境，要积极争取获得被调查的地区，单位与个人的支持与协助，并采取适当的方式和方法。找出问题产生的原因及发展变化的趋势，同时，理论分析还应当针对研究假设的检验结果展开讨论。

（三）研究阶段

研究阶段是对调查资料进行分析研究，并得出结论的阶段。要实现从感性认识到理性认识的飞跃，要找出问题的症结所在，要提出解决问题的方法，政策和措施。总结阶段的主要任务是：①撰取得成效的基本保证。实施阶段主要任务是按照调查设计的内容和要求，系统、准确地收集有关资料。在调查实施过程中，为顺利获得相关资料，调查人员要要熟悉被调查者及其他们的生活环境，要积极争取获得被调查的地区，单位与个人的支持与协助，并采取适当的方法。

（四）总结阶段

总结和应用阶段实际上是返回研究的出发点，即对某一理论或问题进行解答，以便深化认识或制定解决问题的方针、政策和措施。总结阶段的主要任务是：①撰写调查研究报告，说明调查结果或研究结论，并对研究过程、研究方法、政策建议以及研究中的一些重要问题作进一步研究的设想等进行系统的叙述和说明。②将研究成果应用到实践领域或理论领域。调查研究报告及其成果在方法、程序、事实为令应当把主要成果进行评估，就总结调查研究工作进行评估，主要从科学性和研究价值这两方面进行系统分析，检查本项调查研究在方法、程序、事实而应当把主要成果发掘和利用起来，为实际服务。③总结调查研究成果的理论价值和应用价值，统计分析、逻辑推理、研究结论等方面是否有错误，对研究成果的理论价值和应数据，统计分析、逻辑推理、研究结论等方面是否有错误，对研究成果的理论价值和用价值进行客观评价。用价值进行客观评价。

第三节　预测工作

一、预测概念

预测是指根据事物的过去和现在推测它的未来。预测是分析测算对实现组织目标可能产生影响的未来状态。预测是为设立目标服务的，为目标的设立提供依据。预测是以调查为基础的，只有通过调查，掌握大量的信息资料，才能作出可靠预测。预测的原理是通过对现在、过去事物的深刻研究，认识并运用客观规律来推断未来。预测不是主观臆断的过程，而是有科学的定性与定量的方法以及科学的程序。科学预测有很高的准确性与可信度，但任何预测，由于是对未来不确定事物的推断，总存在一定程度的随机性或不准确性。

预测的内容都是预计推测在未来组织内部条件和外部环境两个方面可能发生的事情。组织外部环境预测通常包括经济、社会、政治、技术发展变化趋势及其可能给组织带来的机会或风险。组织内部条件预测主要是预测组织对资源拥有情况和利用能力的发展变化趋势。

预测与计划都与未来有关，但预测不同于计划，它们之间的不同表现在以下几个方面。计划是未来的部署，预测是对未来事件的陈述，是计划工作的一个环节。预测要说明的问题是将来怎样，即在一定的条件下，如果不采取或采取某些措施，估计将发生什么变化；而计划要说明的问题是要使将来成为怎样，即采取什么来改变现在的条件，并且对未来作出安排和部署以达到预期的目的。

二、预测的作用

预测的依据是对客观事物变化规律的正确认识。从这个意义上说，预测是一门科学。事物的发展变化受到多种可能因素的影响，这就使预测不仅要运用合理的假设、逻辑推理和科学的分析方法，还要依赖预测者本人专业知识、经验、判断能力，以及从收集到的信息中提取有用信息的能力。预测的主要作用在于：帮助人们认识和控制未来的不确定性，使对未来的无知减少到最低限度；使可能变化的环境和约束条件相互协调；事先估计计划实施后所能产生的后果。在管理计划中，没有哪一个因素比预测未来商业活动的水平更重要。大型组织的战略计划制订者常常依赖于他们雇用的专家作出的经济预测，小企业计划者则更倾向于使用政府预测。

【小看板4-4】

转产前的预测

某省专用汽车制造厂的前身是前进机车厂。该厂建厂几十年以来一直没有主导产品，有时为其他大厂生产部件，有时也生产整车。在改革开放之前，依靠国家计划，机车厂还能维持生存，但是随着经济体制改革的进行，由于没有自己的产品特色，该厂举步维艰，陷入了困境。高层管理者意识到必须发掘出定型产品，企业才有生存希望。

他们首先进行了深入的调查研究，广泛收集相关信息资料。将收集到的国内外信息进行整理分析后发现，随着我国国民经济的发展，专用汽车的需求比例势必会逐年增长。在肯定了专用汽车发展的前景后，仅在2年中，该厂就派出1 000多人次到全国120个城市进行调查研究，进一步获得了有关专用汽车有价值的信息。经过对这些信息的整理、分析、研究后发现，不仅专用汽车是很好的生产方向，而且其中的环卫和石油两个系统的专用车需求尤为迫切。据此，该厂找到了开拓市场设计新产品的思路，将环卫系统所急需的垃圾车、真空吸粪车、喷洒冲洗车以及石油系统所需的油田修理工程车、原油运输车作为研发生产的主要方向。

接下来进行进一步的测算分析，首先对全国的垃圾车市场需求量进行预测，第二年全国垃圾车的客观需求量为10 177万辆，而且还将随着人口的增加而不断增加；垃圾车的预计寿命在10～19年，在此基础上对全国垃圾车销售饱和量的预测表明，垃圾车20年饱和需求量在10 499万～18 808万辆。同时，该厂也对真空吸粪车、喷洒冲洗车、油田修理工程车和原油运输车分别进行了市场需求量和销售量的预测，最终发现专用汽车前景是相当广阔的。

最后，高层管理人员经过认真权衡、慎重的分析，决定扬长避短，作出转产专用车的决策，并根据对各类专用汽车的预测结果作出相应的生产计划并投入生产。

随着时间的推移，该厂生产的专用车越来越受到用户的青睐。为了使更多的用户了解他们的厂及其产品，该厂就把原厂名更改为某省专用汽车制造厂。

资料来源：苏文慧、姜忠辉：《管理学原理与案例》，青岛海洋大学出版社，1999。

三、预测的类型

（一）经济预测

经济预测包括宏观经济预测和微观经济预测。宏观经济预测是为制定国民经济规划、经济计划和经济政策服务的。例如，预测财政、信贷、税收、储蓄等因素的变动，为分析国民经济形势、制定宏观调控政策提供主要依据。微观经济预测是指从企业经营的角度所作的经济预测，其中主要是市场预测。如对企业销售量（销售收入）及其变化趋势进行预测；对市场总需求大小及其变化趋势进行预测等。

（二）技术预测

技术预测是指对即将发生的技术变化的类型作出预言。技术预测有助于一家企业适应新技术，并由此保持竞争力。例如，20世纪90年代末关于电子商务爆炸性成长的预测，使很多企业能够为迎接未来做好技术准备。

（三）社会和政治预测

人口的增长，可再生资源的枯竭和环境污染引起人们对世界前途的忧虑，而能源工程、微电子学、生物工程和材料工程的研究发展，又增加了人们对世界前途的希望。因此，对社会和政治的预测越来越受重视。

另外还有一些分类，如按照预测期限长短可分为短期预测、中期预测和长期预测；按照预测的量化程度可分为定性预测和定量预测等。

四、预测的基本要求

预测是根据过去的资料和经验进行科学的推算，但终归不是实际发生的。为减少或尽量消除与实际的偏差，提高预测的精度和可靠性，必须尽量做到以下几点要求：

（一）掌握预测的对象与目标

预测涉及面广，因素多，因此预测的对象具体、明确和清楚。

（二）预测人员必须具备应有的综合知识

预测涉及许多知识领域，如市场预测人员就必须具备市场学、社会学、心理学和经济学的知识，还应该对市场环境如地理因素、历史趋势、贸易途径有所了解和熟悉。同时还应具备一定的实践经验，对市场需求的变化具有敏感性和判断能力。

（三）重视调查研究和资料分析

预测是建立在过去实践基础上的，不是主观的臆断和幻想，因此对所掌握的大量调研资料，必须深入细致地按预先所要求的对象和目标进行取舍，力求准确。

（四）重视反复对比

通过比较，将过去的误差进行修正，就可以克服对未来预测的误差。但绝对不能把未经分析的过去的情况直接作为判断未来预测误差的标准。

五、预测方法

（一）定性预测

定性预测是在缺乏数据时，凭借预测者的直觉、经验和综合分析能力，根据预测对象的性质、特点、过去和现在的延续状况及最新信息等，对预测对象的未来发展趋势作出预测，并估计其可能达到的程度。这种方法适用于缺乏历史资料，或影响因素较复杂，或对主观因素难以定量分析的情况。

1. 德尔菲法。这种方法是由美国兰德公司在20世纪40年代末提出的。它是针对所要调查的问题，挑选一批专家，向他们提供一些调查表和背景资料，反复咨询专家们的预测意见，经几轮调查后，在专家们的意见趋向一致时，就汇总调查情况，得出预测结果。

德尔菲法有三个要点：①德尔菲法不把问题摆在桌面上来讨论，而要求专家们以匿名的方式提出书面意见；②征求意见的过程反复进行，参加应答的专家们各自从反馈回来的问题调查表上得到集体的意见和目前的状况，以及同意或反对观点的理由，专家们相互影响，并以此作出新的判断；③经过几轮反馈征询后，专家们的意见形成一致看法时，结果便成为可以接受的预测。

要有效运用德尔菲法，关键要抓好两条：①选择好专家。其一，人数不宜过多也不宜过少；其二，严格匿名，专家之间不能有任何直接的联系，专家只能与调查人员相互联系。②设计好调查表。其一，所提出的问题要引起专家们的研究兴趣；其二，提问措辞要简洁、明确；其三，一次调查设问不宜过多。

德尔菲法是一种常用的预测方法。其优点是：预测结果是由专家集体判断的，能达到集思广益的效果。缺点是：这种方法是人们的主观判断，有时可能出现偏差。

2. 经验判断法。经验判断是在对有关资料进行分析的基础上，由有关人员凭借经验，运用主观决断力进行预测的一种方法。其过程是：首先，由高层管理根据经营管理需要，向下属单位（如业务、计划统计、财务会计等科室）和业务人员提出预测项目和预测期限的要求。其次，下属单位和业务人员根据高层管理者指示提出各自的预测方案。最后，对各种预测方案，进行综合分析判断，写出组织的预测结果。这种方法的优点是能综合各种人员的知识，充分吸收他们的经验，得到的预测结果比较完整，其缺点是可能受到预测者了解情况的限制。

（二）定量预测

定量预测是根据已掌握的比较完备的历史统计数据，运用各种数学方法和模型研究、分析和推测事物的未来发展程度及其结构关系的预测方法。这类方法的优点是比较客观，能避免主观因素的干扰，得出的结论比较准确；缺点是难以考虑非定量因素的影响，同时对资料的完整性、可靠性和精确性要求比较高。目前常用的预测方法有以下几种：

1. 算术平均法。这是一种简单的直观的定量预测方法。就是将总体的各个数据之和除以数据点的个数，以其结果作为预测值。算术平均法没有考虑市场变化的趋势，因而只适用于销售趋势平衡的商品。预测准确度低，但可以消除偶然因素的影响。

2. 移动平均法。随着时间的推移，计算平均值所用的各个时期也是向后移动的。移动平均法又可以分为一次移动平均法和二次移动平均法。即以前一周期的销售的平均值作为下一周期的预测值，当预测下一周期销售时，将原计算平均值的周期向后移动一期，再以新的计算周期的平均值作为预测值。

3. 指数平滑法。指数平滑法是以一个指标本身过去变化的趋势作为预测未来的依据的一种方法。对未来预测时，考虑到近期资料的影响应比远期为大，因而对不同时期的资料给予不同的权数，越是近期资料权数越大，反之权数越小。

4. 回归模型。制定几种自变量，这些自变量的变化预示着某个因变量的变化，如销售额或投资收益等。销售额是下列变量的函数：经济状况、年度时间、该部门竞争程度、近5年的基本建设投资。

以上各种预测方法可以单独使用，但主要是结合使用，目的在于提高预测的准确性，把误差减少到最低程度。

六、预测的基本程序

为了保证预测的顺利进行，必须按照预测的程序开展工作。预测的基本程序：

（一）明确预测目的

预测目的不同，预测内容、项目、所需资料和所运用方法等就会有所不同。明确预测目的就是根据经营活动的需要，确定预测需要解决的问题，并根据预测所要求解决的问题，拟定预测项目，制订预测工作计划，编制预算，调配力量，组织实施，以保证预测工作有计划、有节奏地进行。

（二）调查收集资料

进行预测，必须占有充分的资料。有了充分的资料，才能为预测提供进行分析、判断的可靠数据。预测的资料包括"纵"、"横"两大类。纵的资料，即有关历史数据。例如，历年的有关购销资料、消费者收入与企业销售变动等资料。横的资料，即在特定的时间内，同预测对象有关的各种统计资料。例如，有关商品生产情况、消费者的收入与心理偏好、竞争者有新动向、国家政策以及自然条件的变化等。在资料搜集的过程中，要注意筛选核实，提高预测的可信度和有效性。调查和搜集的资料，要力求系统完整。如果有些资料不易取得，就可通过比例测算、抽样测算、适用面测算等间接的方法进行。

（三）选择预测方法

根据预测和拥有资源情况，选择适宜的预测方法，以便于进行科学的测算和判断。例如，对新产品的短期预测，由于缺少有关数据，一般采用判断分析法，通过分析判断来确定预测值；对数据比较齐全的老产品的中长期预测，则要运用数量分析方法，通过数量分析来确定预测值。选择预测方法时要注意各种方法的特点、优势和缺陷。一般是同时采用几种方法，并对结果进行比较分析和验证，以提高预测的准确性。

（四）进行预测和结果评估

根据占有的资料和选择的预测方法进行预测，并对得到的预测结果进行评估。要借助有关人员的经验，对比有关数据，分析其合理程度；要研究预测模型的抽象假设、局限和不足对预测结果的影响。在上述分析的基础上，要对预测结果的可信度作出评价，并作必要的调整和修改。

（五）提出预测报告

在整个预测工作基本结束后，要撰写预测报告。主要内容有：预测的工作过程、预测的基本事实或数字依据、预测方法或模型、预测结果、关于预测结果的限制条件或不完善之处以及依照预测结果提出决策建议的方案等。

本章自测题

【实训题】

组织外部环境分析的调查研究。

实训目标

1. 增强对组织外部环境的认识和理解。

2. 培养运用调查研究的基本能力。

3. 增强对预测的理解与运用能力。

实训内容与方法

1. 调查走访一家小型企业，并运用所学知识进行分析诊断。

2. 需搜集的主要信息有:

(1) 所调查走访的企业外部环境的构成要素;

(2) 所调查走访的企业对外部环境的认识或理解;

(3) 访问企业管理人员,了解他们如何预测外部环境变化。

实训要求

全班分小组进行,以 6~8 人为一个调查研究小组。

1. 运用所学的调查研究的知识,制定调查研究方案;

2. 根据调查结果,撰写调查研究报告,诊断企业在环境分析及预测的成效与不足,提出改进的意见;

3. 组与组之间交流调查研究的心得体会。

【案例分析题】

2005 年夏,安徽省合肥市在全市范围内掀起了一场拆除违章建筑的热潮,引起了社会各界的关注。合肥市政府组织调查人员对该市市民、部分企业和政府部门进行了调查,结果表明,市民、企业和政府多持支持态度,并希望政府把拆除违章建筑活动进行到底。调查人员对合肥城区 80 户居民进行了电话、街访调查,97% 的市民知道合肥市的这次拆除违章建筑工作,87% 的被调查者表示会积极响应市政府的号召。在问及 "这次拆除违章建筑工作政府安排的进度是否合理" 时,93% 的被访市民认为比较合理;72% 的市民建议拆除违章建筑后要加大执法力度;17% 的市民认为搞好拆除违章建筑前的宣传教育、说服引导很有必要;45% 的市民认为设立监督员是巩固拆除违章建筑成果的好方法。调查人员对该市 15 家企业的负责人进行了问卷调查。结果发现,所有的企业家都采取了积极响应的态度,在企业内部召开拆除违章建筑动员大会,宣读市政府文件,做职工的思想教育工作。为了配合这次拆除违章建筑行动,60% 的企业已经自拆了各自的违章建筑。在调查中,各区政府、街道就怎样保持政策的连续性,今后更加规范搞好市政建设等问题,希望市政府通过调查,加强政策研究,尽快出台拆除违章建筑细则,使今后的现代化大城市建设有章可循。

讨论:

1. 调查研究目的是什么?

2. 主要采用了什么调查方法?

【思考与练习题】

一、问答题

1. 如何理解组织与环境的关系?

2. 组织所面对的一般环境和具体环境的内容是什么?

3. 作为组织,如何更有效地适应环境?

4. 简述调查研究的目的与作用。

5. 简述调查研究应遵循哪些步骤?

6. 如何理解预测的概念及其在现代管理中的作用？

7. 德尔菲法是怎样的一种方法，有什么特点？

8. 要想保证预测工作顺利开展，一般遵循哪些预测步骤？

二、单项选择题

1. 组织的生存与发展与其所处环境之间的关系是_____。

A. 组织完全可以独立于环境而生存　　　B. 组织的存在会对环境造成重大影响

C. 组织必须与环境发生紧密的联系　　　D. 组织很少与环境发生联系

2. 一个国家的财政税收政策发生变革，意味着该国的企业组织所面临的_____发生变化。

A. 一般环境　　　B. 具体环境　　　C. 内部环境　　　D. 特殊环境

3. 环境不确定性中反映环境构成要素的数量，以及组织对要素了解的程度的维度是环境的_____。

A. 不稳定性　　　B. 复杂性　　　C. 相关性　　　D. 竞争信息

4. 开调查会方式的优点是_____。

A. 对象集中　　　B. 保密性强　　　C. 无时空限制　　　D. 数据确切

5. 一项大规模的调查，先是进行总的描述，然后再针对某些具体问题进行解释。描述性调查关注的是_____。

A. 客观事实的静态描述　　　　　　　B. 制定问题的解决方案

C. 客观事实的动态描述　　　　　　　D. 查找事情发生的原因

6. 预测是分析测算对实现组织目标可能产生影响的_____。

A. 未来状态　　　B. 现实状态　　　C. 内部状态　　　D. 外部状态

7. 有了充分的资料，才能为预测提供进行分析、判断的可靠数据。预测的资料包括"纵"、"横"两大类。纵的资料，即_____。

A. 预测对象的全部资料　　　　　　　B. 预测对象的历史数据

C. 预测对象的典型资料　　　　　　　D. 特定的时间内预测对象的各种资料

第五章

决策

JUECE

【学习目标】

通过本章的学习，要求掌握决策的含义、特点及决策类型；了解决策在管理工作中的地位；明确决策流程和影响因素；学会运用各种定性、定量的决策方法进行决策。

【引例】

日本的家用电视录像装置市场的成功决策

美国国际商用机器公司为了从规模上占领市场，大胆决策购买股权。1982 年用 2.5 亿美元从美国英特尔公司手中买下了 12% 的股权，从而足以对付国内外电脑界的挑战；另一次是 1983 年，又以 2.28 亿美元收购了美国一家专门生产电讯设备的企业罗姆公司 15% 的股权，从而维持了办公室自动化设备方面的"霸王"地位。又如，早在 1965 年，美国的一家公司发明了盒式电视录像装置。可是美国公司只用它来生产一种非常昂贵的广播电台专用设备。而日本索尼的经营者通过分析论证，看到了电视录像装置一旦形成大批量生产，其价格势必降低，许多家庭可以购买得起此种录像装置。这样一来，家用电子产品这个市场就会扩大，如果马上开发研究家用电视录像装置，肯定会获得很好的经济效益和社会效益。由于这一决策的成功，国际家用电视录像装置的市场一度被日本占去了 90% 多，而美国则长期处于劣势。

此例说明，决策决定成败！经营决策正确，可以使企业在风云变幻的市场上立于不败之地，独居领先地位。科学的决策能使企业充满活力，兴旺发达，而错误的经营决策会使组织陷入险境，尤其是战略决策，一旦失误，会给组织带来灭顶之灾。有人说"细节决定成败"，有人说"执行决定成败"，殊不知，如果一个企业或组织的决策错了，无论以后的细节做得多么完美，执行得多么到位，等待它的结果都是一样的，那就是彻头彻尾的失败！只有决策正确，细节和执行才有意义可言。

第一节　决策概述

在棋界有句话："一着不慎，满盘皆输；一着占先，全盘皆活。"在管理活动中，决策居于首要的地位，管理成败的关键就取决于决策的正确与否。

一、决策的含义及特点

一般理解，决策就是作出决定的意思，即对需要解决的事情作出决定或选择。时至今日，对决策概念的界定不下上百种，但仍未形成统一的看法，诸多界定归纳起来，基本有以下三种理解：

一是把决策看做是一个包括提出问题、确立目标、设计和选择方案的过程。

二是把决策看做是从几种备选的行动方案中作出最终抉择，是决策者的拍板定案。这是狭义的理解。

三是认为决策是对不确定条件下发生的偶发事件所作的处理决定。这类事件既无先例，又没有可遵循的规律，作出选择要冒一定的风险。也就是说，只有冒一定的风险的选择才是决策。

以上对决策概念的解释是从不同的角度作出的，要科学地理解决策概念，我们认为，决策（Decision Making）就是组织的决策者为了实现一定的目标，以其掌握的信息和知识、经验为依据，采用科学的方法，从两个以上的备选方案中选择一个较为满意的方案的分析决断过程。

决策具有下列特点：

1. 目标性。决策是为了解决一定的问题，是为了达到一定目标。确定具体的目标是决策过程的第一步。它体现决策行动的预期结果，也是选择行动方案的依据。决策所要解决的问题必须十分明确，所要达到的目标必须十分具体、明确、翔实，否则决策就没有方向，决策无效。没有明确的目标，决策将是盲目的。

2. 可选择性。如果只有一个备选方案，而无从比较，就不存在决策的问题。因而，决策必须具有两个以上的备选方案，人们才能从中进行比较、选择，最后选择一个满意方案为行动方案。"多谋善断"贴切地表述了这两者间的因果关系。

3. 超前性。任何决策都是针对未来行动的，这就要求决策者具有超前意识，思想敏锐，能够预见事物的发展变化，作出正确的决策。

4. 风险性。决策是一种事先行为，决策者对所作出的决策能否达到预期目标不可能有百分之百的把握，都要冒一定的风险。

5. 满意性。选择方案通常是根据满意化准则，而不是最优化准则。1978 年的诺贝尔经济学奖获得者、决策学派的主要代表人物赫伯特·西蒙（Herbert Alexander Simon，

1916—2001）认为：首先，现实生活中，管理者或决策者的知识、信息、经验和能力都是有限的，其价值取向和目标往往是多元的，不仅受到多方面因素的制约，而且处于变动之中乃至彼此矛盾状态，无法寻找到全部备选方案，也无法完全预测全部备选方案的后果；其次，人们不可能对未来无所不知，未来含有很多的不确定性；另外，人们不可能拟定出全部方案，这既不现实，有时也是不必要的。所以，绝对的最优化是难以做到的，而只能以找到满意解为满足。

6. 过程性。决策不仅是一个认识和选择行动方案的过程，也是一个实施行动方案的过程。一方面，决策是一个提出问题、分析问题和解决问题的分析判断过程，而不是一个"瞬间"作出的决定。另一方面，决策的最终目的是为了实施方案，如果方案选择后，束之高阁，不付诸实施，决策也等于没有决策，决策必须付诸实施，也是一个行动的过程。

7. 可行性。各备选方案解决预期问题、实现预定目标，在经济上、技术上、法律上不仅是可行的，而且其影响因素及效果可进行定性和定量的分析。

二、决策的类型

决策贯穿于整个组织活动的全过程，涉及各方面的内容。决策有多种不同的类型。

（一）按照影响范围和重要程度，决策可以分为战略决策、战术决策及业务决策

1. 战略决策。"战略"原来是军事上的术语，指战场上的指挥员指挥战争或战斗的谋略和艺术。《辞海》上解释为"对战争全局的筹划和指导"。随着社会的不断发展，人类社会各个方面，包括企业管理都被纳入了战略管理的范畴。战略决策是指企业面对激烈变化的环境，严峻挑战的竞争，为谋求生存和不断发展，而设立远景目标并对实现目标的轨迹进行的总体性、长远性的谋划和方略。其目的在于使企业在正确分析和估量外部环境和内部条件的基础上，求得企业的经营目标、经营结构和资源配置与外部环境提供的机会的动态平衡，从而在激烈的市场竞争环境中，求得企业的生存和不断的发展。组织发展战略方针、经营方向、组织机构改革等决策均属战略决策。

企业战略是一个体系，一个完整的企业战略要经过战略分析—战略策划—战略形成—战略实施四个阶段。这四个阶段是相互联系、不断递进、不断完善的一个过程。

战略按照内容进行分类，可以分为发展战略、营销战略、竞争战略、人才战略、信息战略等。

战略决策者通常是组织的高层管理者，战略决策者应有很高的洞察力、判断力，保持灵敏的嗅觉，能够做到统筹规划、高瞻远瞩、"成竹在胸"。战略决策的制定是个系统运筹过程，首先是要确定一个具有广阔前景的基本经营方向；其次，要界定经营的范围，确定经营的重点；最后要制定总体目标，这是企业经营战略的核心部分。当前的各种竞争已经演绎为综合实力和整体素质的较量。

制定企业战略应该抓住三个要点：

（1）具有明白的战略目标。"明白"是指决策层必须为企业准备达到的目标设定界限，使企业知道应该干什么，不应该干什么。一个没有战略的企业什么都想尝试，是什么也做不好的。但是，这个"明白"是一个经过战略思考的、经过"抉择、权衡"的、

具有坚实基础的战略目标。而且，这个目标应该得到充分的贯彻，使每一个成员都明白，才能形成一种实现目标的合力。

（2）具有明晰的战略设计。"明晰"是指实现战略目标的思路要清晰、进攻路线要清晰、战略重点要清晰、战略部署要清晰、细分职责要清晰、总体战略和支撑战略的对应关系要清晰。这样，企业不仅能找到一条通往目标的道路，也能确保经过努力达到设计的战略目标。

（3）具有明确的与众不同的价值主张。企业战略要有明确的价值取向，要紧紧抓住企业引擎（核心竞争力）驱动最大的经济指标，通过战略实施，发挥出企业的独有优势，形成特殊的战斗力，获取最大的价值。面对激烈竞争的挑战，战略决策者必须遵循以下原则：审时度势，选择最能发挥组织特点和优势的有前景的经营方向；要符合国家长远规划和市场需求，避免盲目性。

总之，战略决策必须对组织发展和生存最有利，能够使组织游刃有余地在复杂的环境中集中全部财力、物力、人力、信息等各种资源，作出辉煌的业绩。

战略决策具有指导性、全局性、长远性、竞争性、系统性、风险性六大主要特征。对组织发展影响时间长、涉及范围广、作用程度高，其正确性直接决定组织的兴衰成败。

【小看板 5-1】

前瞻性的战略管理者詹姆士·摩根

詹姆士·摩根（James Morgan）就是前瞻性的战略领导者，最近他从 Applied Material 公司退休。在他退休前，摩根已经成为了在硅谷服务时间最长的 CEO，在这个位置稳坐 25 年之久。20 世纪 80 年代，大多数美国公司还没有意识到亚洲市场商机，他率先进军亚洲市场。当时，摩根的行动招致各方的批评，他比竞争者提前十年进军中国市场，摩根的目标是，到 2005 年公司收入的 5% 来自于中国。事实上，在过去的 20 年，相对于同时期标准普尔指数增加的 500 个百分点，公司的股票价值被估到 5 600 个百分点。

资料来源：领导科学网。

2. 战术决策。战术决策又称管理决策，是指组织为保证战略决策的实现而对局部的经营管理业务工作作出的决策，其依据和目标是战略决策，属于执行战略决策过程中的具体决策。例如，专业计划的制订、员工招收与工资水平、更新设备的选择、人员的调配等属此类决策。战术决策旨在实现组织内部各个环节活动的高度协调和资源的合理利用，以提高经济效率和管理效能。它不直接决定组织的命运，但其正确与否，也将在很大程度上影响着组织目标的实现和工作效率的高低。战术决策一般由组织中层管理人员作出。

3. 业务决策。业务决策又称执行性决策，是日常活动中有关提高效率和效益的决策。一般由基层管理者作出。例如生产管理、销售管理、劳动力调配、个别工作程序和方法的变动、企业内的库存控制、材料采购等，均属此类。

（二）按照决策主体不同，决策可分为组织（群体）决策和个人决策

1. 群体决策（Group Decision Making）。群体决策是由一个或几个群体来完成的决策。由于决策是一件非常复杂的工作，大部分的决策都是由一个或几个群体来完成的。群体决策的优点是能充分发挥集团智慧，集思广益，决策慎重，从而保证决策的正确性、有效性；缺点是决策过程较复杂，耗费时间较多。它适宜于制定长远规划、全局性的决策。

2. 个人决策。个人决策是由管理者凭借个人的智慧、经验及所掌握的信息进行的决策。决策速度快、效率高是其特点，适用于常规事务及紧迫性问题的决策。最大缺点是带有主观和片面性，因此，对全局性重大问题则不宜采用。

（三）按所要解决的问题的重复程度不同，决策可分为程序化决策和非程序化决策

1. 程序化决策。程序化决策是指决策的问题是经常出现的问题，已经有了处理的经验、程序、规则，可以按常规办法来解决，又称为常规决策。在实际生活中，无论是个人活动还是组织活动，有相当一部分活动通常多次反复出现，人们通过长期的实践积累起经验，形成了一套解决这些活动中所遇到的一般性问题的方法、程序和标准。再遇到类似问题时，就按这些既定的原则和步骤行动。如企业生产的产品质量不合格如何处理，常用物资的订货与采购、有病职工的工资安排等，均属此类。人们称这种决策为程序化决策。

程序化决策的关键是日常活动的程序化。活动程序化有两个作用：一是作为组织控制系统的组成部分，可使控制更为容易，从而提高控制效率；二是作为组织协调系统的一部分，可提高组织的专业化水平。因为组织活动程序化之后，标准化程度提高，内部的分工就可能更加广泛和深化。

在管理工作中，约有80%的决策属于程序化决策。程序化决策所涉及的变量比较稳定，可以预先建立数学模型，编成计算机处理程序，由计算机辅助作出决策。例如，商店销售过期的食品如何解决，就属于程序化决策，有一套固定的程序来处理。

2. 非程序化决策。非程序化决策是指决策的问题是以往无先例可循的，没有固定的模式、经验去解决，要靠决策者作出新的判断来解决的问题，例如，企业的合并、重组，企业筹资计划等。非程序化决策具有极大的偶然性和随机性，很少发生重复，又称非常规决策、例外决策。其决策步骤和方法难以程序化、标准化，不能重复使用。战略性决策一般都是非程序化的，由于非程序化决策需要考虑内外部条件变动及其他不可量化的因素，除采用定量分析外，决策者个人的经验、知识、洞察力和直觉、价值观等因素对决策都有很大的影响。

越是基层管理者，所掌握的决策权中，程序化决策权所占的比重越大。非程序化的决策权一般为组织的高层管理人员所掌握。不过，这种划分不是绝对的，高层管理者同样也有一部分程序化决策问题，基层的管理人员也会有一些非程序化问题要自主解决。

（四）按所处条件可控程度的不同，决策可分为确定型决策、风险型决策和不确定型决策

1. 确定型决策（Deterministic Decision）。确定型决策是指决策所面临的条件和因素是确定的，每一个方案只有一种确定的结果，比较其结果优劣作出最优选择的决策。确定型决策是一种肯定状态下的决策。如把资金存入银行，利率根据存款期限长短是固定的。在实际工作中，确定性决策是比较少见的。

2. 风险型决策（Risk Decision）。风险型决策也称随机决策，即决策方案未来有几种不同结果是可以知道的，其发生的概率也可以测算。例如某企业为了增加利润，提出两个备选方案：一个方案是扩大老产品的销售；另一个方案是开发新产品。不论哪一种方案都会遇到市场需求高、市场需求一般和市场需求低几种不同可能性，但它们发生的概率可测算。风险型决策之所以存在，是因为影响预测目标的各种市场因素是复杂多变的，因而每个方案的执行结果都带有很大的随机性。所以不论选择哪种方案，都存在一定的风险。

3. 不确定型决策（Uncertain Decision）。不确定型决策，即决策方案未来有几种不同结果是可以知道的，但其发生的概率无法测算。例如，上例中每个方案仍会遇到市场需求高、市场需求一般和市场需求低几种不同可能性，但它们发生的概率不可测算，在这种情况下，对方案的选择，就带有很强的不确定性。

（五）按决策需要解决的问题来划分，决策可分为初始决策和追踪决策

1. 初始决策。初始决策是指组织对从事某种活动或从事该种活动的方案所进行的初次选择。

2. 追踪决策（Follow – up Policy – Making）。追踪决策是在初始决策的基础上对组织活动方向、内容或方式的重新调整。如果说，初始决策是在对内外环境某种认识的基础上作出的话，追踪决策则是由于环境发生了变化，或者是由于组织对环境特点的认识发生了变化而引起的决策。显然，组织中的大部分决策当属追踪决策。

除了以上分类外，按决策的方法不同，决策可分为定性决策和定量决策；按决策规划的时期的长短不同，决策可分为长期决策、中期决策和短期决策。

三、决策在管理中的重要地位和作用

（一）决策在管理中的地位

1. 决策是管理的基础，决策贯穿于组织管理的全过程与所有方面。一切管理职能中都渗透着决策职能，在组织管理过程中，每个管理活动要发挥作用都离不开决策。决策贯穿着管理的始终，没有正确的决策，管理的计划、组织、领导、控制等职能都难以充分发挥作用。

2. 决策是管理者的首要工作。一切管理者都是决策者，决策不仅仅是"上层主管人员的事"。上至国家的高级领导者，下到基层的班组长，均要在自己的职责范围内作出决策、实施决策，只是决策的重要程度和影响的范围不同而已。在实际管理工作中，决策作为主管人员的首要工作已得到普遍验证。研究表明，基层管理者每天约80个问题有待处理，每解决一个问题就要作出一个决定，即进行一次决策。越是往管理

的上层推进，决策的数量就会越少，但是难度也会越大。因此，管理者首先必须具备的能力就是决策能力，一个管理者所处的层次越高，其所应具备的决策能力就必须越强。

3. 决策的正确与否决定着组织行动的成败。决策是决定组织管理工作成败的关键。一个组织管理工作成效大小，首先取决于决策的正确与否。决策正确，可以提高组织的管理效率和经济效益，使组织兴旺发达；决策失误，则一切工作都会徒劳无功，甚至给组织带来灾难性的损失。因此，对每个决策者来说，不是是否需要作出决策的问题，而是如何使决策作得更好、更合理、更有效率。因而，改进管理决策、提高决策水平应当成为各级主管人员经常注意的重要问题之一。

（二）决策在管理中的作用

1. 决策的主要作用就是"发现一条通往目标的途径"。正确的决策是从确立正确的目标开始的，一个组织制定决策的根本出发点和落脚点就是要找到通往既定目标的这条途径。

2. 帮助组织集中力量协调行动。没有决策，组织只是若干个体的集合，大家按各自的方式做事，缺少一种一致性。这将会导致资源的分散和力量的分散。组织形不成一种合力，实物资源和智力资源就不能成为一种增量资源。而能够将行动者的智慧和力量编织在一起，架构成一种增量资源的，恰恰就是战略。

3. 决策为组织确定和找到明确的发展方向和目标。决策具有简化概念的能力，这种作用可以帮助人们思考，满足他们内心对秩序的需求，从而使统一的、具有战斗力的行动成为可能。

4. 决策将提升组织的快速反应能力。因为决策已经为我们提供了一个稳定的行动纲领和明确的行动方向。如果事关重大，你又举棋不定，行为就被抑制了。如果你满怀信心地确定自己将要做什么，行为就被促进了。当组织有了明确的决策，对很多事情就具有明确思路；当组织人员的意志和行动极为统一和一致时，组织运转就很顺畅，这就为组织的快速反应奠定了坚实的基础。

总之，决策是"生死之地，存亡之道"。世界著名咨询公司——兰德公司对全球1 000家破产倒闭的大企业的调查发现，85％的企业破产倒闭是由错误的决策造成的。诺贝尔经济学奖获得者、著名管理大师赫伯特·西蒙认为：管理的本质就是决策，决策贯穿于组织管理的全过程，管理是由一系列决策组成的，决策正确与否，决定着组织发展的盛衰，关系到组织的生死存亡。

第二节 决策的影响因素及流程

一、影响组织决策的因素

决策是一项分析问题、确定解决方案的复杂的活动过程。一般来说，影响决策的因素主要有以下几方面。

（一）环境

首先，环境的特点影响组织决策的频率和内容。就决策的频率来说，面临市场急剧变化环境条件的企业，与面临稳定环境的企业相比，会更经常地需要对其经营活动作重大的调整；从调整或决策的内容来看，在竞争性市场上经营的企业，通常需要密切注意竞争对手的动向，不断推出新产品，努力改善服务质量，建立和健全营销网络等；相反，处于垄断市场中的企业，则经常将决策重点放在内部生产条件的改善、生产规模的扩大以及生产成本的降低上。其次，环境中的其他行动者及其决策也会对组织决策产生影响，比如竞争者的降价决策，会迫使本企业制定相应的反应对策。

（二）组织文化

组织文化影响着包括决策制定者在内的所有组织成员的思想和行为。和谐平等的组织文化会激励人们积极参与组织决策；涣散、压抑、等级森严的组织文化，则容易使人们对组织的事情漠不关心，不利于调动组织成员的参与热情。组织文化通过影响人们对变化、变革的态度而对决策起影响作用。在偏向保守、怀旧的组织中，人们总是根据过去的标准来判断现在的决策，总是担心在变化中会失去什么，从而对决策将要引起的变化产生害怕、怀疑和抵御的心理和行为；相反，在具有开拓、创新、进取氛围的组织中，人们总是以发展的眼光来分析决策的合理性。因此，欢迎变化的组织文化有利于新决策的提出和实施；相反，抵御变化的组织文化不但会使新决策难以出台，而且即使作出了决策，其实施也会面临巨大的阻力。

此外，决策者还应认识到，组织文化和组织外部环境，还有需要组织进行管理和变革的另一面，决策者对组织文化与组织外部环境，不应该只是被动地适应，还应该主动地谋求影响和改变。

（三）决策者的素质和作风

决策者的价值观、知识水平、战略眼光、领导能力、民主作风、对待风险的态度等都会直接影响决策的过程和结果。知识渊博、富有战略眼光的决策者，往往会作出高质量的决策；领导能力强、民主作风好的决策者能够集思广益，发动更多的人参与决策，提高决策质量。愿冒风险的决策者在决策时往往更加主动、积极；不愿冒险的决策者在决策时则容易被动和保守。决策者除要掌握决策原则外，还必须遵循正确的决策流程。决策是一个分析问题、研究问题、提出问题和解决问题的逻辑分析过程。

【小看板 5-2】

决策者修养——"君子有九思"

《论语·季氏》说："君子有九思：视思明，听思聪，色思温，貌思恭，言思忠，事思敬，疑思问，忿思难，见得思义。"作为组织的决策者应以"九思"标准严格要求自己，加强修身养性。

视思明——高识远见，目光敏锐，视角是否开阔。领导者具有渊博的知识；要辩证思维，用发展和联系的观点分析问题，洞悉事物的发展趋势，能预见未来。

听思聪——兼听各方，善于纳谏。"兼听则明，偏信则暗。"决策者要有广阔的胸怀，能听取各方面的意见，包括反对自己的意见。

色思温——面色温和，平易近人。这是人格魅力。要平易近人而非高高在上，要谦卑感恩而非颐指气使，决策者离不开被领导者的支持，他们是水与舟的关系。

貌思恭——谦卑恭敬，礼贤下士。决策者培养与群众零距离沟通和建立公共形象的修养和能力。应"从感恩出发，从谦卑做起"。南开中学创始人张伯苓先生治校严谨，学校镌刻了40字箴言：面必净、发必理、衣必整、纽必结、头容正、肩容平、胸容宽、背容直；气象：勿傲、勿暴、勿急；颜色：宜和、宜静、宜庄。南开走出了两位共和国总理——周恩来和温家宝，他们都是"貌思恭"的典范。

言思忠——言行一致，诚实守信。决策者靠诚信取信于民，秦商鞅为了推动变法，曾立木设奖，并兑现承诺。司马光就此事对秦孝公和商鞅给予高度评价："夫信者，人君之大宝也。国保于民，民保于信。非信无以使民，非民无以守国。"

事思敬——敬业爱岗，恪尽职守。工作不能没有激情，职业不能有所倦怠。一个没有工作热情的领导者，是不可能调动下属的工作积极性的。

疑思问——虚心学习，不耻下问。唐太宗可谓一代明君，他经常思考一些事，不断向自己提问，向群臣发问，从中得到和领悟一些新知。现代著名教育家陶行知先生也有一首问题诗："发明千千万，起点是一问。禽兽不如人，过在不会问。智者问得巧，愚者问得笨。人力胜天工，只在每事问。"

忿思难——克制冲动，保持冷静。盛怒之下，容易冲动，往往让情感战胜理智，容易决策失误。克制冲动，保持冷静是一种修养，也不失为解决问题的一种有效方法。

见得思义——面对唾手可得的财物、金钱和荣誉等的诱惑，要廉洁自律。决策者"见得"忘"义"，不仅毁了名誉，甚至还要身陷囹圄。"吏不畏吾严而畏吾廉，民不服吾能而服吾公；廉则吏不敢慢，公则民不敢欺；公生明，廉生威。"

资料来源：领导科学网（有改动）。

二、决策的流程

（一）找出制定决策的根据，即收集情报

决策是为了解决一定的问题而制定的。没有发现组织运行中存在的问题，就没有必要制定新的决策来使组织活动作出调整和改变。因此，决策者首先要研究组织的现状，发现存在的问题。

问题是指事物应有状况与实际状况之间的差距。这里的差距，可能是消极的，但更多是积极的，如组织内部条件改善后要力求把握的发展机会，或外部环境中出现的有利于组织的变化，组织如何充分利用等。

【小看板 5 -3】

了解市场，把握机会

日本尼西奇公司在第二次世界大战后初期，仅有三十余名职工，生产雨衣、雨鞋、游泳帽等橡胶制品，订货不足，经营不稳，企业有朝不保夕之感。公司董事长多川博从人口普查中得知，日本每年大约出生 250 万婴儿，如果每个婴儿用两条尿布，一年就需要 500 万条，这是一个相当可观的尿布市场。多川博决心将尼西奇公司变成尿布专业公司，放弃其他产品的生产，集中力量，创立名牌。日本尼西奇公司真的成了"尿布大王"，资本仅 1 亿日元，年销售额却高达 70 亿日元。

因为市场是多变的，人们的需要也是多变的，这就要求企业家要时刻关注环境的变化，了解市场，适应市场的需要。决策的前提依据是环境的把握。

资料来源：MBA 智库百科。

（二）确定决策目标

决策目标是决策者对未来一段时期内，所要达到的目的和结果的判断。明确决策目标，不仅为方案的制订和选择提供了依据，而且为决策的实施和控制、为组织资源的分配和各种力量的协调提供了标准。确定决策目标的要求及步骤是：

1. 根据问题及改进的可能性确定决策目标。决策目标所要解决的问题是差距，但是，差距又不等于决策目标。因为，在组织外部环境及内部条件的制约下，所确定的目标要考虑其实现的可能性，不能一味追求最优化。

2. 检查决策目标的准确性。决策目标要明确具体，越是近期目标，越要求明确具体；远期目标，则允许有一定的模糊性，但尽可能数量化，以便于衡量决策的实施效果。决策目标要切合实际，防止目标偏高或偏低；多目标应有主次之分，多元目标之间本身就存在既相互关联又相互排斥的关系，而且在不同时期，随着组织活动重点的转移，这些目标的相对重要性也不一样。为此，决策者首先要弄清目标间的相互关系，分清主次，确保在决策实施时将组织的主要资源和精力投放在主要目标的活动上，保证主要目标的实现。决策目标应具有明确的实现期限。

3. 决策目标的约束条件及弹性。直接影响目标实现的条件称为目标的约束条件。确定目标，不仅要提出目标，而且要对那些与实现目标有联系的各种条件加以分析，明确决策目标的约束条件。同时，决策目标应该有一定的弹性，这是指所定目标应有必须达到和争取完成两种，既有必须达到的低限目标，又有期望争取实现的高限目标，形成有一定幅度的弹性目标。

（三）拟订备选方案

决策目标确定以后，就应拟订达到目标的各种备选方案。拟订备选方案应满足整体上的齐全性和个体间的排斥性这两个条件。整体上的齐全性，是指应把所有可能的备选方案都找出来，不使其有任何遗漏（当然这只是尽可能的努力方向）；个体间的排斥性，指的是各个方案之间应有原则的差异且互相排斥，执行了方案甲就不能同时执行方案乙。

备选方案的拟订步骤为：

首先，在研究环境和发现不平衡的基础上，根据组织的宗旨、使命、任务和消除不平衡的目标，提出改变的初步设想，国外常用"头脑风暴法"和"对演法"两种形式。"头脑风暴法"就是用召开畅谈会的方法取得方案，会议人数一般规定为 6~10 人，事先不指明会议的明确目的，要求与会专家就某一方面的总议题各抒己见，不允许他人反驳，暂不作任何结论，借以发挥人们的创造性思维。"对演法"是分小组提出不同方案，会上各方案提出者分别介绍自己的观点，展开辩论，互攻其短，充分暴露各方案的缺点和不完善之处，或者预先设计一个方案，作为对立面，故意让与会者提出挑剔性意见，通过这种方法，可以尽量考虑可能发生的问题，增加方案的完善程度和可行性。

其次，方案的精心设计，在设想的基础上，把方案的各个细节进行严密的运算、平衡，并估算某个方案可能获得的经济效益。

（四）评价备选方案，并从中进行抉择

备选方案拟订以后，需要对这些方案进行评价。

评价的方法通常有三种：经验判断法、数学分析法和试验法。经验判断法是一种依靠决策者的实践经验和判断能力来选择方案的一种方法；数学分析法是一种用数学模型进行科学计算来选择方案的一种方法；试验法是指选择重大方案时，既缺乏实践经验，又无法采用数学模型，可选择少数的几个典型环境为试点单位，以取得经验和数据，作为选择方案的依据的方法。

评价的步骤一般分三步：第一步是看备选方案是否满足必须达到的目标要求，凡能满足必须达到的目标要求的，就予以保留，反之就淘汰；第二步是按希望完成的目标要求，对保留下来的方案进行评估，区分方案在期望争取实现的目标上的优劣程度；第三步是对各种备选方案进行全面权衡，从中选择出最满意的方案。

方案的选择方式，依决策问题的重要性不同而有所不同，重要的决策方案，首先要将方案印发给有关人员准备意见；其次是召开会议，由专家小组报告方案评估过程和结论；最后是决策者集体进行充分的讨论，选择出满意的方案。对重大的决策，有条件的还应吸收高级顾问、咨询人员参加；对一般性的、程序性的决策，可不吸收智囊人员参加，由决策者个人进行选择，以提高效率，降低成本。

（五）决策管理

决策不是一个简单的制定过程，在企业中，更重要的是将决策贯彻到管理全过程、全范围中，决策制定的目的在于实施。在决策制定、实施过程中，进行控制和管理的是一个动态管理过程，这个动态管理过程就是决策管理。

决策结果，不仅取决于决策方案的选择，而且取决于决策执行过程中的工作质量。因此，为保证决策的顺利实施，应制定相应的实施办法，如明确责任、制定考核标准、建立有关的激励机制等。

同时，在决策方案的实施过程中，必须对决策实施情况和过程进行评估、反馈。对外部环境变化及自身情况变化进行评估，以修正战略制定，在决策基础上形成循环促进的闭合环。

如果决策方案在实际运行中偏离了目标，要分析判断其原因，如果是决策方案执行得不到位，则应该采取措施使决策方案能得以更好地执行；如果是所选定的方案不当，或者是决策目标与现行环境差异太大，则可完善决策方案或补充新方案，必要时可对决策目标及决策方案重新修订或重新确定。

【小看板5-4】

失败的"协和"超音速民航客机

1962年，英法航空公司开始合作研制"协和"式超音速民航客机，其特点是快速、豪华、舒适。经过十多年的研制，耗资上亿英镑，终于在1975年研制成功。十几年时间的流逝，情况发生了很大变化。能源危机、生态危机威胁着西方世界，乘客和许多航空公司都因此而改变了对在航客机的要求。乘客的要求是票价不要太贵，航空公司的要求是节省能源，多载乘客，噪音小。但"协和"式飞机却不能满足这些要求。首先是噪音大，飞行时会产生极大的声响，有时甚至会震碎建筑物上的玻璃。再就是由于燃料价格增长快，运行费用也大大提高。这些情况表明，市场对这种飞机需求量不会很大，这种飞机不应大批量生产。但是，由于公司没有决策运行控制计划，也没有重新进行评审，而且，飞机是由两国合作研制的，雇用了大量人员参加这项工作，如果中途下马，就要大量解雇人员。上述情况使得飞机的研制生产决策不易中断，后来两国对是否要继续协作研制生产这种飞机发生了争论，但由于缺乏决策运行控制机制，只能勉强将决策继续实施下去。结果，飞机生产出来后卖不出去，造成巨大的损失。

此例说明，决策运行控制和反馈非常重要。一项决策在确定后，能否最后取得成功，除了决策本身性质的优劣外，还要依靠对决策运行的控制与调整，包括在决策执行过程中的控制，以及在决策确定过程中各阶段的控制。

资料来源：MBA智库百科。

第三节　决策的方法

一、定性决策方法

定性决策方法，也称"决策软技术"，是指主要凭借决策者经验、知识、判断能力及逻辑思维，对难以量化或难以作精确数量分析的问题，进行分析判断，寻求解决问题的最佳方案的决策方法。定性决策方法，应用于程序化决策时，常采用借鉴法，即借鉴以往处理这类问题的惯例，应用于非程序化决策时，常用专家会议法、德尔菲法、头脑风暴法、电子会议法、哥顿法、淘汰法等。

定性决策方法的优点是：简单易行、经济方便、可充分发挥人的主观能动性。不足是：易产生主观臆断。

（一）专家会议法

根据规定的原则选定一定数量的专家，按照一定的方式组织专家会议，发挥专家集体的智能结构效应，对预测对象未来的发展趋势及状况作出判断。

运用专家会议法，必须确定专家会议的最佳人数和会议进行的时间。专家小组规模以 10～15 人为宜，会议时间一般以进行 20～60 分钟效果最佳。会议提出的设想由分析组进行系统化处理，以便在后继阶段对提出的所有设想进行评估。参加人选应按下述三个原则选取：

（1）如果参加者相互认识，要从同一职位（职称或级别）的人员中选取，领导者不应给参加者造成某种压力。

（2）如果参加者互不认识，可从不同职位（职称或级别）的人员中选取。这时，不论成员的职称或级别的高低，都应同等对待。

（3）参加者的专业应力求与所论及的预测对象的问题一致。

专家会议有助于专家交换意见，通过互相启发，可以弥补个人意见的不足；通过内外信息的交流与反馈，产生"思维共振"，进而将产生的创造性思维活动集中于预测对象，在较短时间内得到富有成效的创造性成果，为决策提供预测依据。

（二）德尔菲法

德尔菲法（Delphi Technique）又称专家意见法，德尔菲法是专家预测法的进一步发展。它是将专家之间面对面的充分讨论改为背靠背的若干轮信函调查，最后由预测组织者归纳、综合专家意见，作出市场预测的结论。因此，德尔菲法又称为专家征询法。

德尔菲法是由美国兰德公司于 20 世纪中期首先提出来，最早应用于技术预测，德尔菲（Delphi）是古希腊的一座城市，是阿波罗神殿所在地，相传太阳神阿波罗预知未来的本领十分高明，用德尔菲来比喻神一般灵验的预见能力。由于这种方法预测效果好，适应面宽，在国外很快流行起来，被广泛应用于企业市场预测的各个方面。

1. 德尔菲法的特点。德尔菲法与专家会议法都是通过收集专家们的意见来得出预测结论，但组织方式不同。相比较而言，德尔菲法具有以下特点：

（1）匿名性。被邀请的专家互不见面、互不知情，每位预测专家仅与预测组织者接触，且通常是通过书面形式独立地回答预测组织者提出的问题。这样可以避免专家会议易受心理因素干扰的不足，更真实地反映专家们的意见。

（2）多轮反馈性。反馈是德尔菲法的核心。在预测组织者和专家之间的信函调查要来回反复多次，而不是试图一次得出预测结果。每轮征询都是由预测组织者把前一轮的应答意见综合统计后反馈给每一位专家，便于专家了解不同看法及其理由，可以对自己的预测意见作出修正。

（3）统计归纳性。作定量处理是德尔菲法的一个重要特点。对预测结果，由预测组织者作出统计分析，在多轮反馈中，由统计结果反映出预测意见的集中趋势，并用统计处理方法对专家意见作出定量化的统计归纳。

2. 德尔菲法的实施步骤。

（1）确定预测目标。设计预测意向调查表。根据预测目标，设计一种简明易懂、能反映问题实质的询问表，表中应留出足够的地方，让专家们书写自己的意见和论证，并准备好向专家提供的有关背景资料。

（2）选择专家，发出邀请。按照课题所需要的知识范围确定专家。专家人数的多少可根据预测课题的大小和涉及面的宽窄而定，一般不超过 20 人。向所有专家提出所要预测的问题及有关要求，并附上有关这个问题的所有背景材料，同时请专家提出还需要什么材料。然后，由专家作书面答复。各个专家根据他们所收到的材料提出自己的预测意见，并说明自己是怎样利用这些材料并提出预测值的。

（3）对专家的意见进行综合处理。将所有专家的意见收集起来，汇总，列成图表，然后把这些意见再分送给各位专家，便于他们参考、分析、判断，以便修改自己的意见或提出新的论证。收集意见和信息反馈这一过程重复进行，一般要经过多轮，直到专家意见趋于一致，或每一个专家不再改变自己的意见为止。

（三）头脑风暴法

头脑风暴法是利用一种思想产生过程，鼓励提出任何种类的方案设计思想。一般以会议形式，决策者以一种明确的方式向所有参与者阐明决策的问题，然后要求与会者在一定时间内毫无拘束地提出尽可能多的方案，不允许其他与会者作任何批评，并且所有的方案当即记录下来，留待以后再讨论和分析，最后由决策者进行决策。

头脑风暴法（Brain Storming）是亚历克斯·奥斯本（Alex Osbom）为了帮助一家广告公司产生观点而制定的。这种方法问世后，被广泛应用到许多需要大量新方案来回答某一具体问题的场合。这是用小型会议的形式，启发大家畅所欲言，充分发挥创造性，经过相互启发，产生连锁反应，然后集思广益，提出多种可供选择方案的办法。这种方法需要创造一种有助于观点自由交流的气氛，开始只注重提出可能多的设想，并且不过多地考虑其现实性，某些人提出一些想法后，鼓励其他人以此为基础或利用这些想法提出自由的设想。通过这种方法找到新的或异想天开的解决问题的方法。

头脑风暴法成功的关键有：一是选择好会议参加者；二是要有高明、机敏的主持人；三是创造一个良好的环境，任何人提出的任何意见都要受到尊重，不得指责或批评，更不能阻挠发言。

（四）电子会议法

电子会议法是最新的集体决策方法。它是在前面两种决策方法的基础上，结合运用当今先进的计算机技术进行决策的方法。在会议室里，决策参与者面前都有一台终端机，决策者将决策问题显示给决策参与者，要求他们将自己的回答立即显示在计算机显示屏上，每个参与者的评论和票数统计都投影在会议室内的大屏幕上。

电子会议法的主要优点是匿名、真实和快速。决策参与者不能透露自己的姓名，只要快速打出自己所要的任何信息，一敲键盘即显示在屏幕上，使所有与会者都能看到，大大缩短了会议的时间，提高了决策的速度。电子会议的缺点是决策过程缺乏面对面的沟通所能传递的丰富信息。但可以预计，未来的集体决策会广泛地运用电子会议决策技术。

（五）哥顿法

哥顿法是美国人哥顿于1964年提出的决策方法，与头脑风暴法类似，先由会议主持人把决策问题向会议成员作笼统的介绍，然后由会议成员（专家）海阔天空地讨论解决方案，当会议进行到适当时机时，决策者将决策的具体问题展示给小组成员，使小组成员的讨论进一步集中、深化，最后由决策者吸收讨论结果进行决策。

哥顿法是由美国人哥顿（W. J. Gordon）为了解决技术问题而拟定的一种方法。它也是以会议形式请专家提出完成工作任务和实践目标的方案，但要完成什么工作、目标是什么，只有会议主持人知道，不直接告诉与会者，以免他们受到完成特定工作和目标、思维方式的束缚。因此，可以把它看成是特殊形式的头脑风暴法。

具体做法是：召集有关人员开会，会议之初主题保密，把要解决的问题分解开，分别提方案。如想要设计新的剪草机，就让大家对"切东西"和"分离"各提出方案。在会议进行到适当时机时，主持人把主题揭开，让大家提出完整的方案。

这种研究方法采取的是由专业化到综合化的过程，采用这种方法可以避免一开始就综合化的某些弊端。

（六）淘汰法

即先根据一定条件和标准，对全部备选方案筛选一遍，把达不到要求的方案淘汰掉，以达到缩小选择范围的目的。淘汰的方法有：①规定最低满意度，如规定投资回收期为3年，超过3年的方案就予以先行淘汰。②规定约束条件。凡备选方案中不符合约束条件的便予以剔除，如可获得的资金来源为1 000万元，凡超过1 000万元的投资方案应予以淘汰。③根据目标主次筛选方案。在多目标决策时，决策者可根据目标的重要程度，把那些与主要目标关系不大的方案淘汰掉。

二、定量决策法

定量决策法也称"决策硬技术"，是指利用比较完备的历史资料，运用数学模型和计量方法，来寻求解决问题的最佳方案的决策方法。具体方法有确定型决策方法、风险型决策方法和非确定型决策方法。

（一）确定型决策方法

由于确定型决策存在着两种或两种以上的可供选择的方案，而且每种方案的最终结果是确定的，因此决策者可以凭个人的判断作出精确的决策。确定型决策方法很多，主要有差量分析法、线性规划、盈亏平衡分析、非线性规划、整数规划、动态规划等。

1. 差量分析法。差量分析法是一种进行短期决策的常用方法，它是在充分了解各决策方案不同收入与不同成本之间存在差异的基础上，进行方案选优的一种决策方法。

为了顺利地运用差量分析法，必须在计算中引入两个基本概念：固定成本和变动成本。固定成本是指在一定的生产规模下，成本总额中不随产量变动的那一部分成本。如固定资产的折旧费、管理人员工资、办公费及其他一般性开支等。这部分成本因为不管产量或业绩增加与否总是要支出的。所以，在差量成本中可视固定成本为无关的成本，在计算成本的差量中可不予考虑。变动成本是指在成本总额中随产品产量或业绩的变化而成比例变动的成本，如原料和主要材料、基本生产工人工资等。在采用差量分析法进行决策时，主要是考虑这部分成本之间的差额。单位产品的固定成本和变动成本之和为单位产品的完全成本。

【例 5 – 1】某企业生产能力有余，订货量不足，单位产品销售价格为 48 元，单位产品的完全成本为 42 元（其中单位产品变动成本为 33 元）。买方愿意订货的价格是 39 元/件，订货量为 6 000 件，而且生产该产品的工艺有特殊要求，需添置 2 400 元的专用工具，企业能否接受此项订货？

分析：

从完全成本看，企业接受订货将会遭受损失。其损失金额如下：

损失金额 = 6 000 × （42 – 39）+ 2 400 = 20 400（元）

但是仔细分析，接受订货还是有利可图的。因为固定成本不管产量增加与否都是要支付的，这笔费用在订货中可不必考虑，只要考虑用户所出定价高于本企业生产所需的变动成本加上需添置专用工具的费用就可以了。

本例若不考虑固定成本，其收益为

收入 = 6 000 × 39 = 234 000（元）

变动成本 = 6 000 × 33 + 2 400 = 200 400（元）

收益 = 234 000 – 200 400 = 33 600（元）

通过差量分析法表明，企业接受此项订货可多盈利 33 600 元。所以，在生产能力有余的情况下，应该接受此项订货。

如果有若干个方案，则通过差量分析法计算各方案的收益，然后选优。

2. 线性规划。线性规划用于企业经营决策，实际上是在满足一组已知的约束条件下，使决策目标达到最优。也就是在满足一组约束条件下，求目标函数的最大值（或最小值）的问题。它是一种为寻求单位资源最佳效用的数学方法，常用于组织（企业）内部有限资源的调配问题。如在有限资源条件下，确定生产产品的品种、数量，使产值或利润最大；在物资调配时，如在确定产地和销售地之间的运输量时，既要满足需求，又要使得运费最少；在一定库存条件下，确定库存物资的品种、数量、期限，使库存效益最高；在食品、化工、冶炼等企业，常常用几种原料，制成达到含有一定成分的产品，确定各种原料的选购量，使得成本最小等。线性规划可用图解法、代数法、单纯形法等方法求解，在变量多时可利用计算机求解。

【例 5 – 2】某公司生产 A、B 两种产品，在生产过程中主要受到劳动力和原料这两种资源的限制，其基本参数见表 5 – 1。应如何安排这两种产品的日产量，使企业利润最大？

表 5 - 1	产品 A 和产品 B 的基本参数值		
约束条件	单位 A 产品需要量	单位 B 产品需要量	每天能取得的总量
劳动力（个）	0.2	0.4	100
原料（公斤）	1	4	900
利润（元）	2	3	

解：

设 X_1 为 A 的日产量；X_2 为 B 的日产量。

则该决策问题的目标函数与约束条件分别如下：

目标函数：最大利润值 $\max Z = 2X_1 + 3X_2$

约束条件：

$$0.2X_1 + 0.4X_2 \leqslant 100$$

$$X_1 + 4X_2 \leqslant 900$$

$$X_1 \geqslant 0, X_2 \geqslant 0$$

可利用代数法对上述线性规划问题进行求解，得 $X_1 = 100$，$X_2 = 200$，$\max Z = 800$。

即该公司每日应当生产 A 产品 100 件，B 产品 200 件，使利润达到最大值 800 元。

3. 盈亏平衡分析。盈亏平衡分析也称量本利分析，通过分析生产成本、销售利润和商品数量三者之间的关系掌握盈亏变化的规律，指导企业选择能够以最小的生产成本，生产最多产品并可使企业获得最大利润的经营方案。

（1）盈亏平衡分析的基本假设包括：

①产品的产量等于销售量；

②产品成本由固定成本和变动成本构成，单位产品的变动成本不变；

③单位产品的销售单价不变；

④生产的产品可以换算为单一产品计算。

（2）盈亏平衡分析基本公式如下：

$$销售收入 = 销售量 \times 单位产品售价$$

$$总成本 = 固定成本 + 单位成本费用 \times 销售量$$

利润 = 销售收入 – 总成本 = 销售量 × 单价 – （固定成本 + 单位变动成本 × 销售量）

设总成本为 Y，固定成本为 F，单位产品变动成本为 V，销售量为 Q，销售收入为 S，单位产品售价为 P，利润为 I，那么，则有下面关系式成立：

$$S = Q \times P$$

$$Y = F + V \times Q$$

$$I = P \times Q - Y = P \times Q - (F + V \times Q)$$

（3）运用盈亏平衡分析法可以从以下几方面进行经营决策：

①判明盈亏平衡点。盈亏平衡分析可用来找出盈亏平衡点的产量或销量。所谓盈亏

平衡点是指企业销售收入总额与成本总额相等的点，当产销量大于盈亏平衡点时企业盈利，否则亏损。

利用上述公式可求出盈亏平衡点：

保本销售量 = 固定费用 /（单价 - 单位变动成本）

保本销售收入 = 单价 × 保本销售量

保本销售量用 Q_0 表示，保本销售量可以用下列关系式表示：

$$Q_0 = \frac{F}{P - V}$$

【例 5 - 3】 某企业每年的固定成本为 100 万元，生产一种产品，单价为 120 元，单位变动成本为 80 元，则该企业的保本销售量和保本销售额分别为多少？

解：

保本销售量：

$$Q_0 = \frac{F}{P - V} = \frac{1\,000\,000}{120 - 80} = 25\,000(件)$$

保本销售额：

$$S_0 = Q_0 \times P = 120 \times 25\,000 = 3\,000\,000(元)$$

【例 5 - 4】 某企业预建一条生产线生产一种新产品，该生产线的生产设计生产能力为 2 000 台，年固定成本为 10 万元，单位变动成本为 40 元，产品售价为 80 元，请判断若建此生产线，企业是否盈利？

解：

保本销售量：

$$Q = \frac{F}{P - V} = \frac{100\,000}{80 - 40} = 2\,500(台)$$

因生产线生产设计生产能力为 2 000 台，小于保本销售量 2 500 台，显然若建此生产线，企业将亏损。

企业利润额：

$$I = P \times Q - (F + V \times Q) = 80 \times 2\,000 - (100\,000 + 40 \times 2\,000) = -20\,000(元)$$

②计算达到目标利润应完成的销售量及销售收入。当企业的目标利润已定时，也可以通过上述公式来计算达到目标利润应完成的销售量及销售收入。

【例 5 - 5】 某企业生产甲产品，年固定成本为 150 万元，产品单位售价为 100 元，单位变动成本为 50 元，若目标利润为 50 万元，问企业应完成的销售量和销售收入为多少？

解：

根据公式 $I = Q \times P - (F + V \times Q)$ 可知：

$$Q = \frac{I + F}{P - V}$$

达到目标利润 50 万元，应完成的销售量为

$$Q = \frac{I + F}{P - V} = \frac{500\ 000 + 1\ 500\ 000}{100 - 50} = 40\ 000\,(\text{件})$$

应完成的销售收入：

$$S = P \times Q = 100 \times 40\ 000 = 4\ 000\ 000\,(\text{元})$$

③比较和选择不同的决策方案。盈亏平衡分析可用来比较和选择不同的决策方案。如果同一产品有几个生产或者经销方案时，因产品相同，同量产品的总收益相同，因此在方案比较时可只考虑其成本，以成本较低的方案为最佳方案。

【例 5 - 6】某种产品有两种生产方案，其成本状况如表 5 - 2 所示。问应如何对这两个方案进行选择？

表 5 - 2　　　　　　　　　　　某产品成本状况表

	A 方案（手工为主）	B 方案（半自动）
单位变动成本	150	75
全年固定成本（元）	50 000	350 000

解：

以 C 表示总成本，Q 表示产量，两个方案的总成本如下：

A 方案总成本 $C_A = F_A + V_A \times Q = 50\ 000 + 150Q$

B 方案总成本 $C_B = F_B + V_B \times Q = 350\ 000 + 75Q$

由上述条件可解 $C_A = C_B$ 时的交点为 $Q_0 = 4\ 000$。当产量小于 4 000 件时，方案 A 的成本最低，应选择方案 A；当产量大于 4 000 件时，方案 B 的成本最低，应选择方案 B。

④确定实现目标利润时的最低单价，进行定价决策。在销售量和成本已经确定的条件下，应用量本利分析法，可以求得实现某目标利润下的最低产品单价。

【例 5 - 7】一企业通过市场调查和预测，一年可销售某产品 8 000 件，生产该产品年固定费用为 10 000 元，单位产品变动费用 10 元，企业欲实现年利润 10 000 元，试决策该产品的最低销售单价。

解：

根据公式 $I = P \times Q - (F + V \times Q)$ 得知：

$$P = \frac{I + F}{Q} + V = \frac{10\ 000 + 10\ 000}{8\ 000} + 10 = 12.5\,(\text{元})$$

企业欲实现年利润 10 000 元，最低销售单价为 12.5 元。

⑤判明企业的经营安全状态。一些决策方案，虽然可以为企业带来利润，但由于盈利额不大，又因为企业外部环境不断变化，企业的经营可能仍然不够安全。因此，在同样盈利的若干方案进行比较时，需查明各方案的经营安全状态，以决定取舍。经营安全率指标可以判明方案所处的经营安全状态。所谓经营安全率，是指现实方案（或新方案）的销售量减去盈亏平衡点销售量的剩余部分销售量与现实方案（或新方案）的销售量之比值。

经营安全率为

$$R = \frac{Q_1 - Q_0}{Q_1} \times 100\%$$

式中，Q_0为盈亏平衡点销量；Q_1为现实或新方案销量。

经营安全率还可作为反映企业经营状况的综合性指标，它可以说明企业经营的安全程度。经营安全率越接近1，企业经营越安全；而越接近零，企业经营越不安全。一般可用表5-3所列数据来判明企业的经营安全状态。

表5-3　　　　　　　　　　企业经营安全状态判定数据表

经营安全率	>30%	30%~25%	25%~15%	15%~10%	<10%
安全状况	安全	较安全	不太好	要警惕	危险

【例5-8】一企业生产某产品，年固定费用20万元，单位变动费用10元，产品销售单价20元，2011年企业销售产品25 000件，2012年预计销售产品30 000件，试判断该企业这两年的经营安全状况。

解：

企业产品的盈亏平衡点销售量：

$$Q_0 = F \div (P - V) = 200\,000 \div (20 - 10) = 20\,000(件)$$

2011年企业经营安全率：

$$R = \frac{Q_1 - Q_0}{Q_1} \times 100\% = \frac{25\,000 - 20\,000}{25\,000} \times 100\% = 20\%$$

2011年企业经营状况不太好。

2012年企业经营安全率：

$$R = \frac{Q_1 - Q_0}{Q_1} = \frac{30\,000 - 20\,000}{30\,000} \times 100\% = 33\%$$

2012年企业经营状况是安全的。

（二）风险型决策方法

风险型决策也叫概率型决策或随机型决策。在风险型决策中，决策者虽不能准确地知道每种决策的后果如何，但可以估计出每一种方案出现的概率。知道了概率及各种条件值，就可以确定每种方案的期望值。概率是指方案成功的可能性，条件值是指该方案成功时公司可能获得的利润，期望值是指条件值与概率的乘积。决策者可以根据各个方案的最终期望值的大小来决定其方案的选择。它主要用于远期目标的战略决策或随机因素较多的非程序化决策，如技术改造、新产品研制和投资决策等方面。风险型决策的方法很多，如期望值法、表格法、矩阵决策法和决策树法等。

这里主要介绍期望值法和决策树法。期望值法是根据各可行方案在各自然状态下收益值的概率平均值的大小，决定各方案的取舍。决策树法主要是利用了概率论的原理，并且以一种树形图作为分析工具。其基本原理是用决策点代表决策问题，用方案枝代表可供选择的方案，用概率枝代表方案可能出现的各种结果，经过对各种方案在各种结果条件下损益值的计算比较，为决策者提供决策依据。有利于决策人员使决策问题形象化，可把各种可以更换的方案、可能出现的状态、可能性大小及产生的后果等，简单地绘制在一张图上，以便计算、研究与分析，同时还可以随时补充和不确定型情况下的决策分析。

【例5-9】 某公司产品供不应求，需增加产量，拟订了三种可行方案：一是新建一大厂，需投资360万元；二是新建一小厂，需投资180万元；三是先建小厂，先投资180万元，试看3年，若前3年产品畅销则再扩建，扩建需追加投资200万元，其收益与新建大厂相同。三者的使用期均为10年，并假定前3年畅销，后7年也畅销，前3年滞销，后7年也滞销。各方案的损益值及自然状态的概率如表5-4所示。

表5-4 决策方案资料表

发生概率 \ 方案	方案年收益（年/万元）			
	小厂	大厂	先小后大	
			前3年	后7年
畅销（0.7）	60	140	60	140
一般（0.3）	30	-35	30	-35

问：公司如何决策才能获得最大的经济效益？

解：

（1）先画决策树。

如图5-1所示，图中：□表示决策点，由决策点画出的若干线条分支为方案枝，每一条线代表一个方案。○表示状态点，画在方案枝末端，由状态点引出的线段称概率枝。应将各状态概率及损益值标于概率枝上。

（2）计算各状态点的期望值。

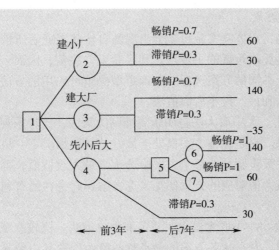

图5-1 风险型决策示意图

点②建小厂的期望值：$E_2 = [(60 \times 0.7) + (30 \times 0.3)] \times 10 - 180 = 330$（万元）

点③建大厂的期望值：$E_3 = [(140 \times 0.7) + (-35 \times 0.3)] \times 10 - 360 = 515$（万元）

点⑥前3年畅销后7年扩建的期望值：$E_6 = 140 \times 7 \times 1 - 200 = 780$（万元）

点⑦前3年畅销后7年不扩建的期望值：$E_7 = 60 \times 7 \times 1 = 420$（万元）

通过点⑥和点⑦期望值比较看，若前3年产品畅销则再扩建更好。

点④先小后扩的期望值：$E_4 = 0.7 \times (3 \times 60 + 780) + 0.3 \times 30 \times 10 - 180 = 582$（万元）

（3）比较各状态点的期望值，最大的方案为最佳方案；剪去期望值小的方案枝，剪枝后所剩的最后方案即为最佳方案。

通过上述计算可知：建大厂期望值 E_3 > 建小厂期望值 E_2，故建大厂比建小厂好，但先小后扩期望值 E_4 > 建大厂期望值 E_3，所以，先小后扩比不进行试验而直接建大厂好，因此，应选先小后扩的方案为决策方案。

应该指出，由于风险型决策主要用于一次性行动和较长时间的战略决策，决策执行之后，将会对企业的生产经营活动产生极大的影响，因而在利用该法作决策时，必须注意的是：

（1）要有一个强有力的参谋机构，集中一批专家帮助出谋划策，而且专家的面要广，要有经验，要有敏锐的洞察力和机智的判断力。

（2）要结合企业的具体情况，发动企业普通员工参与决策。

（3）由于决策问题不仅受到如概率、损益值等定量因素的影响，而且还受到政治、社会、心理等因素的影响，因此，必须将定量决策与定性决策很好地结合起来，以提高决策的准确性。

（三）非确定型决策

非确定型决策是指对方案实施可能会出现的自然状态或者所带来的后果不能作出预计的决策。它主要是凭决策者的主观意志和经验来作决策，因而，不同的决策者，对同一个问题可能有完全不同的方案选择。非确定型决策可采用的方法有：大中取大法、小中取大法、平均值法和最大最小后悔值法。

（1）大中取大法。大中取大法也叫乐观准则决策法，比较乐观的决策者愿意争取一切机会获得最好结果。它是在各方案都处于最好结局的情况下，从中选择收益值最大的方案为最优方案。决策步骤是从每个方案中选一个最大收益值，再从这些最大收益值中选一个最大值，该最大值对应的方案便是入选方案。它是在最有利的情况下找出一个最有利的方案。

（2）小中取大法。小中取大法也叫悲观准则决策法。比较悲观的决策者总是小心谨慎，从最坏结果着想。它是从各方案的最小收益值中选取其中的最大收益值的方案作为最优方案（如果是损失值，则取损失最小的方案为最优方案）。决策步骤是先从各方案中选一个最小收益值，再从这些最小收益值中选出一个最大收益值，其对应方案便是最优方案。该方法是在各种最不利的情况下找出一个最有利的方案。

（3）平均值法。平均值法也叫等可能性准则决策法。既然对各状态发生的概率毫无所知，就应对它们一视同仁，认为它们出现的概率相等。决策步骤是先计算各方案在各状态自然下的平均收益值，再从这些平均收益值中选出一个最大收益值，其对应方案便是最优方案。它是在折中情况下找出一个最有利的方案。

（4）最大最小后悔值法。最大最小后悔值法也叫机会损失最小值决策法。所谓后悔值，是指当某种自然状态出现时，决策者由于从若干方案中选优时没有采取能获得最大收益的方案，而采取了其他方案，以致在收益上产生了某种损失，这种损失就叫后悔值。用这种方法来作决策，首先要求出各方案在不同情况下的后悔值，然后找出各方案的最大后悔值，最后从各方案的最大后悔值中选取后悔值最小的方案作为最优方案。

【例5-10】某企业生产某产品，需要大量的零部件，经研究有三种方案可以满足要求：新建生产线；改建原有生产线；零部件通过外部协作解决。虽然该产品的市场需求状态无法估计，但对不同情况下的销售收益则可大致估计出，如表5-5所示。试采用大中取大法、小中取大法、平均值法和最大最小后悔值法进行决策。

表5-5　　　　　　　　　　　三种方案损益值　　　　　　　　　　　单位：万元

方案	畅销	一般	滞销
新建	110	50	-5
改建	60	35	10
外协	40	25	20

解：
计算三种方案的最小收益值、最大收益值、最大最小后悔值如表5-6所示。

表 5 - 6	三种方案决策资料表			单位：万元
方案	三种方案相关收益值			
	最大收益值	最小收益值	平均收益值	最大后悔值
新建	110	-5	51.67	25
改建	60	10	35	50
外协	40	20	31.67	70

（1）大中取大法。如表 5 - 6 所示，比较各方案的最大收益值，新建方案最大收益值最大，因此，选定新建方案为最优方案。

（2）小中取大法。在表 5 - 6 中，零部件外协的最小收益值最大，应为最优方案。因此，选定零部件外协方案为最优方案。

（3）平均值法。在表 5 - 6 中，比较各方案的平均收益值，新建方案平均收益值最大，因此，选定新建方案为最优方案。

（4）最大最小后悔值法。在滞销的情况下，若采用零部件外协方案，会盈利 20 万元，若采用新建生产线，则亏损 5 万元，所以采用新建生产线的后悔值是 25 万元；同理，若采用改建生产线，它的收益是 10 万元，比采用外协的收益 20 万元少 10 万元，所以采用改建方案的后悔值为 10 万元。从表 5 - 6 中可以看出，新建生产线的后悔值最小，仅为 25 万元，应作为优选方案。

本章自测题

【实训题】

◎ **实训一：**运用"头脑风暴法"进行集体决策。

实训目标

1. 使学生结合实际加深对"头脑风暴法"的感性认识。

2. 使学生初步掌握"头脑风暴法"的决策方法，培养学生运用"头脑风暴法"进行决策的能力。

实训内容与方法

1. 以 10 ~ 15 人为一组，选出一名主持人，用 20 分钟的时间为下面的问题寻找尽可能多的答案。

2. 问题："两个苹果轻重不同，在不用秤称重的情况下，怎么知道哪个苹果重，哪个苹果轻？"

3. 完成之后，请回答下面的问题，以检测此次头脑风暴会开得是否成功：

（1）所有的人都发言了吗？

（2）大家提出的答案重复得很多吗？

（3）有人提出过让大家觉得可笑的答案了吗？

（4）如果有人提出过让大家觉得可笑的答案，这个答案引起别人的评论了吗？评论的时间长吗？

（5）如果有人提出过让大家觉得可笑的答案后，他又继续提供答案了吗？

（6）在整个过程中，大家的发言有较长时间的间断吗？

（7）在整个过程中，主持人是始终坐在一处负责记录，还是到处走动鼓励大家发言？

（8）主持人对每个人提出的答案都给予同样方式的肯定了吗？

（9）当主持人宣布结束时，还有人在想主意吗？还有人在讨论吗？

（10）整个过程的气氛热烈吗？

实训要求

在老师的指导下，要求对实训的结果进行座谈讨论，并写出实训报告。

◎ **实训二：如果我有30万元，我会如何经营我的公司。**

实训目标

1. 增强对经营管理过程的感性认识。

2. 初步掌握决策的步骤、方法，培养学生实际工作能力。

实训内容与方法

要求学生根据给定的创业基金30万元，模拟创立一家投资公司。

1. 收集一定的资料，提出自己的经营管理决策方案。

2. 规划投资公司的经营方向、项目，要求说出其决策过程，列出决策依据，重点描述自己将如何管理公司。

3. 每人写出一份内容完整、目标明确、思路严谨、语言流畅、层次清晰的经营计划书。

实训要求

1. 在班级进行交流与研讨：

（1）以4~5人组成一个小组，每人分别提出自己的经营管理计划方案，小组讨论每个人的计划方案是否存在有待改善的方面，并提出改进措施。

（2）每小组推选出一个代表，提出代表本小组的经营管理计划方案，全班同学集体讨论每个经营计划方案是否存在有待改善的方面，并提出改进措施。

2. 教师在讨论现场对各组的经营计划报告进行点评打分。

3. 教师根据各同学提交的经营计划书分别打分评定实训成绩。

【案例分析题】

◎ **案例一**

市政府的两难境地

某城市繁华地段有一个食品厂，因经营不善长期亏损，该市政府领导拟将其改造成一个副食品批发市场，这样既可以解决企业破产后下岗职工的安置问题，又方便了附近居民。为此进行了一系列前期准备，包括项目审批、征地拆迁、建筑规划设计等。不曾想，外地一开发商已在离此地不远的地方率先投资兴建了一个综合市场，而综合市场中就有一个相当规模的副食品批发场区，足以满足附近居民和零售商的需求。

面对这种情况，市政府领导陷入了两难境地：如果继续进行副食品批发市场建设，必然亏损；如果就此停建，则前期投入将全部泡汤。在这种情况下，该市政府盲目作出决定，将该食品厂厂房所在地建成一居民小区，由开发商进行开发，但对原食品厂职工没能作出有效的赔偿，使该厂职工陷入困境，该厂职工长期上访不能解决赔偿问题，对该市的稳定造成了隐患。

资料来源：MBA 智库百科。

讨论：

1. 该决策反映出哪些问题？请用所学的管理知识解释一下。
2. 如果你是决策者，你会如何走出两难的境地？

◎ **案例二**

审时度势，制定正确的战略决策

荆轲刺秦王的故事是众人所熟知的。在这个故事中，荆轲成了悲壮的英雄，而燕国则成了彻底的失败者，这完全是由燕太子丹没有审时度势、缺乏深谋远虑的错误决策造成的。燕太子丹因为在秦国做人质时受到了一些不好的待遇，便要报复，刺杀秦始皇。燕弱秦强，这是一个不容争辩的事实，燕国应效仿越王勾践，发展自己，壮大自己，忍辱负重，励精图治。而太子丹却时时刻刻地寻思报仇，并且他的报仇方式是暗杀这种下策，这是极端的短视，不但给自己带来杀身之祸，而且加速了燕国的灭亡。秦将王翦的部队很快攻下燕国都城蓟，燕王喜及太子丹等只得弃城远逃，秦将李信率军继续追赶燕王。在此危急情况下，燕王喜只得采纳代王嘉的主意，杀了太子丹，将其人头献给了秦国。但是，秦国并不领情，5 年后，完全灭掉了燕国，俘虏了燕王喜。

而明太祖朱元璋却因正确的战略决策而使结果迥异。明太祖朱元璋自元至正十二年（1352 年）参加郭子兴的红巾军起义，到元至正十六年（1356 年）率军攻克集庆，前后仅 4 年的时间，起义队伍就发展壮大到五六十万人，并建立了以应天府为中心的根据地，成为当时大江南北各种势力不可忽视的一支力量。然而，明太祖朱元璋并没有被胜利冲昏头脑而盲目行动，他遍访天下有识之士，一天，朱元璋亲自登石门山拜访老儒朱升，朱升为朱元璋仔细地分析了当时形势，高瞻远瞩、审时度势给朱元璋九个字："高筑墙，广积粮，缓称王"。让朱元璋继续巩固根据地，发展粮食生产，不要急于称王道帝，以缩小目标，待到准备充分再图大举，自然水到渠成，事半功倍。朱元璋听了朱升的分析，认为很有道理，坚决地执行了这个正确的战略决策。通过实施"高筑墙，广积粮，缓称王"这一战略决策，朱元璋迅速巩固和发展了根据地，兵壮粮多，得到百姓拥护，为他日后逐鹿中原进而统一中国做好了充分的准备。最终夺取天下，成就了大业。

此案例告诉我们：成功与失败的关键取决于最高决策者的战略决策。战略决策的制定必须高瞻远瞩、审时度势。

资料来源：MBA 智库百科。

讨论：该案例对你有哪些启发？通过该案例你明白了哪些道理？请用所学的管理知识解释一下。

【思考与练习题】

一、问答题

1. 什么是决策？决策的特点是什么？

2. 简述决策在管理工作中的地位、作用。

3. 了解程序化决策、非程序化决策、确定型决策、风险型决策、不确定型决策，针对每一种类型的决策都举出例子。

4. 决策过程包括哪几个阶段？决策过程要受到哪些因素的影响？

二、计算题

1. 某企业固定成本为 10 万元，单位产品变动成本为 40 元，产品单价预计为 80 元。该产品市场需求量很大，企业生产多少就可以销售多少，但该生产线的设计能力较低，仅为年产 2 000 台，若按此方案建新生产线，企业是盈利还是亏损？方案是否可取？请决策。

2. 企业生产某产品，年固定成本为 20 万元，单位变动成本为 30 元，单位产品价格为 50 元，企业欲实现年利润 5 万元，试计算该产品应达到的产量。

3. 企业通过市场调查和预测，一年可销售某产品 8 000 件，生产该产品年固定费用为 10 000 元，单位产品变动费用为 10 元，企业欲实现年利润 10 000 元，试决策该产品的最低销售单价。

4. 当【例 5 - 9】中畅销的概率由 0.7 变为 0.5，而滞销的概率由 0.3 转为 0.5 时，问：公司如何决策才能获得最大的经济效益？

5. 某企业计划生产某新产品，有 A、B、C 三种方案可供选择，有关资料见表 5 - 7，该产品单价为 200 元/件，试用盈亏平衡分析法确定该企业应选择哪种方案。

表 5 - 7　　　　　　　　　　A、B、C 三种方案成本费用表　　　　　　　　　单位：元

方案	年固定成本	单位产品变动成本
A	50 000	10
B	8 000	40
C	12 000	30

6. 某厂研制出一种新产品（预期销售生命为 7 年），并拟定了三种备选生产方案。第一种方案一次性投资 50 万元，大规模生产；第二种方案一次性投资 30 万元，小规模生产；第三种方案是投资 30 万元前 2 年先小规模生产，若销路好，后 5 年追加投资 30 万元以便大规模生产。每年盈利如表 5 - 8 所示。估计该产品前两年销路好的概率是

0.6，销路差的概率是0.4；若前2年销路好，则后5年销路好的概率为0.9，否则后5年销路好的概率为0.2。用决策树法分析该厂该如何决策？

表5-8　　　　　　　　　　各方案年收益值　　　　　　　　　　单位：万元

方案	销路好	销路差
大规模生产	30	-5
小规模生产	10	4

7. 民用电器厂拟生产一种新型家用电器，为使其具有较强的吸引力和竞争力，该厂决定以每件10元的低价出售。为此提出三种生产方案：方案一需一次性投资10万元，投产后每件产品成本5元；方案二需一次性投资16万元，投产后每件产品成本4元；方案三需一次性投资25万元，投产后每件产品成本3元。据市场预测，这种电器的需求量可能为3万件、12万件或20万件。试分别用乐观法、悲观法、折中法和最大最小后悔值法进行决策。

8. 某企业准备今后5年生产某新产品，据预测该新产品未来市场需求状况的概率为畅销0.3，一般为0.5，滞销为0.2。现有大、中、小三种批量生产方案，分别需投资50万元、30万元、20万元，需要确定产品批量。问怎样决策才能取得最大经济效益？试画决策树，求各方案的期望值。各方案在不同市场状况下的损益值如表5-9所示：

表5-9　　　　　　　各方案在不同市场状况下的损益值表　　　　　　单位：万元

方案	畅销（0.3）	一般（0.5）	滞销（0.2）
大批量	30	20	15
中批量	25	20	13
小批量	18	15	13

9. 某企业生产某产品，需要大量的零部件，经研究有A、B、C三种方案可以满足要求，虽然该产品的市场需求状态无法估计，但对不同情况下的销售收益则可大致估计出，如表5-10所示。试采用大中取大法、小中取大法、平均值法和最大最小后悔值法进行决策。

表5-10　　　　　　　　　　三种方案损益值　　　　　　　　　　单位：万元

方案	畅销	一般	滞销
A	70	50	20
B	100	80	-20
C	85	60	5

三、填空题

1. 按照影响范围和重要程度，决策可以分为_____、_____及_____。

2. 制定企业战略应该抓住三个要点：_____、_____、_____。

3. 战略决策具有＿＿＿＿、＿＿＿＿、＿＿＿＿、＿＿＿＿、＿＿＿＿、＿＿＿＿
六大主要特征。

4. 按所要解决问题的重复程度不同，决策可分为＿＿＿＿和＿＿＿＿。

5. 按所处条件的可控程度的不同，决策可分为＿＿＿＿、＿＿＿＿和＿＿＿＿。

第六章

组织
ZUZHI

【学习目标】

通过本章的学习，要求明晰组织的含义；掌握组织设计的原则及影响因素；理解组织结构的基本形态；理解组织文化在管理工作中的地位、作用。

【引例】

组织的力量

在非洲的大草原上生活的人们都知道这样的常识：如果见到成群的羚羊在奔逃，那一定是狮子来了；如果见到成群的狮子在躲避，那就是象群发怒了；如果见到成百上千的狮子和大象集体奔逃的壮观景象，那就是什么来了——蚂蚁军团！

蚂蚁是充满智慧的小精灵，一只蚂蚁看起来弱不禁风、力量微薄，但它们一旦组成一个庞大的集体，就会爆发出可怕的整体力量，具有强大的战斗力。蚂蚁内部分工明确、职责清晰：有生殖能力的雌性蚁后的主要职责是产卵、繁殖后代和统管这个群体大家庭；雄蚁的主要职责是与蚁后交配；工蚁是没有生殖能力的雌性，年轻的工蚁往往在巢内从事饲育、清洁等工作，而年长的工蚁则在巢外觅食、防卫、建筑蚁巢等；兵蚁主要从事战争和防卫工作。同时蚂蚁通过化学信息素和工蚁的分泌物来进行信息交流以确保相互之间的分工与合作。

分工与团队协作，是蚂蚁生存、发展的法宝。明确的组织分工和由此形成的组织框架，不仅使弱小的蚂蚁一直生存繁衍到今天，而且可以使蚂蚁群体具有强大的战斗力，这对于我们人类社会的管理活动有着深刻的启示。组织结构设计和运转机制是否科学直接关系到组织的生存状况和竞争能力，只有科学合理地构建组织，才能使组织充满活力，以保持高效率的运转，具有强大的战斗力。

第一节　组织结构设计

一、组织和组织结构设计的含义

任何管理活动都是在一定组织中进行的，每项管理活动都存在于一定的组织范围内，组织是人类社会普遍存在的现象，管理学中的管理就是研究对组织的管理。

（一）组织

组织有名词和动词两种词性。名词意义的"组织"（Organizations）是指为了达到共同的目标，在分工协作的基础上，按一定规则建立起来的人的集合体。人类的各种组织都是由具有特定目标的人群组成的，管理工作就是按照一定规则和方式将众多人组织起来，确保计划目标的完成，使个人工作符合组织目标。如企业组织、事业单位组织、政府机关组织等，虽然它们所从事的活动不同，但都是为实现共同的目标按照一定的宗旨和规则建立起来的人的集合体。人类社会是由一个个组织构成的，组织是实现组织目标的载体。组织是人类最常见、最普遍的现象。

动词意义的"组织"（Organizing），是管理的一项基本职能，是指为了实现群体的共同目标而进行的角色安排、任务分派、配备人员、明确分工协作关系的一个过程。组织就是为实现共同目标所必需的各项业务活动加以分类组合，并根据管理宽度原理，划分出不同的管理层次和部门，将监督各类活动所必需的职权授予各层次、各部门的主管人员，并规定这些层次和部门间的相互配合关系的一个过程。

（二）组织结构设计的基本内容

组织结构是描述组织的所有部门划分模式以及组织部门之间职权分配、信息传递方式、集权分权程度的说明。

组织结构设计就是根据组织目标及工作的需要确定各个部门及其成员的职责范围，明确组织结构，协调好组织中部门、人员与任务间的关系，使员工明确自己在组织中应有的权利和应负的责任，有效地保证组织活动的开展，最终保证组织目标的实现。

组织结构设计包括以下五个方面的内容：

1. 工作设计。就是规定组织内各个成员的工作范围，明确其工作内容和工作职权，以便使其了解组织对他们工作的具体要求。工作设计可以通过编制职务说明书的形式来实现。

2. 部门设计。主要是解决组织的横向结构问题，目的在于确定组织中各项任务的分配与责任的归属，以求分工合理、职责分明，有效地达到组织的目标。部门设计的基本方式：

（1）产品部门化，是按照产品或服务的要求对企业的活动进行分组。其优点在于：

目标单一，力量集中，可使产品质量和生产效率不断提高；分工明确，易于协调和采用机械化；单位独立，管理便利，易于绩效评估。

（2）顾客部门化。顾客部门化就是根据目标顾客的不同利益需求来划分组织的业务活动。这种划分虽能使产品或服务更切合顾客的实际要求，但却牺牲了技术专业化的效果。

（3）地理位置部门化。地理位置部门化就是按照地理位置的分散程度划分企业的业务活动，继而设置管理部门。这种划分最大的优点是对所负责地区有充分的了解，各项具体业务的开展更切合当地的实际需要。但是容易产生各自为政的弊病，忽视了公司的整体目标。

（4）职能部门化。职能部门是一种传统而基本的组织形式。它是以同类性质业务为划分基础的，在组织中广为采用。此种划分优点在于责权统一，便于专业化。但往往会因责权过分集中，而出现决定迟缓和本位主义现象。

（5）部门职能专业化。通常可把部门划分为三种类别。第一类是生产部门，商业服务业的营业部、服务部等；制造业的车间、技术部、营销部等。第二类是控制部门，如办公室、人事部、财务部等。第三类是支持部门，如总务、后勤、保安，财务部、人事部、办公室承担部分此类职能。

3. 层次设计。就是根据组织内外部能够获取的人力资源状况，对各个职务和部门进行综合平衡，同时要根据每项工作的性质和内容，确定管理层次和管理幅度，使组织形成一个严密有序的系统。

4. 责权分配。就是通过有效的方式将职责与职权分配到各个层次、各个部门和各个岗位，使整个组织形成一个责任与权力有机统一的整体。

5. 整体协调。作为一个整体，组织要实现其既定目标，必须要求各部门在工作过程中形成共同协作的横向关系，这就需要在组织设计时必须考虑如何通过一定的方式，形成一种有效组织内部协调机制，使各部门的工作能够达到整体化与同步化的要求。

二、组织结构设计的基本程序

1. 明确组织目标。组织目标是进行组织设计的出发点和最终归宿。作为一个组织只有确定了一个明确的目标，才能围绕这一目标开展各种组织活动。因此，组织设计的第一步是在综合分析组织所处的外部环境和所具备的内部条件的基础上，合理确定组织的总目标和各项具体目标。

2. 确定业务内容。围绕组织目标，要进一步明确组织开展各类活动的范围和工作量，并将其规范为具体的业务工作内容，使组织目标得到具体的落实和细化。

3. 确定组织结构。一个科学合理的组织结构是实现既定组织目标的必备条件。因此，要综合考虑组织规模、业务性质、技术水平、市场环境等各项因素，确定采用何种组织形式去实现既定的组织目标。

4. 配备人员。根据所确定的组织结构，按照各个部门与岗位对人员的具体要求，选配称职的人员从事相应的工作，并明确其职务和职责。

5. 责权分配。按照实现组织目标的要求，确定各个部门和各个职位的职责与职权。

6. 组织制度建设。组织结构设计好后，为确保组织的有序运行，必须进行运行保障设计，即组织制度建设。制度是调整组织内各种关系、维系组织运转的方式。制度的安排，是组织生存的体制基础，是组织建立的前提。制度的表达是法律的，但制度的理解和作用的发挥，则更多的是文化。

【小看板 6-1】

撑竿跳高比赛的助跑规则

1904 年，在夷国圣路易举行的奥运会撑竿跳高比赛中，一名日本选手从容不迫地慢慢走进沙坑，把手中的撑竿用力插入沙土中，然后顺着杆子爬到最高处，越过横竿跳下来。在场的所有人都看得目瞪口呆，裁判十分为难，不知道该不该记他的成绩，因为他并没有违反比赛规则，只不过是投机取巧罢了。但裁判组经过讨论，还是取消了他的成绩。在日本选手据理力争时，裁判补充了撑竿跳高的比赛规则，要求运动员必须要有一段助跑过程。日本选手听罢，在第二次试跳中有了助跑动作，但跑到沙坑边又故伎重演，顺着竿子爬到了最高处，然后越过横竿跳下来，并再次取得了最好的成绩。这次让裁判组更加难堪，不得不再次举行紧急会议。最后规定：撑竿跳高比赛必须要有助跑，并且不能交替使用双手动作，这项规则被明确下来，一直沿用至今。显然，制度的规范性、严谨性是非常重要的。

资料来源：崔卫国：《管理学故事会》，中华工商联合出版社，2005。

7. 整体协调。通过各种方式，建立有效的协调机制，使组织的各个组成部分形成一个有机整体，保证组织目标的实现。

三、组织结构设计的原则

1. 目标统一性原则。组织设计的根本目的，是为实现组织的战略任务和经营目标服务的，必须以此作为组织设计的出发点和归宿。组织结构及其每一部分的构成，都应有特定的目标和任务。组织任务、组织目标同组织结构之间是目的与手段的关系，衡量组织设计的优劣要以是否有利于实现组织任务与目标作为最终的评价标准。设置组织机构要以事为中心，因事设机构、设岗位和设职务，配备适宜的管理者，做到人和事的配合。因此，必须以组织任务与目标为导向来进行组织设计，如果组织的任务、目标发生了重大变化，则组织结构也必须作相应的调整和变革，否则就是一个僵化和缺乏活力的组织。

2. 专业化分工与协作原则。分工就是按照提高管理专业化程度和工作效率的要求，把组织目标分成各级、各部门乃至各个人的目标和任务，使组织的各个层次、各个部门以及每个人都了解自己在实现组织目标中应承担的工作职责和职权。现代组织的管理工作量大，专业性强，因此需要进行专业化分工。同时，正因为分工细，因此更需要加强各部门之间的协作与配合，只有分工合理，协作明确，才能顺利地实现组织的整体目标和任务。

3. 集权与分权相结合的原则。集权与分权是组织设计中的两种相反方向的权力分配方式。集权是指决策权在组织系统中较高层次的一定程度的集中；与此相对应，分权是指决策权在组织系统中较低管理层次的程度上的分散。

在组织中集中权力可以加强统一指挥，提高工作效率。但同时，也可能带来不能决策、反应迟缓，不利于调动下属工作主动性和创造性等影响。对于规模比较大的组织而言，分权有利于组织的成长和发展。

一般来说，环境变化大，组织生存问题突出，在组织设计时应当多考虑集权；而当环境较为宽松，把组织的发展问题放在首位时，可以较多地考虑分权。

4. 责权利对等原则。责任、权力与利益应该是三位一体的，必须是协调的、平衡的和统一的。不能有责而无权、无利，或有权、有利而无责，也不能有责、有权而无利，或责、权、利不对等。否则会使组织结构不能有效地运行，难以完成自己的任务目标。

责权利对等原则指的是在组织设计中，每一个职位的职权应当与职责相匹配，职权越大，其职责越大。组织中的每一个部门和职位都是为完成一定的工作任务而设计的。要完成一定的任务，必须有权支配一定的资源，这就表现为职权。在组织中支配的资源越多，职权也就越大，自然对组织目标实现的影响也就越大。如果要保证资源合理、有效地利用，使每一件事情都能够做得最好，那么，每一个拥有职权的人就必须承担相应的责任，以便对资源的支配形成必要的约束。实践证明，没有责任的权力就是没有约束的权力，最终会导致权力的滥用。

5. 有效的管理层次与幅度原则。管理层次就是指一个组织设立的行政等级数目。一个组织集中着众多的员工，作为组织主管，不可能面对每一个员工直接进行指挥和管理，这就需要设置管理层次，逐级地进行指挥和管理。一个组织中，其管理层次的多少，一般是根据组织工作量的大小和组织规模的大小来确定的。工作量较大且组织规模较大的组织，其管理层次可多些；反之，管理层次就比较少。

主管人员的管理幅度不同，会导致管理层次的变化，从而影响组织结构的形式。因此，每一个主管人员都应根据影响自身管理幅度的因素来慎重地确定理想幅度，设置合理的组织结构。管理幅度也称管理宽度，是指一名主管人员能够直接有效地监督管理下级的人员或者机构数量。有效管理幅度原则指的是在组织设计时，要考虑到每一位主管人员有效地监督、指挥其直接下属的人数。由于受个人精力、知识、经验等条件的限制，一个上级主管所管辖的人数是有限的，但是多少人数比较适宜，很难有一个统一的标准。大部分的管理学者都引用了格兰丘纳斯（v. A . Graincunas）的论证公式：

$$\sum = n(2^{n-1} + n - 1)$$

式中，$\sum$ 表示管理者需要协调的人际关系的数量；n 表示管理幅度，指下级人员的数量。

上式说明，随着下属人数的增加，关系急剧增加，管理者之间的协调工作就越来越复杂。

确定管理幅度最有效的方法是随机制宜，即依据所处的条件而定。

通常影响管理幅度的因素有很多方面，除了与企业的规模、产品过程本身的复杂性及特点有关外，还包括下列六个因素：

（1）人的因素。如员工的知识结构、技能、经验、培训等情况越好、管理人员的知识面越广，能力越强，相应管理幅度可以增加。

（2）管理技术的应用。传统的沟通方式及处理方式决定了管理幅度不能太大，但当应用了管理技术，如信息技术出现后，通过改变信息传递的方式即可促使管理幅度的改变。

（3）内部管理体系。组织是否有明确的目标、职责计划及相应的运作程序对管理幅度也会产生影响，当内部有一个良好运作的管理体系时，员工按所要求的明确的规则完成工作，从而可以减少管理人员，提高管理幅度。

（4）职权的授予。上级给下级授权越多，越能减少上下级交往的频率及时间，管理幅度越可以增加。

（5）职能的复杂性。若所从事的工作职责或所在的管理部门的性质相似、单一，则管理跨度可适当放宽；若所从事的任务或所在的管理部门的性质很复杂，则管理幅度易窄。

（6）职能的重要性。若所从事的工作或所在的管理部门的工作很重要，并且需要和其他人员或部门的工作高度协调，则管理幅度易窄。

一般来说，高层管理者的有效管理幅度要小于基层管理者。管理幅度、管理层次与组织规模间存在着相互制约的关系：

$$管理幅度 \times 管理层次 = 组织规模$$

也就是说，当组织规模一定时，管理幅度与管理层次成反比关系。管理幅度越宽，层次越少，其管理组织结构的形式呈扁平形。相反，管理幅度越窄，管理层次就越多，其管理组织结构的形式呈高层形。至于组织究竟是采取扁平形结构还是高层形结构，这主要取决于组织规模的大小和组织领导者的有效管理幅度等因素。因为在管理幅度不变时，组织规模与管理层次成正比。规模大，层次多，应呈高层形结构；反之，规模小，层次少，应呈扁平形结构。

扁平形组织结构，由于上下连续渠道缩短，可以减少管理人员和管理费用；有利于信息沟通，并可减少信息误传，有利于提高管理指挥效率；由于扩大下级管理权限，有利于调动下级人员的积极性、主动性和提高下级人员的管理能力。但管理幅度加大，会增加横向协调的难度，使组织领导者陷入复杂的日常事务当中，无时间和精力搞好有关组织长远发展的、事关全局的战略管理。

高层形组织结构易于克服扁平形组织结构的某些不足，有利于领导者控制和监督，以及搞好战略管理，等等。但由于拉长了上下级连续的渠道，会增加管理费用；管理层次增加，会使协调工作量增加，相互扯皮的事情会层出不穷，会使上下级意见交流受阻，不利于贯彻最高主管的规定目标和政策等。

6. 统一指挥原则。统一指挥原则也叫命令统一原则，指的是组织内的某个机构以及个人只服从一个上级的直接命令和指挥。只有这样才能够避免多头领导和多头指挥，使组织最高管理部门的决策得以贯彻执行。组织结构的安排必须能保证行政命令和生产经营指挥的集中统一。

该原则在实践中可能会出现一些麻烦，如缺乏横向联系和必要的灵活性等。为弥补这一缺陷，在应用中往往还规定主管人员有必要的临时处置和事后汇报权，其依据的原则是"法约尔桥"，这个原则规定，根据统一指挥的原理，上级可授权下级相互之间进行直接的联系，但必须将行动结果报告各自的上级，这样才不至于削弱而是有助于统一指挥的实施。

7. 稳定性与适应性相结合的原则。组织结构是实现组织目标的载体，为实现组织目标服务。组织目标会调整，组织本身也会发展，组织所处的环境也会发生变化，这都需要组织结构作出适当的调整，以便组织结构能够与之相适应。实践表明，相对稳定的环境有利于人们形成一个稳定预期，从而安心地工作。变动的环境则容易产生不确定的预期，使人们没有安全感，工作的积极性也会受到影响。所以，组织结构的设计要注意稳定性与适应性相结合，既让组织保持一定的灵活性，能够适应组织本身以及环境的变化，又要保持相对稳定。

8. 精干高效原则。精干高效既是组织设计的原则，又是组织联系和运转的要求。无论哪一种组织结构形式，都必须将精干高效原则放在重要地位。精干高效原则可表述为：在服从由组织目标所决定的业务活动需要的前提下，力求减少管理层次，精简管理机构和人员，充分发挥组织成员的积极性，提高管理效率，更好地实现组织目标。但是精干不等于越少越好，而是一个顶一个，能够保证需要的最少。队伍精干是提高效能的前提。效能包括工作效率和工作质量。一个组织只有机构精简，队伍精干，工作效率才会提高；如果一个组织层次繁多，机构臃肿，人浮于事，则势必导致人力浪费，办事拖拉，效率低下。精干高效原则，要求人人有事干，事事有人管，保质又保量，负荷都饱满。因此，一个组织是否具有精干高效的特点，是衡量其组织工作是否得力、组织结构是否合理的主要标准之一。

9. 均衡性原则。这一原理是指组织内部同一级机构、人员之间的工作量、工作条件、工作的艰苦性、职责、职权和利益等方面应大致相当，层级与层级之间在比例上也应当大致合理，不宜偏多或偏少。苦乐不均、忙闲不匀等都会影响工作效率和人员的积极性。这里讲的均衡不是要求上述每个方面都分别做到整齐划一，而是要求各个方面综合起来做到大致均衡。

10. 执行和监督分设原则。这一原则要求组织中的执行机构和监督机构应当分开设置，不应合并为一个机构。例如，企业中的质量监督、财务监督和安全监督等部分应当同生产执行部门分开设置，只有分开设置，才能使监督机构起到应有的监督作用。

【小看板 6-2】

联想集团组织结构的发展

联想集团成立之后，其组织结构由小到大发展成了今天的"大船结构"管理模式。

1. 从"提篮小卖"到"一叶小舟"。公司刚成立时，通过为顾客维修机器、讲课、帮顾客攻克技术难题和销售维修代理等，筹集了必要的资金，柳传志戏称为"提篮小卖"。1985年11月，"联想式汉卡"的正式通过开启了联想集团事业的飞速发展。但是，柳传志却认为，联想集团"还只是一叶飘零的小舟，经不起大风大浪的冲击"。

2. 进军海外市场。创建外向型高科技企业是联想集团的目标，为此它制定了一个海外发展战略。海外发展战略包括三部曲：

(1) 在海外建立一个贸易公司；

(2) 建立一个研发、生产、国际经销网点的跨国集团公司；

(3) 在海外股票市场上市。

海外发展战略具体是指三个发展战略："瞎子背瘸子"的产业发展战略；"田忌赛马"的研发策略；"汾酒与二锅头酒"的产品经营策略。经过几年进军海外市场的实践，公司决策层清醒地认识到，必须铸造能抗惊涛骇浪的"大船"。

3. "大船结构"管理模式。联想的决策者认识到，没有一支组织严密、战斗力强大的队伍，企业就成不了气候，也就无从谈起进军海外市场。在这样的背景下，他们提出了"大船结构"。

其主要特点是"集中指挥，分工协作"，根据市场竞争规律，企业内部实行目标管理和指令性工作方式，统一思想，统一号令，接近于半军事化管理。

第二节　组织结构类型

"三个和尚没水吃"的典故和"三个臭皮匠，胜过诸葛亮"的俗语已是众所皆知；同样是碳元素，可以是石墨，也可以是金刚石。人类历史上有众多的以少胜多、以弱胜强的历史案例。是什么导致了这两种截然不同的组合效果呢？根本的原因就是其结构的不同，即要素组合在一起的排列组合方式或要素间配合或协同关系的不同，造成了整体的效能大小的迥异。组织结构设计，意义非同一般，组织结构设计得好，可以形成整体力量的会聚和放大效应。否则，就容易出现"一盘散沙"，甚至造成力量相互抵消的"窝里斗"局面。

一个组织的结构类型是根据其目标的需要和组织环境特点而选定的。随着社会发展和组织环境的变化，组织结构也在不断更新和发展。下面我们介绍企业中常用的几种组织结构，其实，它们在其他组织中也是常见的。

一、直线型组织结构形式

直线型组织结构形式，又称直线制，是一种最早出现的、最简单的集权组织结构形式，又称军队式结构。其主要特点是：组织从决策到执行构成一个单线系统，组织最高领导人是组织的决策者，最低一级是执行者，从上至下执行着单一的命令，即"一个人，一个头儿"（见图6-1）。

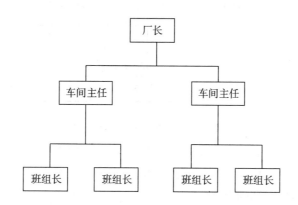

图6-1　直线型组织结构形式

直线型组织结构形式的优点是：结构简单，指挥系统清晰、统一；管理人员少，责权明确，内部协调容易；信息沟通迅速，上下级关系清楚，管理效率比较高。

缺点是：组织结构缺乏弹性，同一层次之间缺乏必要的联系，主要管理人员独揽大权，任务繁重，一旦决策失误将会给组织造成重大损失。这就要求管理人员了解掌握多种专业管理知识，对组织周围环境有充分的了解，能较好地处理多种业务。

因此，一般地说，这种组织结构形式只适用于那些技术较为简单、业务单纯、规模较小没有必要按职能实行专业化管理的组织，或者是现场的作业管理。

二、职能型组织结构形式

职能型组织结构又称为多线性组织结构，与直线型组织结构不同，它的特点是：采用按职能分工实行专业化管理的办法来代替直线型下管理者的全能管理，也就是把相似或相关职业的专家们组合在一起组建的结构。在上层主管下面设立职能机构和人员，把相应的管理职责和权力交给这些机构，各职能机构在自己业务范围内可以向下级下达命令和指示，直接指挥下属（见图6-2）。

职能型组织结构的优点：能够适应现代组织技术比较复杂和管理分工较细的特点，能够发挥职能机构的专业管理作用，因而有可能发挥专家的作用，减轻上层主管人员的负担。

职能型组织结构的缺点：这种结构形式妨碍了组织中必要的集中领导和统一指挥，形成了多头领导；各部门容易过分强调本部门的重要性而忽视与其他部门的配合、忽视组织的整体目标；不利于明确划分直线人员和职能科室的职责权限，容易造成管理的混

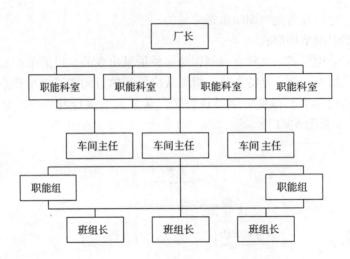

图 6 - 2   职能型组织结构形式

乱；加大了最高主管监督协调整个组织的要求；对环境发展变化的适应性差，不够灵活；不能对未来的高层经理提供训练的机会等。这种结构比较适用于中小型组织。

三、直线职能型组织结构形式

直线职能型组织结构形式是综合了上述直线型组织结构和职能型组织结构的优点而设计的一种组织结构。这种结构是当前国内各类组织中最常见的一种组织结构，是各级国家机关、学校、部队、企业、医院等组织最常用的结构形式（见图 6 - 3）。

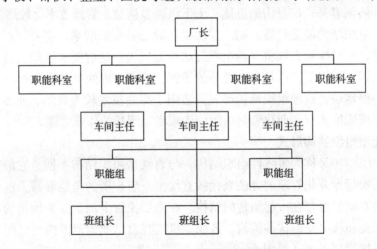

图 6 - 3   直线职能型组织结构形式

直线职能型组织结构的特点是：以直线型组织结构为基础，在各级直线主管之下，设置相应的职能部门，即设置了两套系统：一套是按命令统一原则组织的指挥系统，另一套是按专业化原则组织的管理职能系统；其直线部门和人员在自己的职责范围内有决定权，对其所属下级的工作进行指挥和命令，并负全部责任，而职能部门和人员仅是直线主管的参谋，只能对下级机构提供建议和业务指导，没有指挥和命令的权力。

直线职能型组织结构的优点是既保证了集中统一指挥，又能发挥各种专家的业务管理作用，其职能高度集中、职责清楚、秩序井然、工作效率较高，整个组织有较高的稳定性。缺点是横向部门之间缺乏信息交流；各部门缺乏全局观念；职能机构之间、职能人员与直线指挥人员之间的目标不易统一；最高领导的协调工作量较大；由于分工较细，手续烦琐，当环境变化频繁时，这种结构的反应较为迟钝。这种组织结构形式对中、小型组织比较适用，对于规模较大、决策时需要考虑较多因素的组织则不太适用。

四、事业部制组织结构形式

事业部制组织结构形式普遍采用于多领域多地区从事多元化经营的大型公司，类似的组织结构形式在其他领域也常见。例如，一个大都市中统属于警察的交通警察支队、消防支队、防暴支队等，一个大学中有几个分校和许多个独立性较大的学院，一个医院开设许多个相对独立的专科门诊或专科分院。事业部制结构是通用汽车公司副总裁斯隆在20世纪20年代首创，故又被称为"斯隆模型"，也有的称为"联邦分权制"，因为它是一种分权制的组织形式。

事业部制结构形式是一个在总公司下按产品的类型、地区、经营部门或顾客类别设计建立若干自主经营的单位或事业部（见图6-4）。采用事业部制组织结构，一个重要的问题是划分事业部的标准。从当今跨国公司的情况来看，制造业类的跨国公司、金融业类的跨国公司一般都趋向于按照地区划分事业部，而贸易型跨国公司则多按照产品划分事业部。

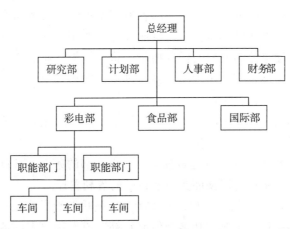

图6-4 事业部制组织结构形式

事业部制结构的组织形式的基本特点是"集中政策下的分散经营"。

"集中政策"指总公司集中决策，总公司掌握以下三方面的决策权：

（1）发展战略、方针政策的决策权。由总公司最高决策机构集中研究和制定组织的总目标、总计划和各项方针政策。

（2）资金分配的决策权。企业的最高层控制着资金的供应和资金的分配。

（3）重要人事任免权。各事业部的重要岗位的人事任免由总公司负责安排。为了保持事业部的独立性，最高管理机构的人员一般不兼任事业部的经理。

"分散经营"是指事业部分散经营，事业部分散经营，具有三个特性：

第一，事业部是产品责任单位或市场责任单位，具有独立的产品和市场；第二，事业部是一个利润中心，具有独立的利益，实行独立核算；第三，事业部是一个分权单位，拥有足够的权力，自主经营，能灵活多变地应对各事业部所面对的市场的新情况、新变化，决策迅速。

这样，将政策控制集中化和业务运作分散化，使总公司成为决策中心，事业部成为利润中心，而下属的生产单位则是成本中心。

以企业为例，事业部制结构形式的优点是：它使各事业部在不违背公司总目标、总方针和总计划的前提下，充分发挥主观能动性，自主管理其日常的生产经营活动，对市场的变化反应灵敏、决策迅速；它使总公司的最高决策层摆脱了日常的行政事务，集中精力决策和规划企业的战略发展问题；事业部制以利润责任为核心，既能够保证公司获得稳定的收益，也有利于调动中层管理人员的积极性；有利于培养综合型高级经理人才，通过管理各个事业部和在经营实践中锻炼，企业储备了宝贵的高级管理人才；公司能把多种经营业务的专门化管理和公司总部的集中统一领导更好地结合起来，有利于大公司开展多元化经营，从而大大提高企业的竞争力。

事业部制形式的主要缺点是：对事业部经理的素质要求高，公司需要有许多对特定经营领域或地域比较熟悉的全能型管理人才来运作和领导事业部内的生产经营活动；各事业部都设立有类似的日常生产经营管理机构，容易造成职能重复，管理费用上升；各事业部拥有各自独立的经济利益，各事业部容易产生本位主义忽略企业的总体利益，易产生对公司资源和共享市场的不良竞争；事业部之间的相互交流和支援困难，由此可能引发不必要的内耗，使总公司协调的任务加重；总公司与事业部之间的集分权关系处理起来难度较大也比较微妙，容易出现要么分权过度，削弱公司的整体领导力，要么分权不足，影响事业部门的经营自主性。

事业部制组织形式在欧美和日本大企业中得到了广泛采用。但成功的经验表明，采用事业部制应当具备以下一些基本条件：

（1）公司具备按经营的领域或地域独立划分事业部的条件，并能确保各事业部在生产经营活动中的充分自主性，以便能担负起自己的盈利责任。

（2）各事业部之间应当相互依存，而不能互不关联地硬拼凑在一个公司中。这种依存性可以表现为产品结构、工艺、功能类似或互补，或者用户雷同或销售渠道相近，或者运用同类资源和设备，或具有相同的科学技术理论基础等。这样，各事业部门才能互相促进，相辅相成，保证公司总体的繁荣发达。

（3）公司能有效保持和控制事业部之间的适度竞争，因为过度的竞争可能使公司遭受不必要的损失。

（4）公司能够利用内部市场和相关的经济机制（如内部价格、投资、贷款，利润分成、资金利润率和奖惩制度等）来管理各事业部门，尽量避免单纯使用行政的手段。

这种组织形式主要适用于产品多样化和从事多元化经营的组织，也适用于所面临市场环境复杂多变或所处地理位置分散的大型企业和巨型企业。

五、矩阵制组织结构形式

严格地讲，矩阵制组织结构是一种非长期的组织结构，是一种把按职能划分的部门同按产品、服务或工程项目划分的部门结合起来的组织形式（见图6-5）。

其特点是：具有纵横两套管理系统，纵向管理系统是按职能部门划分的各固定职能部门，横向管理系统是按工作项目划分的各临时项目小组，纵向管理系统保证了原有的垂直领导，横向管理系统保证了某一工作项目中各任务的完成。

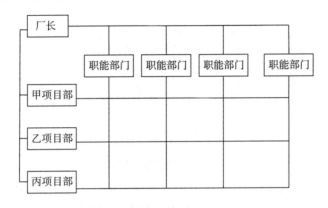

图6-5　矩阵制组织结构

在这种组织结构形式中，成员在理论上一般要受两位主管的领导。当然，这种双重领导是针对不同的方面而言的，与管理原理所要求的统一指挥并不矛盾。建立矩阵制组织结构的具体方法是：为了完成某一项特别任务，在项目的实施阶段，如研究、设计、试制、开发等过程中，由有关的部门派人参加，组成项目攻关小组，任务完成之后，成员仍然回到原来的部门。

这种结构的主要优点是：灵活性和适应性较强，有利于加强各职能部门之间的协作和配合，并且有利于开发新技术、新产品，激发组织成员的创造性。其主要缺点是：组织结构稳定性较差；条块发生矛盾时，处于双重领导下的项目组成员会面临两难困境；同时还可能存在项目过程复杂、机构臃肿的弊端。这种组织结构主要适用于拥有创新性较强的科研、设计、规划等项目的工作或单位。

六、集团控股型组织结构形式

现代企业的经营已经超越了企业内部边界的范围，开始在企业与企业之间结成比较密切的长期的联系，这种联系在组织结构上的表现就形成了集团控股型组织结构形式。集团控股型是在非相关领域开展多元化经营的企业所常用的一种组织结构形式，其特点是，由于经营业务的非相关或弱相关，大公司不对这些业务经营单位进行直接的管理和控制，而代之以持股控制，这样，大公司便成为一个持股公司，被持股的单位不但对具体业务有自主经营权，而且保留独立的法人地位。

控股型结构是建立在企业间资本参与关系的基础上。由于资本参与关系的存在，一个企业（通常是大公司）就对另一企业持有股权。这种股权可以是绝对控股（持股比例大于50%以上）、相对控股（持股比例不足50%，但可对另一企业的经营决策产生实质性的影响）和一般参股（持股比例很低且对另一企业的活动没有实质性的影响）。

基于这种持股关系，对那些企业单位持有股权的大公司便成为了母公司，被母公司控制和影响的各企业单位则成为子公司（指被绝对或相对控股的企业）或关联公司（指仅被一般参股的企业）。子公司、关联公司和母公司一道构成了以母公司为核心的企业集团。

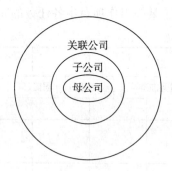

图6-6 集团控股型组织结构

如图6-6所示，母公司亦称为集团公司，处于企业集团的核心层，故称之为集团的核心企业。相应地，各子公司、关联公司就是围绕该核心企业的集团紧密层和半紧密层的组成单位。此外，企业集团通常还有一些松散层的组成单位，即协作企业，它们通过基于长期契约的业务协作关系而被联到企业集团中。对这种契约形式，将在后面的"网络型组织"中予以介绍。

集团公司或母公司与它所持股的企业单位之间不是上下级之间的行政管理关系，而是出资人对被持股企业的产权管理关系。母公司作为大股东，对持股单位进行产权管理控制的主要手段是：母公司凭借所掌握的股权向子公司派遣产权代表和董事、监事，通过这些人员在子公司股东会、董事会和监事会中发挥积极作用而影响子公司的经营决策。

七、工作团队组织结构形式

20世纪80年代初，美国波音公司在飞机设计中首先引入工作团队，取代公司传统的军事等级制的做法，开了使用团队的先河。90年代，丰田、沃尔沃等公司将团队引入生产过程中，轰动一时，很多媒体追踪报道这些团队的工作过程和事迹。但今天，如果世界500强中哪个公司没有采用团队形式，则会成为新闻热点。仅仅20多年的时间，团队已经如此普及，渗透到众多优秀企业，甚至政府部门都将领导团队作为不可忽略的环节进行建设。

工作团队结构的主要特点是打破部门界限，并把决策权下放到工作团队员工手中，让团队成员自主决策、自主管理、自主处理问题。这种结构形式要求员工既是全才又是专才。所以，在复杂多变的组织环境中，工作团队结构比传统的组织结构更具灵活性，能够快速地组合、部署、重组力量，通过团队成员的共同努力，产生积极的协同效应，提高组织的运作效率。

工作团队结构可以单独作为小型组织的组织结构形式，也可以作为大型组织正规化结构的补充，以弥补正规化结构的僵化和刻板。

工作团队主要有三种类型：问题解决型团队、自我管理型团队、多功能型团队。

1. 问题解决型团队。多用于产品质量问题的解决。一般由职责范围部分重叠的员工及主管人员组成，人数 8～12 人。他们针对产品的质量问题定期开会，调查问题的原因，提出解决问题的办法，并采取有效的行动。

2. 自我管理型团队。自我管理型工作团队具有更强的纵向一体化特征。与综合性工作团队相比，它拥有更大的自主权。自我管理工作团队确定了要完成的目标以后，有权自主地决定工作分派、工作节奏、工间休息和质量检验方法等，这些本来是一些主管人员的职责改由团队来行使后，大大降低了主管人员的重要性，主管的职位变得不太重要，有时可能被取消。这种团队甚至常常可以挑选自己的成员，并让成员相互评价工作成绩。其结果是提高了员工的参与积极性和工作的满意度。

3. 多功能型团队。通常由处于同一等级的不同工作领域的员工组成，以完成一系列的特别任务。由小组决定给每个成员分派具体的任务，并在任务需要时负责在成员之间轮换工作。最浅显的例子是在诸如楼房建造和维修这类活动，或者在一幢办公大楼的清洁中，领班确定要完成的任务，然后让清洁工人作为一个团队，决定这些任务如何进行分配。其特点是：

（1）跨功能团队的成员从各职能部门抽调而来，有统一的组织领导，不会发生双重命令体系所引起的冲突；

（2）跨功能团队跨越组织现存的权威体系，其领导者不像传统科层组织的管理者那样对团队与团队成员有正式权威，必须依靠影响力来领导团队；

（3）多功能型团队能使组织内不同领域的员工互通信息，相互启发，思维共振，为解决问题提供新思路；

（4）跨功能团队的生命周期较短，任务完成，团队解散，成员则因新任务或新计划而与其他人组成新的团队。

团队组织所带来的积极影响包括：提升组织的运行效率（改进程序和方法），增强组织的民主气氛，促进员工参与决策过程，使决策更科学、更准确。团队成员互补的技能和经验可以应对多方面的挑战。在多变的环境中，团队比传统的组织更灵活，迅速回应外在环境变化与服务对象需求，可以随时针对问题成立弹性化的组合，可以避免专业分工所形成的僵化和协调困难，可激发组织成员的成就感和责任心，为组织带来生机与活力。工作团队在复杂多变的组织环境中比传统的组织结构更具灵活性，能够快速组合、部署、重组、解散，通过其成员的共同努力能够产生积极的协同作用。团队成员努力的结果远远高于个体成员努力的结果，因而是提高组织效率的重要手段。

八、网络型组织结构形式

网络型组织结构也称虚拟组织结构，是目前比较流行的一种新形式的组织机构。网络组织是一种只有很精干的中心机构负责统筹协调与外部机构间的关系与活动，利用现代信息技术手段，以契约关系的建立和维持为基础，可视需要而与制造、销售或其他重要业务经营活动的外部机构产生联结，依靠外部机构进行制造、销售或其他重要业务经营活动，最大限度地从市场需求出发，在核心企业或产品总体计划下组织生产、服务，通过统一的网络渠道并以卓有商誉的品牌销售的组织结构形式。

像耐克公司等一些大型企业，仅配备几百名员工，每年就可以售出几百万美元的产品，赚取富有竞争力的收益。如图 6-7 所示，网络型组织与相联结的多个外部机构之间并没有资本所有关系和行政隶属关系，但却通过相对松散的契约纽带，透过一种互惠互利、相互协作、相互信任和支持的机制来进行密切的合作。它可以是公司产品价值链的虚拟企业，是供应商、经营企业、代理商、顾客，甚至竞争对手共同组建，也可以是公司职能部门的虚拟化，也就是公司通过生产外包、销售外包、研发外包、策略联盟等方式与其他企业形成业务关系。

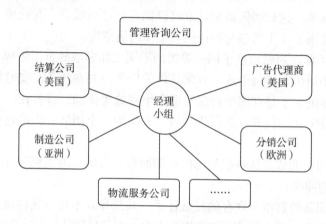

图 6-7 网络型组织结构图

网络型组织结构一般具有以下几个特点：

1. 外形扁平化——实行轻薄、弹性的"大幅度、少层次"的扁平式管理。

网络型组织的管理机构就只是一个精干的经理班子，组织的部门化程度很低，近乎缺失，管理结构呈现"大幅度、少层次"的扁平式。管理层次的减少，大大减少了管理的费用，提高了管理的效率，这使管理工作保持高度的灵活性，保证了组织以最快的速度回应市场需求的变化，适应现今追求企业弹性化的经营管理潮流。如今国际市场变化太快，企业必须具有非常敏锐的市场反应能力，跨国公司采用传统的组织结构从基层到最高层有十几个层次，而一个网络组织结构的跨国公司可能只有两到三层。

2. 运作柔性化——组织可以不断地改变自身以适应新的产品和市场机会。

因为网络型组织不是一个结构固定的组织，而是可视需要与外部机构之间以契约关系产生联结，是一个在一定的利益条件下结合成的一个松散组织，可以不断地改变自身以适应新的产品和市场机会，增强了组织对环境变化、战略调整的快捷适应力，使得组织结构的运作带有柔性化的特征。IBM 公司 20 世纪 80 年代初在不到一年时间内开发 PC 机成功，依靠的是微软公司为其提供软件，英特尔公司为其提供机芯。

3. 效益最大化、风险最低化——借助全球资源，增强核心竞争力。

网络组织即使规模很小，也可以是全球性的。网络组织可以在世界范围内获得资源，灵活地优选全球最具竞争力的外部机构，借助全球竞争力，实现优势互补，使组织保持最强的核心竞争力，从而实现最优的品质、价格和服务。

网络型组织吸纳、聚集全球最具有竞争力的外部机构在各个环节上，而核心机构自身仅仅保留了真正创造最大价值的最关键的功能。世界驰名的体育用品制造商耐克公司，它的美国总部实际上什么都不生产，只控制产品的设计、研究耐克鞋的最关键的部分——气垫系统和市场营销管理。这是因为高档球鞋行业的战略环节是真正创造最大价值的产品开发设计和营销组织管理，而不是制造环节。这不仅保证了组织最大效率地集中有限的资源从事最擅长的、最具增值潜力的环节，减少了投资，降低了成本，实现效益最大化、风险最低化，并且可以在几个月之后改变这一切，而不被拥有工厂、设备和设施所拖累。

4. 组织结构虚拟化——网络型组织是一种动态"联邦制"网络联盟企业。

网络型组织与相联结的多个外部机构之间并没有资本所有关系和行政隶属关系，是一个外部化的虚拟企业。它最重要的特征是将传统企业固定的、封闭的集权式结构改变为开放式网络结构，形象地说就是由"集权制"转变为"联邦制"。

5. 重心两极化——积蓄主要力量创造和完成产品设计和营销管理两方面。

从企业经营的过程来看，传统组织机构从研发设计到生产、营销面面俱到，尤其是中间的生产环节占用了企业的主要资源，而网络型组织集中主要资源投入到产品设计和营销管理两方面，企业结构特征正在形象地由"橄榄形"转变为"哑铃形"。

网络型组织利用社会上现有的资源，不断缩小内部生产经营活动的范围，相应地扩大与外部单位之间的分工协作，使自己快速发展壮大起来，它不仅是小型组织的一种可行性选择，也是大型企业在联结集团松散层单位时通常采用的组织结构形式，网络型组织日益显示出的巨大优势和生命力，已成为目前国际上流行的一种新的组织形式。

网络组织结构的缺点：缺乏实际控制。经理不控制全部操作，而必须依靠合同、合作、谈判和电子信息来运转一切。由于必要的服务不在直接的管理控制之下，所以不确定性很高。

【小看板 6-3】

小群管理的妙处

中国台湾东洋培林公司董事长陈洋瀛在企业经营中，以执行小群管理而出名。他对员工要求很严，给每位员工的工作信条是：我今日来工厂上班，是来追求改善我自己理想的生活。他认为，大家都应当有一个认识——我的薪资是向顾客拿的，而不是老板给的，所以必须做出符合顾客满意的高质量货品，为达到这样的要求，我必须平心静气地在岗位上工作，力求产品质量的提高。

陈洋瀛将整个生产过程的责任都固定到班组，从生产开始到包装完成结束。他还把各线上的工作，分别固定各种型号，与各班组连在一起，这么一来，到了发货期，谁也不能推诿责任，质量有差异时，也无法责怪别人。

这种小群管理的好处是：第一，现场主任的责任加重，而且职责分明。第二，产品质量能得到充分保证。第三，交货期提早。以前该公司从开箱到材料投入研磨工场，再到装配包装入库，需要三个星期，甚至一个月，现在只要一个星期即可。第四，产量增加。该公司自实施小群管理后，生产量由10万个增加到40万个。第五，职工减少。员工由过去的197人减少到167人。

企业经营就是竞争，要想在同行业中战胜对手，必须用较少的人干较多的事，而且应比较多的人所干的事要好。陈洋瀛的小群管理是值得借鉴的。

资料来源：桑显佩：《AAA管理模式全集》，中国物价出版社，1999。

第三节　组织文化

对于一个企业而言，两三年的繁荣靠营销；十年的优势靠技术；百年的生存靠文化。组织文化是组织成员在认识和行为上的共同理解，它贯穿于组织的全部活动，影响组织的全部工作，决定组织中全体成员的精神面貌和整个组织的素质、行为和竞争能力。优秀的组织文化是组织得以长盛不衰的重要保证。对组织文化的研究，将有助于我们对组织成员乃至整个组织行为理解、预见和把握。

一、组织文化的内涵和特征

（一）组织文化的内涵

正如每个人都有其独特的个性一样，一个组织也具有自己的个性，它以无形的"软约束"力量构成组织有效运行的内在驱动力。这种个性称为"组织人格"、"组织气氛"或"组织文化"。

组织文化就是指组织在长期的生存和发展中所形成的，为本组织所特有的，且为组织多数成员共同遵循的最高目标、价值标准、基本信念和行为规范等的总和及其在组织活动中的反映。

相对于国家文化、民族文化、社会文化而言，组织文化是一种微观文化。任何一个社会上存在的由人组成的具有特定目标和结构的集合体，都有自己的组织文化。政府部门有机关文化，学校具有校园文化，军队有军队文化，生产经营主体的企业有其特定的企业文化。企业文化是组织文化的一种主要表现领域，也是最受普遍关注和广泛研究的一个课题。

（二）组织文化的特性

文化是由人类创造的不同形态的特质所构成的复合体，它是一个庞大的丰富而复杂的大系统，既包含有社会文化、民族文化等主系统，也包含有社区文化、组织文化等属于亚文化层次的子系统。由于文化的层次不同，其所具有的功能、担负的任务、所要达到的目的也不同。组织文化作为一种子系统文化，其特性主要包括以下四方面。

1. 无形性。组织文化所包含的共同理想、价值观念和行为准则是作为一个群体心理定式及氛围存在于组织员工中的，在这种组织文化的影响下，员工会自觉地按组织的共同价值观念及行为准则去从事工作、学习、生活，这种作用是潜移默化的，是无法度量和计算的，因此组织文化是无形的。

组织文化虽然是无形的，但却是通过组织中有形的载体（如组织成员、产品、设施等）表现出来的。没有组织，没有员工、设备、产品、资金等有形的载体，则组织文化便不复存在。组织文化作用的发挥有赖于组织的物质基础，而物质优势的发挥又必须以组织文化为灵魂，只有组织的物质优势及文化优势的最优组合，才能使组织永远立于不败之地。

2. 软约束性。组织文化之所以对组织经营管理起作用，主要不是靠规章制度之类的硬约束，而是靠其核心价值观对员工的熏陶、感染和诱导，使组织员工产生对组织目标、行为准则及价值观念的"认同感"，自觉地按照组织的共同价值观念及行为准则去工作。它对员工有规范和约束的作用，而这种约束作用总体来看是一种软约束。员工的行为会因为合乎组织文化所规定的行为准则受到群体的承认和赞扬，从而获得心理上的满足与平衡。反之，如果员工的某种行为违背了组织文化的行为准则，群体就会来规劝、教育、说服这位员工服从组织群体的行为准则，否则他就会受到群体意识的谴责和排斥，从而产生失落感、挫折感及内疚，甚至被群体所抛弃。

3. 相对稳定性和连续性。组织文化是随着组织的诞生而产生的，具有一定的稳定性和连续性，能长期对组织员工行为产生影响，不会因为日常的细小的经营环境的变化或个别干部及员工的去留而发生变化。

但是，组织文化也要随组织内外经营环境的变化而不断地充实和变革，封闭僵化的组织文化最终会导致组织在竞争中失败。在我国经济体制改革过程中，由于企业内外环境及企业地位等发生了重大的变化，企业文化中如价值观、经营哲学、发展战略等都会发生很大变化，若企业仍然抱残守缺，不肯变革，终究会走上破产的道路。因此，在保持组织文化相对稳定的同时，也要注意保持组织文化的弹性。及时更新、充实组织文化，是保持组织活力的重要因素。

4. 个性。组织文化是共性和个性的统一体，各国组织大多都从事商品的生产经营或服务，都有其必须遵守的共同的客观规律，如必须调动员工的积极性，争取顾客的欢迎和信任等，因而其组织文化有共性的一面。而另一方面，由于民族文化和所处环境的不同，其文化又有个性的一面，据此我们才能区别美国的组织文化、日本的组织文化、中国的组织文化。同一国家内的不同组织，其组织文化有共性的一面，即由同一民族文化和同一国内外环境而形成的一些共性，但由于其行业不同，社区环境不同，历史特点不同，经营特点不同，产品特点不同，发展特点不同，等等，必然会形成组织文化的个性。而只有组织文化具有鲜明的个性，才有活力和生命力，才能充分发挥组织文化的作用，使组织长盛不衰。

二、组织文化的内容和结构

（一）组织文化的内容

组织文化的内容包括五个方面：

1. 组织的最高目标或宗旨。组织的存在，都是为了某种目标或追求，学校有其办学的宗旨，企业有其经营的目标。如北京第四制药厂的宗旨是"用优质产品、优质服务为人类的健康长寿奉献出一片赤诚，用高效率、高效益为国家和组织发展作出更大的贡献"。

2. 共同的价值观。所谓价值观就是人们评价事物重要性和优先次序的一套标准。优秀企业的价值观大致包括以下内容：向顾客提供第一流的产品和服务，顾客至上；组织中要以人为中心，要充分尊重和发挥员工的主人翁精神，发挥员工的主动性、积极性和创造性；强调加强团结协作和团队精神；提倡和鼓励创新来谋求组织发展；追求卓越的精神，这是创造一流产品、一流服务的价值观基础。

3. 作风及传统习惯。作风和传统习惯是为达到组织最高目标的价值观念服务的。组织文化从本质上讲是员工在共同的工作中产生的一种共识和群体意识，这种群体意识与组织长期形成的传统关系极大。我国组织文化中提出的"团结、勤奋、严肃、进取、奉献"，"自力更生、艰苦创业、团结奋斗、开拓前进"等精神，便体现了我国组织的作风及传统习惯。

4. 行为规范和规章制度。行为规范和规章制度使组织文化在组织内部得以贯彻，是组织文化中的硬件部分。

5. 组织价值观的物质载体。诸如标识、环境、包装、纪念物等，是组织文化硬件的另一部分。

（二）组织文化结构

组织文化结构大致可分为三个层次，即物质层、制度层和精神层。

1. 物质层。这是组织文化的表层部分，是形成制度层和精神层的条件，通常包括以下三个方面。

第一，企业面貌。企业的自然环境，建筑风格，车间和办公室的设计及布置方式。

第二，产品的技术工艺特性及外观和包装。产品品质、牌子、包装、维修服务、售后服务等，是组织文化的具体反映。如美国汽车以豪华、马力大为特点，日本汽车以省油为特点，联邦德国"奔驰"汽车以耐用为特点；云南少数民族蜡染布的作坊式设备、手工工艺和精湛的个人技术，反映出一种具有鲜明民族、地方色彩的文化。工艺设备，不仅是知识和经验的凝聚，也往往是管理哲学和价值观念的凝聚。因此，企业的技术工艺设备的水平、结构和特性，必将凝结和折射出该企业组织文化的个性色彩。

第三，纪念物。组织在其环境中设有纪念建筑，如雕塑、纪念标牌，在公共关系活动中送给客人的纪念画册、纪念品等，它们都充当着组织理念的载体，成为组织塑造形象的工具。

2. 制度层。主要是指对组织员工和组织行为产生规范性、约束性影响的部分，制度层主要规定了组织成员在共同的工作活动中所应当遵循的行动准则，主要包括工作制度、责任制度、特殊制度、特殊风俗。

3. 精神层。它是组织文化的核心和灵魂，是形成组织文化的物质层和制度层的基础和原因。组织文化中有没有精神层是衡量一个组织是否形成了自己的组织文化的主要标志和标准。组织文化的精神层包括以下五个方面：组织经营哲学、组织精神、组织风气、组织目标、组织道德。

组织文化的物质层、制度层及精神层这三者是紧密相连的，物质层是组织文化的外在表现，是制度层和精神层的物质基础。制度层则制约和规范着物质层及精神层的建设，没有严格的规章制度，组织文化建设也就无从谈起。精神层是形成物质层及制度层的思想基础，也是组织文化的核心和灵魂。

三、组织文化的功能

文化因素对人力资源的开发和管理具有重要的影响和巨大的意义，文化环境是人力资源开发和成长的重要外部条件，它在一定程度上决定了人力资源在质上的规定性。具体而言，组织文化对于解决组织目标与个人目标的矛盾、领导者与被领导者之间的矛盾，开辟了一条切实可行的道路。其功能主要有以下几点。

1. 导向功能。即把组织成员的行为动机引导到组织目标上来。为此，在制定组织目标时，应该融进组织成员的事业心和成就欲，包含较多的个人目标，同时要高屋建瓴、振奋人心。

"不怕众人心不齐，只怕没人扛大旗"，组织目标就是引导成员统一行动的旗帜，一种集结众人才智的精神动力。使广大成员了解组织追求的崇高目标，也就深刻地认识到自身工作的伟大意义，不仅愿意为此而不懈努力，而且往往愿意为此作出个人牺牲。

2. 规范功能。规章制度构成组织成员的硬约束，而组织道德、组织风气则构成组织成员的软约束。无论硬的和软的规范，都以群体价值观作为基础。一旦共同信念在组织成员心理深层形成一种定式，构造出一种响应机制，只要外部诱导信号发生，即可得到积极的响应，并迅速转化为预期的行为。这种软约束，可以减弱硬约束对职工心理的冲击，缓解自治心理与被治现实之间的冲突，削弱由此引起的心理逆反，从而使组织成员的行为趋于和谐、一致，并符合组织目标的需要。

3. 凝聚功能。文化是一种极强的凝聚力量。组织文化是组织成员的黏合剂，它能把各个方面、各个层次的人都团结在组织目标的旗帜下，并使个人的思想感情和命运与组织的命运紧密联系起来，产生深广的认同感，以至于与组织同甘苦共命运。

4. 激励功能。组织文化的核心是确立共同价值观念，在这种群体价值观指导下发生的一切行为，又都是组织所期望的行为，这就带来了组织利益与个人行为的一致，组织目标与个人目标的结合。在满足物质需要的同时，崇高的群体价值观带来的满足感、成就感和荣誉感，使组织成员的精神需要获得满足，从而产生深刻而持久的激励作用。

优秀的组织文化都会产生一种尊重人、关心人、培养人的良好氛围，产生一种精神振奋、朝气蓬勃、开拓进取的良好风气，激发组织成员的创造热情，从而形成一种激励环境和激励机制。这种环境和机制胜过任何行政指挥和命令，它可以使组织行政指挥及命令成为一个组织过程，从而将被动行为转化为自觉行为，化外部压力为内部动力，其力量是无穷的。

总之，优秀的组织文化，可以使组织活力深层化，组织管理自动化。组织文化像一只无形的手，引导组织发挥出巨大的潜在能量。

【小看板 6 - 4】

海尔"激活休克鱼"战略

在中国企业界，海尔最初是以其先进、超前的管理理念、过硬的产品质量以及优质的售后服务名扬四海的。此后，海尔的低成本扩张战略尤为业界瞩目。人们发现，濒临死亡的工厂在海尔手中却一个个奇迹般地起死回生。那么海尔成功扩张的秘诀何在？

张瑞敏在 99《财富》论坛前夕对媒体记者分析海尔经验时说："海尔过去的成功是观念和思维方式的成功。成功发展的灵魂是企业文化，而企业文化最核心的内容应该是价值观。"至于张瑞敏个人在海尔充当的角色，他认为"第一是设计师。在企业发展中如何使组织结构适应企业发展；第二是牧师。不断地布道，使员工接受企业文化，把员工自身价值的体现和企业目标的实现结合起来。"如果这还不足以概括海尔的扩张战略，那么，"激活休克鱼"战略大概就是海尔成功扩张的历年战略指导思想的真实写照。

所谓"激活休克鱼"战略的含义是：在海尔看来，许多濒临破产的企业就像突然休克的鱼一样，虽然看似垂死，实际上机体尚存。设备、技术、人员等基本要素样样不缺，只是因为管理、战略、制度不健全，因而员工的积极性没有被调动起来。企业缺乏创新的源泉、创业的激情与发展的动力，因而在剧烈的市场竞争中没能抓住发展的机遇，险遭被淘汰的命运，以致人心涣散、人心思变。如果此时无急救措施，很可能会使这条原本只是暂时休克的鱼真的再也不会醒来，就此一命呜呼。相反，若此时有神医出现，给它掐人中、开良方、灌苦药，这条鱼就会奇迹般地起死回生。而在这里，神医就是海尔，良方就是企业文化，而苦药就是企业的改造与阵痛。其核心就是"企业文化"。实际上，海尔的扩张主要是一种文化的扩张——收购一个企业，派去一个总经理、一个会计师，带去一套海尔的文化。可见，海尔的收购战略虽然看似简单，成本低廉，实则抓住了休克企业的要害。所以，以海尔文化激活休克鱼就不足为怪了。

资料来源：杨凤敏：《管理学基础与应用》，中国农业出版社，2005。

四、组织文化的影响因素

前面我们从整体上对组织文化的构造进行了分析，是对既成组织文化的静态分析，那么追根溯源，企业文化又是如何形成、发展与演变的，受哪些因素影响？我们将在下面进行分析，这对于我们了解并改造旧的组织文化、塑造新的文化提供线索。

1. 民族文化因素。现代企业管理的核心是对人的管理。作为文化主体的企业全体员工，同时又是作为社会成员而存在，长期受到社会民族文化的熏陶，并在这种文化氛围中成长。员工在进入组织后，不仅会把自身所受的民族文化影响带进来，而且由于其作为社会人的性质并未改变，他们将继续承受社会民族文化传统的影响。

因此要把企业管理好，就不能忽视民族文化对企业文化的影响。处于亚文化地位的企业文化植根于民族文化的土壤中，这使得企业的价值观念、行为准则、道德规范等无不打上民族文化的深深烙印。民族文化对企业的经营思想、经营方针、经营战略及策略等也会产生深刻的影响，从另一方面来看，企业文化作为民族文化的微观组成部分，在随着企业生产经营发展的过程中，也在不断地发展变化，优良的企业文化也会对民族文化的发展起到积极推动的作用。

2. 制度文化因素。制度文化，包括政治制度和经济制度。企业文化的核心问题是要形成具有强大内聚力的群体意识和群体行为规范，由于社会制度不同，不同国家的企业所形成的企业文化也有所差异。

3. 外来文化因素。从其他国家、其他民族、其他地区、其他行业、其他企业引进的文化，对于特定组织而言都是外来文化，这些外来文化都会对该组织文化产生一定的影响。在经受外来文化影响的过程中，必须根据本组织的具体环境条件，有选择地加以吸收、消化、融合外来文化中有利于本组织的文化因素。

4. 组织传统因素。应该说，组织文化的形成过程也就是组织传统的发育过程，组织文化的发展过程在很大程度上就是组织传统去粗取精、扬善抑恶的过程。因此，组织传统是形成组织文化的重要因素。

5. 个人文化因素。个人文化因素，是指组织领导者和员工的思想素质、文化素质和技术素质对企业文化的影响。由于组织文化是组织全体员工在长期的生产经营活动中培育形成并共同遵守的最高目标、价值标准、基本信念及行为，因此员工队伍的思想素质、文化素质和技术素质直接影响和制约着该组织文化的层次和水平。个人文化因素中，领导者的思想素质、政策水平、思想方法、价值观念、经营思想、经营哲学、科学知识、实际经验、工作作风等因素对企业文化的影响是非常显著的，甚至其人格特征也会有一定的影响，这是因为组织的最高目标和宗旨、价值观、组织作风和传统习惯、行为规范和规章制度在某种意义上说都是组织领导者价值观的反映。

【小看板 6 - 5】

俄亥俄 RMI 的"微笑"文化

位于美国俄亥俄州的钢铁和民用蒸馏公司的 RMI 子公司曾一度生产滑坡，工作效率低下，利润上不去。后来公司派丹尼尔任总经理，企业很快改变了面貌。丹尼尔的办法很简单，他在工厂里到处贴上这样的标语："如果你看到一个人没有笑容，请把你的笑容分些给他""任何事情只有做起来兴致勃勃，才能取得成功"。标语下签了丹尼尔的名字。丹尼尔还把工厂的厂徽改成一张笑脸。平时丹尼尔总是春风满面，笑着同人打招呼，笑着向工人征询意见，全厂 2 000 名工人的名字他都能叫得出来。在丹尼尔的笑脸管理下，3 年后，工厂没有增加任何投资，生产效率却提高了 80%。《华尔街日报》在评论他的笑脸管理时称，这是"纯威士忌——柔情的口号、感情的交流和充满微笑的混合物"。美国人也把丹尼尔的这个方法叫做"俄亥俄州的笑容",美名远扬。现代科学证明,经常发自内心地微笑,对于提高人的生理机能,改善人的情绪有着显著的效果。人有好情绪,能够提高工作、学习、生活的热情,增进工作和办事效率。丹尼尔的笑容管理,实际上是注重了企业文化建设,从而调动了员工的工作积极性和热情。笑容创造了效益。

资料来源:杨凤敏:《管理学基础与应用》,中国农业出版社,2005。

五、组织文化的建设原则和步骤

(一)组织文化的实施原则

1. 全员参与原则,要发动组织全体员工参与文化的讨论及实施工作。组织文化来自组织实际,是现实情况的提炼和总结,不是几个人想象臆造出来的,同时它的实施也需要全体成员的参与,这一阶段要对现有的文化进行盘点,通过员工的讨论进行思想意识的提炼与摒弃,实质上是改造思想的过程。

2. 充分发挥组织领导对文化的推动作用。组织文化实质上是领导者有意识加以培育和长期建设的结果。有能力的领导者要做到以下两点:一是善于营造一个有助于员工相互协作的工作环境,培养员工的相互协作精神,使员工在工作中增进相互了解,培养员工间的感情,在组织中形成良好人际关系。二是善于在工作中设立一个循序渐进、只有员工不断努力才能完成的目标,调动员工的积极性,激发员工的进取心,在工作中培养员工的能力和水平,使员工感到自我价值得以实现,身心愉悦地创造更好的业绩。

【小看板 6-6】

领导者应有意识地培育组织文化

美国加利福尼亚大学学者作了一个实验,这个实验的结果对管理者而言,很有借鉴意义。他们把六只猴子分别关在三间屋子里,每间两只,分别放入等量等同的食物,但放的位置不一样,第一间屋子食物就放在地上,第二间屋子食物分别从易到难悬挂在不同高度的适当位置,第三间屋子食物全部悬挂在屋顶上。几天后人们发现:第一间屋子的猴子一死一伤,活着的缺了耳朵,断了腿,奄奄一息,第三间屋子的猴子全部死亡,第二间屋子的猴子全部活得好好的。第一间的两只猴子一进房间就看到食物,于是为争夺唾手可得的食物大动干戈,自相残杀。第三间屋子的猴子因为食物悬挂得太高,取得食物困难太大,最后活活累死或饿死。第二间屋子,开始猴子通过努力能够取得食物,他们只能分别取得悬挂较低的食物,后来难度增大,两只猴子只有协同配合,一只托起另一只,在这个过程中两只猴子相互依赖,双方感情增强,而且双方的技能大大提高,最终,双方配合可将最高处食物取下,都很好地活了下来。

这个实验给予我们的启示是:领导者要善于通过岗位设置、任务安排,培养下属，调动下属的积极性。岗位设置难度不够，人人能够完成，无差别的结果就体现不出能力和水平，很难体现出人才的先进性，反倒滋生了为争夺位置和上级领导青睐的内耗，如第一间屋子的结果相互残杀。第三间屋子一开始就设置很难的工作，员工没有得到培养锻炼，难以适应环境，结果失败挫伤积极性，只能抹杀人才，最终如第三间屋子猴子的命运。

　　只有工作内容的难度适当，循序渐进，如同第二间屋子的食物，才能培养员工的能力和水平，调动员工的能动性、积极性，使其不断进取，最大限度发挥每个人的特长。同时，员工为了实现共同目标，必须相互协作、配合，增进相互了解，培养员工间的感情，在组织内形成良好的人际关系。

　　资料来源：智源教育网（有改动）。

　　3. 多样化系统的原则，要采用多种方法灌输组织文化，创造良好的文化氛围。良好的组织文化不会自发形成，理念由条文转化为员工的心态和自觉的行为需要一个过程，同时，多样化、有特色的文化活动及考核激励手段都是行之有效的。建设独具特色的组织仪式和风俗是组织文化制度层的重要内容。

　　4. 战略化原则，与组织文化相匹配，全面重新审视企业战略制度和企业组织结构。组织文化本质上是为了提高组织、企业的竞争力，为组织的长远目标和策略服务的，包括组织的最高目标、核心价值观、哲学等基础内容，因此所制定的组织战略、结构、管理制度与企业文化都要相互一致，不能出现相互抵触的地方。

　　（二）组织文化建设的步骤

　　组织文化建设是一个系统工程，要遵循由浅入深，循序渐进的过程，各个组织要根据本组织的实际情况，实事求是，因时、因事制宜。根据先进企业的经验，可以归纳为以下几个步骤。

　　1. 建立组织文化实施机构，组织领导人要作为组织文化建设的领导者和推行者。

　　2. 审视组织内外部状况，明确变革需求，制定切实可行的企业文化体系。

　　3. 发布并宣传组织文化的内容，采取培训教育的方式，发动组织全体成员学习了解。

　　4. 组织成员进行讨论，集思广益，在讨论中实现新旧价值观及文化的碰撞及交替，确立并完善组织文化的内涵。

　　5. 导入组织文化系统，如制定企业文化手册，进行企业形象策划等。

　　6. 组织全体人员进行文化再培训，对比原有企业制度、企业风气及现象中与企业文化主旨不符的，加以修改或重新制定有关企业管理制度。

　　7. 以企业文化为指导完善企业文化制度层，将企业文化以制度形式确立下来。

　　当然，一个组织的核心价值观是坚持不变的，但随着组织面临的内外部环境的不断变化，组织会面临新的问题和挑战，文化也会产生新的内涵，组织文化的建设和实施是一个动态过程。

本章自测题

【实训题】

◎ **实训一**：组织结构调查。

实训目标

1. 增强对企业组织结构的感性认识。

2. 培养对企业组织结构分析的初步能力。

3. 增强对管理幅度是否合理的理解与运用能力。

实训内容与方法

1. 调查一企业或你所在院校，对该企业或你所在院校的组织结构情况进行调查，并运用所学知识进行分析诊断。

2. 需搜集的主要信息有：

（1）企业或你所在院校的组织结构系统图。

（2）各主要职位、部门的职责权限及职权关系。

（3）企业主要管理人员的数量或你所在院校领导的多少。

（4）由于组织结构、职权关系及制度等问题引起的矛盾。

（5）企业或你所在院校的不同管理人员的管理幅度。

实训要求

在班级进行大组交流与研讨：

1. 组织探讨与分析诊断企业或你所在院校的组织结构系统是否科学。

2. 组织探讨与分析诊断企业或你所在院校的不同管理人员的管理幅度是否合理。

◎ **实训二**：调查一个组织的文化建设情况，然后分析该组织文化的特色及建设过程。

实训目标

1. 增强对企业组织文化的感性认识。

2. 培养对企业组织文化分析的初步能力。

实训内容与方法

1. 调查一家企业或你所在院校，对该企业或你所在院校的组织文化情况进行调查，并运用所学知识进行分析诊断。

2. 需搜集的主要信息有：

（1）企业或你所在院校的组织文化建设情况。

（2）企业或你所在院校的组织文化内容。

实训要求

在班级进行大组交流与研讨：

1. 组织分析企业或你所在院校的物质层文化、制度层文化与精神层文化内容。

2. 组织分析企业或你所在院校的组织文化特色，是否存在有待改善的方面。

3. 分析物质层文化、制度层文化与精神层文化之间的关系。

【案例分析题】

恒源祥重铸老字号

恒源祥，著名的毛线品牌。恒源祥品牌旗下的毛线生产企业有 20 多家，但它们并不隶属于恒源祥，而只是合作关系，恒源祥没有向它们投一分钱的资本，但却拥有这些合作企业 20% 的股份。这些企业与恒源祥共同创造了每年十多亿元的销售收入。这就是刘瑞旗所创建的恒源祥网络企业。

恒源祥创建于 20 世纪 20 年代的上海滩。20 世纪 50 年代，恒源祥只剩下南京东路上的一家毛线店。到了 20 世纪 80 年代，毛线行业处在萧条滑坡之际，生意清淡，业务不景气。这时的恒源祥已经穷得只剩下作为老字号的"品牌"了。

1987 年，29 岁的刘瑞旗出任恒源祥的总经理。他上任后首先做的事就是注册商标，把"恒源祥"这三个字由店名注册成商标名，并开始以广告为核心的一系列品牌重塑活动。

恒源祥名声响了，市场销量骤增，为了抓住机遇，形成规模生产，刘瑞旗决定用恒源祥这个品牌去整合毛线加工厂。在恒源祥的品牌形象不断提升的同时，恒源祥的联营工厂也在不断扩大。恒源祥的毛线产量从 1991 年的 75 吨增长到 1997 年的 1 万吨，成为全国乃至全世界最大的手编毛线生产基地。

恒源祥以其市场销售网络和品牌运作寻求盟友。恒源祥的经营策略是：不花一分钱买地、盖厂房、买设备，只寻找现成企业与其合作。恒源祥让所有加盟的企业接受恒源祥的模式、理念、科技手段和系统的管理措施。恒源祥没有投入一分钱，而是要求每一个合作企业把总资产的 20% 作为股份送给恒源祥，同时，恒源祥分得加盟商 50% 的利润。

第一轮加盟恒源祥的有 5 家毛线工厂，它们的所有产品和管理全部是恒源祥品牌的。第二轮从 1997 年开始，由恒源祥审批加盟的有 25 家，并陆续进入实际运作。

恒源祥在所有的加盟企业中投入了无形资产，那就是组建管理模式、创立品牌、搞科技项目等，表面上看这些工作都没有经济效益，但拥有了它就可以调度和控制有形资产，无形资产能够带动有形资产去创造价值。

刘瑞旗能成功运作和有效管理这样一个联合体，在于他创建了一个行之有效的系统。刘瑞旗对申请加盟企业的资产状况、设备状况、销售网络、领先程度等有很多评价、判断条件。首先要对加盟恒源祥联合体的企业灌输先进的管理方法、理念和质量管理体系，这些企业在经过一个"痛苦"的过渡阶段以后，再按照恒源祥规范的质量管理和内部管理规范生产运作，以保证其产品质量和企业管理都能达到恒源祥几乎"苛刻"的标准。

一个产品是有限的，但品牌是无限的；一个企业是有限制的，但网络企业则是没有边界的。恒源祥是有界的，但以"恒源祥"品牌为核心的网络企业集团却有着没有边界的成长空间。

讨论：

1. 用本章介绍的内容描绘恒源祥的组织结构。这种结构有什么优势？

2. 恒源祥核心组织的商业职能是什么？

3. 恒源祥的组织结构选择为什么能帮它重振老字号的雄风？

【思考与练习题】

一、问答题

1. 组织设计的依据是什么？

2. 简述组织设计应遵循哪些基本原则？

3. 组织结构的基本形式有哪些，各有哪些特点？

4. 现实中有以下两种似乎相对立的主张：（1）组织应当保持尽可能少的层次以增进协调；（2）组织应当保持窄小的管理幅度以促进控制。在你看来，这两种主张是能调和的吗？请说明你的理由与办法。简述管理幅度与管理层次的关系。

5. 有一天，某公司总经理发现会议室的窗户很脏，好像很久没有打扫过，便打电话将这件事告诉了行政后勤部负责人，该负责人立刻打电话告诉事务科长，事务科长又打电话给公务班长，公务班长便派了两名员工，很快就将会议室的窗户擦干净了。过了一段时间，同样的情况再次出现。这表明该公司在管理方面存在着什么问题？

6. 下面是一家公司四位主管的对话。"你知道，除非我们生产出东西，否则公司就什么也没发生。"生产部门主管说。研究开发部主管评论道："不对，除非我们设计出东西，否则公司什么都没发生。""你们说什么？"市场营销主管说："除非我们卖掉这些东西，否则公司就什么也没发生。"最后，恼怒的财会主管反击道："你们生产、设计、销售什么无关紧要，除非我们核算出各种结果，否则谁也别想知道我们发生了什么。"想一想：这段话反映了这家公司是什么类型的组织结构？该类型组织结构的主要缺点是什么？

7. 如果团队中出现不协调的言行，该怎么办？

8. 分析一下自己的性格特点，判断自己更适合于哪一种组织文化类型。

二、单项选择题

1. _____组织形式最直接体现了管理劳动专业化分工的思想。

A. 直线制　　　　B. 直线职能制　　　　C. 事业部制　　　　D. 矩阵制

2. 英国将军汉密尔顿爵士曾经说过："我们越接近整个组织的最高层（司令），就越应当按三人一组进行工作；我们越接近整个组织的基层（战列步兵），就越应当按六人一组进行工作。"这句话反映了_____。

A. 管理幅度的大小实际上是应当而且可以用一个数字来予以绝对规定的。

B. 处在组织高层的管理人员与基层的管理人员相比，用于指挥和领导工作的时间要多一些。

C. 军事组织与其他类型的组织极不相同，其管理幅度是随着管理层次的升高而缩小的。

    D. 高层管理者的有效管理幅度要小于基层管理者。

    3. 某总经理把产品销售的责任委派给一位市场经营的副总经理，由其负责所有地区的经销办事处，但同时总经理又要求各区经销办事处的经理们直接向总会计师汇报每天的销售数字，而总会计师也可以向各地区经销办的经理们直接下命令。总经理的这种做法违反了_____原则。

    A. 责权对等原则　　　　　　　　B. 统一指挥原则

    C. 集权化原则　　　　　　　　　D. 职务提高，职能分散原则

    4. 若较低一级管理层次作出决策的数目越多，下级作出的决策越重要，影响面也越大，则这样的组织是_____。

    A. 职权集中化程度越高　　　　　B. 职权分散化程度越高

    C. 授权越明确　　　　　　　　　D. 授权越具有弹性

第七章

人力资源管理职能

RENLI ZIYUAN GUANLI
ZHINENG

【学习目标】

通过本章的学习，正确理解人力资源与人力资源管理的含义，明确人力资源的特点，熟悉工作分析数据收集的基本方法和招聘的方法，掌握工作分析和制订人力资源计划的步骤，了解人员使用与调配的原则。

【引例】

海尔的人力资源管理理念

青岛海尔集团是我国民族工业的骄傲。海尔之所以能够保持超高速发展，并且走出国门实现跨国经营，家电产销量位居全球前列，在国内外保持强有力的竞争地位，与其人力资源管理的理念是密不可分的。海尔的人力资源管理理念有：

一、"先造人才，再造名牌"的理念

高质量的产品是由高素质的人才生产出来的。海尔要成为国际化的名牌，每个员工首先应成为国际化的人才。海尔集团人力资源开发的目的就是要适应企业实施国际化战略，创建世界一流企业的要求，使企业真正拥有具备国际一流素质和国际竞争力的人才。

二、"人人都是人才，相马不如赛马"的理念

在这个世界上，每个人经过后天的学习与锻炼，都有可能在某些方面具有自己的长处或特定才能。人人成为人才的关键是企业管理者要知人善用，用人所长，把员工配置在合适的岗位上，人尽其才。张瑞敏认为，企业领导者的主要任务不是去发现人才，而

是去建立一个可公平竞争的机会和环境，尽量避免"伯乐"相马过程中的主观局限性和片面性。这种人才机制应该给每个人相同的竞争机会，把相马变为赛马，充分挖掘每个人的潜质；并且每个层次的人才都应该受监督，压力与动力并存，方能适应市场的需要。

三、"无功就是过，应把最优秀人才放在最重要的岗位"的理念

"追求卓越"是海尔人的目标，也是每个海尔人的行为准则及判断是非的标准。不管你过去有多大功劳，资历有多深，只要不思进取，或是你跑得比别人慢了，就应该受到批评与处罚。因为，在海尔，不承认"没有功劳也有苦劳"，无功便是过的观念。

四、"你能翻多大跟头，就给你搭多大舞台"的理念

自我实现、被社会承认，是人的最高层次需要。作为一般员工最渴望的就是个人才能得到发挥、成就不被抹杀。因此，企业若能给每个人创造最大的发展空间，就能最大限度地调动人的积极性，发挥人的潜能。

五、"斜坡球体"理念

张瑞敏认为员工和企业一样，犹如置于斜坡上的球体。由于自身的惰性和外部的压力，小球随时可能滑落。为了不让其下滑，就需要来自内外两种力量的支持和推动。内力来自员工自身素质提高的基础上对企业目标的认同及自觉行动，外力来自于企业的激励机制。只有推动力大于下滑力，才能推动员工进步，进而促进企业发展。

海尔集团CEO张瑞敏说：21世纪企业，得人才者得天下。因此，人力资源管理的务实化、高效化、措施具体化将是未来组织开疆扩土的重要法宝之一。我们更可以说，组织的衰亡主要是由于不能合理地选才、用才、育才和留才，以致不能建立和保持一个有效率、有活力的员工队伍。这一结论的正确性不仅体现在当今社会，也必然体现在未来的社会。

第一节　人力资源管理概述

一、人力资源的含义

在一切资源中，人力资源是第一宝贵的，其自然成了现代管理的核心。人力资源概念首先由被誉为"人力资源管理的开拓者"的美国密歇根大学教授戴维·尤里奇（Dave Ulrich）提出，现今时代，对于组织来说，那些传统的竞争要素，如资金来源、战略、技术，以及产品特性，或早或晚都能被复制，它们无法保证你就是赢家，唯一不能模仿的是组织的人。

（一）人力资源的含义

所谓人力资源是指一定时期内组织所拥有的能够被组织所用的，且对组织目标实现、价值创造起贡献作用的具有体力劳动和智力劳动能力的人数的总和。对人力资源的含义，应从数量和质量两个方面把握。

1. 人力资源的数量。人力资源是指能够被组织所利用人口的总和，这里的"组织"可以大到一个国家或地区，也可以小到一个企业或作坊。因此，宏观意义上的人力资源可以是指一个国家或地区具有劳动能力的人口的总和。包括就业人口和待业的劳动适龄人口。微观意义上的人力资源是指一个单位或组织具有劳动能力的人口的总和。包括组织已经拥有的员工和正欲招聘、将利用的潜在员工。

2. 人力资源的质量。人力资源的质量是指劳动者所具有的体能、智能和态度等方面的状况。体能是指对劳动负荷的承载能力和劳动过后迅速消除疲劳的能力等身体素质，如人的力量、速度、耐力、反应力；也包括对工作或事物的心理承受力、克服心理障碍、寻求心理平衡的能力等心理素质。

智能包括智力、知识、技能三方面。智力是指人类具备的认识事物、解决问题的能力，包括观察理解力、思维判断力等；知识指人们在工作、生活中的社会实践经验和理论；技能是指人们在知识、智力的支配和指导下，创造物质财富和精神财富的能力。

态度是指劳动者对所从事的工作的努力程度、负责程度和合作程度。这取决于劳动者的需求层次、强度和接受激励的强度及对工作的满意度。

与人力资源的数量相比，人力资源的质量更为重要。因为人力资源的质量对人力资源的数量具有较强的替代性，而人力资源的数量对人力资源的质量的替代作用较差。并且，随着社会的发展、科学的进步对人力资源质量的要求会越来越高。

（二）人力资源的基本性质

1. 人力资源与其他资源相比，具有所有资源的共性：

（1）有限性。人力资源有质和量的限制，只能在一定的条件下形成，只能以一定的规模加以利用。

（2）可用性。通过对人力资源的使用可以创造更大的价值。

（3）物质性。有一定的人口，才有一定的人力；一定的人力资源必然表现为一定的人口数量。

2. 人力资源作为社会中最基本、最重要的资源，与其他资源相比，有以下几个突出的个性特征：

（1）能动性。人力资源具有思想、情感和创造力，能根据自身的愿望、意志、思想，有目的、有意识地主动利用其他资源去创造社会财富，推动社会和经济的发展，而其他资源完全处于被动的地位。

（2）生物性。人力资源是以"人"为载体，其开发和使用，要受到自然生命特征的限制，如智力水平、身体条件、疲劳程度、劳动卫生等。其开发和使用应考虑以下两个方面：一是人力资源有其发挥作用的最佳使用时期，人力资源不使用，其能力就会降低乃至消失，所以，我们要提高就业率，减少人力资源的浪费；二是人力资源有其最佳使用方式，应遵循生命规律，因材施用，合理开发和使用，不可过度使用。

（3）再生性。一是基于人口的再生产，即通过人口总体内个体的不断更替和劳动力的再生产，即"劳动力消耗→劳动力生产→劳动力再次消耗→劳动力再次生产"的过程得以实现。人力资源的智力可以通过知识、经验的传承和积累得以延续和增强。

（4）两重性。人是生产者，是财富创造之源；同时，人又是消费者，是投资之果，具有两重性。人是消费者，所以，我们应加强对人口数量的控制，以减少消费；人是生产者，所以，我们要重视对人力资源的培养、开发和利用，重视教育，增加对人力资源的投资，以提高人力资源的质量。

（5）社会性。人力资源是社会资源。人力资源的形成离不开教育，人力资源的形成要依赖于社会；人力资源的配置和使用要处于社会劳动分工体系之中；社会经济发展水平、社会观念、文化背景、社会制度对人力资源的质量、开发和使用具有决定性作用。

（6）资本性。一是人力资源一旦形成，便可能在一定时期内源源不断地带来收益；二是人力资源是个人、企业和社会等投资的产物，其劳动能力的形成及维持主要通过后天的学习及继续学习而获得。

二、人力资源管理的内涵与基本任务

（一）人力资源管理的内涵

人力资源管理（Human Resource Management），就是指运用现代化的科学方法，对与一定物力相结合的人力进行合理的培训、组织与调配，使人力、物力经常保持最佳比例，同时对人的思想、心理、行为进行恰当的诱导、控制和协调，激发员工潜力，使人尽其才，事得其人，人事相宜，以实现组织目标。

人力资源管理包括两方面：一是对人力资源外在要素——量的管理，使人力与物力经常保持最佳比例和有机的结合；二是对人力资源内在要素——质的管理，激发员工潜力，以达到组织目标。

（二）人力资源管理的基本任务

求才，获取人力资源，寻求优秀人才和组织适用的人力资源；

用才，科学使用组织的人力资源，唯才是举、人尽其才、才尽其用，发挥人力资源对经济发展的递增作用；

育才，即通过培训、教育、开发，提高人力资源的质量；

激才，通过激励机制和措施，调动员工的积极性，激发员工潜力；

护才，通过卫生保健、安全保护、平等就业等措施保护劳动者合法权益，养护人力资源的持续劳动能力；

留才，尊重人才、爱惜人才，保持员工队伍的稳定，留住组织所需要的各类人才。

人力资源管理的核心就是合理地选人、用人以及开发员工潜能，激发员工的积极性。只有把最优秀人才放在重要岗位上，重要岗位上安排最优秀的人才，才能真正做到"人尽其才，才尽其用，人事相宜，事得其人"。

【小看板7-1】

人力资源经理比副总经理重要

原微软中国区总裁、现任盛大总裁的著名企业家唐骏对企业的人力资源管理有独到的见解。唐骏说：我亲自面试每一名应聘的员工，我这样做的目的是告诉大家，我是重视企业管理的，我是以人为本的；同时也可以传递一个信息，你应聘的这份工作很重要，如果应聘的人通过了，他会觉得自己很优秀，因为总裁觉得自己能行，自己能不行吗？这样会产生无形的激励作用。

他认为总经理和人力资源经理是企业中最重要的两个角色。他不认为公司的副总经理有多么重要，而是把人力资源经理看做是唯一一个当总裁不在时，可以代替总裁工作的人。

唐骏认为人力资源最难做的两件事，一是如何招到优秀人才，二是如何留住优秀的人才。他认为让进公司的人保持一种幻想是最重要的，因为他一旦成为公司的员工后，所关注的绝不是工资待遇，而是未来的职业发展方向；人力资源部门帮助每一名员工寻找发展的机会，让每一位加入公司的员工至少在三年内保持对未来的幻想，通过这种幻想来释放工作的热情和能量。达到这样的目标就要靠人力资源经理和每位员工保持密切的沟通，及时把公司的战略、策略向员工交代，向员工灌输未来职业发展规划。因此人力资源经理有许多事情可做，关键看你怎么做。

资料来源：廖三余主编：《人力资源管理》，中国农业出版社，2006。

第二节 人力资源管理的基础工作

人力资源规划与工作分析是人力资源管理的基础工作，是人力资源管理的平台，它的科学性直接影响着人力资源招聘、培训与开发、绩效考核、职业生涯管理等工作。科学地进行人力资源规划与工作分析，是做好人力资源管理工作的基本功。

一、人力资源规划

人力资源规划（Human Resource Planning）有广义和狭义之分。广义的人力资源规划是指根据组织外部环境和内部条件而统筹安排各项人力资源管理工作的过程。狭义的人力资源规划则是指科学地预测、分析组织在变化的环境中的人力资源供给和需求状况，制定必要的政策和措施，使人力资源供求达到平衡的过程。

（一）人力资源规划的目的

1. 有利于人力资源管理的有序化。人力资源规划一方面对目前人力现状予以分析，以了解人事动态；另一方面，对未来人力需求作一些预测，以便对企业人力的增减进行通盘考虑，再据以制订人员增补和培训计划，确保企业生存发展过程中对人力资源的需求，所以，人力资源规划有利于人力资源管理的有序化。

2. 促使人力资源的合理运用。在相当多的组织中，会有一些人的工作负荷过重，而另一些人则工作过于轻松；也许有一些人的能力有限，而另一些人则感到能力有余，未能充分利用。人力资源规划可改善人力分配的不平衡状况，进而谋求合理化，以使人力资源能配合组织的发展需要。

3. 低用人成本。影响企业用人数目的因素很多，如业务、技术革新、机器设备、组织工作制度、工作人员的能力等。人力资源规划可对现有的人力结构作一些分析，并找出影响人力资源有效运用的瓶颈，使人力资源效能充分发挥，降低人力资源在成本中所占的比率。

（二）人力资源规划的内容

狭义的人力资源计划仅包括与人员变化有关的内容，如配备计划、职务编制计划、退休解聘计划、补充计划、使用计划等。广义的人力资源计划则还包含总体规划、培训开发计划、绩效与薪酬福利计划、劳动关系计划以及人力资源预算等。

部分计划的内容简介如下：

（1）总体规划：陈述根据组织战略确定的人力资源管理的总体目标和配套政策。

（2）配备计划：陈述根据组织内外部环境和条件，确定的组织规模以及与之对应的人员结构、数量、分布状况。

（3）职务编制计划：陈述企业的组织结构、职务设置、职务描述和职务资格要求等内容。

（4）退休解聘计划：陈述达到退休年龄或合同期满等原因而离开组织的人员结构、数量、措施等内容。

（5）补充计划：陈述如何保证能及时地获得所需数量和质量的人员的措施。

（6）使用计划：陈述人员晋升与轮换安排、政策等内容。

（7）培训开发计划：包括培训需求、内容、形式、考核等内容。

（8）职业计划：其主要内容是对员工个人在使用、培养等方面的特殊安排。

（9）绩效与薪酬福利计划：内容包括绩效标准及其衡量方法、薪酬结构、工资总额、工资关系、福利项目以及绩效与薪酬的对应关系等。

（10）劳动关系计划：关于如何减少和预防劳动争议，改进劳动关系的计划。

（11）人力资源预算：上述各项计划的费用预算。

【小看板 7 - 2】

美国 IBM 公司的培训开发计划

美国 IBM 公司对逐级推荐的 5 000 名有发展前途的人员分别制订培训计划，根据可能产生的职位空缺和出现的时间分阶段、有目的地培养他们，当职位空缺产生时，人员已培训好了。培训计划与晋升计划、配备计划以及个人发展计划有密切的联系，培训的相当一部分工作应在晋升之前完成。

资料来源：中国人力资源开发网。

（三）编制人力资源规划的过程及方法

一般来说，编制人力资源规划要经过七个步骤，如图7-1所示。

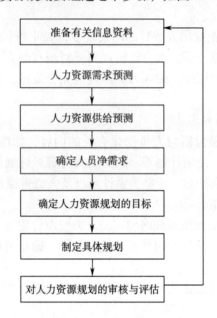

图7-1　人力资源规划程序

1. 准备有关信息资料。信息资料是制定人力资源规划的依据，信息资料的质量如何，对人力资源规划工作的质量影响很大。与人力资源规划有关的信息资料主要有企业的经营战略和目标，职务说明书，企业现有人员情况，员工的培训、教育情况等。

2. 人力资源需求预测。人力资源需求预测的主要任务是分析企业需要什么样的人以及需要多少人。为此，分析人员首先要了解哪些因素可能影响到企业的人力资源需求，这些因素包括企业技术、设备条件的变化、企业规模的变化、企业经营方向的调整、原有人员的流动以及外部因素对企业的影响等。人力资源需求预测的准确程度与工作的性质有关。对管理人员、研发人员等难以准确规定其劳动量的职位，需求预测的主观性很强，预测的结果不可能十分精确；对操作工等能够准确规定劳动量的职位，则可以得到精确的预测结果。

对人力资源需求进行预测的方法和技术比较多，常用的有如下几种。

（1）管理人员判断法。即企业各级管理人员根据自己的经验和直觉，自下而上确定未来所需人员。具体做法是，先由企业各职能部门的基层领导根据自己部门在未来各时期的业务增减情况，提出本部门各类人员的需求量，再由上一层领导估算平衡，最后在最高领导层进行决策。这是一种很粗的人力需求预测方法，主要适用于短期预测，若用于中期、长期预测，则相当不准确。

（2）经验预测法。这种方法也叫做比率分析，即根据以往的经验对人力资源需求进行预测。具体的方法是根据企业的生产经营计划及劳动定额或每个人的生产能力、销售能力、管理能力等进行。这种方法应用起来比较简单，适用于技术较稳定企业的中期、短期人力资源预测。例如，一个纺织厂根据经验发现每个工人可以负责 20 台机器，那么，如果该企业准备在下一年度增加 300 台机器，那就需要增加 15 名工人。又如，一个企业根据以往的经验认为生产车间的班组长一般管理 20 个人比较合适，如果该企业准备新招 100 名生产工人，那就要任命 5 名班组长。

（3）德尔菲法。德尔菲法是一种使专家们对影响组织某一领域的发展的看法（例如组织将来对劳动力的需求）逐步达成一致意见的结构化方法。例如，一家软件公司估计下一年度公司对程序员的需求时，可以选择首席技术官、有经验的项目经理、公司高级管理人员作为专家。给专家提供已收集到的历史资料以及有关的统计分析结果，例如，下一年度任务计划资料。让专家估计下一年度程序员需要增加百分之多少，或者估计某些关键雇员（如市场部经理或工程师）的新增人数。专家们互不见面。因为面对面的集体讨论会使得一些人因不愿批评其他人而放弃自己的合理主张。需要预测主持者（例如人力资源部门）把专家们各自提出的意见归纳集中后反馈给他们，使专家们有机会修改他们的预测并说明修改的原因。一般重复 3 ~ 5 次，直至专家们的意见趋于一致。

3. 人力资源供给预测。供给预测包括两个方面：一是内部人员拥有量预测，即根据现有人力资源及其未来变动情况，预测出计划期内各时间点上的人员拥有量；二是外部供给量预测，即确定在计划期内各时间点上可以从企业外部获得的各类人员的数量。一般情况下，内部人员拥有量是比较透明的，预测的准确度较高；而外部人力资源的供给则有较高的不确定性。企业在进行人力资源供给预测时应把重点放在内部人员拥有量的预测上，外部供给量的预测则应侧重于关键人员，如高级管理人员、技术人员等。

4. 确定人员净需求。人员需求和供给预测完成后，就可以将本企业人力资源需求的预测情况与在同期内企业本身可供给的人力资源情况进行对比分析。从比较分析中可测算出各类人员的净需求情况。如果净需求是正的，则表明企业需要招聘新的员工或对现有的员工进行有针对性的培训；如果净需求是负的，则表明企业这方面的人员是过剩的，应该精减或对员工进行调配。需要说明的是，这里所说的"净需求"既包括人员数量，又包括人员结构、人员标准，也就是既要确定"需要多少人"，又要确定"需要什么人"，数量和标准需要对应起来。

5. 确定人力资源规划的目标。人力资源规划的目标是随组织所处的环境、企业战略与战术规划、组织目前工作结构与员工工作行为的变化而不断改变的。当组织的战略规划、年度规划已经确定，组织目前的人力资源需求与供给情况已经摸清，就可以据此制定组织的人力资源目标了。目标可以用最终结果来阐述，例如，"到明年年底，每个员工的年培训时间达到 40 小时"，"到明年年底，将人员精减 1/3"；也可以用工作行为的标准来表达，例如，"到培训的第三周，受训者应该会做这些事"。企业的人力资源目标通常都不是单一的：每个目标可能是定量的、具体的，也可能是定性的、比较抽象的。

6. 制定具体规划。包括制定补充规划、使用规划、培训开发规划等。规划中既要有指导性、原则性的政策，又要有可操作的具体措施。供求预测的不同结果，决定了应采取的政策和措施也不同。

如果预测结果表明企业在未来某一时期内在某些岗位上人员短缺，需求大于供给，这时的政策和措施有：

①培训本企业员工，对受过培训的员工根据情况择优提升补缺并相应提高其工资等待遇；

②进行平行性岗位调动，适当进行岗位培训；

③延长员工工作时间或增加工作负荷量，给予相应的补偿或奖励；

④重新设计工作以提高员工的工作效率；

⑤雇用临时工；

⑥改进技术或进行超前生产；

⑦制定招聘政策，向组织外进行招聘。

如果预测结果表明企业在未来某一时期内在某些岗位上人员过剩，即供过于求，则可选择的一般策略有：

①永久性辞退员工；

②暂时或永久性地关闭一些不盈利的分厂或车间，精简职能部门；

③进行提前退休；

④对员工重新进行培训，调往新岗位，或适当储备一些人员；

⑤减少工作时间（随之亦相应减少工资）；

⑥由两个或两个以上人员分担一个工作岗位，并相应地减少工资。

7. 对人力资源规划的审核与评估。对一个组织人力资源规划的审核与评估是对该组织人力资源规划所涉及的各个方面及其所带来的效益进行综合的审查与评价，也是对人力资源规划所涉及的有关政策、措施以及招聘、培训发展和报酬福利等方面进行审核与控制。

在西方国家的大企业中，一般都有人力资源管理委员会。该委员会由一位副总裁、人力资源部经理以及若干专家和员工代表组成。委员会的主要职责是定期检查各项人力资源规划的制订、政策的执行情况，并对规划、政策的修订提出修改意见，交董事会审批。委员会的主席由委员们轮流担任，任期一年。我国企业可以借鉴西方的经验，但也要注意符合我国的国情。

二、职位分析

（一）职位分析的含义

职位分析（Job Analysis）又称工作分析、岗位分析，它是一种应用系统的方法，收集、分析、确定组织中职位的定位、目标、工作内容、职责权限、工作关系、业绩标准等基本因素的过程。

职位分析的主要成果是形成职位说明书和职位分析报告。

一般而言，职位说明书包含两方面的内容：一是工作说明——对有关职位职责、工作内容、工作条件以及工作环境等方面所进行的书面描述。

二是任职资格说明——对任职者的知识、能力、品格、教育背景和工作经历等方面的要求所进行的书面描述。

职位分析报告是通过职位分析发现经营管理过程中存在问题的书面报告。职位分析报告可为组织有效诊断提供依据。

（二）职位分析的地位和作用

职位分析在人力资源管理中具有十分重要的作用，它是人力资源管理的基础，具体表现在五个方面。

1. 实现战略传递。通过职位分析，可以明确职位设置的目的，从而明确该职位如何为组织整体发展创造价值，如何支持企业的战略目标与部门目标，从而使组织的战略得以落实。

2. 明确职位边界。通过职位分析，可以明确界定职位的职责与权限，消除职位之间在职责上的相互重叠。从而尽可能地避免由于职位边界不清导致的扯皮推诿，并且防止职位之间的职责真空，使组织的每一项工作都能够得以落实。

3. 提高工作效率。工作效率的提高关键在于改进工作程序，简化工作内容，明确工作标准与要求，通过职位分析可以理顺职位与其流程上下游环节的关系，消除由于职位设置或者职位界定的原因所导致的流程不畅、效率低下等现象。

4. 是企业量化管理的前提。现代管理需要一系列科学标准及量化考核，职位分析通过岗位工作的客观数据分析，有助于制定劳动定额和人员定额，制定组织各岗位的工作标准，满足量化管理的需要。

5. 强化职业化管理。通过职位分析，在明确职位的职责、权限、任职资格等的基础上，形成该职位工作的基本规范，从而为员工职业生涯的发展提供牵引与约束机制。

6. 是科学管理的基础。职位说明书是人力资源规划、绩效考核、薪酬管理、员工招聘、员工培训等人力资源管理的依据和基础，也是员工工作的指南。

（三）职位分析的实施过程

职位分析一般采取以下五个步骤。

1. 成立职位分析的工作组。职位分析的工作组一般包括数名人力资源专家和多名工作人员，它是进行职位分析的组织保证。工作组首先需要对工作人员进行培训，制订工作计划，明确工作分析的范围和主要任务。同时，配合组织做好员工的思想工作，说明职位分析的目的和意义，使员工对工作分析有良好的心理准备。最终，工作组还需要确定职位分析的目标。

2. 收集与工作相关的背景信息。与工作相关的背景信息包括：劳动组织和生产组织的状况、企业组织机构和管理系统图、各部门工作流程图、各个岗位办事细则、岗位经济责任制度等。

3. 职位调查。首先，确定职位分析所获得信息的使用目的、信息的用途，明确收集哪些类型的信息，以及使用哪些方法来收集这些信息，进而设计职位调查方案；其次，根据职位调查方案，对组织的各个职位进行全方面的了解，收集有关职位职责、工作特征、环境和任职要求等方面的信息。在信息收集中，一般可灵活地运用访谈、问卷、实地观察等方法得到有关职位工作的各种数据和资料，为正确地编写职位说明书提供依据。

4. 整理和分析所得到的工作信息。职位分析并不是简单机械地积累职位信息，而是要对各职位的特征和要求作出全面说明，在深入分析和认真总结的基础上，创造性地揭示出各职位的主要内容和关键因素。

5. 编写职位说明书。职位说明书在人力资源管理中的作用非常重要，不但可以帮助任职人员了解其工作，明确其责任范围，还可为管理者的决策提供参考。职位说明书的编写要求准确、规范、清晰。在编写之前，需要明确职位说明书的规范用语、版面格式要求和各个栏目的具体内容要求。

（四）职位说明书的内容

1. 工作说明。

（1）职位基本信息：也称为工作标识。包括职位名称、所在部门、直接上级、定员、部门编码、职位编码。

（2）工作目标与职责：重点描述从事该职位的工作所要完成或达到的工作目标，以及该职位的主要职责权限等，标准词汇应是负责、确保、保证等。

（3）工作内容：应全面地、详尽地描述该职位所要做的每一项工作，包括每项工作的综述、活动过程、工作联系和权限，以及每项工作的环境、工作条件、所用到的工具和设备。

（4）工作的时间特征：反映该职位通常表现的工作时间特征，例如，在流水线上可能需要三班倒，在高科技企业中需要经常加班。

（5）工作完成结果及建议考核标准：反映该职位完成的工作标准，以及如何根据工作完成情况进行考核，具体内容通常与该组织的考核制度结合起来。

2. 任职资格说明。

（1）教育背景：从事该职位目前应具有的最低学历要求。

（2）工作经历：从事该职位工作经验背景，尤其是中、高层管理职位，通常要求对其职位上的工作或对相关职位的工作有一定的了解。

（3）专业技能、证书与其他能力：主要反映从事该职位应具有的基本技能和能力。

（4）专门培训：是指员工在具备了教育水平、工作经历、技能要求之后，还必须经过一些基本的专业培训，否则将不允许上任或不能很好地胜任工作。

（5）体能要求。对于体力劳动型的工作，这项非常重要。

第三节　人员招聘

一、人员招聘的原则

人力资源管理的第一步工作是要获取人才，即"招人"。人员招聘（Personnel Recruitment）是组织为了发展的需要，根据人力资源规划和工作分析的要求，吸引应聘者并从中选拔、录用所需要的人的过程。

招聘并不只是组织内部的事情，也是一项经济性、社会性、政策性很强的工作。在招聘工作中必须遵循以下原则：

1. 因事择人。企业应依据人力资源规划进行招聘。无论多招还是错招，都会给企业带来负面影响，除了增加人力成本、降低工作效率之外，还可能损害企业形象。

2. 公开。这一方面可以将招聘置于公众的监督之下，以防不正之风，另一方面，可以吸引大批的应聘者，有利于招到一流人才。

3. 平等竞争。不得人为制造不平等的限制，要通过考核、竞争选拔、择优录用，选出真正优秀的人才。

4. 用人所长。要充分考虑个人的专长，做到量才使用，实现人尽其才，事得其人。

5. 效率优先。应根据招聘要求，灵活选用适当的招聘选拔形式和方法，力争用尽可能少的招聘费用，录用到高素质、适应企业需要的人员。

【小看板7-3】

刘邦胜利之谜

汉高祖刘邦定都洛阳，在南宫大宴群臣，对群臣道："列侯诸将无敢隐朕，皆言其情。吾所以有天下者何？项氏之所以失天下者何？"高起、王陵对曰："……陛下使人攻城略地，所降下者因以与之，与天下同利也。项羽嫉贤妒能，有功者害之，贤者疑之，战胜而不予人功，得地而不予人利，此所以失天下也。"刘邦道："公知其一，未知其二。夫运筹帷幄之中，决胜千里之外，吾不如子房（张良字子房）；填（通"镇"）国家，抚百姓，给馈饷（供给军饷），不绝粮道，吾不如萧何；连百万之众，战必胜，攻必取，吾不如韩信。此三者，皆人杰也，吾能用之，此吾所以取天下者也。项羽有一范增而不能用，此其所以为我擒也。"

资料来源：百度百科。

二、招聘的程序

招聘的程序如图7-2所示。

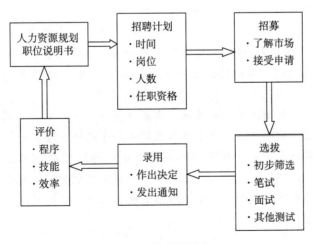

图7-2 招聘的程序

三、人员招聘的渠道

招聘的渠道有内部选拔、公开招聘和关系招聘。

（一）内部选拔

内部选拔的方式主要有以下几种：

1. 晋升。当企业中有些较重要的岗位需要招聘人员时，让企业内部符合条件的员工从一个比较低级的岗位晋升到一个较高级的岗位的过程就是内部晋升。

2. 职务调动。职务调动能为雇员提供一个更广泛了解组织的机会，这对今后的晋升是至关重要的。因此，职务调动可以为组织提供内部或外部的求职者。

3. 工作轮换。职务调动通常是较长期的，而工作轮换往往是临时性或短暂性的。工作轮换不仅可以使管理人员适应不同的岗位和环境，还可以减轻处在高度紧张职位上的员工的工作压力。工作轮换应当成为员工职业生涯管理与设计的一部分。

4. 内部人员再聘用。组织由于一段时期经营效果不好，会暂时让一些员工下岗待聘，当组织经营状况好转时，再重新聘用这些员工。一方面，下岗员工经历过下岗后会更珍惜组织给予他们的机会；另一方面，这些员工对原工作很熟练，为组织省去了大量的培训费用。

【小看板 7 - 4】

从三国学延揽人才

魏蜀吴三国各拥人才，鼎足而立，三国的领导人物在延揽人才方面都有各自的优势和特点。

曹操虎踞中原，政治和军事力量雄厚，三分天下有其二，挟天子以征臣下，要给什么官爵都可以；且其本人雄才大略，有实力也有愿望统一全国，人才在其麾下不愁无用武之地，因此当时世人有"争为魏公奴"的现象。在曹操的身上，我们看到的是一种政治化的人格，为了达到既定的政治目的可以不择手段。

刘备虽为皇叔，但未得西川前，既无政治实力也无军事势力，他吸引人才靠的是自身人格的力量，道德的力量。刘备自信他与曹操不同在于："操以急，吾以宽，操以暴，吾以仁，操以谲，吾以忠，每与操反，事乃可成。"而在刘备身上则体现了人格化的政治——以"厚德载物"来实现自己的政治目的。

至于东吴孙权，则因袭父兄的基业，占据江东六郡八十一州，基业稳固。他手下虽然多是跟随其父兄的旧臣，但善于从旧臣的子弟中选拔和培育人才。

虽然延揽和驾驭人才的手段各有不同，但是作为人才战略家，他们有一个共同点，就是攻心为上，即抓住人的心理，则不难延揽和留住他们。无论是以授权倚重揽人心，还是以宽仁有度得人心，或是以财帛美色动人心，殊途同归。

资料来源：经理人网。

（二）公开招聘

1. 广告招聘。通过新闻媒介向社会传播招聘信息，传播范围广、速度快、应聘者数量大、企业选择的余地大，但企业接待及选聘工作量和费用会大大增加。招聘广告除应清楚描述职位的职责、任职要求等外，同时还要将企业良好的人事制度、用人政策宣传出去。

2. 大中专院校。每年学校有几百万的毕业生进入社会，学校是组织技术人才和管理人才最主要的供应基地。组织可以采取的直接从学校获得所需人才的方式有：在学校设立奖学金或与学校横向联系，以达到观察的目的；在学校中建立"毕业生数据库"，对毕业生逐个进行筛选；通过定向培养、委托培养的方式；最常用的招聘方式是一年一次或两次的人才供需洽谈会。

3. 人才招聘会。招聘会通常是由政府、大型职介机构或大中专学校举办的招聘者与应聘者面对面沟通、双向选择的招聘方式。企业参加招聘会要提前做好各种准备工作，如准备宣传资料、布置展台等。

4. 互联网。用人单位可以在网上公布待聘职位并与求职者进行实际对话，寻找潜在的求职者。人才招聘网站因其信息传播范围广、传播速度快、成本低、供需双方选择余地大，不受时间、地域的限制，而被招聘单位和求职者广泛接受，正成为最有吸引力的就业媒体之一。当然，用人单位利用自己的网站来吸引求职者也是很好的方式。

5. 利用中介代理机构——猎头公司。猎头公司是一种特殊的职业中介机构。对于高级技术和管理人才，尤其是尖端人才，用传统的渠道往往很难达到目标，这时可以通过猎头公司来猎取。猎头公司联系面广，掌握的信息较为全面和翔实。利用猎头公司获取人才的费用较高，往往是员工录用后 1～3 个月的工资。企业需要提前了解猎头公司的资质和信用情况、服务费用和支付方式、服务质量及效果等。

（三）关系招聘

1. 员工推荐。员工推荐对招聘专业人才比较有效，且招聘成本小、应聘人员素质高、可靠性高。美国微软公司 40% 的员工都是通过员工推荐方式获得的。有时，为鼓励员工推荐优秀人才，企业还可以制定激励政策，对举荐人才有功的人员进行奖励。思科公司是全球著名的网络公司，该公司为吸引人才而开发了"朋友"项目。他们张贴广告，鼓励求职者或对思科公司感兴趣的人与已在思科公司工作的人做朋友，与求职者做朋友的雇员必须在生活和工作背景、技术专长等方面有相似之处。如果求职者在与某位雇员做朋友后最终被公司雇用，那么该雇员就可获得不低于 500 美元的奖金和去夏威夷旅游的机票。

2. 熟人介绍。当一个工作岗位空缺时，可由企业外的熟人介绍人选，经过测试合格后录用。熟人介绍的主要优点是：由于对熟人的情况较了解，对被介绍人的情况也相对较熟悉，一旦聘用，离职率较低，费用较便宜。熟人介绍的缺点是：易形成非正式群体；选用人员的面较窄；易造成任人唯亲的现象。

四、内外招聘渠道的利弊

招聘的渠道主要依赖于内部选拔和公开招聘，关系招聘仅仅是补充。内外招聘渠道各有利弊，优缺点互补，内外招聘渠道的利弊分析如表7-1所示。

表7-1　　　　　　　　　　　　　内外招聘渠道的利弊分析

	内部选拔	公开招聘
优点	①了解全面，准确性高 ②鼓舞士气，激励进取 ③雇员会感到更稳定，愿意把其长远的目标与组织联系在一起，较易形成企业文化 ④更熟悉工作程序、组织特性和政策。可更快适应工作 ⑤招聘费用低	①人员来源广，选择余地大，可招到一流人才 ②新雇员带来新思想、新方法 ③可以缓和内部人员之间的矛盾
缺点	①来源于内部，水平有限 ②高级技术人员、高级管理人才难以满足要求 ③可能因操作不公或员工心理原因造成内部矛盾 ④自我封闭，可导致组织缺少活力	①对组织了解有限，适应新环境需要些许时间 ②对外部人员了解有限，可能招错人 ③内部员工得不到机会，可能会影响工作积极性

五、员工招聘的方法

科学、有效的招聘方法是确保招聘顺利进行的重要技术保证。常用的方法有笔试、面试、评价中心、心理测试。

（一）申请表

申请表是一种初始阶段的筛选工具。目的在于收集关于求职者与工作有关的背景和现在情况的信息，以评价求职者是否能满足最起码的工作要求。其基本内容包括应聘者过去和现在的工作经历、受教育情况、培训情况、能力特长、职业兴趣等。

（二）笔试

笔试是通过卷面的形式测试应聘者的基础知识、素质能力、专业知识和能力的差异，判断应聘者对招聘职位的适应性。现在有些企业也通过笔试来测试应聘者的性格和兴趣等。

（三）面试

面试是通过主试和被试双方面对面的观察、交流等双向沟通方式，了解应聘人员的素质状况、能力特征以及应聘动机的一种人员考试技术。面试是企业最常用的测试手段，99%的企业在招聘中都采用这种方法。面试考官的各方面素质，如性格特征、工作能力直接影响面试的质量。面试考官必须具备良好的个人品格和修养，为人正直、公正；能熟练地运用各种面试技巧，有敏感的分析判断力，了解各种组织状况和职位要求，掌握人才甄选的技巧；面试主考官还应对企业文化、业务有充分的了解，具有丰富的工作经验，具备良好的综合素质，在面试的小组中，考官的知识组合不应有缺口。

【小看板7-5】

选人的直觉管理

在面试时，我们会受到直觉的影响。一项网上调查：94%的招聘经理承认，在作面试决定时，受直觉影响；6%认为不受影响。

第一印象理论：研究结果表明，在见到一个人的三秒钟至六秒钟内就会产生直觉印象，要想改变这种印象，需要经过20次的接触。一个人对另一个人的直觉印象，如果从三个维度即视觉感受、语音语调、词句内容来考察，受影响的程度分别是55%、38%、7%。

直觉主义者认为，直觉的力量是指不经过推理和分析就迅速了解事情的能力；当我们要聘用或解雇某人，应该倾听预感给我们提供的建议。

在面试时应科学正确地运用直觉，做好如下几项工作，以提高选人的成功率：

1. 第一眼——力争在最短的时间内对应聘者的形象气质、言谈举止（眼神、姿势、语调）有一个总体直觉和判断。

2. 尽力将最初的提问设计得有"技术含量"，使我们形成的直觉更接近于客观。

3. 选人流程和必要的技术性方法"一个都不能少"。直觉的力量是巨大的，但直觉又是危险的，不应该把第一眼的"一见钟情"作为唯一的选择工具，在面试过程中必须同时运用测试应聘者素质的其他方法，来证实最初的直觉判断的可靠性和有效性。只有经过验证，基于客观、正确的直觉才会确保选人决策的正确性。

资料来源：人才战略经理网（有改动）。

（四）工作模拟（情境模拟）

工作模拟是模拟实际工作情境，使应聘者参与，从而对其表现作出评价的一类测试方法。工作模拟必须具体到工作、具有针对性才能有效。因此，设计费用很高。

最常用的工作模拟方法有三种。

1. 文件筐测试法，也叫做公文筐测试。其具体方法为：在文件筐里放置诸如信件、备忘录、电话记录之类的文件。首先向应试者介绍有关的背景材料，然后告诉应试者，他（她）现在就是这个职位的任职者，负责全权处理文件筐里的所有公文材料。要使应试者根据自己的经验、知识和性格去处理解决每一件事。由此，每个应试者都留下一沓笔记、备忘录、信件等，这是每个应试者工作成效的最好记录。最后，由评委通过考察应试者在测试过程中所做的工作及表现来给其打分。文件筐测试法主要考测应试者的个人自信心、组织领导能力、计划能力、书写表达能力、决策能力、是否敢冒风险、经营管理能力七个方面。

2. 无领导小组讨论法。这是对一组人同时进行测试的方法。主持者给一组参试者一个与工作有关的题目，并简单地交代参试者，叫他们就这个题目展开一场讨论。由几位观察者给每一个参试者评分。每个人首先就题目发表自己的观点，最后得出小组的一致答案。最后由评委根据每位应试者的表现分别评分。评价大致可围绕七个方面：主动性、说服力和兜售能力、口头表达能力、自信程度、承担压力的能力、精力以及人际交往能力。

3. 商业游戏。在一个真实的公司经营管理案例中，参加游戏者可自行其是，最后由评委根据每位应试者的表现分别评分。

（五）评价中心

评价中心最早起源于第一次世界大战中德国军方对于军官的选拔，是目前测试准确性最高的一种方法。人们在研究和实践中发现，某一方面的管理技巧和管理能力用某些方法来进行效果最佳：测验经营管理技巧用文件篓测试法效果最佳；测试人际关系技巧用无领导小组讨论法、商业游戏法效果最佳；测试智力状况用笔试方法效果最佳；测试工作的恒心用文件篓测试、无领导小组讨论、商业游戏效果最佳。招聘中所谓的评价中心就是在一个测试流程内，同时采用几种工作模拟方法按照特定的规范和实施步骤，由评估人员通过观察候选人现场演练的具体行为，给予评分。

下面是一家知名跨国公司采用评价中心的方法对应聘者王先生的测试过程。公司要求王先生在测试中扮演一个本公司某地区区域销售经理，模拟真正的区域销售经理一天的工作。王先生先是拿到了一叠资料，他需要在短时间内阅读这份资料，以了解公司的基本情况并进入角色。之后，王先生了解到自己所扮演的区域销售经理刚刚上任，并且刚出差回来，出差期间办公桌上已经积累了一大堆文件，他必须马上作出相应处理。好不容易把一大堆文件处理好了，王先生又得去拜访一个重要的客户。这个客户跟公司每年都有很大的业务量，然而前不久因为交货期的原因，客户对公司的服务很不满。从客户那边回来，王先生又得和自己的下属开会，这个下属是个刺儿头，而且还带着好些棘手的问题来找他。最后，王生先总算能安静下来，但他还要对公司新推出的薪酬方案提出建议。在一天的模拟测评结束之后，多位经过专门训练的评估人员将会对王先生在现场演练中的各方面表现进行集体讨论，最终提出对王先生的评价结论报告。

（六）心理测试

所谓心理测试就是指通过一系列的科学方法来测量被试者能力和个性等方面差异的一种科学方法。

1. 一般能力测试。也称智力测试。它测量的是一组能力，包括记忆、词汇、数字和口头表达能力。智力是个人适应新环境的能力，是人的行为表现。20世纪初，人类发现了能够区别人的智力的量，即理解力和判断力。由法国人比奈和西蒙设计的心理量表是人类最早的智力测量工具。

2. 运动神经能力测试。这种测试是衡量力量、协调性和灵活性的测试。它对于装配流水线上的操作工人尤为重要。国外常用的运动神经能力测试有"普德"木栓板测试、"奥卡挪"手指灵活性测试、明尼苏达操作速度测试、"克洛弗德"小部件灵活性测试等。

3. 业务知识及经验测试。业务知识及经验测试是衡量应聘者对所申请的职责所具备的知识。

4. 工作样本测试。工作样本测试要求求职者将代表某项工作的一项或若干项任务完成。

5. 职业兴趣测试。职业兴趣测试可以表明一个人最感兴趣并最可能从中得到满足的工作是什么,主要用于评议和职业的指导方面。

6. 个性测试。个性测试主要是为了考察人的个性特点与工作行为的关系。

7. 情商测试。情绪智商即情商(Emotional Quotient,EQ),美国心理学家经研究发现,人的 EQ 对成功起到了关键性的作用。情商测试主要是衡量一个人对自己的情绪的认知和调控能力。主要包括五方面的内容:自我意识、控制情绪、自我激励、认知他人的情绪、社会适应性。

以上几种方式各有优缺点,适宜不同的测评目的,可根据不同职位的需要选择采用。

(七)背景调查

现实生活中,总有部分求职者在求职时对自己进行过分的包装,甚至造假。根据我国 2010 年人口普查资料,全国持假文凭者已达 70 多万人,相当于 20 世纪 90 年代一年的普通高校毕业生总数,同时有三分之一的求职者的简历有不同程度的虚假。防假于未然,背景调查是拒假于门外的有力武器。背景调查,能最大限度地保证企业招聘的准确性,获得求职者更全面的信息,拒假于门外。

背景调查一般安排在面试结束后与上岗前的间隙。此时大部分不合格人选已经被淘汰,剩下的佼佼者数量已经很少,在调查项目设计时更有针对性。调查的内容可以分为两类:一是通用项目,如毕业学位的真实性、任职资格证书的有效性,二是与职位说明书要求相关的工作经验、技能和业绩。背景调查的渠道有三种:一是学校学籍管理部门,二是历次工作的公司,三是档案管理部门。目前,我国档案的保管部门是国有单位的人事部门和人才交流中心。

第四节 人力资源开发和使用

一、人力资源的培训与开发

人的素质的提高,一方面需要个人在工作中钻研和探索,另一方面也需要有计划有组织的培训。培训是人力资源开发的主要手段,但不是唯一手段,人力资源开发还需要人力资源管理的其他手段,特别是考核,通过考核,员工就能明确自己的长处和不足,并在指导和帮助下改进。人力资源的培训与开发是两个不同的概念,它们既有区别,也有联系。

（一）培训与开发的基本概念

培训与开发是现代人力资源管理有别于人事管理的重要标志，也是人力资源管理的核心。通过培训和开发，不断提高人员的素质，以达到提高工作效率，防止员工技能退化，也有利于员工个人的发展。

人力资源培训（Training）与人力资源开发（Development）是两个既相联系又相区别的概念。人力资源的培训是指通过教育、培养和训练，提高员工的知识技能并改善员工的价值观、工作态度与行为方式，使他们能在自己现在或未来的工作岗位上胜任或称职，从而实现组织预期的目的和员工个人发展目标的有计划、有组织、连续的工作过程或管理手段。人力资源开发就是组织通过培训及其他工作，改进员工能力和组织业绩的一种有计划的、连续性的工作。

培训与开发的目的和方向是一样的。两者稍有不同的地方是，培训着眼于提高员工应对现时工作的能力，以工作为中心，使企业拥有更合格的工作人员，提高各方面工作的效率和效果；开发则主要着眼于提高员工适应未来工作的能力，以个体为中心，促使员工不断得到成长，为其取得个人职业的成功铺平道路。不过，在实际中，两方面的内容常常交叉在一起，很难截然分开。

现代培训的含义从内涵的深度与外延的广度上都大大不同于传统培训。

其一，现代培训更注重于激发员工的学习动机，强调员工有自我发展的主观能动性与获取新知识、新技能的极大积极性。

其二，现代培训更注重于把培训目标与公司的长远目标、战略思考紧密地联系在一起加以系统思考。它是从组织目标出发，根据基于职位分析、人力资源规划，辅之以绩效管理及薪酬奖励的手段而设计的一个旨在综合提升公司竞争力的体系。

其三，现代培训更关注人的生理与心理特点，强调以人为本，要把培训与开发演绎成能让学习者感到身心愉悦、喜闻乐见的一种活动，一种享受，乃至一种公司对员工贡献的回报与激励措施。

其四，现代培训已大大突破了岗位技能的范围，更注重提高人的胜任能力。团队氛围的营造、集体主义的培育、个人优点的发挥、互帮互助学互动、企业文化的传播，这些"软性"的培训与开发能使员工的思想境界提升，凝聚力增强，战斗力提高。

现代培训突破了岗位技能培训框架，实质上是开拓了创造智力资本的途径。智力资本实质上是人力资本最主要的组成部分，它是通过投资而实现的，包括基本技能、专业技能、创造技能、领导与管理技能等，它与一般的岗位规范规定的技能相比，突出表现为学习者必须通过持续学习的环境才能逐渐获得。这种培训，与其说是"学习"，还不如说是一种"影响力训练"，特别是与经营战略目标密切相关的培训，更是一种高级影响力训练，也是学习型组织的一个重要标志。

通常情况下，培训与开发方面的投资回报是长期的，而不是在短期内就迅速见效的，这就要求管理者要树立起"百年树人"的观念。

【小看板 7－6】

世界著名公司的人力资源培训观

在思科公司每个新成员在 30 天内就要接受新聘岗位的培训，90 天内参加企业文化培训，以后几乎季季、月月都有培训项目，而且鼓励员工一起参与制订培训计划，培训由我决定的理念深入人心。由于培训已从特定的岗位技能、知识扩展到自我认识、自我创新、团队共享、团队互助的新阶段，因而其课程充满了新意，其内容充分发挥了员工的综合能力。

全球雇员达 20 余万人的 IBM 公司在培训方面堪称新型企业的楷模。公司除了对员工进行工作方式、流程、服务、产品特性、技术规范、销售技能培训之外，在员工的要求下，还组织了专业化课程培训。这实际上是一种提高员工综合素质的课程，内容主要是团队沟通、表达技巧、处理人际关系的能力、适应性训练等，是基于员工互助、启发、交流、思考方式的培训。

IBM 的人力资源部总监认为这是 IT 行业内强调知识共享与公司绩效为导向的全局性培训，IBM 的这种培训可以称得上为 IT 行业创建了一所"黄埔军校"。

摩托罗拉公司这样评价培训："我们把培训当做信仰，并且深信，培训正在改善我们的最终财务成果。"

资料来源：人才战略经理网。

（二）员工培训的方法

员工培训的方法很多，各种培训方法都有其优缺点和适应范围。培训方法得当与否，直接关系到培训活动的有效性，因此，在员工培训活动中选择恰当的培训方法十分关键。

1. 讲授法。是指由教师向受训者讲授培训内容。讲授法的优点是：有利于大规模培训员工，讲授的知识比较系统、全面。其缺点是：缺乏双向交流和反馈；无法顾及受训者的个体差异；吸收、消化课堂内容存在难度；几乎没有技能方面的训练；教师的讲授技巧会直接影响培训效果。

2. 影视法。影视法是指利用电影、录像、影碟、投影等视觉教材开展培训。影视法的优点是：能使受训者直观地观察培训内容的全过程和细节；容易引起视觉想象而强化记忆；形象、生动，容易引起受训者的兴趣。其缺点是：受训者不能实际操作；容易导致受训者抓不住学习重点。

3. 研讨会法。研讨会法一般是指以受训者感兴趣的问题为题目，先有人作主题发言，并分发一些资料，引导受训者进行讨论。研讨会法的优点是：受训者在讨论中相互启发，能得到大量的信息反馈；经过思考和讨论，有利于受训者加深对有关问题理解的深度。其缺点是：对人数有一定限制，一次培训的规模较小。

4. 案例分析法。案例分析法是指先让受训者阅读一则根据真实情景加以典型化处理的案例，然后要求受训者以独立研究和相互讨论的方式，提出解决问题的方案。案例分析法的优点是：参与性强，有利于激发受训者的学习积极性；能将知识的传授和解决实际问题能力的提高融合在一起。其缺点是：案例提供的情景和真实情况有很大差距；编写一个适用的案例时间较长、要求较高。特别适合于受训者层次高、人数少的培训。

5. 角色扮演法。角色扮演法是指在一个模拟真实的情景中，由两个以上的受训者相互作用，即兴表演，使受训者提高处理各种问题的能力。角色扮演法的优点是：参与性强，可提高学习的积极性；能提供观察人的真实言行和行为方式的机会，实践效果较强；使受训者学到各种交流技能，能提高受训者的反应能力和心理素质。其缺点是：控制过程比较困难；模拟环境并不代表真实环境的可变性。特别适合于培训人际关系技能。

6. 商业游戏法。商业游戏法是指让受训者在模仿商业竞争规则的情景下，收集信息并将其进行分析、作出一系列决策，每次作出的决策不同，下一个情景也将变化。商业游戏法的优点是：能使受训者较好地学到解决实际问题的技能；有利于培养受训者的团队合作精神。其缺点是：游戏设计的难度较高，设计费用也比较大；使用范围有一定的局限性。特别适合于开发受训者的管理技能。

7. 探险性培训法。探险性培训法也称为野外或户外培训法，是指利用设计好的室外活动来开发受训者的团队协作和领导技能的培训。探险性培训法的优点是：能增进受训者之间的感情和合作精神；可以明显提高受训者处理人际关系的技能；能提高受训者的反应能力和生理、心理素质。其缺点是：培训效果难以转移到工作情景中去；使用范围有一定的局限性。探险性培训法适用于开发与团队效率有关的技能。

8. 个别指导法。个别指导法也称学徒制、导师制，是指挑选一名资历较深的员工对受训者（新员工）进行个别指导的培训。个别指导法的优点是：可以在指导者言传身教下，尽快掌握工作技能；有利于新员工尽快融入团队。其缺点是：指导者本身的能力和指导方式对受训者学习效果影响很大；受训者只能得到范围狭窄的培训。个别指导法比较适用于对操作技能要求比较高的行业和职位。

9. 工作轮换法。工作轮换法是指企业有计划地按照大体确定的期限，让受训者轮换担任不同部门工作的培训。工作轮换法的优点是：能使新员工尽早了解工作内容全貌，为今后工作中的协作配合打下基础；有利于培养具有全面管理能力的管理者。其缺点是：对当前工作可能会产生一些影响；在协调衔接工作方面要花费较多的精力；需要花费较多的培训时间。工作轮换法适合于培养受训者的工作适应性和开发多种工作能力。

10. 网上培训法。网上培训法是指通过公共的因特网或企业的内部局域网来传递，并通过浏览器来展示培训内容的一种培训。网上培训法的优点是：可不受时间和地域限制；受训者可自我指导培训和自控学习进度；可以同时为多个受训者提供不同的培训资料。其缺点是：建立良好的网络培训系统需要大量的投资。

【小看板 7-7】

忠良书院 以培训方式创新推进企业发展

中粮集团的企业大学拥有一个高雅、充满文化韵味的名字——"忠良书院"。"忠良书院"的定位是中粮经理人学习、研讨和决策的中心，中粮管理思想的发源地，中粮经理人的摇篮。"忠良书院"是中粮经理人的精神家园，也是每位中粮人洗礼的地方。

不同于一般的商学院，忠良书院不仅注重知识的学习，技能的训练，更注重企业实际问题的解决——通过对培训学员智慧的激发和挖掘，学员之间的思想碰撞和经验交流，为企业遇到的实际问题找到解决的方案。忠良书院不断总结中粮的管理实践，在"干中学"，"学中干"，通过解决企业遇到的实际问题，提升每位学员的能力，形成了自己独具特色的培训方法——"团队学习"。

团队学习从解决企业发展中的实际问题出发，通过"结构化会议"的方式，引导团队成员在统一的逻辑和思维框架下思考问题，达成共识，制订方案，最终解决问题。培训的具体流程是，首先明确要达到的目的或需要解决的实际问题，然后导入相应的理论、方法和工具，重头戏是分小组的集体研讨和呈现，团队领导在其中承担引导、催化的作用，引导团队成员形成共识，制定解决方案。在培训的每一环节都建立了完善的流程和规则。

中粮集团秉承的培训理念是：现在的企业培训，无论在理念还是方法方面，已经不是传统意义的培训，不是老师或领导在台上讲，学员在台下听。培训实际上是一种工作方法，是团队决策的方法，是团队建设的方法，是推动人才发展和企业进步的方法。中粮集团的培训与业务发展和经理人的培养紧密结合在一起，这种培训方法所带来的效果远远高于传统的课堂教学，能够切实推动经理人的成长，推动企业的变革，推动组织的整体进步。

中粮集团将经理人队伍划分为初级、中级、后备、核心团队四个层级，有针对性地进行培训。初级主要包括工厂和营销一线的管理人员，重点是提高他们对企业价值观的认同度和执行力；中级主要是业务单元副职经理人，重点是提高他们的专业化运营能力；后备人才主要是业务单元总经理的继任人，重点是挖掘潜能、提高他们的领导技巧；核心团队主要包括业务单元和集团总部职能部门的总经理，重点是提高他们的系统思维能力和战略领导力。针对各级经理人的岗位要求及中粮集团的核心管理理念，针对每一层级的经理人建立系统的领导力课程。

资料来源：《培训》，2010（11）。

二、人员使用与调配

人力资源管理的根本目的在于充分开发、合理地使用人力资源，最大限度地提高人力资源的使用效益，促进人与事的配合及人与人的协调，实现组织目标。因此，人力资源的调配与使用是人力资源管理的重要环节。

（一）人员使用的原则

1. 人适其事。所谓人适其事，是指每个人都有适合自己能力和特长的岗位和具体工作。俗话说，没有不能用的人，只有用不好的人，就是说明没有找到适合其工作的岗位。组织要对员工的个性特长有深入的了解，针对其特点安排相应的工作，做到人适其事。

【小看板 7－8】

一粒沙子

一粒沙子乘风旅游，风停了，落到一个人的眼里。沙子被眼睑包着，那人用手去揉，揉不出来，倒把眼睛弄得红肿充血。后来虽然揉出来了，但那人的左眼落下了目赤翳障、迎风流泪的毛病。

沙子再一次乘风旅游。风停了，沙子落到水里往下沉，掉到了一只蚌的壳里。蚌关上了壳，不久，在沙子的刺激下，育成了一颗闪闪发光的珍珠。珍珠被采珠人采了去。后来这粒珍珠被磨成珍珠粉做成了中药眼膏，恰好可以治目赤翳障、迎风流泪的毛病。那个因沙子进入左眼而得了眼病的人，在医生的指导下，用珍珠粉眼膏治好了眼病。

同一粒沙子，落在眼睛里会弄坏眼睛，落在蚌腹内可以育出珍珠。同一个人才，用在不恰当的地方，不但作不好工作，甚至还会起相反的作用；但用到恰当的岗位上，就可以作出一定的贡献，甚至是惊人的贡献。

资料来源：《青年文摘》，2007（2）。

2. 事得其人。所谓事得其人，是指组织中的每项工作和每个岗位都找到合适的员工来承担。组织在使用人员上，一定要坚持为每个岗位找到最合适的人选，这样才能真正把工作完成。

3. 人尽其才。人力资源管理的整个系统要能够调动员工的积极性，使其做到人尽其才，这样企业也才能获得员工最大的主观能动性和使用效益。

4. 事竟其功。所谓事竟其功，就是要使工作完成到最好，或者说获得在现有条件下最好的效果。这实际上反映了人员合理使用后的结果，也是衡量人员是否合理使用的标准。在近一两年的美国，高科技企业员工跳槽现象非常普遍，但企业高层管理者并不是简单地担忧有人走了，更关心的是有没有更好的人来，将工作做得最好。这里他们就是采用事竟其功的原则来检验的。

（二）人员调配及要求

人员调配是指经主管部门决定而改变人员的工作岗位职务或隶属关系的人事变动。人员调配包括职务的平行调动和升降。人员调配事关工作成效和职工个人利益，应该谨慎地进行，要做到以下几点：

（1）因事设人。诸葛亮有一句名言："为官设人者治，为人设官者乱。"这里的"官"即职位、职务，亦即我们所说的"事"。为官设人或因事设人是根据职位或职务对人员素质、能力的需要，挑选合适的人去担当。相反，为人设官或因人设事，则偏离了组织目标，也离开了"事"的需要，往往伴随着"裙带风"、"帮派风"、"以贿求职"、"以职行贿"等不正之风，是十分有害的。

（2）用人所长。用人所长，容人所短。领导者应该花费许多时间和精力，研究各类人才的不同特长，使其各得其所、各展所长。唐代陆贽有句名言："录长补短，则天下无不用之人；责短舍长，则天下无不弃之士。"一些单位的领导，形成了一种有害的思维定式，不是盯住人的长处，而是盯住人的短处，致使有瑕之玉遭冷落，无瑕之石登大堂。

（3）照顾差异。人与人之间在生理、心理、能力等各方面千差万别，适当考虑和细心照顾这些差异是搞好因材施用、人员调配工作的重要方面。主要应考虑性别、年龄、气质、能力、兴趣五个方面的差异。

【小看板 7 – 9】

美国和日本的晋升制度

美国的"功绩晋升制"。美国不以学历、资历作为晋升标准，而强调"能力主义"，判断能力高低靠的是绩效。同时，晋升时强调机会均等、竞争择优，若有突出功绩，提倡破格提拔。

日本的"年功序列制"。日本企业晋升制度的特征是以"年功序列"为基础，实施职务的提升，即随着年龄和工龄的增加，逐渐提高其在企业中的职务。这里表面上是只看资历，实际上是资历与能力相结合，在获得可晋升的资历之后，究竟能否晋升，完全依据对其工作的考核。为了使"年功序列制"与金字塔形的权力等级相适应，日本企业中普遍实行"限期离职"制度，规定如下：社长（董事长）67 岁离职；取缔役（董事）63 岁离职；厂长 55 岁离职；副厂长 50 岁离职；中层管理人员 45 岁离职；管理人员 40 岁离职；一般职员 60 岁。

"年功序列制"承认职工经验的价值，给予大家平等晋升的机会；限期离职则体现了"无功便是过"，不断更新平庸者，也为年轻有为者提供晋升的机会，对于离职者仍照顾原职务工资，直到退休。

资料来源：人才战略经理网。

第五节 职业生涯管理

职业生涯管理是近几年来从人力资源管理理论与实践中发展起来的新理论。信息时代的到来，使得相对稳定的世界变得有些不可捉摸。相对于过去，人们的生活水平提高了，但职业安全感却下降了，工作的压力加大了。面对这种形势，无论是组织还是个人，都不得不采取措施，通过职业生涯管理，提高各自的竞争力，增强对外界变化的适应性。

一、职业生涯管理的含义与意义

（一）职业生涯管理的含义

职业生涯管理（Career Management）就是通过分析员工的能力、兴趣、价值观等，确定双方都能够接受的员工职业生涯目标，并通过培训、工作轮换、丰富工作经验等一系列措施，逐步实现通过帮助员工的职业发展，以求组织的持续发展，实现组织目标的过程。因此，职业生涯管理是组织帮助员工制定职业生涯规划和帮助其职业生涯发展的一系列活动。

（二）职业生涯管理的分工

职业生涯管理的实施主体是组织人力资源部、员工及员工的直接管理者。职业生涯管理主要责任者有两个，即员工和组织，其各自的责任分别是：

1. 员工的责任。个人最终要对自己的职业发展规划负责，这就需要每个人都清楚地了解自己所掌握的知识、技能、能力、兴趣、价值观等。而且，还必须对职业选择有较深了解，以便制定目标、完善职业计划。

2. 组织的责任。

（1）员工的直接上司要经常和员工交谈，评价员工职业生涯发展的规划、状况；使员工对自己的职业及个人的优势、劣势有正确的认识；对员工的职业生涯发展进行辅导。

（2）由人力资源部和员工商谈，向员工提供员工感兴趣的有关组织的发展目标、政策、计划及职业发展机会等信息。为员工提供必要的培训，提供在职锻炼和发展的机会。

成功的职业生涯管理是个人的事业目标与组织发展目标相契合的过程，是员工个人特点与组织特点相适应的过程。职业生涯管理分为组织职业生涯管理和个人职业生涯管理。

（三）职业生涯管理的意义

成功的职业生涯管理是员工和组织的双赢。

对于员工个人来说，通过职业生涯管理，可以认识到自身的兴趣、价值、优势和不足，这不仅有助于员工个人能力的不断提升和超越；而且还可以使员工的自身价值得到有效的开发，使员工从工作内容丰富化和承担更具有挑战性的职业中获得收益。个人若不重视或对自己的职业生涯缺乏管理，就可能导致事业受挫。尤其是当所在组织发生精减性裁员时，个人便可能无所适从。

对于组织而言，通过职业生涯管理可以激发员工高昂的职业动机，引导和维持其积极的职业行为，这不仅可以使组织从更具有献身精神的员工所带来的绩效改善中得到持续发展，还可以防止组织在出现职位空缺时找不到合适的员工来填补，防止员工对组织忠诚度的下降，防止在使用培训和开发项目资金时缺乏针对性，防止组织在人力资源管理中投入与产出的短期效应。

二、组织职业生涯管理

（一）职业生涯管理必须服从并匹配于组织的发展要求

实现组织的发展是职业生涯管理的出发点和归宿点。职业生涯管理是根据组织的发展要求提升员工职业能力、整合并确定清晰可行的职业发展目标、评估并把握职业发展的实际机遇，是个人为追求理想而作出的选择与公司为实现目标而提供的机会相互作用而实现的。职业生涯管理必须服从并匹配于组织的发展要求，组织发展是员工职业生涯发展的首要契机。

1. 组织是员工职业生涯发展的依存载体。员工只有在组织环境中，从事专门的工作或活动，才能发挥自身的能力和智慧。员工的职业发展不能置身于组织的环境和条件之外，没有组织的存在和发展，就没有员工个人职业生涯发展的平台载体和机会（跳槽是一种例外的调整）。

2. 企业组织所实施的所有经营管理行为，都是服从于企业组织的发展这一根本目的的。组织内部的所有资源（包括人力资源等）的管理，包括职业生涯管理，理应首先服从并匹配于组织发展的需要。

（二）职业生涯管理是个人目标与组织目标的有机整合

职业生涯管理是组织自身发展的要求和结果，同时，组织的发展也为员工提供实现自己职业理想和抱负的机会，组织和个人正是在这相互需要、相互合作中，满足各自的需求。

雪恩（Schein，1987）对这种关系进行了比较系统的阐述，图7-3清晰地描述了这

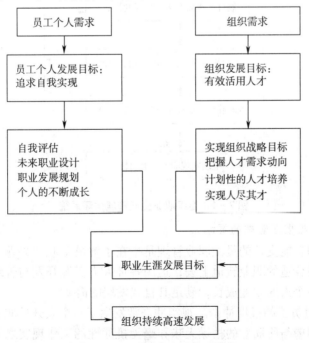

图7-3　组织职业生涯管理程序

个过程。

（三）组织职业生涯管理的过程

职业生涯管理并非一蹴而就，而是一个循环反复的过程。

首先根据组织的发展要求以及绩效考评的结果，由上级协助或员工自己确立职业生涯目标。然后综合绩效考评和个人心理测试等结果，判断员工职业生涯目标的合理性。如果不合理，要再重新确定职业生涯发展目标；如果合理，则进一步了解员工发展现状与职业生涯目标的差距。制定相应的职业生涯发展措施，设计实现职业生涯目标的计划。实施一段时间后，再检验职业生涯目标的落实状况，检验职业生涯目标实现的满意度，并分析判断职业生涯目标的合理性或职业生涯计划的合理性。如果合理，则进一步按原计划继续实现职业生涯目标；否则，应调整职业生涯目标或重新调整职业生涯计划（见图7-4）。

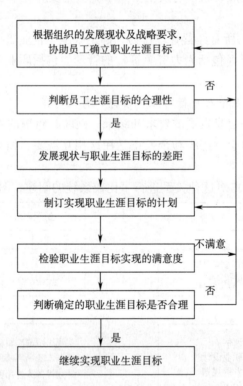

图7-4 组织职业生涯管理循环系统

（四）组织职业生涯管理的策略

人力资源管理功能支持的员工职业管理是指在了解员工职业兴趣、职业技能的基础上，将他们放到最合适的职业轨道上去，运用各种人力资源开发与管理的功能、手段指导帮助员工，实现个人的职业成长，满足其自我发展的需要。

1. 避免现实对员工的过度冲击。现实冲击常发生于一个人开始职业的最初时期，新雇员较高的工作期望与所面对的枯燥无味和毫无挑战性的工作现实之间存在反差。对于新雇员而言，这又是一个现实测试时期，其最初愿望或目标第一次面对企业生活的现实，且第一次使自己的能力、需要与企业的任务和要求面对面地碰在一起。对一些第一次进入组织的人来说，这可能是一个较痛苦的时期。

在员工的整个职业生涯中，初次进入组织的阶段是最需要组织考虑和指导其职业发展情况的阶段。在此阶段，员工职业管理的目标是减少"现实冲击"，主要的工作是帮助新员工建立自信感，学会与第一个上级以及同事相处；学会接受责任，清醒地审视和判断个人的才能、需要和价值观是否与最初的职业目标相吻合。

【小看板7-10】

保龄球效应

行为科学中有一个著名的"保龄球效应"：两名保龄球教练分别训练各自的队员。他们的队员都是一球打倒了7只瓶。教练甲对自己的队员说："很好！打倒了7只。"他的队员听了教练的赞扬很受鼓舞，心里想，下次一定再加把劲，把剩下的3只也打倒。教练乙则对他的队员说："怎么搞的！还有3只没打倒。"队员听了教练的指责，心里很不服气，暗想，你咋就看不见我已经打倒的那7只。结果，教练甲训练的队员成绩不断上升，教练乙训练的队员打得一次不如一次。

希望得到他人的肯定、赞赏，是每一个人的正常心理需要。而面对指责时，不自觉地为自己辩护，也是正常的心理防卫机制。一个成功的管理者，会努力去满足下属的这种心理需求，对下属亲切，鼓励部下发挥创造精神，帮助部下解决困难。相反，专爱挑下属的毛病，靠发威震慑下属的管理者，也许真的能够击败他的部下。

美国钢铁大王安德鲁·卡耐基选拔的第一任总裁查尔斯·史考伯说："我认为我那能够使员工鼓舞起来的能力，是我所拥有的最大资产。而使一个人发挥最大能力的方法，是赞赏和鼓励。""再也没有比上司的批评更能抹杀一个人的雄心……我赞成鼓励别人工作。因此我乐于嘉许，喜欢称道。"史考伯的信条同安地鲁·卡耐基如出一辙。卡耐基甚至在他的墓碑上也不忘称赞他的下属，他为自己撰写的碑文是："这里躺着的是一个知道怎样跟他那些比他更聪明的属下相处的人。"

资料来源：MBA智库百科。

2. 为新员工提供富有挑战性的起步工作。研究发现，新员工在第一年中所承担的工作越有挑战性，其工作就显得越有效率、越成功，即使五六年之后，此情况依然存在。所以，企业争取做到为新员工提供的第一份工作富有挑战性，是帮助新雇员取得职业发展的最有力却并不复杂的途径之一。可以通过赋予新人以较多的责任、权限等形式，在一开始就增加工作的挑战性。

3. 在招募时提供较为现实的未来工作展望或描述。现实中新雇员遭受冲击的强度往往与招聘过程中双方提供与接收的不真实信息，求职者对企业形成了一种较好但不现实的印象有关。因此在招募时若能提供较为现实的未来展望，就可以使新雇员较为现实地估计自己到企业来能够得到哪些方面的利益，这是较大程度地降低现实冲击，并提高新员工长期留在企业中的比率以及提高长期工作绩效的有效途径之一。

4. 为新雇员安排能提供必要支持的主管人员。上级对下属越信任、越支持，员工干得越好，所以应为员工安排合适的上级。组织应为新雇员安排一位具有较高工作绩效，受过较好训练，并能通过建立较高工作标准而对新雇员提供必要支持的主管人员。

【小看板 7 –11】

皮格马利翁效应

远古时候，塞浦路斯王子皮格马利翁喜爱雕塑。一天，他成功塑造了一个美女的形象，爱不释手，每天以深情的眼光观赏不止。看着看着，美女竟活了。赞美、信任和期待具有一种能量，它能改变人的行为，当一个人获得另一个人的信任、赞美时，他便感觉获得了支持，从而增强了自我价值，变得自信、自尊，获得一种积极向上的动力，并尽力达到对方的期待，以避免对方失望，从而维持这种社会支持的连续性。

1968 年，两位美国心理学家来到一所小学，他们从一至六年级中各选 3 个班，在学生中进行了一次煞有介事的"发展测验"。然后，他们以赞美的口吻将有优异发展可能的学生名单通知有关老师。8 个月后，他们又来到这所小学进行复试，结果名单上学生的成绩有了显著进步，而且情感、性格更为开朗，求知欲望强，敢于发表意见，与师生关系也特别融洽。

实际上，这是心理学家进行的一次期望心理实验。他们提供的名单纯粹是随便抽取的。他们通过"权威性的谎言"暗示教师，坚定教师对名单上学生的信心，虽然教师始终把这些名单藏在内心深处，但掩饰不住的热情仍然通过眼神、笑貌、音调滋润着这些学生的心田，实际上他们扮演了皮格马利翁的角色。学生潜移默化地受到影响，因此变得更加自信，奋发向上的激流在他们的血管中荡漾，于是他们在行动上就不知不觉地更加努力学习，结果就有了飞速的进步。这个令人赞叹不已的实验，后来被誉为"皮格马利翁效应"。

有经营之神美誉的松下幸之助也是一个善用皮格马利翁效应的高手。他首创了电话管理术，经常给下属，包括新招的员工打电话。每次他也没有什么特别的事，只是问一下员工的近况如何。当下属回答说还算顺利时，松下又会说：很好，希望你好好加油。这样使接到电话的下属每每感到总裁对自己的信任和看重，精神为之一振。许多人在皮格马利翁效应的作用下，勤奋工作，逐步成长为独当一面的高才，毕竟人有70% 的潜能是沉睡的。

资料来源：MBA 智库百科。

5. 提供阶段性工作轮换和职业通路。提供阶段性工作轮换和职业通路即提供机会让员工尝试各种具有挑战性的工作，可以使员工尤其是新员工获得评价自己资质和偏好的良好机会，是促使员工进行自我测试以使自己职业定位更加具体化的一个最好办法。职业通路是工作轮换的一种扩展情形，是指认真地为每位员工制订后续工作并安排计划。通过工作轮换和职业通路，企业可获得具有更宽知识、能力的"多面手"员工。

6. 进行以职业发展为导向的工作绩效评价。主管人员需要弄清楚自己应当（正在）依据何种未来工作性质来对下属的工作绩效进行评价，下属的真正需要（有关职业发展）是什么——要将下属潜在职业通路的信息具体化。

7. 鼓励员工进行职业规划活动。企业应通过举行职业咨询会议等必要活动，采取一定的措施步骤，使员工意识到对自己职业加以规划以及改善职业决策的必要性，学习掌握有关的知识和方法，加强他们对自己职业规划和开发活动的主人翁意识和参与性。

三、个人职业生涯管理

个人与组织在员工职业生涯管理中各负其责，具有不可截然分隔的互动互助关系和作用。个人职业生涯管理，是指个人为自己的职业生涯发展而实施的管理，即根据个人兴趣、能力、机遇和条件，为自己确立职业目标，选择职业道路，为自己实现职业生涯目标而确定的行动方向、行动时间和行动方案，以实现个人成就最大化为目的。

个人职业生涯管理就是个人根据自身情况、机遇和条件，为自己确立职业目标，选择职业道路，为自己实现职业生涯目标而确定的行动方向、行动时间和行动方案。

（一）个人职业生涯管理的步骤

1. 自我剖析。职业规划是自我定位和社会定位的统一。自我剖析是指客观、全面、深入地了解自己，以便正确认识自己的优势和不足，既不可过高看重自己的成绩，也不可过低估价自己身上的潜质；从而准确地把握自己的职业兴趣类型。其主要剖析以下五方面内容：检视个人特质、欲望（在此人生阶段，你究竟要什么）、能力（个人擅长什么）、性格特质（自己是什么类型的人，在何种情况下有最佳表现）、资产（自己有什么比别人占优势的地方）。

2. 职业生涯机会评估。职业生涯机会评估主要是评估内外部环境对自己职业生涯发展的影响，以便更好地进行职业目标的规划与职业路线的选择。具体的评估内容包括：

（1）企业外环境分析：主要分析社会发展趋势对自己职业生涯发展的影响，环境对自己提出的要求，自选职业在未来社会环境中的地位等。分析对自己有利的环境条件与不利的环境条件等。做到在复杂的环境中避害趋利，使你的职业生涯规划具有实际意义。

（2）企业内环境分析：企业发展、企业产品或服务的市场需求趋势、企业在本行业中的地位和前景、企业领导人的抱负与能力、企业文化、职业制度。自己对企业发展战略、企业文化、管理制度的认同程度；企业组织结构的发展变化与自己未来的职务；今后的教育培训机会以及在本企业内实现职业生涯的途径和晋升机会。

（3）人际关系分析：哪些人将在自己职业发展过程中起到重要作用？起什么作用？如何与他们保持联系？采取什么方法？达到什么目的？

3. 职业选择。职业选择正确与否，直接关系到人生事业的成功与失败。据统计，在选错职业的人当中，有80%的人在事业上是失败者。职业抉择应以自己的最佳才能、最优性格、最大兴趣、最有利的环境等信息为依据。

4. 职业生涯路线的选择。在确定职业后，向哪一路线发展，此时要作出选择。即是向行政管理路线发展，还是向专业技术路线发展，或是先走技术路线，再转向行政管理路线……发展路线不同，对职业发展的要求也不相同。

通常职业生涯路线的选择须考虑以下三个问题：（1）我想往哪一路线发展；（2）我能往哪一路线发展；（3）我可以往哪一路线发展。

5. 职业生涯目标设定。职业生涯目标设定是职业生涯管理的核心。通常目标分为短期目标、中期目标、长期目标和人生目标。短期目标一般为一至二年。中期目标一般为三至五年。长期目标一般为五至十年。职业生涯目标可以按照目标的性质分为外职业生涯目标和内职业生涯目标。外职业生涯目标侧重于职业过程的外在标记，具体包括工作内容目标、职务目标、工作环境目标、经济收入目标等；内职业生涯目标侧重于在职业生涯过程中的内心感受，具体包括观念目标、掌握新知识目标、提高心理素质目标、提高工作能力目标等。

6. 制订行动计划与措施。没有行动的目标是空想。事业的成功，有赖于具体的行动计划与措施的切实可行。职业生涯的行动计划与措施主要包括成功应聘、任职、训练的措施与计划；个人发展和教育、轮岗等方面的计划及措施。

7. 反馈与修正。由于影响个体职业生涯规划的因素较多，许多变量无法预知，另外，由于人的自我认知很难完全清晰、全面，需要一段时间的尝试，才能了解自己到底适合哪个领域、哪个层面的工作。因此需要不断地对规划本身进行反馈、总结、评估，修正个人职业生涯规划。

（二）走好初入职场的个人职业生涯的第一步

1. 形成良好第一印象。第一印象对人的态度会产生深远而持久的影响。消极的第一印象，会直接断送自己的职业前程。要尽快熟悉工作环境，融入组织文化，形成良好第一印象。

2. 明确自身的优势和不足。要冷静分析自己在学历、工作能力、年龄层次、技术水平、性格、发展潜力、工作经历、人际关系及社会背景等方面的优势和劣势，准确地把握自己职业发展中的努力方向。

3. 处理好人际关系。要善于观察，尽快适应交往对象，并融入群体之中，这对打开工作局面十分重要。我国是个十分注重人际关系的国度，人与人的关系比较复杂。刚开始一定要注意观察，多做少说，避免人际关系的失败。

4. 脚踏实地，从小事做起。青年人在初上工作岗位时，容易对自己的职业有一些不切实际的幻想；另外，领导对新手也往往只安排一些杂务，不太重视他们的意见。遇到这种情况，首先应该调整好自己的心态。因为无论多么有创造性、有挑战性的工作，都需要大量简单的、重复性的劳动来支持。因此，要认真对待琐碎的任务，当有重要任务时，领导才能放心地分配给你。

本章自测题

【实训题】

◎ **实训一**：通过模拟人力资源规划流程，预测某一企业或你所就读学校的教师或工作单位的人力资源的供求情况。

实训目标

1. 使学生加深对人力资源规划编制的认识。

2. 结合实际，初步掌握人力资源规划的编制流程、方法，培养学生的实际工作能力。

3. 使学生学会撰写人力资源供求情况分析报告，并运用所学知识进行分析诊断。

实训内容与方法

1. 建立人力资源规划小组，明确各自责任和分工。调查某一企业或你所在院校的人力资源供求情况。

2. 需搜集的主要信息有：

（1）收集某一企业或你所在院校近 5 年人力资源的供应情况，包括数量、结构、流动情况等；

（2）收集某一企业或你所在院校近 5 年人力资源的需求情况，包括数量、结构、流动情况等。

实训要求

撰写就读学校的教师或某一企业的人力资源的供求情况的分析报告。

◎ **实训二**：通过规划个人职业生涯实训，加深对职业生涯规划流程的认识，掌握基本的实践操作技能。

实训要求

（1）在教师的指导下借助职业测评软件测检自己的人格类型或职业兴趣。

（2）分析社会环境对人才的需求现状，明确自己的优势和劣势，机遇和挑战。

（3）以小组的形式开展个体职业生涯发展讨论会。

（4）撰写个人职业生涯规划。

【案例分析题】

◎ **案例一**

小故事大道理

去过庙的人都知道，一进庙门，首先是弥勒佛，笑脸迎客，而在他的北面，则是黑口黑脸的韦陀。但相传在很久以前，他们并不在同一个庙里，而是分别掌管不同的庙。弥勒佛热情快乐，所以来的人非常多，但他什么都不在乎，丢三落四，没有好好地管理账务，所以依然入不敷出。而韦陀虽然管账是一把好手，但成天阴着个脸，太过严肃，搞得人越来越少，最后香火断绝。佛祖在查香火的时候发现了这个问题，就将他们俩放在同一个庙里，由弥勒佛负责公关，笑迎八方客，于是香火大旺。而韦陀铁面无私，锱铢必较，则让他负责财务，严格把关。在两人的分工合作中，庙里一派欣欣向荣的景象。

资料来源：开放词典网。

讨论：这个故事对你有何启发？请用所学的管理知识解释一下。

◎ 案例二

海上小岛求生

这是一道常用的人力资源无领导小组讨论测试题。你乘坐私人游艇在南太平洋上漂流，不知什么原因，游艇失火了，造成的后果是大部分的游艇及内部设施都被损坏了，游艇正在慢慢地下沉。由于关键的导航设备已经被损坏，你们不知道自己所处的位置，你和其他人员一起拼命救火，试图控制火势，你们能估计到的是，你们距离西南最近的岛屿大约有1 000英里。

火灾发生后，有15项物品未被损坏，还是完整的，除了这些物品外，你们还有一只带桨的橡皮救生筏可以用，这个救生筏足够大，你和其他人都能容下，有一个救生包中装有一包香烟、两三盒火柴、五张一元纸币，救生筏还可以装上下列的15项物品：六分仪，剃须用的镜子，五加仑听装水，蚊帐，一箱军用野战干粮，太平洋海图，救生气垫，两加仑听装石油气混合物，小半导体收音机，驱逐鲨鱼工具，二十平方尺不透明塑料布，四分之一加仑的波多黎各酒，十五英尺的尼龙绳，两盒巧克力。为了生存，你的任务是把这15项物品的重要性排列先后，最重要的列第一位，第二重要的列第二位，依此类推至第15项。

资料来源：中国人力资源开发网。

讨论：请用自己的判断力来决定这15项物品的先后顺序，并说出自己的理由。以小组的形式展开讨论，最终每组交出一个统一的答案。

【思考与练习题】

1. 人力资源的概念及其基本特性是什么？
2. 什么是人力资源管理？
3. 用图表示编制人力资源规划的过程。
4. 什么是职位分析？简述职位分析的地位和作用。
5. 简述职位分析的实施过程。
6. 回答在招聘工作中必须遵循的原则。
7. 试述内外招聘渠道的优缺点。
8. 人力资源培训与人力资源开发的区别与联系。
9. 员工培训的方法有哪些？

10. 什么是职业生涯管理？一个组织应当如何进行职业生涯管理。

11. 大李的创意如同爆米花般层出不穷，如上发条，一刻不停，向客户传达信息，却自行其是，无视公司的规定，报销发票近一半不合格，他却说："公司规定妨碍业务拓展。"老罗是公司元老，曾为公司立下汗马功劳，为人精打细算，锱铢必较，反对任何投资。张平则技术顶尖，研发能力极强，为人厚道，人缘很好，但提为设计总监后，在管理工作中却感到力不从心，对手下唯唯诺诺。

问题：（1）如果你是人力资源部总监，你会如何使用这三个人？（2）说出自己的理由。

第八章

领导
LINGDAO

【学习目标】

通过本章的学习，掌握领导的概念、实质和理论；掌握人性假设的内容以及相应的管理措施；掌握各种激励理论的内容及应用。

【引例】

最值钱的鹦鹉

一个人去买鹦鹉，看到一只鹦鹉前标着"此鹦鹉会两门语言，售价二百元"，另一只鹦鹉前标着"此鹦鹉会四门语言，售价四百元"。该买哪只呢？两只都毛色光鲜，非常灵活可爱，这人转啊转，拿不定主意。结果突然发现一只老掉了牙的鹦鹉，毛色暗淡散乱，标价八百元。这人赶紧将老板叫来：这只鹦鹉是不是会说八国语言？店主说：不。这人奇怪了：那为什么又老又丑，会值这个数呢？店主回答说：因为另外两只鹦鹉叫这只鹦鹉老板。

这则故事告诉我们，真正的领导人，不一定自己能力有多强，只要懂信任，懂放权，懂珍惜，就能团结比自己更强的力量，从而提升自己的身价，相反许多能力非常强的人却因为过于追求完美主义，事必躬亲，认为什么人都不如自己，最后只能做最好的公关人员、销售代表，成不了优秀的领导人。

第一节 领导的实质与作用

一、领导的实质

（一）领导的含义

领导是一种管理职能活动，由领导者和领导行为构成。领导（Lead，Leadership），在字面上有两种词性含义。一是名词属性的"领导"，即"领导者"的简称；二是动词属性的"领导"，即"领导"是"领导者"所从事的活动。所谓领导，是指通过指挥、带领、引导和激励下属实现组织目标的过程。此定义包括三个方面的内容：

1. 领导者必须有下属和追随者。

2. 领导者拥有影响追随者的能力和力量，它既包括组织赋予领导者的职位权力，也包括领导者个人所具有的影响力。

3. 领导的目的是通过影响下属来实现组织的目标。

（二）管理者与领导者

管理者与领导者的联系与区别。管理者是受到上级任命在岗位上从事工作的，他们的影响力来自这一职位所赋予的正式权力。领导者可以是上级任命的，也可以是从群体中自发产生出来的，领导者可以运用正式权力之外的活动来影响他人。所有的管理者都是领导者，但是，未必所有的领导者都必须具备有效管理者应具备的能力或技能。二者在管理活动中的关注点是有差异的。领导者与管理者的区别如表 8-1 所示。

表 8-1 领导者与管理者的区别

	管理者	领导者
指导	制订计划、预算、注重细节控制	形成理念、制定战略、注重全局把握
协作	组织、调配、指导、控制、建立界限	营造共享的文化和价值观，帮助他人成长
关系	注重目标：产品制造/销售和服务 基础：职位权力 角色：老板	注重人力资源：激励和鼓舞员工 基础：个人影响力 角色：教练、促进者、仆人
品质	感情上保持距离 专家头脑 表达 作风保持一致 对组织有深刻洞察力	倾心结交 开放的思维 倾听（交流） 善于变革（有勇气） 对自我有深刻洞察力（正直）
产出	保持稳定	创造革新甚至是巨变

（三）领导的实质

权力是领导的基础与核心。所谓权力，是指影响和控制他人的能力。领导的实质就是对下属及组织的影响力。领导的影响力来源于权力，也是领导者发挥作用的基本条件。这种影响力能改变或推动下属及组织的心理与行为，为实现组织目标服务。在组织中，领导权力有五种类型。

1. 法定权力。领导者在组织中身处某一职位而获得的权力。领导者在自己的职权范围内有权给下属下达任务和命令，下属必须服从。例如，学校校长、银行总裁、部队军官下达任务或命令，下属必须聆听和照办。拥有法定权力的领导者可以使用惩罚权力和奖赏权力，但法定权力要比惩罚权力和奖赏权力使用得更为广泛。

2. 惩罚权力。强制性惩罚或处罚他人的能力。例如批评、罚款、降职、降薪、撤职、开除等，或者分派给下属不喜欢、不满意的工作。下属出于对不利后果的惧怕，会改变态度和行为，避免受到惩罚。

3. 奖赏权力。控制对方所需的资源而对其施加影响的能力。奖赏可以是对方看重的任何东西。例如，薪水、提拔、奖金、表扬或分配有利可图的任务、职位等。这是一种可以带来积极效益的权力。

4. 专长权力。运用一定的专业技术、特殊技能或知识影响他人的能力。当工作越来越专业化时，掌握专业技能或知识的人往往能对他人产生影响，并改变他人的态度和行为。例如，财务专家、工程师、知名学者等都拥有某种专长权力，在一定领域有巨大的影响力。

5. 感召权力。由于个人拥有他人羡慕的个性、品德或阅历，因而得到了他人的赏识、认可和敬重，并引起自愿地追随和服从。例如，无私工作、主持正义、开拓创新、关心下属或乐于倾听不同意见等行为，会得到他人的敬重和认可，并引起追随和服从。

【小看板 8 - 1】

领　袖

领袖的力量，源自人性的魅力和号召力。

要成为好的管理者，首要任务是自我管理。其次，所有企业的领袖都应是伯乐，责任是甄选、招揽"比他更聪明的人才"，挑选团队，忠诚是基础，但光有忠诚而能力和道德水平不高的人迟早会拖累团队，拖垮企业。所以，建立同心协力的团队的第一法则是：能聆听到沉默的声音，能挑选到有原则和坐标而不妄自尊大的执行者。

还有两点不要忘记：第一，特别要花心思在脆弱环节；第二，在任何组织内，优柔寡断者和盲目冲动者均是一种传染病毒，前者的延误时机和后者的盲目冲动均可使企业在一夕之间面临毁灭性的灾难。

做领袖者，要致力于建设一个没有傲心但有傲骨的团队，在肩负经济组织特定及有限责任的同时，也要努力不懈、携手服务、贡献于社会。

资料来源：李嘉诚，中国人力资源开发网。

二、领导的作用

卓越的领导者是组织获得成功的重要条件之一。在一定意义上，没有优秀的领导者就没有成功的组织。松下幸之助、本田宗一郎、卡内基、李嘉诚等著名企业家所缔造的企业王国及所取得的辉煌业绩充分证实了领导者这一角色在组织中的作用；相反，领导者的平庸和无能是断送组织发展前途乃至使其走向衰退的致命因素。

1. 指挥作用。在组织活动中，需要头脑清晰、胸怀全局、高瞻远瞩、运筹帷幄的领导者帮助组织成员认清所处的环境和形势，指明组织目标及达到目标的途径。领导者只有站在组织成员的前面，用自己的行动带领组织成员为实现组织目标而努力，才能真正起到指挥作用。

2. 协调作用。由于组织成员的才能、理解能力、工作态度、进取精神、性格、作风、地位的不同，加上外部各种因素的干扰，在思想上发生分歧，在行动上出现偏离目标的情况是不可能避免的。因此就需要领导者来协调人们之间的关系和活动，把组织成员团结起来，朝着共同的组织目标前进。

3. 激励作用。组织是由个人组成的群体，组织成员都有不同的需求、欲望和目标。在组织活动中，尽管大多数人员都具有积极工作的愿望和热情，但是这种愿望并不能自然地变成现实的行动，也未必能长久保持下去。因此领导者要了解成员的不同需求，将成员目标和组织目标整合起来，并运用各种激励的手段和方法，最大限度地调动他们的工作积极性，充实和加强他们积极进取的动力。

4. 控制作用。在组织活动过程中，领导者能够及时获取较为全面的信息，通过对活动效果和组织目标的比较，迅速发现组织问题之所在，保证组织活动按照组织目标的要求实施。领导者的控制主要包括制度控制和创新控制。制度控制要求领导者在准确把握组织目标的基础上，制定并运用相应的标准体系进行组织活动的过程控制。创新控制要求领导者培育良好的组织文化，准确把握持续变化的组织内部和外部环境，通过引导有效的组织学习和变革来更好地实现组织目标。

三、领导的类型

美国著名心理学家勒温（P. Lewin）进行了不同领导风格对群体绩效影响的一系列实验，提出了专制式领导、民主式领导和放任式领导三种类型，如表 8 - 2 所示。

表 8 - 2　　　　　　　　　三种领导风格的特点及优缺点

风格	特点	优点	缺点
专制式	1. 领导者独断专行，靠权力和强制命令进行管理 2. 很少参加群体活动，与下属保持一定的心理距离 3. 下属没有参与决策的机会，只能奉命行事	1. 决策迅速 2. 执行有力	1. 下属依赖性大，领导者负担重 2. 下属的创造性和积极性被抑制
民主式	1. 领导者和下属共商对策 2. 分配工作尽量照顾下属能力、兴趣 3. 运用威信使下属服从 4. 领导者积极参加团体活动	1. 集思广益，能制定出更好的决策 2. 决策得到认可和接受，减少执行的阻力 3. 增进下属的自信心和自尊心，提高其工作热忱和积极性	1. 决策过程长，耗时多 2. 领导周旋于各种意见中，易优柔寡断

续表

风格	特点	优点	缺点
放任式	1. 领导者给予下属极大的独立性 2. 很少或基本上不参与下属的活动 3. 毫无规章制度	培养下属的独立性	1. 下属各自为政,易有分歧,意见难统一 2. 工作效率最低,完不成组织目标

勒温认为:工作效率最低的是自由放任式领导,只能达到组织成员社交目的,但不能完成工作目标;专制式的领导方式虽然能够达到既定的组织目标,但组织成员没有责任感,情绪消极,士气低落;工作效率最高的是民主式领导方式,既能完成工作目标,而且组织成员之间关系融洽,工作积极主动,富有创造性。

第二节 领导理论

领导理论的内容十分丰富。按提出理论的时间先后顺序,现有领导理论可以分为三大类:特质理论、行为方式理论、权变(情境)理论。

一、领导特质理论

领导特质理论是出现较早的传统管理理论。该理论把领导者的特质(见表8-3)作为描述和预测领导的标准,试图区分领导者和一般人的不同特点,并以此来解释他们成为领导者的原因。早期研究的结论并未得到广泛的认可,事实上,特质理论所涉及的身体特征、才智和个性对管理成功的影响不是绝对重要的。

表8-3   领导者的特质

体质	精力、外貌、身高、体重等
背景	教育、经历、社会地位、社会关系等
智力	判断力、果断性等
个性	热情、自信、正直、情绪稳定、作风民主等
工作	创造性、持久性、忍耐性、成就动力等
社会	合作性、人际关系能力、管理能力等

20世纪90年代领导特质理论出现一些新观点:领导者确实具有某些特质,但是领导者的特质不是先天具有的,而是后天形成的。他们都是经过非常勤奋的努力学习和在实践中长期艰苦锻炼,才逐渐成为有效领导者的。

有效的领导者具有的共同特质,一般有以下几点:

1. 努力进取,渴望成功。具有崇高的抱负和志向,并能为之付出全部精神,并持之以恒不懈努力,正是这种坚强的意志和毅力,使他们达到成功的顶峰。

2. 强烈的权力欲望。具有强烈的领导欲望。遇事勤于思考,常常会提出与众不同的见解,并总想用自己的见解和理论去影响他人。试图赢得他人的信任、尊重和认同,从而争取更多的追随者。

3. 正直诚信，言行一致。这是人类社会普遍推崇的价值观，只有具有这种特性的人才能取得他人的信任。尽管一些想成为领导者的人在这方面实际做得还有距离。但他们一定会不遗余力地完善自己，尽量给人们展示自己公正直率、诚实可信、言行一致的形象，因为只有这样人们才愿追随他。

4. 充满自信。不怕任何困难、挫折，勇于面对巨大挑战。对自己追求的事业永远充满自信，并且善于把这种自信传递给他人，使群体产生一种勇往直前的力量。

5. 注重知识的更新。对新事物充满敏感和兴趣，尽一切可能坚持不懈地去获取有关知识和信息，努力使自己拥有更多的专长权，在领域中使自己拥有更多的发言权，从而获得更多的追随者，或者使追随者更加理性和坚定。

由于特质理论忽视了领导者与下属的相互关系以及情境因素，因此特质理论并不能完全解释有效的领导，只能说明成为有效领导者所必须具备的特质。

二、领导行为理论

特质理论研究的是领导者内在因素，而行为理论则研究领导者的外在行为方式，主要从领导者更关心工作绩效，还是更关心群体关系，以及是否让下属参与决策等三个方面进行分析。目的在于寻找最有效的领导风格，表 8－4 对主要的行为方式及各研究结果作出了总结。

表 8－4　　　　　　　　　　　　　　　　领导的行为理论

	行为维度	结论
艾奥瓦大学的研究	民主型风格 独裁型风格 放任型风格	最初的研究表明民主型的领导风格最有效，但后续研究出现不一致的结果
俄亥俄州立大学的研究	关怀维度 定规维度	高—高型领导（高关怀和高定规）使下属的工作绩效和满意度更高。但并非所有的情境中均如此
密歇根大学的研究	员工导向 生产导向	员工导向型领导者与高群体生产率和高工作满意感正相关
管理方格理论	关心人 关心生产	9.9 型风格的领导者对员工和生产均高度重视，效果最佳

（一）艾奥瓦大学的研究

艾奥瓦大学的科特·勒温及同事的研究探索了三种领导风格。

1. 独裁型风格：领导者倾向于集权管理，采用命令方式告知下属使用什么样的工作方法，作出单边决策，限制员工参与。

2. 民主型风格：领导者倾向于在决策时考虑员工利益，实施授权管理，鼓励员工参与有关工作目标与工作方法的决策，把反馈当做指导员工工作的机会。

3. 放任型风格：领导者总体来说给群体充分的自由，让他们自己作出决策，并按照他们认为合适的做法完成工作。

最初的研究表明民主型的领导风格最有效，但后续研究出现不一致的结果，有时民主风格比专制风格带来更高的工作绩效，有时民主风格导致的工作绩效更低或二者之间没有差别。总体来说，相比专制型领导者，民主型领导者所领导的群体，下属有更高的满意感。

（二）俄亥俄州立大学的研究

俄亥俄州立大学的研究确定了领导者行为当中两个重要维度，即定规维度和关怀维度。

定规维度：指的是为实现目标，领导者界定和构造自己与下属角色的程度。包括规划工作、界定任务关系和明确目标行为。

关怀维度：指的是管理者在工作中尊重下属的看法与情感，并与下属建立相互信任的程度。

根据领导者在每个维度中的位置，领导者可以分为四种基本类型（见图 8-1），即高定规与高关怀、高定规与低关怀、低定规与高关怀、低定规与低关怀。在定规和关怀方面均高的领导者（高—高型领导者）常常比其他三种类型的领导者更能使下属达到高绩效和高满意度。其他三种维度组合的领导者行为，普遍与较多的缺勤、事故、抱怨以及离职有关系。研究者发现了足够的例外情况表明在领导中还需要加入情境因素。

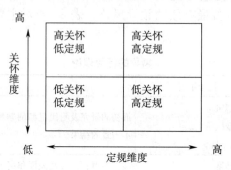

图 8-1 领导四分图

（三）密歇根大学的研究

与俄亥俄州立大学的研究同期，密歇根大学也进行了相似性质的研究。密歇根大学的研究将领导行为划分为两个维度，称为员工导向和生产导向。

员工导向：领导者重视群体中的人际关系，会考虑下属的需要，尊重群体成员的个体差异。

生产导向：领导者倾向于强调工作岗位的任务或技术方面，主要关心的是群体工作任务的完成情况，并把群体成员视为达到目标的手段与工具。

密歇根大学经过研究得出的结论是，员工导向的领导与高的群体生产率和高满意度正相关，而生产导向型的领导者则与低的群体生产率和低满意度相关。

（四）管理方格理论

密歇根大学和俄亥俄州立大学的研究结果发表以后，引起了人们对理想的领导方式的广泛讨论。一般看法是，理想的领导行为既要是绩效型的又要是关怀型的。对这种理想的领导行为加以综合的重要成果，是美国得克萨斯大学教授布莱克（Robert R. Blake）和莫顿（Jane S. Mouton）在 1964 年出版的《管理方格》一书。管理方格使用"关心人"和"关心生产"两个行为维度，对领导者进行了评估（见图 8 - 2）。坐标轴上有从 1（低）到 9（高）的标度，共有 81 个小格，代表 81 种领导风格。领导风格可能落在任意一格上，这里只对其中的五种类型重点加以说明，它们是：

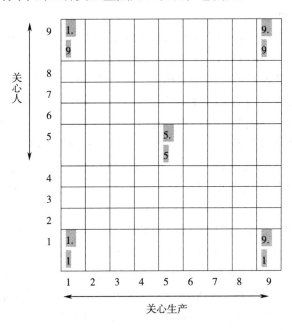

图 8 - 2　管理方格

贫乏型管理（1.1）：领导者对人和工作都不关心，他只以最小的努力来完成必需的工作。

任务型管理（9.1）：领导者高度关心生产和效率，不关心人，很少注意下属的发展和士气。

中庸型管理（5.5）：领导者对人的关心度和对生产的关心度保持正常状态，甘居中游，只图维持一般的工作效率和士气。

乡村俱乐部管理（1.9）：领导者只关心人不关心生产，对下属一味迁就，重视与下属的关系，而忽略生产。

团队型管理（9.9）：领导者既关心生产又关心人，通过综合和协调各种活动，促进工作和生产的发展，鼓舞士气，使大家和谐相处并发扬集体精神。

在五种风格中，9.9 型管理者工作效果最佳。20 世纪 60 年代，管理者方格培训受到美国工商界的普遍推崇。但在后来，这一理论逐步受到批评，因为它仅仅讨论一种直观而且最佳的领导行为，并未回答如何使管理者成为有效的领导者这一问题。并且，也没有证据支持 9.9 型在所有的情境下都是有效的。

人们越来越明确认识到，对领导成功与否的预测要比仅仅分离出一些领导的特质和行为偏好更为复杂。人们开始注意情境因素的影响。

三、权变领导理论

权变的领导理论认为，并不存在普遍适用的领导特质和领导行为，有效领导者能因自己当时所处情境的不同而变化自己的领导行为和领导方式，所以又被称为领导情境理论。领导权变理论的研究成果中以菲德勒模型、途径—目标理论和领导生命周期理论最为典型。

（一）菲德勒模型

美国华盛顿大学教授、心理学家及管理专家菲德勒（Fred Fiedler）于20世纪50年代以管理心理学和实证环境分析为理论基础，提出了有关领导的第一个综合权变模型——菲德勒模型。菲德勒的权变模型指出，有效的群体绩效取决于两个方面的恰当匹配：其一是与下属发生相互作用的领导风格；其二是领导者能够控制和影响情境的程度。该理论认为，在不同类型的情境中，总有某种领导风格最为有效。这一理论的核心在于首先界定领导风格以及不同的情境类型，然后建立领导风格与情境的恰当组合。

1. 领导的风格。菲德勒认为，影响领导成功与否的关键因素之一是个体基本的领导风格，并且领导风格是固定不变的。菲德勒设计了"最难共事者"问卷（Least - preferred Coworker Questionnaire），简称LPC问卷（见表8-5），来测量领导者的风格。LPC问卷包括16组对照形容词，例如快乐—不快乐、冷漠—热心、枯燥—有趣、友善—不友善。菲德勒让作答者回想与自己共过事的所有同事，并从中找出一个最难共事者，在16级别形容词中按1~8级（8代表积极，1指向消极）对其进行评估。根据评估的结果可以判断出作答者的领导风格。如果领导者能以积极的词汇来描述最难共事者（LPC得分高），那么领导者的风格属于关系取向型。相反，如果领导者对最难共事者都用贬义的词描述（LPC得分低），那么领导者的风格属于任务取向型，以关心生产为主。同时，有一部分领导者介于二者之间，很难勾勒出这些领导者的性格特点。

表8-5 　　　　　　　　　　　　　LPC问卷

快乐	8	7	6	5	4	3	2	1	不快乐
友善	8	7	6	5	4	3	2	1	不友善
拒绝	1	2	3	4	5	6	7	8	接纳
有益	8	7	6	5	4	3	2	1	无益
不热情	1	2	3	4	5	6	7	8	热情
紧张	1	2	3	4	5	6	7	8	轻松
疏远	1	2	3	4	5	6	7	8	亲密
冷漠	1	2	3	4	5	6	7	8	热心
合作	8	7	6	5	4	3	2	1	不合作
助人	8	7	6	5	4	3	2	1	敌意
枯燥	1	2	3	4	5	6	7	8	有趣
好争	1	2	3	4	5	6	7	8	融洽
自信	8	7	6	5	4	3	2	1	犹豫
高效	8	7	6	5	4	3	2	1	低效
郁闷	1	2	3	4	5	6	7	8	开朗
开放	8	7	6	5	4	3	2	1	防备

2. 领导的情境。用 LPC 问卷评估领导风格之后，接下来需要评估领导者所在情境，并将领导者与情境进行匹配。菲德勒的研究揭示了确定情境因素的三项权变维度，它们是：

领导者与成员关系：领导者对下属信任、信赖和尊重的程度。评价为好或差。

任务结构：工作的规范化和程序化程度。评价为高或低。

职位权力：领导者运用权力（诸如雇用、解雇、处分、晋升和加薪）施加影响的程度。评价为强或弱。

菲德勒根据这三项权变变量对每一种领导情境进行评估。三种变量汇总起来得到八种可能的情境，如表 8 - 6 所示，领导者从中都可以找到自己所在的情境。其中Ⅰ、Ⅱ和Ⅲ类情境对领导者非常有利；Ⅳ、Ⅴ和Ⅵ类情境在一定程度上对领导者有利；Ⅶ和Ⅷ情境对领导者十分不利。

表 8 - 6 菲德勒模型

上下级关系	好	好	好	好	差	差	差	差
任务结构	高	高	低	低	高	高	低	低
职位权力	强	弱	强	弱	强	弱	强	弱
情境类型	Ⅰ	Ⅱ	Ⅲ	Ⅳ	Ⅴ	Ⅵ	Ⅶ	Ⅷ
情境特征	有利				适中		不利	
有效的领导方式	任务导向型				关系导向型		任务导向型	

为了确定领导效果的具体权变情况，菲德勒研究了 1 200 个工作群体，针对八种情境类型中的每一种，均对比了关系取向和任务取向两种领导风格。他得出结论：任务取向的领导在非常有利和非常不利的情境下效果更好，关系取向型的领导在中间情境Ⅳ、Ⅴ、Ⅵ类情境中干得更好。

根据菲德勒理论，个体的领导风格是不变的，因此组织要改善领导工作的有效性可以采取两个途径：其一，替换领导者以适应领导工作特定情境的要求。其二，改变领导工作情境以适应现有领导者的风格。但这并不符合实际情况，有效的领导者完全能够改变自己的领导风格以适应情境。

（二）途径—目标理论

20 世纪 70 年代初，加拿大多伦多大学教授罗伯特·豪斯（R. J. House）提出了一种新的领导权变模型——路径—目标理论。

该理论指出，领导者的工作是帮助下属达到他们的目标。领导者提供必要的指导和支持，确保下属各自的目标与群体或组织的总体目标保持一致。有效的领导者通过为下属清理实现目标过程中的各项障碍使下属的进程更容易。

路径—目标理论认为，如果下属在某种程度上将领导者的行为视为获得当前满足或是获得未来满足的手段时，则领导的行为就是可以接受的。在以下条件下领导的行为具有激励作用：①领导行为使得下属满足需要取决于有效的工作绩效；②领导行为提供了获得有效业绩所必需的辅助、指导、支持和奖励。为此，罗伯特·豪斯确定了四种领导行为：

（1）指令型领导：让下属知道对他的期望是什么，以及完成工作的时间安排，并对如何完成任务给予具体指令。

（2）支持型领导：十分友善，表现出对下属各种需要的关怀。

（3）参与型领导：与下属共同磋商，并在决定之前充分考虑他们的建议。

（4）成就型领导：他们设置富有挑战性的目标，要求下属有优秀表现。

菲德勒模型认为领导者无法改变自己的领导风格，然而，路径—目标理论认为领导者是弹性灵活的。领导者可以根据不同的情况表现任何一种领导风格。作为一种权变理论，豪斯认为选择领导风格时还应考虑如下的客观条件（见图8-3）。

①个人特点：主要指下属的特点、经验及知觉能力。

②环境因素：主要是指任务结构、职权制度、工作群体特点等。

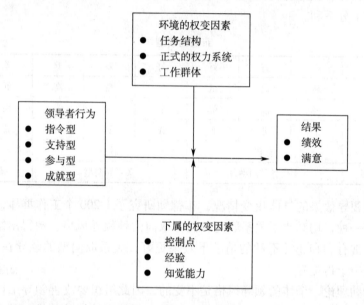

图8-3 途径—目标理论

豪斯认为：对于依赖性比较强的下属，一般采用指令型领导方式比较有效；对于自立性强的下属，一般采用参与型领导方式比较有效；对于工作性质和任务比较明确，下属也知道如何做，支持型领导方式比较适合；对经验比较丰富，能力比较强的下属，成就导向型领导方式比较恰当。因此，根据路径—目标理论，领导者必须分析下属的特性和所处的客观环境，选择一种恰当的领导方式。

（三）领导生命周期理论

领导生命周期理论最初由美国心理学家卡曼（A. K. Karman）提出，后经保罗·赫塞（P. Hersey）和肯尼斯·布兰查德（K. Blanchard）加以发展而成。它建立在布莱克和莫顿的管理方格理论和阿吉里斯不成熟—成熟理论基础上。

该理论认为，成功的领导者要根据下属的成熟程度选择合适的领导方式。所谓成熟度，是指人们对自己的行为承担责任的能力和愿望的大小。它取决于两个方面：一是任务成熟度。任务成熟度是指一个人工作的知识和技能。如果一个人具有无须他人指点就能完成其工作任务的知识、能力和经验，那么他的任务成熟度就是高的；反之，则是低成熟度。二是心理成熟度。心理成熟度是指一个人做事的意愿和动机。如果一个人能够自觉地去完成工作，而无须外部的激励，那么他具有较高的心理成熟度。

赫塞和布兰查德设计了一个方格图，如图 8-4 所示，横坐标为任务行为，纵坐标为关系行为，在下方再加上一个成熟度坐标，从而把原来由布莱克和莫顿提出的以人为主和以工作为主构成的二维领导理论，发展为由关系行为、任务行为和下属的成熟度组成的三维领导理论。在这里，任务行为是指领导者和下属为完成任务而形成的交往关系；关系行为是指领导者给下属的帮助和支持程度。由此，形成了四种领导方式：

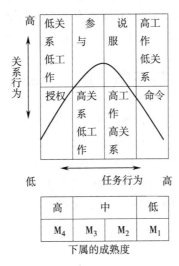

图 8-4 领导生命周期曲线图

（1）命令式（高工作—低关系）：领导者对下属进行分工并具体指示下属应当做什么、如何做、何时做等，它强调直接指挥；

（2）说服式（高工作—高关系）：领导者既给下属以一定指导，又注意保护和鼓励下属的积极性；

（3）参与式（低工作—高关系）：领导者与下属共同参与决策，领导者着重给下属支持，促其搞好内部的协调和沟通；

（4）授权式（低工作—低关系）：领导者几乎不加指点，由下属自己独立地开展工作，完成任务。

同时，赫塞和布兰查德把成熟度分为四个阶段：

（1）不成熟（M_1）：下属缺乏接受和承担任务的能力和愿望，他们既不能胜任，又缺乏自信；

（2）初步成熟（M_2）：下属愿意接受和承担任务但缺乏足够的能力，他们有积极性但没有完成任务所需的技能；

（3）比较成熟（M_3）：下属具有完成领导者交办任务的能力，但没有足够的动机；

（4）成熟（M_4）：下属能够而且愿意去做领导者要他们做的事。

赫塞和布兰查德认为：当下属有很高的成熟度时，领导者不仅要减少对活动的控制，而且要减少对下属的帮助。

（1）当下属成熟度为 M_1 时，领导者要给予明确而又细致的指导和严格的控制，采取命令方式；

（2）当下属成熟度为 M_2 时，领导者既要保护下属的积极性，交给其一定任务，又要及时加以具体的指点以帮助其较好地完成任务；

（3）当下属成熟度为 M_3 时，领导者主要解决其动机问题，可通过及时的肯定和表扬以及一定的帮助鼓励，树立下属的自信心，因此可采取低工作—高关系的参与式领导方式；

（4）当下属成熟度为 M_4 时，由于下属既有能力又有积极性，则可以采用授权式领导方式，只给下属明确的目标和工作要求，具体行为由下属自我控制。

第三节　激　　励

激励是管理的主要职能之一。管理者如果不懂得怎样激励员工，是无法胜任管理的。管理的核心是对人的管理，管理者面临的首要任务是引导和促使员工为实现组织目标而努力。然而，组织成员追求的目标往往与组织目标不尽一致，工作努力程度也与组织的期望有所差距。如何才能调动激发组织成员的积极性，使员工把组织的目标任务变成自己的目标任务，并为实现组织目标作出最大限度的努力？这就需要了解和学习激励的基本知识。

一、激励的概述

（一）激励概念

管理学中的"激励"，就是通常所说的调动人的积极性问题。人的行为都是由动机支配的，而动机则是由需要引起的，人的行为都是在某种动机的策动下，为了达到某个目标的有目的的活动。美国管理学家罗宾斯把动机定义为：个体通过高水平的努力而实现组织目标的愿望，而这种努力又能满足个体的某些需要。在管理学中，激励是指管理者以满足个人的某些需要为条件，激发和引导下属成员的行为动机，使其积极从事实现目标的活动。

（二）激励过程

激励是激发人的动机的过程。在这个过程中，诱因是激励的外部条件，需要是激励的基础和前提，动机是个体的内在驱动力，目标是引导人们采取行为的向导。需要、动机、目标、行为这几个要素相互联系、相互影响又相互制约，形成激励的过程（见图8－5）。

（三）激励作用

激励作为一种内在的心理活动过程或状态，不具有可以直接观察的外部形态，但由于激励对人的行为具有驱动和导向作用，因而通过行为表现和效果可以对激励的程度加以推断和测定。人的行为表现和行为效果很大程度上取决于他所受到的激励程度和水平，激励水平越高，行为表现越积极，行为效果也就越大。激励的作用主要表现在以下几个方面：

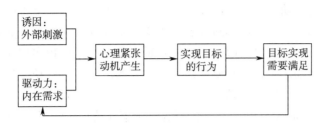

图8-5　激励过程模式示意图

1. 激励有利于挖掘人的潜力。人的潜在能力与人平时所表现出来的能力有很大差别，前者会大大超过后者。通过激励可以调动人的积极性，人的积极性越高，人的潜在能力越容易发挥出来。

2. 激励有利于组织吸引人才。成功的组织为了吸引人才，采取了许多激励方法。例如，对优秀员工给予丰厚的报酬和奖励，为员工提供养老和医疗保险，组织员工学习等。激励措施可以吸引留住大批优秀人才。

3. 激励有利于实现组织目标。激励对于员工行为进行有目的的引导，针对企业制定的目标，采取措施，充分调动员工的积极性，使员工自觉地发挥潜能，为完成企业目标而努力工作。有效的激励措施可以使员工的努力方向与组织目标趋于一致。

4. 激励有利于提高成员素质。提高员工素质，可以通过培训和激励的方法实现。例如，对坚持学习文化知识与业务知识的员工给予表扬，有利于形成良好的学习风气。

（四）人性假设

激励的对象始终并且只能是人，而激励实质上就是管理者认识人性、理解人性并不断影响和塑造人性的过程。只有对人性有正确清楚的认识，才能更好地了解下属的需要和追求，才能更好地影响其内在驱动力，继而创造出良好的组织氛围，使其充分发挥自己的才能，实现目标。在不同的人性假设下，管理者会采取不同的激励手段。

1. "经济人"（Rational - economic Man）。经济人假设源自于亚当·斯密，其哲学基础是功利主义，并深受18世纪理性主义的影响。这种假设认为，人是以一种合乎理性的、精打细算的方式行事，人的行为受经济因素的推动和激励，与之相适应，激励的主要手段就是"胡萝卜加大棒"，即运用奖励和惩罚两种手段，来激发和诱导人们以组织或管理者所期望的方式来行事，作出管理者所要求的行为。

2. "社会人"（Social Man）。社会人假设源自于梅奥的霍桑试验。霍桑试验得出结论，人不是机器的附属物，有社会心理的需要，并不单纯地追求金钱收入和物质满足。这种假设认为，人是受社会需要激励的，集体伙伴的社会力量要比上级主管的控制力量更加重要。按照这种主张进行管理，管理者就应该关心和体贴下属，重视人们之间的社会交往关系，通过培养和形成组织成员的归属感来调动人的积极性，以此促进生产率的提高。

3. "自我实现人"（Self - actualizing Man）。自我实现人假设源自于马斯洛提出的需要层次理论。人际关系发展到后期，开始把追求自我实现看做是人们工作的最根本目的。这种假设认为，人是自我激励、自我指导和自我控制的，人们要求和发展自己的能力，期望获取个人的成功。从这点出发，组织就应当把个人作为宝贵的资源来看待，通过富有挑战性的工作使人的个性不断成熟并体验到工作的内在激励。如果工作被设计得富有意义并具有吸引力，足以引起人们的成就感，那么按照自我实现人的假设，人就可以在高强度的自我激励之下，不需要借助其他外来的激励，而自动、自愿地将自己的才能发挥出来，为组织作出巨大贡献。

4. "复杂人"（Complex Man）。美国行为科学家埃德加·沙因在1965年出版的《组织心理学》一书中对人性进行了归纳，提出了"复杂人"假设，这种假设认为，现实组织中存在着各种各样的人，不能把所有的人都简单化和一般化地归类为前述的某一种假设之下。相反地，应该看到人是复杂的，千差万别的，人的要求会随着各种变化而变化。因此，要求管理者要根据个体的不同情况，灵活地采用不同的措施，要因人而异，因事而异，不能千篇一律。换句话说，就是要根据具体情况采取适当的激励措施和领导方式。

二、激励理论

基于心理学、行为科学、社会学等领域对人的需要、动机及行为比较丰富的研究成果，即对"人性"不同假设，有效的管理者不仅知道组织成员需要什么，应该给予哪些方面的激励，更重要的是应该知道如何进行激励。激励理论是研究如何有效地调动人的积极性的理论，从理论研究的侧重点看，西方有关的激励理论主要分为以下几种类型：

内容型激励理论：着重探讨决定激励效果的各种基本要素，研究人的需要的复杂性及其构成，包括需求层次理论、双因素理论等。

过程型激励理论：着重研究从动机产生到采取行动的心理过程，即激励实现的基本过程和机制，包括期望理论、公平理论等。

行为改造型激励理论：着重研究如何改造和转化人的行为，变消极为积极，包括强化理论、挫折理论等。

（一）内容型激励理论

1. 需求层次理论。美国心理学家马斯洛（A. Maslow）在1943年所著的《人的动机理论》一书中，提出了需求层次理论。他将人的需要由低到高划分为五个层次：生理需要、安全需要、人际交往需要、尊重需要以及自我实现的需要。马斯洛需求层次理论的基本观点可以概括为以下几方面：

（1）这五种需求由低向高呈阶梯式逐级上升，只有当低一级的需求得到满足之后，才会产生追求高一级的需求；

（2）需求从低一级向高一级需求上升时，是逐步地从少到多的转变，并不是从低一级需求突然跳到高一级的需求；

（3）只有尚未满足的需求才具有激励的力量，已被满足则不再具有激发动机的力量；

（4）正常情况下，大多数人的需求都是以某一层次的需求为主，同时兼有其他层次的需求。

马斯洛的需求层次理论提出后得到了普遍重视，其简单明了，易于理解，在一定程度上反映了人类行为和心理活动的共同规律，抓住了问题的关键，也符合人类动机形成的基本规律，"人往高处走"是对其形象的描述。然而，在现实中，人的需求的发展顺序可能是相当复杂的。因此，该理论还有待进一步研究。

2. 双因素理论。美国心理学家赫茨伯格（F. Herzberg）在 1959 年发表的《工作的激励因素》中提出双因素理论。他对 9 个企业中 203 名工程师和会计师进行了 1 844 人次的调查，得出该理论，即影响人们工作中行为的因素有保健因素和激励因素两种（见表 8 - 7）。

表 8 - 7　　　　　　　　　　保健因素与激励因素示意

保健因素	激励因素	保健因素	激励因素
薪酬	工作本身的挑战性	安全	责任
监督	认可、赏识	工作环境条件	成就
管理措施	成长和晋升的机会	人际关系	

赫茨伯格的双因素理论的主要结论是：

（1）影响人们工作行为的因素归纳为两大类：保健因素和激励因素。

①保健因素是指防止人们产生不满的因素，包括薪酬、监督、管理措施、人际关系等。保健因素在组织不具备时会引起不满，在具备的时候也不会产生很大的激励作用。

②激励因素是使人们感到满意的因素，包括工作本身因素、认可、赏识等。组织在不具备这些因素的时候不会引起很大的不满，具备的时候会产生很大的激励作用。

（2）保健因素是本身工作中之外的，更多的是与工作外部环境有关联的；而激励因素则是以工作为核心的，也就是说与工作本身、个人的工作成效、工作责任感、通过工作本身获得晋升等有直接关系。

（3）满足各种需要所引起的激励强度和效果是不一样的，在工作中一些基本的需要满足是必要的，缺乏它们会导致员工"不满"，但这些"保健因素"仅仅构成激励的基本前提。管理激励的核心问题在于如何最大程度上挖掘和发挥真正的"激励因素"的作用。

赫茨伯格双因素理论的核心在于强调保健因素和激励因素不可相互替代，各自的作用不同。自 20 世纪 60 年代以来，双因素理论在管理界越来越受到注意和重视。他与马斯洛的需求层次理论是相互联系的，激励因素是人的高层次需求，而保健因素是人的低层次需求。要激励人的积极性，更重要的是提供使人感到具有挑战性的工作内容；而不仅仅是把眼光局限于提高工资水平、改善工作条件上。

因为该理论是根据 50 年代末对部分工程师和会计师的调查得出的，对于不同文化、不同地区、不同需要的组织成员而言，该理论对保健因素和激励因素的划分标准还有待根据具体情况进行调整。

（二）过程性激励理论

1. 弗鲁姆的期望理论。美国心理学家维克多·弗鲁姆（Victor Vroom）1964 年在著作《工作与激励》一书中提出该理论。它通过考查人们的努力行为与其所获得的最终奖酬之间的因果关系，来说明激励过程并选择合适的行为目标以实现激励（见图 8 - 6）。

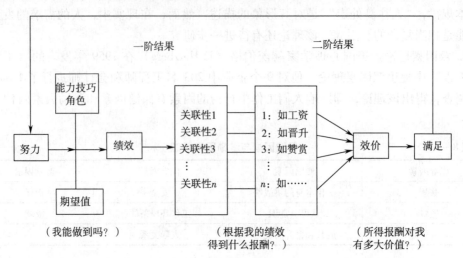

图 8 - 6　期望理论过程模式示意图

弗鲁姆的期望理论主要观点是：

（1）人是理性的，激励是评价、选择的过程，人们采取某项行动的动力或激励力取决于其对行动结果的价值评价和预期实现目标可能性的估计。激励是个体对目标的预期价值（效价）与目标实现可能性（概率）的乘积。用公式表述为

$$激励力 = 效价 \times 期望值（M = V \cdot E）$$

激励力（Motivation）——对行为的激发力度，是直接推动或使人们采取某一行动的内驱力。

效价（Valence）——目标价值的主观估计，取值范围不限。它反映个人对某一成果的重视与渴望程度。

期望值（Expectancy）——目标概率即实现可能性的主观估计与判断，取值范围为 $0 \sim 1.0$。

（2）调动人们的工作积极性，要注意三个变量：

①努力与绩效的关系。个体对通过一定程度的努力而达到工作绩效的可能性的认知，即我必须付出多大努力才能实现某一工作绩效水平？我付出努力后能达到该绩效水平吗？一个人如果主观上认为通过自己的努力实现预期目标的概率较高，就会有信心，就可能激发出很强的工作力量；但如果他认为目标太高，通过努力也不会有很大的绩效时，就会失去内在动力，导致他工作消极。

②绩效与奖励的关系。个体对于达到一定工作绩效后即可获得理想的奖赏结果的理解，即当我达到该绩效水平后会得到什么奖赏？人总是希望取得成绩后能得到奖励，包括奖金等物质奖励，也包括表扬、赢得信赖等精神奖励。如果他认为取得工作绩效后能够获得合理的奖励，就有可能产生工作热情，否则就可能没有积极性。

③奖励与满足的关系。个体所获得的潜在结果或奖赏对个体的重要性程度，即该奖

励是否有我期望的那么高？该奖赏能否有利实现个体目标？人总是希望所获得的奖励能满足自己某方面的需要。然而人都有个体差异性，对于不同的人，采取同一种方法给予的奖励，所满足需要的程度是不同的，激发出来的工作动力也就不同。

弗鲁姆的期望理论主要贡献在于运用效价和期望值的概念揭示了个人选择目标和目标影响行为的过程。该理论更具有较大的综合性和适用性，完整的描述了员工动机的详细过程。理论运用中，应适当控制期望概率和实际概率，加强期望心理的疏导。期望概率过大容易产生挫折，期望概率过小又会减小激励力度。实际概率应使大多数人受益，实际概率最好大于平均的个人期望概率，并与效价相适应。

2. 亚当斯的公平理论。美国心理学家亚当斯（J. S. Adams）1965年在其所著《在社会交换中的不公平》一书中提出了公平理论。该理论侧重于研究工资报酬的合理性、公平性对员工积极性和工作态度的影响。

亚当斯的公平理论的主要观点是：

（1）在一定环境中，人们总是将自己所作出的贡献和所获得的报酬之比与自己相关的人所作出的贡献和所获得的报酬之比相比较，来判断报酬分配是否公平，从而决定下一步的行为。

（2）人们选择与自己进行比较的参照类型有三种：一是在本组织中从事相似工作的其他人以及别的组织中与自己相似的同类人，包括同事、同行、亲友等；二是"制度"，指组织中的工资政策与程序以及这种制度的运作；三是自我，指自己在工作中付出与所得的比率。

（3）对工作的付出，包括教育、经验、努力水平和能力。通过工作获得的所得或报酬，包括工资、表彰、信念和升职等。亚当斯提出了著名的公平关系方程式：

$$\frac{Q_p}{I_p} = \frac{Q_x}{I_x}$$

式中，Q_p为比较者对所获报酬的感觉；Q_x为比较者对被比较者所获报酬的感觉；I_p为比较者对付出劳动的感觉；I_x为比较者对被比较者付出劳动的感觉。

（4）在讨论报酬的公平性对人们积极性的影响时，人们主要是通过横向和纵向两个方面的比较来判断所获报酬的公平性。

——横向比较：将自己获得的报酬与自己投入的比值与组织内其他人的比值进行比较，来判断自己所获得的报酬是否公平。基本上会有这样的结果：

① $\frac{Q_p}{I_p} = \frac{Q_x}{I_x}$：进行比较的员工觉得报酬是公平的，他会维持原有的工作积极性。

② $\frac{Q_p}{I_p} > \frac{Q_x}{I_x}$：说明这个员工得到了过高的报酬或付出较少的努力。在这种情况下，他一般不会要求减少报酬，而会自觉地增加自我付出。

③ $\frac{Q_p}{I_p} < \frac{Q_x}{I_x}$：比较者会产生一种不公平感，认为自己的贡献没有得到公平的报酬，进而会调整自己的行为。

——纵向比较：即把自己目前所取得的报酬与所作出的投入的比值，同自己过去的比值进行比较。结果也会有这样三种情况：

① $\dfrac{Q_p}{I_p} = \dfrac{Q_x}{I_x}$：员工认为激励措施基本公平，积极性和努力程度可能会保持不变；

② $\dfrac{Q_p}{I_p} > \dfrac{Q_x}{I_x}$：员工不会觉得所获报酬过高，因为他可能会认为自己的能力和经验有了进一步的提高，其工作积极性不会因此而提高；

③ $\dfrac{Q_p}{I_p} < \dfrac{Q_x}{I_x}$：感觉不如从前，觉得不公平，就有可能导致工作积极性的下降。

（5）一个人对工作的报酬是否满意，不仅受到报酬绝对值的影响，而且还受到报酬相对值的影响，同时还会受到这个相对值与可比较的范围相对值的影响。只有报酬公平，组织才能保持稳定，否则，就会出现矛盾。公平理论认为，当人们感觉到不公平时，为了消除由此产生的紧张不安，一般会采取以下措施：

①采取行动，改变自己的收支情况。如要求增加自己的薪酬，提高自己的投入报酬率；或者怠工、推卸工作等来减少自己的劳动付出。

②采取行动，改变别人的收支情况。如要求降低他人的报酬，降低其投入报酬率；或者增加他人的支出，将工作推给别人。

③通过某种方式进行自我安慰。如换一个比较对象，以获得主观上的公平感；或者通过曲解自己的或别人的收支情况，形成一种主观上的公平假象，以寻求自我安慰。

公平理论的重要贡献在于它揭示了公平性对员工态度和行为的影响作用，员工不仅关心自己的绝对报酬，而且还关心自己的报酬与他人报酬之间的关系，及自己当前与过去的关系。

然而，该理论也有自身的缺陷，主要在于所谓公平与否是员工的主观判断，而这种判断往往会出现偏差。一般人总是对自己的付出估计过高，对别人的付出估计过低，而在报酬方面的估计则相反，导致实际上的公平由于个人的这种主观判断而变得不公平，其情绪和工作的努力程度也因而受到影响。

（三）行为改造型激励理论

1. 斯金纳的强化理论。美国心理学家和行为学家斯金纳（B. F. Skinner）于 1957 年提出强化理论，该理论主要通过人的行为对刺激的反应来研究激励理论。强化是心理学术语，是指通过不断改变环境刺激因素来达到增强、减弱或消失某种行为的过程。

斯金纳强化理论的主要观点有以下几点：

（1）人们为了达到某种目的，会采取某种行为，如果这种行为的后果对个体有利时，他就会重复这种行为；如果不利时，这种行为就会减弱或消失。因此，管理者要采取强化手段，营造一种有利于组织目标实现的环境和氛围，以便使人们的行为符合组织的目标。

（2）强化的具体形式。

①正强化：指通过给予被强化者适当的奖励方式，借以肯定某种行为，使这些行为得到进一步加强，从而有利于组织目标的实现。如提薪、奖金、提升、进修等。

②负强化：指预先告知人们某些不符合要求的行为可能引起的不良后果，以使人们采取符合要求的行为或回避不符合要求的行为，从而避免或消除不利于组织目标实现的行为。如减少奖金、罚款、批评或降级等。

③惩罚：指对不良行为采取惩罚的办法，以使这些行为少发生或者不再发生。惩罚的形式多样，如减薪、扣发奖金、罚款、批评、撤职、处分等。

④消退：指对某种行为不采取任何奖惩措施，也就是对已经出现的不符合要求的行为进行"冷处理"，以达到"无为而治"的效果。

（3）应用强化理论应遵循的原则。

①要明确强化的目标，从而使被强化者的行为符合组织的要求；

②要以正强化为主，在管理实践中，把着眼点放在鼓励人的长处、发现人的优点，贯彻表扬与批评相结合，但以表扬和奖励为主的原则；

③要及时反馈，使被强化者及时了解自己的行动结果，并能及时兑现奖惩，以便有利于组织的行为得到肯定，从而重复继续，不利于组织的行为得到及时纠正；

④强化方式因人而异，每个人都有自己的个性和思维方式，所以运用奖惩方式时，一定要注意从不同对象的心理特点出发，采取不同的方式。

2. 挫折理论。挫折理论或许可追溯到 20 世纪极负盛名的奥地利心理学家弗洛伊德（S. Freud）创立的精神分析学说。该理论着重研究人因挫折感而导致的心理自卫。

挫折理论的主要观点有以下几点：

（1）挫折在心理学中解释为个人从事某项活动时遇到障碍或干扰，使其动机不能获得满足的情绪状态。挫折有利有弊，从有利的方面来讲，它引导个人认识产生变化，增长解决问题的能力；但挫折过大，则可能使人们心理痛苦，产生行为的偏差。

（2）挫折产生的原因多种多样，可归纳为环境因素和个人因素两类，即外在和内在两个方面。环境因素引起的挫折，主要是指自然环境、物理环境和社会环境等阻碍人们达到目标而产生的挫折；个人因素主要是指因个人生理缺陷、心理冲突和个人抱负水平的不同而引起的挫折。

（3）不同的人有不同的挫折容忍力，面对挫折可能会采取积极态度，也可能会采取消极态度甚至是对抗态度，由此产生的行为方式各不相同（见表 8 - 8）。

表 8 - 8　　　　　　　　　　面对挫折时的行为表现

面对挫折时的行为表现	防卫性适应方式	自我解脱
		逃避现实
		压抑欲望
		转移替代
		反向行为
	不良适应方式	攻击
		固执
		冷漠
		退化

（4）为避免挫折可能导致的严重后果，在管理工作中一方面应尽量消除引起挫折的环境，避免使员工受到不应有的挫折；另一方面，当员工受到挫折时，应尽量减低挫折所引起的不良影响，提高员工对挫折的容忍力，引导其行为向积极的方向发展。

（四）波特和劳勒的综合激励模型

各种激励理论都各有不同的侧重点和应用价值。在实际激励工作中，往往需要将各种理论综合运用和融会贯通。美国学者波特（L. W. Porter）和劳勒（E. E. Lawler）于1968年在需求理论、期望理论和公平理论等的基础上，构造出一种更加全面的激励过程模型。它为人们分析和认识管理激励的一般过程和机制提供了一个清晰的综合性理论框架（见图8-7）。

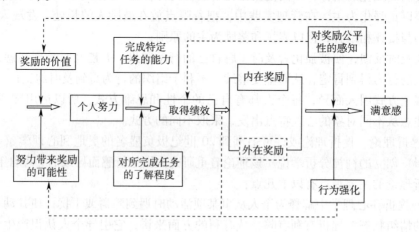

图8-7　综合激励模型

波特和劳勒的综合激励模型是以激励→努力→绩效→奖酬→满足为主轴线的，他将激励过程视为外部刺激、个体内部条件、行为表现、行为结果相互作用的统一过程。这一模型具有这样几个特点：

1. 个体受激励的程度，不仅取决于奖励的价值，还要受到努力工作后达到绩效标准的可能性（或期望值）的制约。

2. 个体实际取得的绩效不仅取决于自身努力的程度，而且还受到个人能力和素质的影响。能力和素质影响着个人努力的效果和工作质量（绩效），特别是对于比较复杂的工作而言更是如此。

3. 个体所获的奖励应该是以其实际取得的工作绩效为评价标准。只有完成了组织的任务，达到了所要求的目标，员工才能获得各种奖励，包括精神奖励和物质奖励。

4. 个体对于所受到的奖励是否满意以及满意的程度是取决于其对所获报酬公平性的感觉。如果受激励者感到公平，就会满意，否则就会不满意。

5. 个体是否满意以及满意的程度将会反馈到要完成的下一个任务的努力过程中。如果满意则会导致更进一步的努力，如果不满意则会导致努力程度的降低，甚至消极怠工或离开原有的工作岗位。

从模型中可以看出，激励不是一种简单的因果关系，而是一个涉及内外部多种因素互动的复杂过程。因此要使激励产生预期效果，就必须综合考虑需要内容、奖励内容、奖励制度、组织分工、目标设置、公平考核等一系列因素，还要注意个人主观价值判断在激励中的反馈。"结果公平"，即全体对内在外在奖酬价值的主观评价，固然对激励效果起着非常重要的作用，但产生结果公平的"过程公平"，对激励效果同样重要，甚至更重要。

三、激励的原则和方法

（一）激励的原则

1. 以人为本的原则。现代管理要求一切激励措施都要以满足人的需要为根本出发点和归宿，以促进员工的全面发展为根本目的。只有这样，才能激发员工的主人翁意识和责任感，充分发挥员工的主人翁作用，促进组织的可持续发展。

2. 差异化和多元化的原则。差异化是指激励要因人而异，针对不同的人要采用不同的激励方式。多样化是指激励不应拘泥于一种方式，应根据不同的情况，灵活运用多种激励方式。组织中员工的条件不同，需要会不同，而每个员工的需要又是多种多样的，不断变化的。因此，激励的方式也必须是多种多样的，才能保证激励的有效性。

3. 物质奖励与精神奖励的原则。人的需要既有物质方面的需要，也有感情、精神方面的需要。在员工物质利益没有满足之前，首先要在物质方面给予更多的奖励，但同时也不能忽视其他方面的需要，尤其是精神方面的奖励，对于物质条件比较充裕、事业心强的员工，显得尤为重要。

4. 奖励与惩罚相结合原则。根据强化理论，对于有利于组织发展的员工行为，要及时给予奖励。对于妨碍组织目标实现的员工行为，要及时给予惩罚。奖励和惩罚相结合，才能在组织中形成良好的风气，激励员工为组织发展作出更多的贡献。

5. 公平原则。根据公平理论，员工对于自己所获报酬不是只注重绝对量，而是更注重可比的相对量。因此，管理者必须要充分考虑对员工激励的公平性。对员工等量的劳动成果要给予同等的待遇，多劳多得，少劳少得，形成一个公平合理的环境。

（二）激励的方法

1. 工作激励。按照赫茨伯格的双因素论，对人最有效的激励因素来自于工作本身，即满意于自己的工作是最大的激励。日本著名企业家稻山嘉宽曾在回答"工作的报酬是什么"时指出："工作的报酬就是工作本身！"这个回答深刻地指出内在激励的无比重要性。特别在解决了温饱问题之后，员工更关注工作本身是否具有吸引力，在工作中是否会感受到生活的意义；工作是否具有创造性，挑战性，工作内容是否丰富多彩、引人入胜；在工作中能否取得成就，获得自尊，实现自我价值等。管理者必须善于调整和调动各种工作因素，千方百计地使员工满意自己的工作，以实现最有效的激励。

2. 物质激励。物质激励是指以物质利益为诱因，通过调节被管理者的物质利益来刺激其物质需要的方式与手段，主要包括以下具体形式。

（1）报酬激励。报酬包括工资、奖金、各种形式的津贴及实物奖励等。虽然对于国外一些较高收入水平的人来说，工资、奖金已不成为主要的激励因素，但对于我国相当一部分收入水平较低的人来说，工资、奖金仍是重要的激励因素。

（2）福利照顾。福利是指组织为员工提供的除工资与奖金之外的一切物质待遇。对员工而言，福利不像工资、奖金那样直接产生激励，但它的积极作用却是巨大而深远的。全面而完善的福利制度，使员工因受到周到的体贴和照顾而体会到组织这个大家庭的温暖，产生出一种强烈的归属感，增加了认同和忠诚、责任心与义务感。这是一种很宝贵的持久而自觉的激励力量，与某次单项奖励的作用相比，更具有根本性与内在性。

（3）经济处罚。在经济上对员工进行处罚，是一种管理上的负强化，属于一种特殊形式的激励。管理者运用这种方式时要注意：必须有可靠的事实根据和政策依据，令其心服口服；处罚的方式与处罚量要适当，既要起到必要的教育与震慑作用，又不要激化矛盾；同时要与深入细致的思想工作配合，注意疏导，化消极为积极，真正起到激励作用。

3. 精神激励。精神激励是指通过满足职工社交、自尊、自我发展和自我实现的需要，在较高的层次上调动员工的积极性。主要包括以下一些具体形式：

（1）目标激励。目标激励是以目标为诱因，通过设置适当的目标，激发动机，调动积极性的方式。员工在管理中的自觉行为，都是追求目标的过程，正是有了目标，才能引导员工采取一个又一个行动，可见，追求目标是满足需要的可行途径，目标成为管理激励中极为重要的诱因。

【小看板 8-2】

愿景激励

日本松下电器有一个很著名的原则——让公司员工永远拥有梦想，拥有希望。

在 20 世纪 30 年代，在对员工发表"生产者使命感"的谈话时，松下幸之助就运用了这个原则，告诉员工自己对未来前途的展望。

他把完成使命的期限定为 250 年，将这 250 年分为十个阶段，再将每个阶段分成三期。每一阶段的第一期被称为"建设期"，旨在专心从事建设；第二期称为"活动时期"，这一时期要一方面继续建设，另一方面要专心从事各项活动；接下来的 5 年称为"贡献时期"，在这段时期企业一方面要继续完成未完的建设与活动，另一方面还需要利用已经取得的成果回馈社会，承担企业的社会责任。

就这样，松下幸之助凭借其恢弘的气度，为全体员工描绘了一个伟大而长远的250 年计划，让每个员工都了解企业的目标，从而让他们永远拥有梦想，拥有希望，更有激情地投入到工作中去。在松下幸之助担任总经理时，只要一有机会，就会把自己对公司未来的规划和前景的想法告诉员工，以激励和鼓舞员工。松下幸之助说："身为经营者的重要任务之一，就是让员工拥有梦想，并向他们公开未来目标，如果做不到这一点，就不配称为企业家。"

除此之外，松下幸之助还打破常规，以实施一周工作五天制度以及员工贷款制度作为公司未来的目标，并把这些目标无一例外的公布于众，借此勉励全体员工继续努力以实现这些目标。

资料来源：邱庆剑：《世界500强企业管理法则》，机械工业出版社，2006。

（2）感情激励。感情激励是以感情作为激励的诱因，通过加强与员工的感情沟通，尊重员工、关心员工，与员工之间建立平等和亲切的感情，让员工体会到领导的关心、组织的温暖，从而激发出主人翁责任感和爱厂如家的精神，调动员工的积极性。人与动物的基本区别是人有思想、有感情，现代人对社会交往和感情的需要是强烈的，感情因素对人的工作积极性有重大影响。

（3）参与激励。参与激励是以让下级参与管理为诱因，调动下级的积极性和创造性。通过参与，形成员工对组织的归属感、认同感，进一步满足自尊和自我实现的需要；有利于集思广益，集中群众意见，以防决策的失误；同时也增强下级对决策的认同感，从而激励他们积极自觉地去推进决策的实施。

（4）荣誉激励。荣誉激励是对优秀员工授予劳动模范、先进人物等荣誉称号。荣誉是满足人们自尊的需要，激发人们奋发进取的重要手段。从人的动机来看，人人都有自我肯定、争取荣誉的需要。对于一些工作表现比较突出、具有代表性的先进员工，给予必要的荣誉奖励，是很好的精神激励方法。

（5）文化激励。文化激励是指通过组织文化激励组织成员，培养自觉为组织发展而积极工作的精神。组织文化是只看不见的手，具有激励作用。组织文化的这种激励作用，一方面是由于组织文化是一种以人为中心的管理，承认人的价值，尊重人，爱护人，注重对人的思想、行为的"软"约束，从而起到传统激励方式起不到的作用；另一方面，组织文化的激励功能不是消极被动地去满足人们对自身价值的心理需求，而是通过组织的共同价值观的形成，使其转化为员工实现自我激励的动力，自觉地为组织的生存和发展而工作。许多优秀的企业正是利用企业文化这只"看不见的手"，通过以企业的理念、纲领为准则建立心灵契约，以良好的企业作风为平台激发员工创造力，以价值观和企业精神为引擎推动企业快速扩张，以文化融合为切入点激活企业员工的创造力。

【小看板8-3】

印度企业领导的激励方式

印度经济开放竞争不算很久，但已经涌现出印孚瑟斯（Infosys）、瑞莱恩斯实业公司（Reliance Industries）、塔塔（Tata）、马恒达（Mahindra & Mahindra）和安万特医药公司（Aventis Pharma）等一大批国际知名企业。

为了研究印度企业领袖是如何推动自己的组织实现高效运作的，研究者对印度最大的98家企业的105位领导进行了结构化的访谈，结果，这些企业领导人几乎无一例外地认为自己的竞争优势源自公司内部，也就是员工。与西方同行相比，印度领导者和他们的公司大多持有着眼于内部的长远观点。他们通过以下四种方式来激励员工：

1. 培养使命感。印度企业领袖长期参与社会事务，主动提供社区服务和基础建设投资。纳拉亚纳医院集团就是个经典案例。创始人德维·谢蒂创建医院的宗旨是帮助成千上万需要心脏手术，却无力负担手术费用的贫困儿童。这家医院很快发现，以低成本实现高质量手术的唯一途径就是将手术标准化，于是该医院开始学习如何大规模开展手术。现在这个集团做的心脏手术数量是美国大医院的两倍多，手术效果不亚于美国，费用却只有十分之一，医院的利润率甚至比美国同行略高。

2. 增强透明度和责任感。印度领袖还通过促进开放和互助来强化员工的敬业精神。他们照顾员工及其家人的利益，同时含蓄地（有时直接地）要求员工关注公司的利益来作为回报。例如IT巨擘HCL公司实行"员工第一、顾客第二"的政策，同时辅以种种措施，促使员工为公司的产品和服务承担更多的个人责任，让他们有机会与公司高管沟通。CEO维尼特·纳亚尔把所有管理人员的360度评估结果对全体员工公开，则是另一个实例。

3. 通过沟通授权。为了将员工的参与感转化为行动，印度领袖克服了极大的障碍对员工授权，尽管这种做法实际上有悖于印度传统的等级制度。譬如HCL公司的在线系统允许员工投诉产品质量问题，甚至与管理相关的个人问题，譬如"我对我的奖金不满"或者"我的老板很差劲"。塔塔咨询服务公司也有类似的系统，员工可以借此表达对管理层的不满，并且通过仲裁来解决问题。

4. 投资员工培训。定性与定量数据均表明，印度企业非常舍得投资员工培训，力度一般大于西方公司。这既是为了保证员工可以掌握创造最佳业绩的工具，也是为了提高他们对公司的参与感。尽管（或许也是因为）现在劳动力市场竞争激烈，员工流动率估计高达30%，但印度企业仍在积极地培训员工。印度IT行业平均向新员工提供大约60天的正式培训。

资料来源：中国人力资源开发网。

本章自测题

【实训题】

领导方式、激励方式调查。

实训目标

1. 增强对领导的认识。

2. 提高分析调查总结能力。

3. 增强对不同激励方式的认识和运用。

实训内容与方法

1. 调查走访一家企业，并运用所学知识进行分析诊断。

2. 需搜集的主要信息有：

（1）所调查走访的企业领导的领导风格和方式。

（2）所调查走访的企业所应用的激励方式。

（3）访问企业员工，了解他们对现有的领导方式及激励方式的态度。

实训要求

全班分小组进行，以 6~8 人为一组。

1. 起草调查方案，首先走访调查，了解该企业领导及激励方式，写出调查报告。

2. 根据调查报告，分析企业激励观中存在的问题，初步制定出激励方案。

3. 组与组之间交换评价激励方案。

【案例分析题】

保罗的领导生涯

保罗在 1971 年从美国中西部的一所名牌大学拿到会计专业的学士学位后，到一家大型的会计师事务所的芝加哥办事处工作，由此开始了他的职业生涯。9 年后，他成了该公司最年轻的合伙人。公司执行委员会发现了他的领导潜能和进取心，遂在 1983 年派他到纽约的郊区开办了一家新的办事处，其主要工作是审计，这要求有关人员具有高程度的判断力和自我控制力。他主张工作人员之间要以名字直接称呼，并鼓励下属人员参与决策制定。对长期的目标和指标，每个人都很了解，但实现这些目标的办法却是相当不明确的。

办事处发展得很迅速。到了 1988 年，专业人员达到了 30 名。保罗被认为是很成功的领导者和管理人员。保罗在 1989 年初被提升为达拉斯的经营合伙人。他采取了帮助他在纽约工作时取得显著成效的同一种富有进取心的管理方式。他马上更换了几乎全部的 25 名专业人员，并制订了短期的和长期的客户开发计划。职员人数增加相当快，为的是确保有足够数量的员工来处理预期扩增的业务。很快，办事处有了约 40 名专业人员。

但在纽约成功的管理方式并没有在达拉斯取得成效。办事处在一年时间内就丢掉了最好的两个客户。保罗马上意识到办事处的人员过多了，决定解雇前一年招进来的 12 名员工，以减少开支。

他相信挫折是暂时的，为此继续采取他的策略。在此后的几个月时间里又增雇了 6 名专业人员，以适应预期增加的工作量。但预期中的新业务并没有接来，为此又重新缩减了员工队伍。在 1991 年夏天的那个"黑色星期二"，13 名专业人员被解雇了。

伴随着这两次裁员，留下来的员工感到工作没有保障，并开始怀疑保罗的领导能力。公司的执行委员会了解到问题后将保罗调到新泽西的一个办事处，在那里他的领导方式显示出很好的效果。

讨论：

1. 作为一位领导者的权力来源是什么？

2. 这个案例说明了领导的行为理论，还是领导的权变理论？为什么？

3. 保罗在纽约取得成功的策略，为什么在达拉斯没能成功？其影响因素是什么？

【思考与练习题】

一、问答题

1. 优秀的领导者在组织中往往很有威望，你认为他的权力主要是来自组织还是自身？

2. 比较情境领导理论和管理方格理论的异同。

3. 简述需要、动机、行为和管理的关系。

4. 美国工业界调查发现，领导者认为员工对高薪要求是第一位的，工作所受赞赏需要排第八位。而员工对自己的实际需要排第一位的是工作所受赞赏，高薪只列第五位，请用所学激励理论进行分析。

5. 调查显示，我国企业职工仍然把生理需要放第一位，应如何对国有企业职工进行激励？

二、单项选择题

1. 领导者在自己的职权范围内有权给下属下达任务和命令，下属必须服从。领导行使了_____。

A. 法定权力　　　　B. 专长权力　　　　C. 感召权力　　　　D. 惩罚权力

2. 依照路径—目标理论，下列说法中正确的是_____。

A. 当任务不明或压力过大时，成就导向型领导导致了更高的满意度

B. 当下属执行结构化任务时，支持型领导导致了员工高绩效和高满意度

C. 对知觉能力强或经验丰富的下属，指导型的领导可能被视为好领导

D. 组织中的正式权力关系越明确化，领导者越应表现出控制性行为

3. 针对当前形形色色的管理现象，某公司的一位老处长深有感触地说："有的人拥有磨盘大的权力捡不起一粒芝麻，而有的人仅有芝麻大的权力却能推动磨盘。"这句话反映的情况是：_____。

A. 个人性权力所产生的影响力，有时会大于职务性权力所产生的影响力

B. 个人性权力所产生的影响力，并不比职务性权力所产生的影响力小

C. 非正式组织越来越盛行，并且正在发挥越来越大的作用

D. 这里所描述的只是一种偶然的现象，并不具有任何实际意义

4. 在完成一项任务时，某公司的李总不仅给下属提供工作所需要的资料、条件和咨询，而且负责协调各部门关系，同时还征求下属的意见共同决策，根据情境理论，李总的领导风格属于_____。

A. 高任务—低关系　　　　　　　　B. 高任务—高关系

C. 低任务—高关系　　　　　　　　D. 低任务—低关系

5. 某部门多年来生产任务完成得很好，职工的经济收入也很高，但领导和职工的关系却很紧张，请根据管理方格理论判断该部门领导属于哪种领导类型_____。

A. 贫乏型　　　　B. 任务型　　　　C. 乡村俱乐部型　　D. 团队型

6. 关于社会人基本假设，下列说法正确的是_____。

A. 不能从工作上的社会关系去寻求意义

B. 从根本上说，人是由经济需求而引起工作动机的

C. 职工对同事们的社会影响力，要比管理者所给予的经济诱因及控制更为重视

D. 职工的工作效率与上司能满足他们的社会需求无关

7. 曹雪芹虽食不果腹，仍然坚持《红楼梦》的创作，是出于其_____。

A. 自尊需要　　　　B. 情感需要　　　　C. 自我实现的需要　　D. 以上都不是

8. 商鞅在秦国推行改革，他在城门外立了一根木棍，声称有人将木棍从南门移到北门，奖励 500 金，但没有人去尝试。根据期望理论，这是由于_____。

A. 500 金的效价太低　　　　　　　　B. 居民对完成要求的期望很低

C. 居民对得到报酬的期望很低　　　　D. 枪打出头鸟，大家都不敢尝试

第九章

沟通与协调

GOUTONG YU XIETIAO

【学习目标】

通过本章的学习，掌握沟通的含义、特点、过程原理及其重要意义；明确人际沟通的特点、组织沟通的类型、个人与组织沟通的障碍；了解有效沟通的原则、基本步骤和实现有效沟通的方法。

【引例】

该来的没来

张先生请四位客人吃饭，其中三位客人按时赴约，但是约定吃饭时间已经过了半个小时，第四位客人还没来。张先生心里很焦急，便喃喃自语地说："该来的怎么还没来？"已经到的客人中有一位非常敏感，听主人这样说，心里很不是滋味，心想："该来的没来，难道我是不该来的？"于是，起身就走了。张先生一看客人走了，意识到自己讲错话了，心里非常自责，于是喃喃自语地说："真糟糕，不该走的走了！"留下两位客人中的一位听了这话很不高兴，气愤地说："那我就是该走没走的吧！"于是转身走了。

张先生急忙追到门口，慌忙对这位已经走出去的客人说："你回来吧，我不是说你呀！"但是，不仅走出去的客人没有回来，而且最后剩下的一位也终于忍不住了，大声说："不是说他，那只能是说我了！"说着，头也不回地离开了。就这样已经到的三位客人都走了。

此案例告诉我们，在人际交往中，如果不能正确地传递和表达思想，就会引起误会，产生冲突与矛盾。组织管理中的沟通制约着管理的成效，有效的沟通会提升管理的绩效。

第一节 沟　通

一、沟通的概述

（一）沟通的含义

沟通是指为达到一定的目的，将信息、思想和情感在个人或群体间进行传递与交流的过程。沟通是人们在社会交往中的基本需求之一。沟通的目的是为了增进相互间的理解和认同。

（二）沟通的作用

沟通是组织管理的一个重要手段。从某种意义上讲，整个管理工作都与沟通有关，管理过程就是信息、思想、情感在个人或群体间传递的过程。在组织中，沟通的作用主要表现为：

1. 信息传递。在管理活动中，管理人员和下属为了解决现实问题必须进行必要的沟通，以获取与组织活动有关的各类信息。

2. 情感交流。工作空间和工作群体是大多数员工最主要的社交场所和社交群体，而沟通为员工提供了情感交流的机制，以交流自己的满足感、成就感和挫折感。

3. 增强激励。沟通可以帮助员工树立正确的世界观、人生观和价值观，端正工作态度，培养员工的积极情感，激发群体成员的工作积极性、主动性和创造性。

4. 加强控制。管理者通过有效沟通，宣传组织的规章制度和群体规范以及岗位责任，告诉员工可以做什么，如何来做，不可以做什么，没有达到标准时应如何改进，从而实现对员工行为的正确引导和有效控制。

（三）有效沟通的原则

有效沟通则是指正确传递、接收、理解和反馈信息。要实现有效沟通必须遵循以下原则：

1. 清晰性原则。为有效地传递、接收、理解和反馈信息，沟通要有明确的目的、恰当的方法、畅通的渠道及适量的信息内容，并且信息能被接收者识别和理解。

2. 完整性原则。中层管理人员位于信息沟通交流的中心，他们起着承上启下的作用，倘若高层管理者越过中层管理人员直接向有关人员下达命令或指示，信息沟通的完整性就断裂了，信息中心的消失会带来信息流向的混乱。如果管理高层确实需要越过管理中层向基层发布命令或指示，高层管理人员则应事先同中层管理人员进行有效沟通。

3. 真诚性原则。真诚体现了尊重，是管理者在沟通中始终要坚持的重要原则，管理者在沟通中不仅应始终保持友善、礼貌的态度，专心、耐心地倾听，还必须认识到不同的观点也是有益的，并避免过早地对接收的信息作出评价。管理人员在沟通中不耐心、态度不友善不真诚或总是以领导者自居等是对沟通对象缺乏尊重的表现，这些做法往往容易引起沟通对象对管理者的对抗情绪，增加沟通的难度。

4. 及时性原则。信息的效率性在很大程度上取决于信息的及时性。在管理活动中，及时地沟通交流能够使组织的方针政策迅速被员工了解，而组织也能更及时地掌握员工的思想、情感和态度，从而提高管理效率。

5. 创新性原则。变是唯一不变的真理，沟通也不例外。传统的沟通形式多是谈话、会议、报表等形式，如今，我们面对着一个科技的普及和个性张扬相结合的时代，传统的沟通方式往往不能很好地解决沟通中的问题，因而，根据信息的性质、特点结合组织所倡导的文化和沟通对象的特征采用多元化、个性化的沟通方式，应该成为管理者做好沟通所应遵循的原则。

6. 持续性原则。组织的管理活动一刻也离不开信息的传递，因此，管理人员在沟通中必须遵循持续性原则。沟通必须是持续的。沟通在组织的管理活动中表现的是循环往复、不间断的信息流，因此，无论是自上而下的、自下而上的，还是平级的信息传递都必须经常化、日常化，必须贯穿于管理活动的始终。

二、沟通的过程

沟通的过程就是发送者通过一定的渠道把有一定内容的信息传递给接收者的过程，其具体流程如图 9 - 1 所示。

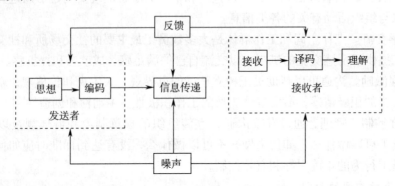

图 9 - 1　沟通过程图

沟通过程包括以下环节：

1. 形成思想。即信息的发送者首先要明确进行沟通的信息内容。这里的信息可以是想法、观点和资料等。

2. 编码。指发送者将这些信息表达为某种或某些接收者能够理解的一系列符号，包括语言、文字、手势、图表和图片等。没有编码，信息就不能传递。

3. 媒体或称沟通渠道。通过某种渠道把信息传递给对方，包括交谈、打电话、写信、写报告、演讲等。由于选择的符号不同，传递的方式也不同，通常重要或复杂的信息需要运用多种渠道来进行传递。

4. 接收。接收者接收这些符号，并将这些符号译码为具有特定含义的信息，包括接收、译码和理解等步骤。这个译码的过程关系到接收者是否能正确理解发送者所传递的信息，直接影响沟通效果。由于发送者翻译和传递能力的差异，以及接收者接收和解码水平的不同，信息的内容和含义有可能被理解错误。

5. 反馈。接收者把所收到的或理解的信息再返回到发送者那里，供发送者核查信息是否被理解，以纠正可能发生的某些偏差。包括交谈、电话、写信和写报告等。

整个沟通过程都可能受到噪声的影响。噪声就是指信息在传递过程中所受到的干扰因素，包括内部干扰因素和外部干扰因素，它可以在沟通的任何环节发生，从而造成信息的失真，影响沟通的有效性。

以上所述沟通过程既适用于人与人之间的沟通，也适用于非人际沟通（如电话、电报、传真机等通信工具之间的沟通）。

三、沟通的类型

组织中的人际沟通，是指在组织背景下发生的人与人之间信息传递和交流思想及感情的过程。由于组织中的人都身处一定的职位，都处在上下左右的关系中，并受到正式和非正式权力关系的影响，因此，对组织沟通的方式可以从不同的角度进行分类。

（一）按沟通方式分类

1. 口头沟通。即运用口头表达的方式进行信息传递和交流。例如，交谈、讲座、讨论会、演讲和电话等。其优点是：快速传递、快速反馈、信息量大、双方可以自由讨论、有亲切感。这对于双方统一思想、认清目标、体会各自的责任和义务有很大的好处。其缺点是：它具有时效性，有一过即逝的特点；另外传递中经过层次越多，信息失真越严重，核实越困难。

2. 书面沟通。即用文字作为信息传播媒介来传递信息的沟通方式。例如，报告、备忘录、信件、内部期刊、公司手册和布告等。其优点是：信息内容持久、有形、可以核实和查询，这对于复杂或长期的沟通尤为重要；重要的信息沟通一般都以书面形式沟通为主，"口说无凭，立字为据"就表现出书面沟通的严肃性。其缺点是：比较呆板，不易随客观条件的改变而及时修正，不像口头沟通那样可以随机应变，也不能得到及时的反馈。

3. 非语言沟通。即用语言以外的非语言符号系统进行的信息沟通。它通过身体动作、面部表情、说话的语调和重音以及信息的发送者与接收者之间的身体距离来传递信息。例如，声、光信号（红绿灯、警铃、旗语、图形、服饰标志），体态（手势、肢体动作、表情）、语调等。其优点是：信息意义十分明确，内涵丰富，含义隐含灵活。其缺点是：传送距离有限，界限含糊，只能意会、不能言传。

【小看板 9 – 1】

桓公伐卫

春秋五霸之一的齐桓公，因为看卫国不顺眼，和管仲密商伐卫之事。议罢回宫，桓公因非常宠爱卫姬，就直接去了卫姬的宫室。卫姬看到桓公，立即迎着桓公下跪请求说："大王！请你饶恕卫国吧！"齐桓公大惊说："我并没有要对卫国怎么样呀！"卫姬说:"平日大王下朝回来,见了我总是高高兴兴的,今天见了我就将头低下去,并避开我的目光。今天朝中的决策一定与我有关,而我一个妇道人家,有什么值得您顾虑的呢?所以一定与我的国家有关!"桓公听了,沉吟不语,几番考虑,决定不进攻卫国。

第二天早晨,与管仲晤面,管仲第一句话就说:"大王,您为何将我们的密议泄露给旁人呢?"桓公又吓了一大跳,问道:"你怎么知道呢?"管仲说:"您进门时,头是抬起的,走路步子很大;一见到我在候驾,走路步子变小了,头也低垂了,为何您看到我会不自然呢?一定是心虚,大王宠爱卫姬,一定谈了伐卫之事,莫非此事有变!"

资料来源:杨浩主编:《管理学》,中国社会科学出版社,2006。

4. 电子沟通。电子媒介即通过电子符号进行信息的传递。近二十年来,网络信息技术的发展对组织中的沟通带来了很大的影响,人们已经逐渐掌握了应用各种电子媒介传递信息的方法。例如,传真、闭路电视、计算机网络和电子邮件等。其优点是:快速传递、信息容量大、远程传递一份信息可同时传递多人、廉价。其缺点是:单向传递,电子邮件可以交流,但看不到表情。上述各种沟通方式的比较如表9-1所示。

表9-1　　　　　　　沟通方式比较

沟通方式	举例	优点	缺点
口头沟通	交谈、讲座、电话	传输快、反馈快、信息量大	失真大、证实难
书面沟通	文件、公告、信件	长久性、有形性、实证性	效率低、反馈性差
非语言沟通	信号、肢体、音调	内涵丰富、含蓄	传递范围窄、模糊
电子沟通	互联网、电子邮件	快速、流量大、廉价	单向性、保密性差

(二)按信息传递方向分类

1. 上行沟通。在组织职权层级链中,下级将信息报告给上级,是自下而上的沟通。例如,下级向上级提出自己的意见和建议。

2. 下行沟通。在组织职权层级链中,上级将信息传达给下级,是自上而下的沟通。例如,上级向下级发布命令、指示、指令、指导文件和规定等。下行沟通的信息流失较为严重(见表9-2)。

表9-2　　　　　　　下行沟通中的信息缺失

层次	收到的信息百分比	层次	收到的信息百分比
董事会	100	工厂厂长	40
副总裁	63	车间主任	30
总经理	56	工人	20

3. 横向沟通。组织结构中处于同一层级的人员或部门间的信息沟通。

4. 斜向沟通。信息在没有隶属关系的不同组织层次、人员或单位之间的沟通。

（三）按沟通是否存在可逆性分类

1. 单向沟通，是指信息朝一个方向传递，不存在信息反馈的沟通。其优点是：信息发送者不会受到信息接收者的询问，信息沟通通常比较有秩序，速度较快。其缺点是：信息接收者不能进行反馈，没有理解的信息只能强制性地接受，容易降低沟通效果。适用情况：问题简单，但时间紧；下属易于接受解决问题的方案；下属没有了解问题的足够信息。在这种情况下，反馈不仅无助于澄清事实，反而容易混淆视听；上级缺乏处理负反馈的能力，容易感情用事。

2. 双向沟通，是指信息的发送者和接收者经常双向交流的沟通。其优点是：存在信息反馈，发送者可以及时知道接收者对所传递的信息的态度，理解程度，有助于加强协商和讨论，增强了解和对发送者的理解。其缺点是：费时，速度较慢，容易受到干扰，信息发送者的心理压力较大。如果时间允许，采用双向沟通好。使用情况：时间比较充裕，但问题比较棘手；下属对解决方案的接受程度至关重要；下属能对需解决的问题提供有价值的信息和建议；上级习惯于双向沟通，并且能够建设性地处理负反馈。单向沟通与双向沟通的比较如表 9 - 3 所示。

表 9 - 3 单向沟通与双向沟通的比较

沟通效果	单向沟通	双向沟通
沟通速度	快	慢
沟通内容的准确性	低	高
沟通者的心理压力	小	大
沟通前的准备工作	较充分	较不充分
沟通时需要的应变能力	较弱	较强
沟通对促进人际关系	较不利	较有利
沟通时的群体规模	较大	较小
接收者接收信息的把握程度	小	大
工作秩序	好	差

（四）按沟通主体不同分类

1. 自身内沟通。自身内沟通是发生在我们自身内部的沟通，它包括思想、情感和我们看待自己的方式。由于自身内沟通是以自我为中心的，所以，自身是唯一的发送者和接收者。

2. 人际沟通。人际沟通是在一对一的基础上进行的沟通，通常是在非正式、不规则的环境中。人际沟通利用了沟通中所有的要素。

3. 小组中沟通。小组中沟通是在少数人员聚到一起解决某个问题时进行的沟通。小组必须足够小，以便小组成员都有机会与其他成员相互沟通。

4. 公共场合沟通。在公共场合沟通中，发送者—接收者（演说者）向听众发送某种信息（发表演说）。演说者通常传送一种高度结构化的信息，所利用的渠道与人际沟通和小组沟通相通。

5. 跨文化沟通。跨文化沟通是指两个或者两个以上来自不同文化的人在任何时候相互作用而产生的沟通。

【小看板 9 - 2】

摩托罗拉的跨文化沟通

摩托罗拉公司非常注重上级主管与员工的沟通，并且研究在不同文化背景下采取不同的方式。例如，在中国，公司提倡东方传统文化中的"诚、诺、信"来营造坦诚、信用和信任的氛围，推行"肯定个人尊严"测试问卷，其中包括六个固定问题，让管理者和员工真实地表达他们对具体岗位的意义，胜任程度、培训和职业前途的认识，对工作绩效的反馈以及对工作环境的看法。调查结果先按具体职能部门层层反馈，再按照不同的管理层面，与管理者和员工逐一地进行交谈。公司注意考虑员工的个人特长、兴趣和工作需要，尽量使两者达成一致。

为了实现各方面的有效沟通，公司还设立了"建议箱"和"畅所欲言箱"作为重要的信息沟通渠道。这样一来，可以使每个员工把自己工作范围内所发现的问题、提出的建议快速反映上去，使员工参与公司的管理。箱子摆放在员工最经常通过的地方，采用员工自取的固定表格，并且要求填完后必须署名，其目的是为了避免虚假问题的出现，减少无中生有，以维护正常的信息传递。而其中的意见也会被及时传递到相关部门，各部门主管必须及时把改进意见或措施反馈回去或对良好的措施加以肯定，对解决不了的问题必须说明原因。这些反馈通常在公司壁报专栏中及时刊出。这样做的目的：一是达到及时反馈改进工作的目的，二是使工作得到有效的监督。

资料来源：邱庆剑：《世界 500 强企业管理法则》，机械工业出版社，2006。

（五）按沟通的组织系统分类

1. 正式沟通。即按照组织设计中事先规定好的结构系统和信息流动的路径、方向和媒体等进行信息沟通。其优点是：正规、严肃、富有权威性；参与沟通的人员普遍具有较强的责任心和义务感，所沟通的信息准确性及保密性容易得到保障。其缺点是：比较刻板，缺乏灵活性，信息传播范围受限制，传播速度比较慢。

2. 非正式沟通。即正式组织途径以外的信息沟通方式，主要是通过个人之间的接触来进行的，是正式沟通不可缺少的补充。其优点是：信息传递速度快；信息量大，覆盖面广。其缺点是：随意性强，信息扭曲和失真的可能性大。正式沟通与非正式沟通的比较如表 9 - 4 所示。

表 9-4　　　　　　　　　　　　　正式沟通与非正式沟通的比较

沟通方式	优点	缺点
正式沟通	沟通效果好，比较严肃、慎重，约束力强，易于保密，可以使信息沟通保持权威性	依靠组织层层传递，较刻板，沟通速度慢，存在信息扭曲和失真的可能
非正式沟通	沟通形式灵活多样，直接明了，沟通速度快，效率较高，容易及时了解到正式沟通难以提供的"内幕消息"，可以满足组织成员的心理需要	难控制，传递的信息不真切，容易失真，可能导致小集团、小圈子，影响组织的凝聚力和稳定

【小看板 9-3】

非正式沟通的特点

在非正式沟通中，最容易导致"小道消息"的蔓延。美国心理学家戴维斯（K. Davis）教授曾经对小道消息问题进行了专门研究，指出小道消息的五个特点：

1. 新闻越新，人们谈论得越多；
2. 对人们工作有影响的，最为人们所谈论；
3. 人们所熟悉的，最为人们所谈论；
4. 人与人在工作上有关系时，最可能牵涉在同一传言中；
5. 人与人在工作中常有接触时，最有可能牵涉在同一传言中。

资料来源：阮文彪：《管理学原理》，中国农业大学出版社，2007。

四、沟通网络

所谓沟通网络是指组织中沟通渠道的结构和形式。一种网络不同于另一种网络的基本特征主要是沟通渠道的数量、分布以及沟通是单向还是双向的。

（一）正式沟通网络

1. 正式沟通的形态。在正式组织环境中，信息沟通网络的形态主要有链式、轮式、Y 式、环式和全通道式五种。具体形式及特点如表 9-5 所示。

表 9-5　　　　　　　　　　　　　正式沟通网络示意表

形态	图形	结构特点	效果	应用范围
链式		信息在组织成员之间只进行单线、顺序传递的犹如链条状的沟通网络形态；居于两端的成员只能与其内侧的一个人联系	成员之间的联系很窄，平均满意度较低；信息经层层传递、筛选，容易失真，最终一个环节所接收的信息常常与初始环节发出的信息差距较大	系统比较庞大，需要实行分权或授权管理的组织；按直线职权关系逐级进行信息传递而没有其他关系的组织

形态	图形	结构特点	效果	应用范围
轮式		网络中的信息由一名中心人物向周围进行传递；网络中只有主管领导是各种信息的汇集点和传递点，其他成员之间没有相互交流关系	信息沟通的准确度很高，解决问题的速度快；主管人员控制力强，但其他成员满意度低，士气往往受到较大影响	适用于组织接受紧急任务，需要进行严密控制，同时又要争取时间和速度的情形
Y式		有一个成员位于网络的中心，成为网络中因拥有信息而具有权威感和满足感的人	组织成员的士气比较低；与轮式网络相比较，因为增加了中间的过滤和中转环节，容易导致信息扭曲或失真，因此沟通的准确性也受到影响	当主管人员工作十分繁重，需要有人协助筛选信息和提供决策依据，又要对组织实行有效的控制时，适合采用这种沟通网络
环式		环式网络是将链式形态下两头沟通环节相连接而形成的一种封闭结构；表示组织所有成员间都不分彼此地依次联络和传递信息；环式网络中的每个人都可以同时与两侧的人沟通信息，因此大家地位平等，不存在信息沟通中的领导和中心人物	采用环式沟通网络的组织，集中化程度比较低，组织成员具有较高满意度；但由于沟通渠道窄、环节多，信息沟通的速度和准确性难以保证	如果组织中需要创造出一种能激发高昂士气的氛围来实现组织目标，这种沟通网络是一种行之有效的方式
全通道式		全方位开放式的沟通网络系统，所有成员之间都能进行相互的不受限制的信息沟通与联系	组织的集中化程度低，成员地位差异小，有利于提高成员士气和培养合作精神；具有宽阔的信息沟通渠道，成员可以直接、自由而充分地发表意见，有利于集思广益；提高沟通的准确率；工作效率低	以委员会方式运作的组织，就是全通道式沟通网络的应用实例

上述五种沟通形态的比较如表9—6所示。

表9—6　　　　　　　　　　五种沟通形态的比较

评价标准＼形态	链式	轮式	Y式	环式	全通道式
集中性	适中	高	较高	低	很低
速度	适中	1. 快（简单任务） 2. 慢（复杂任务）	快	慢	快
正确性	高	1. 高（简单任务） 2. 低（复杂任务）	较高	低	适中
领导能力	适中	很高	高	低	很低
全体成员的满足	适中	低	较低	高	很高

2. 正式沟通的方法。在组织正式沟通的过程中，常用的方法有发布指示、请示、汇报、会议制度和个别交谈等。

（1）发布指示。上级管理者向下级人员发布指示或命令是一种比较常见的沟通方法。上级管理者一般是把传递的信息变成指示或命令，通过组织的层级职权隶属关系，并借助于组织内部的信息传递网络向下级传递，从而达到沟通的目的。作为发送信息的上级管理者，在发布指示时要注意指示或命令内容的准确性、可理解程度，还要注意发布的方式。

（2）请示。下级向上级表达要求的一种常用的沟通方式。它可采用书面和口头两种方式。简单的内容可采用口头方式，如果内容比较复杂且涉及面较广，一般应采用书面形式。

（3）汇报。下级在执行上级指示及完成工作任务过程中，将其所遇到的困难与问题、工作进展情况等向上级反映或提出设想的一种沟通方法。汇报可采用口头汇报或书面汇报两种方式。内容比较复杂、影响面较宽或涉及比较重要的内容时，应采用书面形式。

（4）会议。通过召开各种会议（如座谈会、讨论会等）进行信息的沟通。会议是自古以来就有的一种沟通方法。通过会议，人们可以沟通信息、交流思想、统一认识。

（5）个别交谈。在组织内或组织外，人们利用正式或非正式形式，同沟通对象进行面对面的直接交谈。这种方法由于是面对面且参加者极少，因而比较直接，也容易达到沟通目的。但在个别交谈时，要注意不能带有个人成见，不要先入为主，要善于启发诱导并耐心听取对方的意见，同时最好营造一种融洽、亲和的谈话氛围，这样会使谈话的效果最佳。

（二）非正式沟通

1. 非正式沟通网络。正式沟通提供信息的"骨架"，而非正式沟通则提供信息的"血"和"肉"，包括各种各样的观点、猜测、疑问、刁难、敌意、奉承、冲突和威胁，这些都是正式沟通所不能传递的。非正式沟通的主要功能是传播管理和非管理人员所关心的信息，它取决于个人的兴趣和利益，与企业正式的要求无关。与正式沟通网络一样，非正式沟通网络也有自己的沟通模式，主要包括集群连锁型、密语连锁型、随机连锁型和单线连锁型。具体形式和特点如表9-7所示。

表9-7　　　　　　　　　　　　非正式沟通网络示意表

形式	图形	特点
集群型		在沟通中，可能有几个中心人物，由他们转告若干人，而且有某种程度的弹性。这种传播效率最高

续表

形式	图形	特点
密语型		由一个人告诉所有其他的人，犹如独家新闻
随机型		碰到什么人就转告什么人，并无中心人物或选择性
单线型		信息在个人之间互相转告，通过非正式渠道依次传递，把信息传播到最终的接收者

2. 对非正式沟通采取的对策。非正式沟通网络客观上存在于组织之中，无法加以消除。对此应该加以了解、适用和整合，使其有效担负起沟通的重要作用。管理者在正确运用正式沟通时，要学会正确运用非正式沟通，具体对策如下：

（1）要认识到它是一种重要的沟通方式，任何否认的态度都会铸成大错，企图采取消灭、阻止、打击的措施也是不明智的。

（2）管理人员可以充分利用非正式沟通为自己服务，管理人员可以"听"到许多从正式渠道不可能获得的信息。"知道"谁在传播这些信息，谁最喜欢这些信息，管理人员还可以将自己所需要但又不便从正式渠道传播的信息，利用非正式沟通进行联络。

（3）对非正式沟通信息中的错误必须"以其人之道，还治其人之身"，通过非正式渠道进行更正。

（4）妥善处理失真的信息。一是采取不理睬的态度，相信"事久自然明"。二是采取进攻型策略，指出失真信息的错误所在，并且尽可能地告诉所有的人。但这种方法有可能导致火上浇油，局面越发不可收拾。

五、有效沟通的障碍

由于主观因素和外界干扰及其他原因，在沟通过程中经常出现信息被丢失或被曲解，使得信息传递无法正常进行或不能达到传递的预期效果的现象，我们称之为沟通障碍。

（一）信息发送方面的障碍

沟通的首要工作是信息发送者对要传递的思想进行编码，使之成为可以进行传递的信息。编码的质量会极大地影响信息沟通的总体效果。一般来说，影响信息编码质量的因素主要有三个：

1. 表达能力。有效沟通的最基本条件是，编码者必须具有良好的口头或书面表达能力以及逻辑推理能力。作为信息源的发送者如果不能进行正确的信息编码，不能准确地把自己所要表达的内容传递出去，信息在传递的第一个环节出了问题，必然使接收者出现茫然，难以解码所收集的信息。

2. 知识经验。任何人都无法传递自己不知道的东西，由于人的个性及知识经验的差异性，如果信息发送者在某些问题上所掌握的知识或所拥有的经验有限，就可能影响所传递的信息质量。如果信息发送者与信息接收者之间有共同的经验，就比较容易实现沟通信息的目标。

3. 发送者信誉。沟通中人们经常发现，在沟通内容及沟通对象相同的情况下，不同的信息发送者可能会收到不同的效果，这说明人们对信息发送者的信任程度会影响沟通的效果。如果对发送者是信任的，沟通就会顺畅。相反，如果信息发送者的能力不强、人品差、威望低，接收者对他具有不信任感，就会在情感上加以拒绝。

（二）信息传递渠道的障碍

1. 信息传递手段的障碍。在当代信息沟通中，运用现代信息技术手段传递信息越来越广泛，从而极大提高了沟通的效率。但是，一旦这些手段发生了故障也会影响沟通的顺畅进行。例如，召开大会时，扩音器的噪声过大，就会影响报告的效果。因而，在信息沟通中，应尽可能地选择提高质量或保证效率的沟通工具。

2. 传递渠道的障碍。信息沟通是在一定的信息传递渠道中进行的，如果信息渠道不畅通，必然影响沟通的效果。一般来说，信息渠道故障主要表现在如下两个方面：

（1）传递环节过多。信息在传递过程中，会发生损耗。信息传递的环节越多，信息损耗就会越严重，信息失真、歪曲和丢失的可能性就越大。据研究，信息量从最高处逐级传达到基层时只有原来的1/5。所以，应尽可能地减少沟通的层次，防止信息被过多地过滤。

（2）缺乏及时反馈。信息的沟通应该是双向的，在某些企业内部，从上到下的下行沟通渠道是畅通的，但从下到上的上行渠道却形同虚设，高层管理者往往得不到来自基层的信息反馈，由此使沟通效率降低。

（三）信息接收者的障碍

1. 理解能力。这同发送者发送能力障碍是相同的。如果信息接收者的素质差、理解能力不强，不具有信息发送者编码时所认定或设定具有的知识水平，这就可能对正常的信息产生误解，以至于妨碍正常的沟通。

2. 信息过量障碍。接收者收到过多的信息时，就可能使一部分信息被忽略，这应引起信息发送者和接收者双方的重视。在信息化的社会里，一个人所接收的信息量是非常多的，信息接收者不可能对所有的信息都掌握，必然是有选择地接收信息。

（四）沟通环境障碍

1. 社会文化环境。不同的社会文化环境形成不同的价值观念和信仰追求，这些价值观念和信仰追求又左右着人们的沟通行为。例如，在"报喜不报忧"现象盛行的社会文化环境中，许多个体都要通过对所传递的信息进行有意识地过滤筛选，从而造成沟通信息的不真实。

2. 噪音干扰。环境的好坏，是沟通成功的重要因素。嘈杂的环境会使信息接收者难以全面、准确地接收信息。例如，交谈时相互之间的距离、所处的场合、信息发送者和接收者当时的情绪等都会对信息传递效果产生影响。环境的干扰通常会造成信息在传递过程中的损失和遗漏，甚至被歪曲，最终造成错误的或不完整的信息传递。

【小看板 9-4】

通天塔

《圣经·旧约》上说，人类的祖先最初讲的是同一种语言。他们在底格里斯河和幼发拉底河之间，发现了一块异常肥沃的土地，于是就在那里定居下来，修起城池，建造起了繁华的巴比伦城。后来，他们的日子越过越好，人们为自己的业绩感到骄傲，他们决定在巴比伦修一座通天的高塔，来传颂自己的赫赫威名，并作为召集全天下兄弟的标记，以免分散。大家语言相通，同心协力，阶梯式的通天塔修建得非常顺利，很快就高耸入云。上帝耶和华得知此事，立即从天国下凡视察。上帝一看，又惊又恐，因为上帝是不允许凡人达到自己高度的。他看到人类这样统一强大，心想：人类讲同一种语言，就能建起这样的巨塔，日后还有什么办不成的事情呢？于是，上帝决定让人类相互语言不通。人类各自使用不同的语言，感情无法交流，思想很难统一，就难免出现互相猜疑，各执己见，争吵斗殴。这就是人类之间误解的开始。

修造工程因语言纷争而停止，人类的力量消失了，通天塔终于半途而废。

团队没有默契，不能发挥团队绩效，而团队没有交流沟通，也不可能达成共识。身为领导者，要能善用任何沟通的机会，甚至创造出更多的沟通途径，与成员充分交流。唯有领导者从自身做起，秉持对话的精神，有方法、有层次地激发员工发表意见与讨论，汇集经验与知识，才能凝聚团队共识。团队有共识，才能激发成员的力量，让成员心甘情愿地倾力打造企业的通天塔。

一个人在生命的路途上前进时，若不随时与同伴交流沟通，便会很快落伍。

资料来源：中国人力资源开发网。

六、有效沟通的途径

（一）掌握沟通艺术的重要性

管理要以人为本，管理的核心是协调人的关系，调动人的积极性。在管理过程中始终伴随着沟通的活动，对沟通稍有疏忽，就会影响管理的有效性。所以，掌握沟通艺术，对于管理者和被管理者的相互理解，上下一致共同努力完成组织目标具有十分重要的意义。由于人有不同的个性和能力，因此没有普遍适用的沟通方式。沟通的艺术主要靠管理者自己去摸索、体会和总结，从大量的沟通实践中总结和提炼出沟通的一般规律和方法。

（二）提高表达能力

许多研究表明，经理们沟通的时间有30%花在"说"上，有9%花在"写"上，因此，要克服沟通的障碍，提高沟通的有效性，就必须努力提高"说"和"写"的能力。要有效地"说"和"写"，首先要明确表达的目的，其次要有正确的表达方式。

（三）学会正确运用语言

掌握语言艺术的前提是通过学习和训练，提高自己运用文字的水平和语言表达能力，使自己的语言水平得以提高。选择沟通中使用的语言，要与沟通对象、沟通环境、沟通内容相符合。

1. 沟通中语言的运用首先要与沟通的内容相一致，如严肃性的沟通内容应少用形容词，少用比喻和夸张等修辞手法；而鼓励性的宣传、演讲、倡议、大会报告则要选择带感染力的语言；在同事之间交流谈心时，要注意语言的真挚动人，以表达真诚的心愿。

2. 沟通中语言的运用要与对象相一致，不同的对象，理解力不同，要求也不一样。例如，工人、农民不愿听空洞、抽象的大道理，语言文字应朴实生动，有理有据，简明扼要。

3. 注意语言文字净化，不用不规范、不正确的文字。

4. 要学会用肢体语言。在面对面的沟通中，身体动作、表情和姿态等都会传递一定的信息。如在交谈中，两个人坐得很近，表明没有距离感，容易推心置腹沟通；在表扬下级时，拍拍下级的肩膀，就会加强表扬的口气；沟通中如果皱着眉头，就是不高兴的样子；而耸耸肩膀，则是无可奉告的意思。

（四）倾听的艺术

倾听是一种完整地获取信息的方法。伏尔泰说："耳朵是通向心灵的窗户。"松下幸之助曾把自己的全部经营秘诀归结为一句话："首先细心倾听他人的意见。"美国著名的玫琳凯化妆品公司创始人 Mary Key 曾说过："一位优秀的管理者应该多听少讲，也就是上天为什么赐予我们两只耳朵、一张嘴巴的缘故吧。"对管理者来说，倾听不仅可以使其获得重要的信息、获得别人的信任和友谊，还可以激发对方的谈话欲望，发现说服对方的关键。但管理者要真正学会倾听，并不是件轻而易举的事情。如何才能正确地倾听？一些要点如表9-8所示。

表 9-8　　　　　　　　　　　　　　　　　听的艺术

要	不要
显出兴趣	争辩
全神贯注	打断
该沉默时必须沉默	用心不专
适当的时间进行辩论	厌倦情绪
注意采用非语言性暗示	过快地或提前作出判断
没听清时，用疑问的方式重复一遍	草率地得出结论
发觉遗漏时，直截了当地问	让别人的情绪直接影响你
注意整理出一些关键点和细节	消极的身体语言
克服习惯性思维	思维狭窄
重复听到的信息	固执己见
运用适宜的肢体语言予以回应	缺乏诚意

从总体上看，"倾听"包含以下五层意思：

1. 投入精力。一旦决定参与谈话，就应积极投入，集中精力。在谈话中随时提醒自己交谈到底要解决什么问题，听话时要保持与谈话者的眼神接触，但时间长短要适当把握，如果没有语言上的呼应，只是长时间地直视对方，会使双方都感到局促不安。同时，要努力维持大脑的警觉，使大脑处于兴奋状态，还要使身体的四肢和头处于适当的位置。全神贯注，不仅意味着耳朵，还需要用整个身体去听对方所说的话。

2. 听清内容。理解对方要表达的意思是倾听的主要目的，同时也是使对话继续下去的条件。作为信息接收者，首先应能完整地接收到信息，"听清"不仅要有好的听力，还要设法排除烦扰；其次要注意听清全部信息，不要匆忙下结论。

3. 注意要点。在听清内容的同时，信息接收者要能抓住关键点和细节。为了避免遗忘，还要做好记录，从而进行分类和整理，以便在需要时查找。在听的同时，要不断地提一些问题，如"这些观点有事实依据吗"、"它们的主要观点是什么"等。

4. 理解内涵。信息接收者不仅要完整地接收到信息，还要能正确的加以理解。"理解"就是要求对接收到的信息进行准确的评价和鉴别，注意对方的语气、感情色彩和肢体语言，理解对方的真正含义。为此，如果在听的过程中，有没听清楚或没明白意思的语言，要及时向对方查对，或向对方复述一遍要点，以保证准确理解对方的意思。

【小看板 9-5】

倾听指南

在沟通过程中，"倾听"对于双方都很重要。"倾听"是对信息进行积极主动的搜寻，而单纯的"听"则是被动的。

基思·戴维斯和约翰·纽斯特龙提出了改善"倾听"的 10 条指南：

1. 在有人发言时，停止谈话；
2. 让谈话者无拘束；
3. 向谈话者显示你是要倾听他的话；
4. 克服心不在焉的现象；
5. 以设身处地的同情态度对待谈话者；
6. 要有耐心；
7. 不要发火；
8. 与别人争辩或批评他人时要平和宽容；
9. 提出问题；
10. 停止谈话。

资料来源：潘大钧主编：《管理学教程》，经济管理出版社，2003。

（五）注意反馈

反馈对沟通质量关系极大，通过反馈，可以检验信息传达的程度，可以了解信息是否完全被接收者理解。罗宾斯教授对此提出了这样几项建议：

1. 行为要具体；

2. 反馈不对人，即反馈应当是对事，而不是对人；

3. 使反馈指向目标；

4. 把握反馈的时机；

5. 确保理解；

6. 使消极反馈指向接收者可控制的行为，这里的消极反馈指的是信息发送者的批评。

第二节　协　　调

一、协调的概述

（一）协调的含义

协调是指管理者通过一定的手段和方法，对管理要素之间的问题和关系进行协商和调节，使之相互配合，从而高效、步调一致地实现管理目标的活动。协调是管理的一项重要职能。协调寓于计划、组织、领导、控制等各项管理职能之中，是管理的本质。沟通是协调的重要技能。协调所包含的内容是相当广泛的，既有人与人之间的协调，还有物与物之间的协调。但最关键的是人与人之间的协调，因为人与人之间的协调和物与物之间的协调，归根结底也是人与人之间的协调。

（二）协调与指挥的关系

协调和指挥都是管理的重要职能。指挥是管理者为实现目标而采取各种命令性措施的行为；协调是管理者为实现管理系统各要素间的良好配合而采取各种协商、调节性的行为。协调和指挥既有区别又有联系，主要表现在：①指挥的直接对象是人，即被管理者；而协调不仅仅是对人，还包括财和物。②协调是对不统一、不和谐或有偏差之类的现象和情况的处理，其直接目的是改善各要素相互的联系状况，实现各要素的协调一致、密切配合；指挥却不单纯着眼于改善联系状况，实现良好配合，还包括力量的部署、前进的方向和方法的选择等内容。③指挥可以用于协调，可以具有协调意义；协调往往可通过指挥得到实现，协调有利于提高指挥的有效性。

（三）协调的范围

协调包括对内和对外两个方面：对内协调的核心是沟通，难点是如何对待非正式组织，如何解决冲突，其结果是形成内部人际关系；对外协调的核心是公关，难点是如何处理与政府、传播媒体、客户及社会公众的关系，结果是树立组织形象。组织成员的分工合作以及行为协调有赖于相互之间的信息沟通并了解这些信息的意思。组织成员之间如果没有相互之间的信息沟通，不仅难以进行协调与合作，还会给组织运行造成障碍，甚至导致组织失败。

【小看板 9－6】

拴马的栅栏

有一天，国王在大臣的陪同下，来到马棚视察养马的情况。见到养马人，国王关心地询问："马棚里的大小诸事中，你觉得哪一件最难？"养马人一时难以回答。其实，养马人心中是十分清楚的：一年 365 天，打草备料，饮马遛马，接驹钉掌，除粪清栏，哪一件都不是轻松的事！可是在君王面前，怎能一一数落出来呢？站在一长排拴马的栅栏旁的一位大臣环视一周后，代为答道："从前我也当过马夫，依我之见，编排用于拴马的栅栏最困难。为什么呢？因为在编栅栏时所用的木料往往曲直混杂。你若想让所选的木料用起来顺手，使编排的栅栏整齐美观，结实耐用，开始的选料就显得极其重要。如果你在下第一根桩时用了弯曲的木料，随后你就得顺势将弯曲的木料用到底。像这样曲木之后再加曲木，笔直的木料就难以启用。反之，如果一开始就选用笔直的木料，继之必然是直木接直木，曲木也就用不上了。"

栅栏都用直的或都用一定弯曲程度的木料做成，看起来就美观，否则也能用，就是太难看了。栅栏美观与否，就在于构成它的每一根木料之间能否构成一个"体系"。如都用直的或都用同一弯曲程度的木料，就能构成一个直观的体系。企业也是如此。企业是由很多部门构成的，各部门之间混杂无序，生命力就会不强。要搞好一家企业，就要让各部门之间协调，形成一个直观的体系。而对部门中的每一个成员，道理亦然。

二、协调的必要性

协调是调节管理系统内部各种矛盾的需要，也是调节管理系统和外部之间各种矛盾的需要。管理协调的必要性主要由以下原因决定。

1. 管理系统是一个复杂的有机统一体，各部门、各环节的活动具有相对独立性，但又必须密切配合，才能发挥较好的整体功能。

2. 管理系统是一个动态系统，其投入的人、财、物等要素，活动过程的各环节以及上下级关系等都始终处于运动变化过程中，并且在它们的排列组合上产生了人与人、人与物、物与物、时间与空间、上级与下级、领导与群众等各种关系，也就必然产生各式各样的矛盾和摩擦，需要管理者进行处理和调节。

3. 管理系统又面临着复杂多变的外部环境，它随时都要反映到系统内部来，影响和制约内部各要素。如政治、经济及文化等社会因素和地理、气候等自然因素都处在变化之中，且影响着计划的实施工作，因而需要管理者随时调整内部状况或尽可能改造外部环境以求得内外环境的协调一致。

三、协调的作用

1. 有利于发挥管理体系的整体功能。为了发挥管理系统的整体功能，消除管理系统各要素之间的矛盾、摩擦和冲突，必须努力做好协调工作。

2. 有利于增强组织的凝聚力。组织目标的实现有赖于组织全体成员的共同努力。根据组织存在的矛盾与冲突，适时地进行协调工作，调整各方利益，缩小或消除各方分歧，增进彼此之间的理解，会使整个组织的凝聚力得到加强。

3. 有利于增强组织的活力。有效的管理，要求充满活力的组织与客观环境相符合。如果管理者不善于及时协调各方面的关系，整个组织就会处于僵化状态而失去活力。管理者善于协调组织内的关系，使组织内上下左右各方关系都很顺畅，人人心情舒畅，整个组织就会充满活力，充满生机。

4. 有利于提高管理工作效率。协调工作的有效开展，使整个管理系统的整体功能得以发挥，使整个组织充满生机和活力，必然会提高组织的工作效率。

四、协调的类型

协调作为组织管理的重要活动和职能，可以从不同的角度对其分类。

1. 纵向协调和横向协调。根据协调对象的不同，组织协调可分为纵向协调和横向协调。纵向协调是上下关系的协调，一是协调同上级部门或单位的关系，二是协调同下级部门或单位的关系。横向协调是左右关系协调，一是协调同级管理部门或单位的关系，二是协调同级管理人员之间的关系。

2. 内部协调与外部协调。根据组织关系的不同，协调可分为内部协调与外部协调。内部协调是组织内各部门和人员之间的协调，外部协调是本组织与其他组织之间的协调。

3. 政策协调、事务协调、人事协调和社会协调。根据协调内容不同，协调可分为政策协调、事务协调、人事协调和社会协调。政策协调是对政策所涉及的各种组织关系和矛盾进行协调；事务协调是对组织内的各种日常事务和矛盾进行协调；人事协调是对组织管理中所存在的人事关系和矛盾进行协调；社会协调是对组织的社会关系和矛盾进行协调。

【小看板 9-7】

美国长岛铁路公司的"开漆大典"

美国长岛铁路公司沿线的车站显得有些陈旧了，公司决定对所有车站进行一次油漆。为了使长岛公司富有人情味，创造与顾客融洽、和谐的关系氛围，他们提出了一个想法：铁路是为大家服务的，车站漆成什么颜色，应由公众来决定。于是，公司登出广告，发出启事，要求常坐长岛铁路的乘客和铁路沿线的居民来投票，选择车站理想的颜色。一时间，有关公众纷纷踊跃响应、来函，对车站的颜色发表了自己的意见。

长岛公司的这一举措，引起了新闻界的注意，各新闻媒体纷纷报道。至此，长岛公司认为时机已成熟，便在中心车站举行了一个隆重而热烈的"开漆大典"，当众宣布公众投票的结果，并正式开漆。

第二天，中心车站万众聚集，政府官员、社区主管、商务理事及工商人士也应邀到场。鼓乐声中，最后选定颜色的木板上的帷幕在一片欢呼声中被揭开。接着，一桶这种颜色的油漆被抬了出来，当地政府要员第一个拿起漆刷，在中心车站的墙上刷下了第一笔，这意味着长岛铁路公司的车站正式"开漆"。

通过隆重而富有新意的"开漆大典"，长岛铁路公司和各类社会公众进行了广泛的联系和沟通，不仅提高了企业的知名度，而且与社会公众建立了良好的关系，为以后的工作奠定了坚实的基础。

五、协调的原则

1. 全局性原则。组织协调的目的在于实现组织的整体功能和总体目标。在协调中，要把全局利益放在第一位，提倡以全局为重，绝不允许局部利益损害全局利益行为的存在。当然，在坚持全局利益的前提下，也要兼顾局部利益。

2. 综合平衡原则。任何组织要素在结构和功能上的残缺，都必然造成组织整体在结构和功能上的不健全。因此，有效的协调必须遵循综合平衡的原则，防止顾此失彼和扯皮现象的发生。

3. 主次原则。有效地组织进行协调管理，除了确立和遵循统筹全局、综合平衡的原则外，还必须进一步确立遵循主次有序原则，有先有后，抓住重点，照顾一般。

4. 互相尊重原则。尊重和理解是人的一种较高层次的需要，满足这种需要，人的心情舒畅。因此，协调工作要坚持互相尊重、理解，不论是对上级、下级还是对同级，都要力戒骄傲和冷漠，要避免行为态度不好，恶语伤人使关系疏远，问题恶化，要力求态度诚恳，互相尊重、理解，在友好的气氛中将矛盾淡化和消除。

5. 协商原则。协调工作通常不能靠硬性裁决解决问题，硬性裁决不仅不能解决问题，反而还会引发新的冲突与矛盾。遵循平等协商原则，有利于创造和谐的气氛，有利于管理者全面了解情况，缩小矛盾双方的感情距离，增进彼此的理解，更易于接受调节。

6. 加强沟通原则。沟通是协调的杠杆。有效的协调需要发挥信息沟通在协调中的积极作用。沟通越有效，彼此之间的理解、支持就容易建立，发生误会、摩擦、扯皮的可能性就小，而组织的协调性就越强。

六、协调的内容

协调的内容非常广泛，这里主要从范围和方向的角度来阐述协调的内容。

（一）外部协调

组织外部关系的协调，可以从垂直方向和水平方向来看其具体内容。

1. 垂直方向的协调。外部垂直方向的协调，主要是与上级主管部门之间关系的协调。它包括有关政策、方针、规定和计划等方面的协调，涉及人员、资金和物资等很多方面。上级部门对这些问题的处理，一方面要依据有关方针、政策及规定；另一方面与他们对所辖单位的了解程度有关。因此，管理者在处理与上级关系时，要加强联系和了解，以求得谅解和支持。

2. 水平方向的协调。水平方向的协调对象主要有三类。一是与服务对象之间的协调，如企业与用户、党政机关与群众等关系的协调。这类关系能否协调好，直接关系到管理目标能否实现，关系到一个单位的信誉；二是与协作单位关系的协调，如企业与销售商关系的协调；三是与有关社会机构的协调，如企业与银行、环保及新闻媒体等关系的协调。

（二）内部协调

组织内部关系协调的内容，也可以从垂直方向和水平方向两方面来考察。

1. 垂直方向的协调。在组织内部，垂直方向的协调主要是领导与群众、上级与下级关系的协调。造成关系不协调的原因，通常主要是来自领导和上级。比如，领导对群众利益、群众情绪关心不够；领导对群众讲述自己工作意图时不够清楚；上级下达的指令不恰当，调度不适宜，资金、物资或人员的分配不合理等。有时也有下级群众不理解上级领导意图，或思想跟不上形势的现象。但总的说来。组织内部垂直方向的协调工作，矛盾的主要方面往往在上级而不在下级，在领导而不在群众。管理者协调工作一定要注意从自己身上找原因，同时，对于下级领导的"某某我指挥不动，某某不听活"之类的申诉，切忌不要偏听偏信。

2. 水平方向的协调。在一个组织内部最不易处理的是水平方向的关系问题。水平方向的关系协调，包括不同单位、不同部门及不同人员之间的矛盾协调。这种协调的主要内容包括：

（1）分工协调。任何一个经过严密、周到考虑的组织计划，都不可能将碰到的所有问题全部概括进去，也不可能尽善尽美地做到合理分工，因此，在计划实施阶段经常会碰到一些新问题，需要考虑如何进行分工。另外，在计划实施过程中，一些你也可干、他也可干的处于"结合部"的工作需要协调。"结合部"的工作常常出现的问题是：有利的有人争，没利的没人管。

（2）目标协调。这主要是指总目标在划分为部门、单位及个人目标后，常常会出现部门、单位和个人之间目标不一致的现象，从而导致部门、单位和个人之间的工作不协调，影响整个系统工作的顺利进行。

（3）利益协调。在一个系统内，总体利益是一致的，但不同的部门、单位和人都有相对独立的利益，都希望获得更多的利益。因此，常常在利益分配问题上产生矛盾。利益协调是各项协调中最敏感的问题，它是很多问题的起因和终结所在。管理者对此一定要头脑清醒，认真对待。

七、协调的方法

为搞好组织管理中的协调工作，有效发挥协调作用，除了必须确立并遵循一定的基本原则和明确协调的内容及要求外，还必须掌握并灵活运用好协调的方法。管理活动的协调方法主要有：

（一）会议协调方法

1. 例会。例会是由单位主管领导牵头组织有关部门在固定时间（每月的某一日或每星期的某一日）内召开的会议。例会是解决横向管理中"例外事件"的专门性会议，而不是研究各职能部门职权以内的例行工作。一个单位是否建立例会协调制度、例会间隔时间长短等，要根据单位工作的性质以及发生"例外事件"的频率而定。

2. 合署办公会。所谓合署办公会，就是将与问题有关的几个职能部门联合在一起办公，集中研讨解决问题的办法，在统一认识的基础上，作出具体协调规定。这种方式有利于各职能部门认识到协同工作的重要性，提高协调的自觉性。这种方式是针对某一特殊问题临时召开的专门会议。

3. 现场会。现场会就是协调某一问题时，把有关人员带到问题现场，请现场主管人员讲出问题产生的原因和设想的解决办法，同时允许对其他部门提出要求，然后，当场定出解决措施的一种会议形式。这种方式的好处是，能使现场主管有一种"紧迫感"，与此有关的人员看到此种情况，也愿意赶快帮一把，这样问题就能较好地解决。

以上几种会议协调方式的应用，要根据协调的具体情况而定。不管用哪种形式，都要注意会前有充分准备，会议当中让与会者充分发表意见，同时要注意把握会议方向，会议最后应形成明确、具体的决定。

（二）谈话协调法

1. 个别谈心。在很多情况下，人们之间发生矛盾，是由于信息、思想或感情沟通不够引起的。大家在各自的岗位上，经历的情况及思考问题的方法、角度，往往是不相同的，如能及时沟通，就可能取得一致。谈心是一种比较好的沟通方式。谈心主要是解决思想、感情上的不协调问题，因此，要对谈话主题的确定、时机的选择、方式方法的运用、情感的表露、语言的表达和程度的掌握等给予细心地研究，灵活地运用。

2. 协商对话。这种方法特别适应于领导者与被领导者之间、管理者与管理者之间的协调活动。这是因为，领导者与被领导者、管理者与被管理者经常会出现矛盾或冲突的情况，而这种情况的出现常常是由于彼此间缺少交往或沟通渠道不畅而造成的。因此，采取领导与被领导者、管理与被管理者之间进行直接交流的协商对话协调法，不但可以增强领导者和管理者的工作透明度，增进被领导者与被管理者对于工作的了解和理解，而且有利于上情下达和下情上传，减少彼此间的误会和摩擦。协商对话协调法，也是民主管理和参与管理的一种重要手段和方式，是现代组织管理的一大主要趋势。因此，很多组织管理者都将其作为一项重要的管理工作和协调方法来抓，并力图使其走上制度化和法制化的轨道。

（三）调整协调法

1. 调整组织结构。由于组织结构设置不合理而导致矛盾产生的现象是常有的，这就需要通过调整组织结构来达到协调的目的。调整组织结构的主要方法是按照职能分工和精简、高效的原则进行机构的设置。

2. 调整人员。在计划实施过程中，由于某些工作人员的不称职、不适应而导致组织运转不灵的现象也是存在的，对此，为保证计划顺利实施，只有适当调整人员才行。调整人员的办法不可不用，但也不可多用，只能适当使用。不管在什么情况下进行人员调整，都必须做好被调整人员的思想工作，并妥善安排他们新的工作岗位。

（四）心理协调法

组织由人组成，组织中有矛盾和冲突，归根结底是人与人之间的矛盾和冲突。人与人之间的矛盾和冲突之所以会形成，除了组织目标、组织制度和组织规章制度带有"硬性"作用的因素外，更复杂的是人的感情、欲望、性格、爱好和需要等带有"软性"作用的心理和人际关系因素。因此，为搞好组织的协调工作，就必须将心理学特别是管理心理学的知识引进到组织管理工作来，注意从心理的角度进行调适。管理心理学家已对心理协调做了很多具体的研究，在研究的基础上又概括出许多具体的心理协调方法，诸如改变情景法、精神发泄法、目标激励法、认知行为疗法等。这些方法都能够收到减少矛盾和冲突、达成和谐一致的功效。

本章自测题

【实训题】

◎ **实训一：**沟通能力训练。

实训目标

提高沟通能力。

实训内容与方法

1. 两人小组，由小组成员之一设计一种情境纠纷，要求另一位成员通过沟通解决。
2. 交换角色，再进行一遍。

实训要求

在班级分组进行，并做好记录。

1. 设计情境纠纷。
2. 沟通的方式和技巧是什么。
3. 比较不同的沟通方式产生不同的沟通效果。

◎ **实训二：**设计员工或顾客协调方案。

实训目标

培养制定协调方案的设计与操作能力。

实训内容与方法

1. 选定一家企业进行调查，了解它是如何解决与员工或顾客的矛盾冲突的。
2. 可采用问卷、走访、查阅文献资料等方法进行调查研究。

实训要求

1. 在班级分组进行讨论，提出调查研究方案。
2. 评价其与员工或顾客的关系，提出改善与员工或顾客关系的方案。

【案例分析题】

如何实现有效沟通

群大公司是一家从小施工队发展而来的建筑工程公司，其董事长李大年是一个苦干实干、讲信用和重义气的人，对下属照顾非常周到，对年轻人更是视如晚辈。因业务需要，公司启用了一位刚从大学企业管理专业毕业的年轻人王平担任计划工作。小王按照李董事长交代下来的老办法进行工作，感觉不仅时间花费多，而且工作也不完善。于是，小王自己决定采用学校里学到的计划评审技术法（PERT 法）。

小王受董事长的影响，工作非常勤奋努力。白天常常到工地去了解情况，协助解决各种问题，晚上经常要加班到 11 点左右。李董事长对小王非常欣赏，但也担心他会累坏了身体。连续几个晚上李董事长因事回到公司，见小王伏案聚精会神地工作，十分感动。但见小王在纸上画了很多的小圆圈，又用箭头线连接起来，加上一些英文字母，不知道小王到底在做什么。有一天晚上，李董事长实在忍不住了，他语气不大好地问道："你到底在干什么呢？"小王听此问话，心里不太高兴，暗自嘀咕："莫名其妙！我不是正忙着制订计划吗！"但他嘴上什么也没说，只是继续手里的事情。

第二天一早小王又去了工地，李董事长想知道最近计划工作的情况，便翻阅"计划表"查看，发现已经好久没有增加新的内容。但看到小王桌上一堆画满了圈圈和箭头线的纸张，标题写着"PERT NO.1"，一时怒气冲天，马上将小王从工地上召回。

因为这件事，李董事长和小王闹得很不愉快。小王的新方法也只得暂时搁置一旁，仍然采用原来的老方法进行计划工作，小王为此十分苦闷。

讨论：
1. 李董事长和小王之间发生冲突的根源是什么？
2. 小王应该如何做才能让李董事长接受 PERT 法？

【思考与练习题】

一、问答题
1. 沟通过程的信息是如何传递的？
2. 试述组织如何利用非正式沟通渠道以增进组织内部的沟通。
3. 简述关于冲突的三种观点，并谈谈你自己的看法。
4. 假设你是一家公司的总经理，你的一位元老级的下属因为加班较多和年终奖金较少的问题，怒气冲冲地去找你，你如何处理？
5. 某公司业务部门内的沟通一直都存在很大的问题。你认为可以有哪些改善沟通的因素？
6. 简述协调的必要性。协调应遵循的原则有哪些？

二、单项选择题
1. 有关沟通的说法中不正确的是_____。

A. 在组织中存在着正式沟通和非正式沟通

B. 双向沟通的噪音比单项沟通要大得多

C. 接收者比较满意单向沟通，发送者比较满意双向沟通

D. 在双向沟通中，接收者理解信息和发送者意图的准确程度大大提高

2. 不属于积极倾听的技能是_____。

A. 在别人说话时，注视对方

B. 用自己的话复述对方的话

C. 通过提问以保证理解

D. 不时打断对方的发言，以便及时表达自己的观点，形成沟通

3. 公司每周召开例会，由中层以上管理人员参加。会上将通报董事会的决策，并要求与会人员向其部门内部传达上级的政策。这个过程中，存在_____沟通网络。

A. "Y"式、圆周式   B. 轮式、全通道式

C. 轮式、链式   D. 链式、圆周式

4. 对于组织的看法，你认为哪种正确？_____。

A. 正式组织中不存在非正式组织

B. 正式组织中也存在非正式组织

C. 非正式组织中通常会传递小道消息，因此应尽量消除非正式组织

D. 非正式组织是由企业管理者用非正式的方式建立的

5. 沟通作为有效管理的一个环节非常重要。但是经常会出现沟通不畅而导致误解。这可能是由于_____造成的。

A. 沟通双方所获得的信息不对称

B. 沟通双方所处的背景、立场不同

C. 沟通双方原本就对彼此有成见

D. 以上都是

6. 沟通是每个企业日常都在进行的活动，没有好的沟通的企业其经营和发展都会出现问题。作为公司的高层管理者，你认为有效沟通的方式不包括以下哪项？_____

A. 保持畅通的沟通渠道，让所有员工随时了解企业的全部情况

B. 通过口头的方式与下属交流

C. 对于非正式组织要适当引导，使其在沟通中发挥积极的作用

D. 对于比较重要的公司决策要下达指令，以文件的方式让大家了解

7. 人际沟通中会受到各种"噪声干扰"的影响，这里所指的"噪声干扰"可能来自于：_____

A. 沟通的全过程   B. 信息传递过程

C. 信息解码过程   D. 信息编码过程

8. 如果发现一个组织中的小道消息很多，而正式渠道的消息较少，这意味着该组织_____。

A. 非正式沟通渠道中信息传递很通畅，运作良好

B. 正式沟通渠道总信息传递存在问题，需要调整

C. 其中有部分人特别喜欢在背后乱发议论，传递小道消息

D. 充分运用了非正式沟通渠道的作用，促进了消息的传递

9. 任何组织要素在结构和功能上的残缺，都必然造成组织整体在结构和功能上的不健全。为防止顾此失彼和扯皮现象的发生，有效的协调必须遵循_____。

A. 综合平衡的原则　　B. 主次原则　　　　C. 协商原则　　　　D. 全局性原则

第十章

控制

KONGZHI

【学习目标】

通过本章的学习，掌握控制的含义，理解控制系统与控制的要领；了解管理控制的几种基本类型；掌握控制的基本程序；理解预算控制与非预算控制的主要技术与方法。

【引例】

哈勃望远镜的研制

经过长达 15 年的精心准备，耗资 15 亿美元的哈勃太空望远镜最后终于在 1990 年 4 月发射升空。但是，美国国家航天局却发现望远镜的主镜片存在缺陷。由于直径达 94.5 英寸的主镜片的中心过于平坦，导致成像模糊。因此望远镜对遥远的星体无法像预期那样清晰地聚焦，结果造成一半以上的实验和许多观察项目无法进行。

更让人觉得可悲的是，如果事先进行更好的控制，这些是完全可以避免的。镜片的生产商珀金斯—埃默公司，使用了一个有缺陷的光学模板生产如此精密的镜片。具体原因是，在镜片生产过程中，进行检验的一种无反射校正装置没设置好。校正装置上的 1.3mm 的误差导致镜片研磨、抛光成了误差形状。但是没有人发现这个错误。具有讽刺意味的是，与其他许多项目所不同的是，这一次并没有时间上的压力，而有足够充分的时间来发现望远镜上的错误，实际上，镜片的粗磨在 1978 年就开始了，直到 1981 年才抛光完毕，此后，由于"挑战者号"航天飞机的失事，完工后望远镜又在地上待了两年。

美国国家航天局（NASA）中负责哈勃项目的官员，对望远镜制造中的细节根本不关心。事后航天管理局中一个 6 人组成的调查委员会的负责人说："至少有三次明显的证据说明问题的存在，但这三次机会都失去了。"

无论计划制订得多么完善和周密，在执行过程如果没有实施有效的控制，仍然会产生问题，因此，对有效的管理，必须依赖良好的控制系统。

第一节　控制概述

一、控制的概念

法约尔曾经说过："在一个企业中，控制就是要证实一下是否各项工作都与已订计划相符合，是否与下达的指示及已定原则相符合。控制的目的在于指出工作中的缺点和错误，以便加以纠正避免重犯。对物、对人、对行动都可以进行控制。"[①] 控制是管理的一项重要职能。它与计划、组织、领导职能是相辅相成、互相影响的。计划提出了管理者追求的目标；组织提供了完成这些目标的结构、人员配备和责任；领导提供了指挥和激励的环境；控制提供了纠正目标偏差的措施。

控制是对各项活动的监视，从而保证各项行动按计划进行并纠正各种显著偏差的过程。控制的概念包括以下三方面的内涵：①控制有很强的目的性，控制是为保证组织中的各项活动按计划进行；②控制是通过监视和纠正偏差来实现的；③管理是一个持续的过程，控制活动提供了回到计划的关键联系（见图 10 - 1）。如果管理者不采取控制，他们就根本不知道他们是否正对着目标和计划前进，也不知道未来该采取什么行动。为保证组织活动是按照计划进行的，所有的管理者都应当承担控制的职责。因为管理者对已经完成的工作与计划所应达到的标准进行比较之前，并不知道工作进展是否正常。

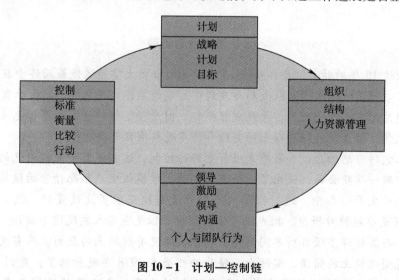

图 10 - 1　计划—控制链

---

① ［法］亨利·法约尔著，周安华译：《工业管理与一般管理》，中国社会科学出版社，1982，119 页。

二、控制的必要性

无论计划制订得如何周密和完善，由于各种各样的原因，人们在执行计划的过程中总是会或多或少地出现与计划不一致的现象。因此组织缺少有效控制就可能会产生错乱，甚至偏离正确的轨道。管理控制的必要性主要是由下述原因决定的：

1. 环境的变化。组织环境的动态化和复杂化必然要求组织对最初制订的计划进行调整，以保证组织目标的实现。

2. 管理权力的分散。任何组织的管理权限都制度化或非制度化地分散在各个部门和层次。组织的分权程度越高，控制就越有必要。组织达到一定的规模，管理者就不可能直接地、面对面地组织和指挥全体员工的劳动。时间与精力的限制要求他委托一些助手代理部分管理事务。为了使助们有效地完成委托的部分管理事务，高一级的主管必然要授予他们相应的权限。因此，每层次的主管都必须定期或不定期的直接检查下属的工作，以保证授予他们的权力得到正确利用。如果没有控制，没有为此而建立相应的控制系统，管理人员就不能检查下级的工作情况，即使出现权力的滥用或活动不符合计划要求等其他情况，管理人员也无法发现，更无法采取及时的纠正行动。

3. 工作能力的差异。即使组织制订了全面完善的计划，环境在一定时期内也相对稳定，但对组织活动的控制仍然必要。这是由组织成员的认识能力和工作能力的差异造成的。完善计划的实现要求每个部门的工作严格按计划的要求来协调进行。然而，由于组织成员是在不同时空进行工作，他们的认识能力不同，对计划的理解可能发生差异。即使每个员工都能完全正确理解计划要求，但由于工作能力的差异，他们实际工作的结果也可能在质量上与计划要求不符。某个环节可能产生的这种偏离计划的现象，会对整个组织活动的运行造成冲击，因此，加强对员工工作的控制是非常必要的。

三、控制的作用

1. 控制是实现计划的重要保障。控制的实质是对实际活动的反馈信息作出反应。反馈告诉人们实际工作偏离了计划和组织目标，或告诉人们计划不符合实际，组织目标应该加以修改。通过对管理全过程的检查和监督，可以及时发现组织中的问题，并采取纠偏措施，以避免或减少工作中的损失，为执行和完成计划起着必要的保障作用。

2. 控制可以提高组织的效率。控制通过"纠偏"，有助于提高人们的工作责任心和工作能力，可以防止类似问题或偏差的再现；控制可以增强组织活动的有效性，使复杂的组织活动协调一致地运作；控制有助于提高管理者的决策水平。

3. 控制有助于提高组织适应环境的能力。通过查找问题或偏差存在的原因，可以发现环境变化的原因及趋势，以有效减轻环境的不确定性对组织活动的影响。

四、管理控制系统

（一）管理控制系统的构成

从控制论角度看，控制系统一般由控制部分、被控制部分以及它们之间的各种信息传输通道构成（见图10-2）。控制部分也被叫做控制者或控制主体，被控制部分，即被控制的客体。因此，一个控制系统至少是由作用者（即控制者）与被作用者（即被控制客体）以及作用的传递者（即控制媒介）这三个因素构成。

图 10-2　控制系统

控制活动就是控制者对被控制的客体的一种能动作用。在一个控制系统内，不仅控制者作用于被控制客体，而且被控制客体也可以反作用于控制者。前一种作用是控制作用，后一种作用则是反馈作用。控制的实质就是通过使用反馈原则而达到目的，控制的目的就是引导被控制客体达到某种预期的状态，而控制的内容则是把被控制客体引入符合这一控制目的的状态的过程。控制系统由控制主体、控制客体、控制目的、控制内容等要素组成。

（二）一般控制与管理控制的区别与联系

一般控制是指控制论中所有的控制，它的研究对象是自控系统。管理控制是指管理的控制职能。相同之处在于：控制的前提条件相同，即都需要将计划转化为控制标准，需要实施活动的相应机构和人员；都是通过反馈来发现存在的偏差，并进行调节和变革；都遵循确定标准、衡量绩效和纠正偏差三个步骤。不同之处在于：一般控制的实质是一个简单的信息反馈过程；管理控制则是把实际情况与计划相比较，分析产生偏差原因，并纠正偏差，这就需要一定的时间、人力、物力、财力等相应支出，因此，管理控制更复杂一些。一般控制的目的是要求体系运行偏差不超出允许的范围，使活动维持在一定的平衡点上；管理控制的目的不仅是要使组织按计划平衡地正常运转，实现组织目标，还要求使组织活动有所创新，追求更高层次的新的目标。

（三）管理控制的特点

1. 目的性。控制同其他管理工作一样，是围绕组织目标进行的。管理控制通过进行纠正偏差的行动，促使组织目标有效实现。

2. 系统性。管理控制不是某个部门或某个人的职责。管理工作的任务是为了确保组织各部门、各单位彼此在工作上的均衡与协调，并完成计划任务。因此，管理控制需要了解掌握各部门和各单位的工作情况，需要组织各部门、各层次和每个人的共同参与。

3. 动态性。组织不是静态的，其外部环境及内部条件随时都在发生着变化，从而决定了控制标准和方法不可能固定不变。管理控制应具有动态的特征，这样可以提高控制的适应性和有效性。

（四）管理控制的三种基本类型

在管理控制中，通常根据实施控制活动的时间进程把控制分成三种类型——预先控制、同步控制和反馈控制。

1. 预先控制。预先控制就是根据过去的经验或科学分析，对各种偏差的可能性进行预测，并采取措施加以防范。例如，对市民进行交通规则和违章驾驶后果的教育，就是一种试图预先控制驾驶行为的努力。预先控制主要是搞好资源配置，包括人员挑选与配置、物质技术设备、材料等保证业务需要及资金的控制等。为了保证一项工作任务的圆满完成，在尚未行动之前，必须挑选合适的人员并做好物质准备，这就属于预先控制。

2. 同步控制。同步控制是指偏差刚一发生或将要发生时，能立即测定出来，并能迅速查明原因和采取纠正措施。即时控制的出发点是，在偏差刚一发生时就进行调整，这要比等到结果产生之后再进行纠正造成的损失要小，而且也容易纠正。即时控制需要有实时信息。实时信息就是事件一发生就出现的信息。例如，当你使用计算机文字软件时，如果出现拼写错误或语法错误就会出现一个提示警告。

3. 反馈控制。反馈控制是指偏差和错误发生之后，再去查明原因，并制定和采取纠正措施。因此反馈控制也被称为事后控制，实际上是一种"亡羊补牢"的管理思路。例如在质量跟踪和质量调查过程中，新闻媒体曝光了一批质量不合格的食品和药品名单，相关企业在十分被动的情况下，必须及时查明原因，制定整改措施，挽回名誉和经济损失，这就是反馈控制。反馈控制往往比较被动，造成的损失较大，而且失去的经济利益已经无法挽回。但它可以防止同样的错误发生，可以消除偏差对下游活动的影响。反馈控制的中心问题，是分析评价计划执行的最终结果与计划目标的偏差，即通过财务分析、质量分析及职工绩效考核来测定与分析产生的偏差，目的在于改进下一过程中资源的配置及运作过程。

预先控制、同步控制和反馈控制对管理者来说都有价值。如果所有的控制都可以预先测知，当然最好，但实际是不可能的，也是没有必要的。管理还需要依赖同步控制和反馈控制。这三种类型的控制如果能够结合使用，控制的效果会更佳。对一些非常重要的活动，可以同时采用三种控制方式，将偏差发生的可能性降至接近于零的水平，全面质量控制就是一种综合运用三种控制方式的管理方法。

五、有效控制的特征

有效控制系统通常具备以下特征或必须达到以下要求。

（一）适时控制

组织活动产生的偏差只有及时采取措施加以纠正，才能避免偏差的扩大或防止偏差对组织不利影响的扩散。由于控制中的信息反馈存在着时滞问题，信息的收集和传递不及时或信息处理的时间过长，往往会给组织的活动带来不可弥补的损失。要做到适时控制必须对偏差产生的可能性进行预先地判断和分析，有预见性地做好防范措施，并依靠现代化的信息管理系统，及时传递信息，随时掌握工作进度，及时发现偏差，并能及时采取措施加以纠正。如果发现自己是经常在"补漏洞"的管理者，不断作出以前曾经重复作过的同类校正，这就说明缺乏预先安排。

（二）适度控制

适度控制是指控制的范围、程度和频度要恰到好处。这种恰到好处的控制要注意以下几方面的问题。

1. 防止控制过多或控制不足。控制常常给被控制者带来不愉快。但是缺乏控制又可能导致组织活动的混乱。有效的控制应该既能满足对组织活动的监督和检查的需要，又能防止与组织成员发生强烈的冲突。过多的控制会对组织中的人造成伤害，对组织成员的过多限制，会扼杀他们的积极性、主动性和创造性，会抑制他们的首创精神，从而影响个人能力的发展和工作热情的提高，最终会影响组织的效率；控制不足将不能使组织活动有序进行，会造成资源的浪费，过少的控制还可能使组织中的个人无视组织要求，我行我素，不提供组织所需的贡献，甚至利用在组织中的地位谋求个人利益，最终导致组织的涣散和崩溃。

控制程度适当与否，受许多因素的影响，判断控制程度是否恰当的标准，通常要随活动性质、管理层次以及下属受培训的程度等因素而变化。一般来说，科研机构的控制程度应小于生产劳动组织；企业中对科室人员的工作控制要少于现场的生产作业；对受过严格训练且能力较强的管理人员的控制要低于那些缺乏必要训练的新管理者或单纯的执行者。

2. 处理好全面控制与重点控制的关系。任何组织都不可能对每一个部门、每一环节的每一个人在每一时刻的工作情况进行全面控制。适度控制要求组织在建立控制系统时，利用成本分析和例外原则等工具，找出影响组织活动中的关键环节和关键因素，并据此在相关环节上设立预警系统或控制点，进行重点控制。重点控制要注意以下几方面的问题。

第一，控制的经济性。任何控制都必须考虑其经济效益。将控制活动所需费用同控制所产生的结果进行比较，当由控制获得的价值大于所需费用时，才可实施控制。控制费用的经济性是相对的，因为管理的效益是根据业务活动的重要性、业务规模的大小的不同而不同的。

第二，管理的例外原则。所谓例外原则，是指管理者应该只注意那些与标准有重大差异的事件。在一个职责分明的组织机构中，各个部门自行其职，他们权限以外的问题由最高管理者处理。例如，质量控制的标准是3%的不合格品率，但在例外原则下，管理者重视不合格品率高达4%以上的状况。有效控制系统往往集中精力于例外发生的事情，而凡已出现过的事情则皆可按规定的控制程序处理。只有发生实际工作脱离计划的重大偏差时，才应由领导者处理，而一些不重要的问题可由下级应用已经制定的有关管理规范去解决。

第三，关键因素的控制。一个有效的控制系统还要站在战略的高度，抓住影响整个组织行为或绩效的关键因素。重点控制必须有明确的目的性。不同组织、不同层次、不同性质的工作以及不同的对象，控制的内容、目的不同。管理者的任务就是在众多的甚至相互矛盾的目标中选出反映工作本质和需要的关键因素加以控制。关键因素主要有三种类型：

（1）出现偏差的可能性大的因素。在一些控制因素中，往往有某些特定因素，有非常高的偏差可能性，并对工作影响较大。那么就要把这些因素作为关键因素，加以重点控制。如在生产中对事故发生概率大的环节，就必须重点控制。

（2）直接决定工作成效的重点因素。对取得工作成功至关重要的因素，就应给予高度重视。如企业的新产品开发与市场开拓，就成为企业构建竞争优势，促进企业长期发展的关键环节，必须进行重点控制。

（3）能使控制最有效又最经济的因素。一些因素对全局举足轻重，而又便于控制，花费较少,那么就把它们作为控制的关键因素,这样会大大提高控制的效率。例如,利润是反映企业若干经营因素变化情况的一个战略要点,通过对其利润与利润率波动情况的分析,就可以考察各分公司或单位的销售、成本等因素的变化情况,从而把握各下属单位经营活动的脉搏,实施有效控制。

（三）客观控制

有效的控制必须是客观的,必须是符合实际的,否则就无法形成正确的认识或判断。因此,控制过程中采用的衡量标准、检查、测量的技术和手段必须能正确反映组织活动的真实情况。

（四）弹性控制

组织环境是复杂和多变的。有效的控制必须能适应环境的变化,即使出现未预见的情况或者计划全盘失误的情况,控制系统也要能发挥作用,维持组织活动,也就是说控制要具有弹性或灵活性。弹性控制通常与控制标准有关。一般地说,弹性控制要求组织制订弹性的计划和弹性的衡量标准。

【小看板 10 - 1】

巨人集团的计划失控

巨人集团是个靠高科技迅速崛起的民营企业。1989 年,其创始人史玉柱以 4 000 元和自己开发的 M—6401 汉卡起家,4 个月后总资产达到 100 万元,3 年时间总资产超亿元,但在 1996 年底,巨人却陷入严重的财务危机,巨人倒塌了。其直接原因就是70 层巨人大厦的投资失误。1992 年,它以公司资产规模一个亿、流动资金才几百万元的实力,却要建造工程预算十几亿元、需要 6 年完工的巨人大厦。结果几乎导致整个企业的整体覆没。

资料来源:中国企业管理世界网。

第二节 控制过程

控制过程可以划分为三个步骤:首先,制定标准;其次,衡量绩效,即将实际绩效与标准进行比较;最后,采取管理行动,纠正偏差与不足（见图 10 - 3）。

一、制定标准

标准是衡量工作绩效的尺度。标准是在计划过程中产生的。计划及其相应的各项工作指标是管理人员设计控制工作所要依据的标准。但受到计划明细程度的限制,许多需要控制的工作常常没有具体规定,需要建立具体标准加以控制。

（一）标准的种类

标准的种类很多,有定量的,也有定性的。一般情况下,标准应尽可能量化,以保

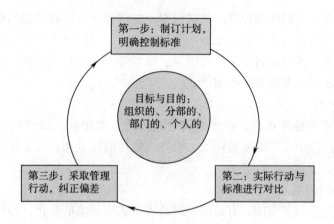

图 10－3　控制过程

持控制的准确性。受控制系统一般都是较为复杂的和变化的，不能指望所有方面都制定标准，严格控制。所以，需要对那些直接关系组织目标实现的基本活动或关键性活动订立控制标准。一般按组织的基本活动种类来说，须订立业务标准、政策标准、职能标准、设备结构标准、人事标准及工作标准等。如美国通用汽车公司为下列八个领域建立了标准：

（1）获利性（如利润）。

（2）市场地位。

（3）生产率。

（4）产品领导地位。

（5）人员发展。

（6）员工态度。

（7）公共责任。

（8）短期目标与长期目标之间的平衡。

（二）标准的表示形式

不同业务领域、不同种类的活动有不同形式的控制标准。就其衡量绩效的指标形式而言，主要有以下几种：

（1）用实物量表示标准，如每月的生产数量。

（2）用价值量表示标准，这是最常用的标准，包括资金标准、收益标准、成本标准等。

（3）用时间表示标准，如各种工时定额、完成任务的限期等。

（4）用定性指标表示标准，如企业的经营方向。控制的对象有的是可以借助一定的量化指标来表示的，而有的则只能使用定性标准。

（三）制定标准的方法

确定了建立标准的范围后，就应根据具体情况的需要，选择适当的方法制定标准。主要有三种方法：

1. 统计分析法。统计法就是以组织的历史数据资料或与同类组织对比的水平为基础，运用统计方法进行分析，据以确定衡量预期成效的控制标准。标准所选择的具体统计数字可能是平均数，也可能是高于或低于中点的一个定点。这种方法制定的标准，较好地反映了过去的平均水平或一般水平或状态，为预期未来行为提供了有益的依据。但当系统波动大时，这种方法就不准确了，因为它忽视了新的情况，特别是未来可能出现的变化。

2. 经验估计法。它是在缺乏充分数据资料的情况下，由有经验的管理人员以过去的经验和判断为基础进行估计评价以确定控制标准。管理者需要对已经变化了的新情况，特别是对未来的预期，运用主观判断能力进行评估。这种方法制定的标准，实质上反映一种价值判断，管理者对目标的期望及其个人价值系统将起决定作用。这种方法更重视新变化，有利于发挥管理人员的主观技能，特别是在缺乏历史统计资料的情况下，则更显示其长处。

3. 技术分析法。它是以技术参数和实测数据作为控制标准。它不是利用现成的历史数据，也不是靠管理者的经验判断，而是对实际发生的活动进行客观测量，从而订立出符合实际的可靠标准。这种方法订立标准，一般是科学的、可靠的，因为它是以实际测量为基础的。但这种方法也有一定的局限性，即有些实际工作测量的难度是很大的，而且现在的实际情况又难以反映未来的变化。

二、衡量绩效

标准制定后，管理者就要对照标准，对受控系统的实际情况进行监测。为了确定实际工作绩效究竟如何，管理者首先需要收集被控制对象的必要信息，然后根据标准进行比较，确定实际工作绩效与标准之间的偏差。

（一）建立信息反馈系统

建立有效的信息反馈网络，使反映实际工作的信息适时传递给管理人员，使之能与设定的标准进行比较，及时发现问题。网络还应能够及时将偏差信息传递给与被控制活动有关的部门和个人，使他们及时知道自己的工作状况、为什么错了，以及需要怎样才能更有效地完成工作。建立这样的信息反馈系统，不仅有利于保证预定计划的实施，而且能防止基层工作人员把衡量和控制视为上级检查工作，避免产生抵触情绪。

获取信息的方法有很多种，传统的方法主要有实地观察、统计报表、口头报告或书面报告。由于这四种形式各有其优缺点，因此管理者在控制活动中必须综合地使用这四种方法获得的信息。

1. 现场观察。为了获得关于实际工作最深入的第一手资料，管理者可以到达工作现场，直接与员工交流，交换关于工作如何进展的信息。现场观察的内容非常广泛，可以弥补其他信息来源忽略的信息。但现场观察由于受个人主观因素（如偏见）的影响，观察结果常常受到质疑。如一位管理者看到的问题，在另外一位管理者眼中可能看不到。此外，现场观察需要耗费大量时间，同时实地观察容易被员工误解为对他们工作的不信任而受到质疑或排斥。

2. 统计报表。对实际工作中产生的数据进行统计分析，并以报表的形式描述工作进展情况。统计报表的内容表现形式多种多样，可通过文字、图形和图表直观地反映一定时段内的计划执行情况。随着计算机的广泛使用，管理者越来越多地依靠统计报表来衡量实际工作绩效。尽管统计数据可以清楚有效地显示各种数据之间的关系，但对工作活动所提供的信息是有限的。统计报表只能反映可以用数据表示的工作绩效，而无法反映无法定量的工作。

3. 口头报告或书面报告。信息可以通过口头汇报的形式获得，如会议、聚会、一对一的谈话或电话交谈等。这种方式衡量绩效的优点是可以快捷地、有反馈地收集所需信息；缺点是不便于存档查找和以后重复使用，而且报告内容也容易受报告人的主观影响。书面报告要比口头报告更加精确全面，且易于分类存档和查找，报告的质量也容易得到控制。

传统的控制方法虽然很管用，但在规模和时效方面也存在很大的局限性。电子计算机的应用使迅速、经济地处理大量数据成为可能。通过运行适当程序，计算机可以对输入数据进行分类、处理和存储，并得出合乎逻辑的结论，供需要时调用。数据只有经过有目的的处理之后才成为信息，在这之前，它不过是一堆毫无意义的数字而已。因此，建立一个以现代信息技术为基础的信息系统，对控制是非常必要的。

管理信息系统（Management Information System，MIS）是以及时、可靠和有效的方式，收集、综合、比较和传送组织内部信息的正式系统。良好的信息系统必须能为管理人员的工作提供衡量实际绩效的有用信息，必须考虑到所收集信息可以用来确定目标以及实现的原因，必须能够提供明白易懂的数据。总之，一个有效的信息系统提供的信息应该能让管理人员接受并采取行动。

控制是否有效取决于能否及时获得有用的信息。无论是通过传统办法还是通过现代信息技术获得信息，都应当符合以下三项要求：

1. 及时。及时对一个有效的控制系统是相当重要的。一项最重要、最有价值的信息如果太迟获得，致使管理者无法及时采取措施，等于毫无价值。信息只有及时才有价值。

2. 可靠。控制信息必须是如实反映实际情况的。有效的控制需要可靠信息，依据可靠的信息，才能作出正确判断。信息失真，只会导致管理和作出错误判断。

3. 有效。信息要发挥作用，还必须是有效的。所谓有效是指信息实际反映受控对象的程度。信息反映受控对象的程度越高，越有效；反之，则无效。信息的有效性与可靠性并不是一致的。可靠的信息就不一定是有效的信息。例如，采用销售额作为衡量获得能力的指标就不一定有效。

（二）确定适宜的衡量频度

控制过多或不足都会影响控制的有效性。这种控制"过多"或"不足"，不仅体现在衡量控制对象标准的数量选择上，而且表现在对同一标准的衡量次数或频度上。对影响某种结果的要素或活动过于频繁的衡量，不仅会增加控制的费用，而且可能会引起有关人员的不满，从而影响他们的工作态度；检查和衡量的次数过少，则可能使许多重大的偏差不能及时发现，从而不能及时采取措施。因此，必须根据活动的性质确定适宜的衡量次数。

三、纠正偏差

纠正偏差是指针对衡量绩效过程中发现的偏差，制定并实施纠正措施的过程。为保证纠偏结果的针对性和有效性，必须在制定和实施纠偏措施的过程中注意下述问题。

（一）找出偏差产生的主要原因

纠正措施的制定是以偏差原因分析为依据的。同一偏差可能由不同的原因造成。不同原因要求采取不同的纠正措施。要通过对影响偏差因素的分析，找出产生偏差的主要原因，确定纠偏的对象和措施。

导致实际工作产生偏差原因是多种多样的，主要有以下几个方面。

1. 计划或标准制定的不科学，在实际工作中无法执行或无法执行到位，导致实际工作偏离计划目标或无法达到控制标准。

2. 客观环境发生了预料不到的变化，导致原来正确的计划和标准不适应新变化，难以实现最初设定的目标。

3. 管理者或执行计划的部门、个人难以胜任实际工作。如管理者发布了错误指令，导致工作出现失误。

（二）选择恰当的纠偏措施

针对产生偏差的原因，选择恰当的纠偏措施，才能实现控制的目的，最终实现组织目标。常用纠正偏差的方法如下：

1. 调整原先的计划与标准。如果在查找产生偏差的原因过程中，发现偏差是由于原有计划或者标准设置不当造成的，或者是由于外部环境变化引起的，说明原先的计划或标准不再适应新形势，就需要对计划或标准进行调整。

2. 改进组织工作。如果偏差是由于组织机构设置、人员配备不当造成的，就需要根据计划的要求，调整机构设置和调配人员。

3. 改进生产技术。如果偏差产生的原因是由于技术落后造成的，就需要更新设备，或者加强对人员的培训。

在纠偏措施的选择和实施中需要注意的问题：

1. 纠偏方案的双重优化。所谓双重优化就是指所选择纠偏方案的效果与发生的费用两方面的优化。如果纠正偏差的费用超过偏差带来的损失，有时不采取任何行动就是最好的方案。纠偏方案的双重优化就是通过对各种可行方案的比较分析，找出其中相对投入费用较少，解决偏差效果较好的方案。

2. 充分考虑原先计划的影响。当纠偏需要对原先的计划或标准进行重大调整时，就必须充分考虑原先计划或标准在实施过程中已经造成的实际影响。

3. 注意消除组织成员的疑惑。任何纠偏措施都会在不同程度上引起组织的结构、关系和活动的调整，从而涉及某些组织成员的利益。不同的组织成员会因此对纠偏措施持不同的态度，特别是纠偏措施属于对原先决策和活动进行重大的调整时。

四、控制过程中的不良行为反应与管理

无论是施控系统，还是受控系统，其核心都是人。在实施管理控制的过程中，人有

施加控制的力量；同时控制也会遇到来自人的因素的阻力——抵制。抵制是控制过程中的不良行为反应。控制与抵制几乎可以说是伴生的。管理者必须认真分析与研究管理控制过程中人的因素，正确估价控制中的行为反应，并因势利导，以实施有效控制。

（一）抵制

在加强控制的情况下，有时受控系统仍不能按预定轨道运行，除了各种客观情况变化以外，人的心理行为因素上的抵制是重要原因。被控制者往往把控制看成是一种外来压力，并把抵制作为对由于控制而产生的压力的反应。由于受到控制，被管理者往往产生漠然处之、反感，甚至敌视和愤恨的态度。这些态度反映在行为上，表现为缺乏进取精神，消极怠工，直至扰乱和公开反抗。这些抵制行为必然干扰受控系统各项职能活动的开展和其目标的实现，并引起人际关系的混乱，使控制机制失效。控制的不良反应，不仅限于个人，而且将扩散到群体，形成群体抵制抗衡控制压力。

对于这些由于人的抵制行为而产生的偏差，一味采取强制性的控制手段，增加控制压力是无济于事的，甚至适得其反。处理不当，则会产生控制—抵制—再控制—再抵制的不良循环。即管理者的控制，引起了被管理者的不满，采取消极对抗态度；这种消极反应，成为一些管理人员加强控制的理由，于是采取更加严格的控制措施；这就引起被管理者的更大反感。显然，这种状况形成了一种恶性循环。当然这个循环是不会无限进行下去的。其结果或者出现某种僵持，停滞一段；或者管理者让步，放松控制；或者被管理者让步，服从控制；或者爆发激烈的矛盾；或者变更控制方式，减弱或消除抵制，在控制中发展持久合作，以保证实施有效的控制。因此，管理者必须高度重视控制过程中的不良反应，并加以因势利导。例如，一位新上任的厂长，大刀阔斧地进行整顿，在企业中推行一套以整顿纪律、加强监督为重点的严格管理制度；但由于未能作必要的宣传、解释工作，加之控制手段不完善，使这些控制措施遭到个别人的抵制，结果不满情绪在员工中蔓延，发展到更多人出来抵制。此时，该厂长采取更加强硬的管理手段，于是，招致全厂大多数人的强烈抵制，以致出现僵局，致使整顿失败。

（二）产生抵制的原因

人为了维护其个性，对于任何形式的控制总有一种天生的抵制性。在管理控制中，绝对地避免抵制，几乎是不可能的，聪明的管理者所寻求的是如何将抵制减少到最低限度。产生抵制的原因是多方面的，如有政治上的、经济上的、社会上的和心理上的。管理控制过程中的每一环节都有引发抵制的因素。

1. 标准太高。控制标准不合理或过高，即被管理者认为所制定的标准不合理或过高过严，难以达到。具体来说：因为测量工作成绩的可行性及科学性，在很大程度上取决于所订立标准的可衡量性及科学性。标准制定后，管理者就要对照标准，对受控系统的实际情况进行监测。衡量的主要内容包括受控系统的资源配置、运行情况、工作成果等。监测的核心是实际与计划是否一致，即是否存在大偏差。

2. 测定不准确。即被管理者认为测定工作成效的方法不当，结果不准，评价不公正。具体来说：认为测定者方法不当、不够全面、态度不够端正，测定中只注重结果忽视了被测者的主观努力，被管理者感到努力被忽视，从而产生反感，抵制控制。

3. 厌恶纠正措施。即被管理者感到管理者所采取的纠正措施于己不利，产生反感或恐惧。具体来说：被管理者所付出的劳动将被否定时，他们感受到外力强制，从而产生反感，则必然会产生心理抵触。

4. 管理者施控的态度。管理者实施控制时所持的态度，对于受控者来说是一个最敏感的问题。它会直接引起受控者作出相应的行为反应。例如，管理者不以平等的姿态待人，而是居高临下地实施强制控制，必然会引起被管理者的反感和抵制。

（三）控制过程中的行为管理

1. 管理者要树立正确态度。每一个管理者都必须清楚地认识到自己是组织中的一员，在管理中执行控制职能，是由工作分工决定的，是实现组织全体成员共同目标的一种手段。管理者与被管理者在实施控制和接受控制过程中需要真诚的支持与合作。管理者必须充分尊重被管理者的人格和满足其需求，力求用自己的实际行动赢得被管理者的理解和支持。这样才能从根本上消除控制与受控制双方的对立，从而形成控制过程中的良好行为反应，即被管理者对控制的理解、拥护和支持。

2. 实行自我控制。管理者要在权力分配上实行放权，让员工参与目标与标准的制定，并把日常控制权授予基层的员工，提升基层员工的自我管理、自我控制能力。这就会增强被管理者的参与感，消除他们的被动感、压力感。

3. 采用科学的控制手段，并做好宣传解释工作。无论标准的设定、成效的测量，还是纠正措施的制定，都尽可能采用科学的方法和手段，做到全面、准确、客观，给被管理者以公正评价，并做好宣传教育工作，使控制目的、控制标准、控制手段都为员工接受，获得广泛的支持。

4. 倚重工作保证体系进行控制。建立清晰的组织结构、明确职责、权限和沟通渠道以及相应的一整套规章制度，这就会使控制处于一种稳定的、程序化的、为全体人员所知晓理解的状态中。控制是通过"法治"而不是"人治"来实现，这就会缓冲或削弱不利行为反应。

归根结底控制工作是要做好人的工作。一方面，要加强对被管理者的引导、考核、奖惩工作，正确引导他们的行为，客观、全面、准确地测定他们的劳动贡献，并通过奖惩，对他们给予公正的对待；另一方面，要做好思想教育和培训工作，提高他们的政治觉悟和业务技术素质：把人本身的工作做好，就会从根本上消除不良行为反应，保证控制的有效性。

第三节　控制方法与技术

控制是需要借助相应的方法与技术来实现的，主要包括预算控制与非预算控制。

一、预算控制

（一）预算控制的概念

预算是以财务指标（收入、费用及资金）或非财务指标（如直接工时、材料、实物销售量和生产量）来表明组织的预期成果，它是用数字编制来反映组织在未来某一时期的综合计划。"预算"是"数字化"或"货币化"的计划。预算是政府和企业使用最广泛的控制手段。预算控制是通过编制预算，然后以编制的预算为基础，来执行和控制组织的各项活动，并比较预算与实际的差异，分析差异的原因，然后对差异进行处理。

预算控制的好处，在于它能把整个组织内所有部门的活动用可数量化的考核方式表现出来，以便查明其偏离标准的程度，并采取纠正措施。通过编制预算，可以明确组织及其各部门的目标，协调各部门工作，评定各部门的工作业绩，控制组织的日常工作。

（二）预算的种类

按照不同的内容，可以将预算分为经营预算、投资预算和财务预算三大类。

经营预算是指企业日常发生的各项基本活动的预算。它主要包括销售预算、生产预算、直接材料采购预算、直接人工预算、制造费用预算、单位生产成本预算、推销及管理费用预算等。其中最基本和最关键的是销售预算，它是销售预测正式的、详细的说明。由于销售预测是计划的基础，加之企业主要是靠销售产品和劳务所提供的收入来维持经营费用的支出和获利的，因而销售预算也就成为预算控制的基础。生产预算是根据销售预算中的预计销售量，按产品品种、数量分别编制的。在生产预算编好后，还应根据分季度的预计销售量，经过对生产能力的平衡，排出分季度的生产进度日程表，或称为生产计划大纲，在生产预算和生产进度日程表的基础上，可以编制直接材料采购预算、直接人工预算和制造费用预算。这三项预算构成对企业生产成本的统计。而推销及管理费用预算，包括制造业务范围以外预计发生的各种费用明细项目，例如销售费用、广告费、运输费等。对于实行标准成本控制的企业，还需要编制单位生产成本预算。

投资预算是指对企业固定资产的购置、扩建、改造、更新等，在可行性研究的基础上编制的预算。它具体反映在何时进行投资、投资多少、资金从何处取得、何时可获得收益、每年的现金净流量为多少、需要多少时间回收全部投资等。由于投资的资金来源往往是任何企业的限定因素之一，而对厂房和设备等固定资产的投资又往往需要很长时间才能回收，因此，投资预算应当力求与企业的战略以及长期计划紧密联系在一起。

财务预算是指企业在计划期内反映有关预计现金收支、经营成果和财务状况的预算。它主要包括"现金预算"、"预计收益表"和"预计资产负债表"。必须指出的是，前述的各种经营预算和投资预算中的资料，都可以折算成金额反映在财务预算内。这样，财务预算就成为各项经营业务和投资的整体计划，故亦称"总预算"。

（三）传统预算法的缺陷

尽管预算是一种普遍使用的控制方法，但它也存在一些不足之处：一是容易导致控制过细。二是容易导致本位主义。有些管理者只把注意力集中于使自己部门的经营费用不超过预算，而忘记了自己的首要职责是实现组织目标。三是容易导致效能低下。预算通常是在上年度成果的基础上按比例增减来编制的。四是缺乏灵活性。这是预算的最大缺陷，因为实际情况常常会不同于预算，组织内部环境要素的变化可以使一个刚编制出来的预算很快过时，若管理者还受预算的约束的话，那么预算的有效性就会减弱或者消失，甚至会有碍于组织目标的实现。

为了克服预算存在的不足，使预算在控制中更加有效，有必要采取可变的预算方案，可以采用以下几种方法：

1. 弹性预算。为使预算适应将来可能出现变化的环境，在编制预算中必须注意预算的弹性问题。实行弹性预算的方法主要有两种：变动预算和滚动预算。

①变动预算。这是依成本习性不同而将其分解的一种预算方法。即一部分费用与产量大小无关，是固定费用，称为固定成本；另一部分费用则随产量的变化而变化，称为变动成本。由于预算期条件时常变化，生产量可能要相应变动，这就需要相应调整变动成本（固定成本并不受影响）。根据不同的预期产量，编制变动成本不同的预算，这就是一种变动预算的方法。这种控制方法主要用于制造、销售等与产量直接有关的成本系统。

②滚动预算。这是指先确定一定时期的预算，然后每隔一定时间，就要定期修改以使其符合新的情况，从而形成时间向后推移一段的新预算。变动预算与滚动预算都保持了较大的灵活性，能较好地适应各种变化。

2. 程序性预算。程序性预算方法（即制订计划—编制程序—制定预算）是美国前国防部长麦克纳马拉在制定国防 1963 年预算时开始在政府机构中采用的。传统的预算方法是以各项开支为目标制定的。它一般是根据以往开支情况，将资源分配在各个开支项目上，而忽略了开支只是完成计划目标的手段。这样的预算，必然导致资源分配的不合理以及不能有效地保证组织或部门目标的特定需要。而程序性预算，完全是以计划为基础的，按照计划目标的实际需要来分配资源，使资源最有效地保证目标的实现。

3. 零基预算。

（1）零基预算的含义。零基预算是美国得克萨斯公司于 1970 年提出的。零基预算的含义大体可以表述如下：在每个预算年度开始时。将所有还在进行的管理活动都看做重新开始，即以零为基础，根据组织目标，重新审查每项活动对实现组织目标的意义和效果，并在费用—效益分析的基础上，重新排列各项管理活动的优先次序。

（2）零基预算的优缺点。

任何一种管理方法都是利弊并存的，零基预算法也不例外，根据国外企业的实践经验，其优点主要有：有利于对整个组织作全面的审核；有利于克服机构臃肿；有利于克服组织内部各种随意性的支出；有利于上层主管人员把精力与时间集中于战略性的重大训练项目；有利于提高主管人员计划、预算、控制与决策的水平；有利于把组织的长远目标和当前目标以及实现的效益三者有机地结合起来。其缺点主要有：所投入的人力、时间和物力很大。对各部门提出的预算计划逐一进行审查是一项极其繁重的工作；在安排项目的优先次序上难免存在着相当程度的主观性。零基预算法比较适用于事业单位、政府机关以及企业组织内的行政部门和辅助性部门，零基预算主要使用于支援、参谋等领域，如营销、研究开发、人事、财务等部门。它们的支出一般无硬性根据，主要是根据目标要求来灵活制定。而对于制造活动那种具有明显的投入产出关系的组织则不太适合。

（3）零基预算的主要做法是：首先，把每一项支援性活动描述为一个决策的组件，每个组件都包含目标、行动及所需资源。其次，对每一个组件或活动用成本—效益分析的方法进行评价和安排顺序。最后，在上一步的基础上，对拥有的资源按照每种职能对于实现组织目标所作的贡献大小来进行分配。

（四）预算控制的步骤

预算控制的步骤一般包括以下几步：

1. 编制预算。预算的编制是一个有科学程序的系统性工作，一般经过自上而下和自下而上的循环过程，主要有以下步骤：

（1）由组织的高层管理人员提出组织在一定时期内的发展战略、计划与目标。这是制定预算的基本依据。

（2）主管编制预算的部门根据组织发展战略、计划与目标，向组织各部门的主管人员提出有关编制预算的建议和要求，并提供必要的资料。

（3）各部门的主管人员依据组织计划与目标的要求，结合本部门的实际情况，编制本部门的预算，并与其他部门相互协调。在此基础上，将本部门预算上报主管部门。

（4）主管编制预算的部门将各部门上报的预算进行汇总，在认真协调的基础上，编制出组织的各类预算和总预算草案。

（5）组织的各类预算和总预算草案上报组织的高层管理层进行审核批准，然后颁布实施。

2. 预算的执行控制。根据预算计划，及时或定期检查预算的执行情况，观察实际发生额是否限制在预算范围内，要对预算目标和预算项目实行事前控制和支付前审核，促使预算执行部门和责任者有效地管理预算。

3. 预算的差异分析。对比预算计划与实际执行情况的差异，根据实际情况决定是否对差异进行调整，并对预算的结果进行分析总结，评价和考核预算的绩效。

二、非预算控制

预算主要体现为一种预先控制的手段。在系统的运行中，还需要采用其他管理手段来加强控制。管理者用来进行控制的非预算方法大致分为行政控制、经济分析二类。

（一）行政控制

行政控制是泛指借用行政手段监测、控制受控系统的方法。主要包括以下几种：

1. 审计。这种方法即借助会计或审计手段考察财务记录的可靠性和真实性，并进而了解与控制企业的生产经营活动的方法。这种控制手段既可以由企业内部有关人员进行，也可以聘请企业外部的专家来进行。一般来说，通过资金运动能较为准确地透视出企业的整个经营活动。

2. 企业诊断。企业诊断就是由有关专家，对企业经营的诸方面或某一特定方面进行调查分析，找出存在的问题，提出解决问题的建议等一系列活动。企业诊断，有利于深入分析研究一些问题，摸清产生问题的根源，从而为采取有力纠正措施提供可靠依据。

3. 制度规范与培训。即由管理部门对一些例行工作的运作程序、工作标准及一些人员的行为规范、责任制等制定制度规范，靠制度体系进行控制。同时，对人员进行培训，使他们掌握组织规范并全面提高其素质，也是有效控制的一种根本性举措。

【小看板 10 – 2】

麦当劳公司的标准化控制

　　麦当劳公司通过详细的程序、规则和条例规定，使分布在世界各地的所有麦当劳分店的经营者和员工们都遵循一种标准化、规范化的作业。麦当劳公司对制作汉堡包、炸土豆条、招待顾客和清理餐桌等工作都事先进行翔实的动作研究，确定各项工作开展的最好方式。然后再编成书面的规定，用以指导各分店管理人员和一般员工的行为。公司在芝加哥开办了专门的培训中心——汉堡包大学，要求所有的特许经营者在开业之前都接受为期一个月的强化培训。回去之后，他们还被要求对所有的工作人员进行培训，确保公司的规章条例得到准确的理解和贯彻执行。

　　为了确保所有特许经营分店都能按统一的要求开展活动，麦当劳公司总部的管理人员还经常走访、巡视世界各地的经营店，进行直接的监督和控制。例如，有一次总部管理人员在巡视中发现一家分店自作主张，在店厅里摆放电视机和其他物品以吸引顾客，因这种做法与麦当劳的风格不一致，立即得到了纠正。除了直接控制外，麦当劳公司还定期对各分店的经营业绩进行考评。为此，各分店要及时提供有关营业额和经营成本、利润等方面的信息，这样总部管理人员就能把握各分店经营的动态和出现的问题，以便商讨和采取改进的对策。

　　资料来源：中国企业管理世界网。

　　（二）经济分析

　　利用管理经济学和管理会计所提供的一些专门方法，对实际系统进行经济分析，是管理控制的重要手段。比率分析和盈亏平衡分析是常用的两类方法。

　　1. 比率分析。比率表示两个变量之间的对比关系。它对反映受控系统的实际状态、作出正确评价，是很有用处的。反映系统某方面数量特征的绝对数，有时不能提供所需的信息。如利润额较大，并不能直接向管理人员反映出企业经营效益究竟如何；而资金利润率则较好地反映了该企业相对本行业的经济效益的大小。因此，比率分析是一种必需的控制技术。一般可以把这些比率分为财务比率和经营比率两大类。

　　（1）财务比率分析，主要用来分析财务结构，控制财务状况，并通过这种资金形式，来集中对整个系统进行控制。例如，投资利润率分析，可以掌握投资的经济效益；销售利润率分析，可以考察企业的盈利能力。

　　（2）经营比率分析。经营比率分析有助于直接控制企业的经营活动。例如，用平均库存价值去除销售净额，即得库存周转率，它反映了商品周转的速度及库存的合理性；再有市场占有率，它反映了本企业占领与开拓市场的情况；而用销售费用去比净销售额，可以用来测定销售工作的效率。

　　2. 盈亏平衡分析。这是进行经济分析的一种重要工具。

　　（1）盈亏平衡模型可以用来进行成本控制。这一模型将固定成本与变动成本分列，容易发现实际费用与预算的背离情况，可将注意力集中于可能采取纠正行动的那些领域。盈亏平衡分析模型已在决策一章中作了介绍。它既是决策工具，又是控制工具。运用盈亏平衡点公式可以进行生产量或销售量控制。当生产量或销售量为盈亏平衡点时，企业既不亏损也不盈利。低于这个数量就要亏损，高于这个数量就能获得盈利。这一数量界限成为控制产量、销量以及相应盈亏状况的重要手段。

（2）经营杠杆率是进行盈亏平衡分析的另一有用工具。它是指产品销售量变化百分之一而引起利润变化的百分数，其公式为

$$经营杠杆率 = \frac{利润变动百分比}{销售量变动百分比}$$

经营杠杆率大的企业，表明其利润对销售量变化的反应敏感性强，即销售量的一个较小的变化，将导致利润较大幅度的变化。通过这样的分析，就可以测定利润随销售量变化而变化的情况，以便加强对销售量与利润的控制。而一个企业经营杠杆率的大小，又取决于其生产要素的结构，即固定成本与可变成本间的比例。固定成本比重大，则盈亏平衡点位置高，其经营杠杆率大。

本章自测题

【实训题】

◎ 实训一：举例说明怎样有效改进本班级的各项绩效评价

实训目标

1. 培养收集与处理信息能力。

2. 培养总结与评价能力。

实训内容与方法

1. 本班级的绩效考核、评价与改进用三部分进行：

第一部分为自我评价阶段，经过前一段时间的班级工作实践，由班级的各个部门干部按工作性质不同，写出自我评估报告。在此基础上由班长写出班级全面工作总结。班级每个成员给自己打出自评分数；并共同给班长打分；班长要给每个每位学生打分。

第二部分为互评和总结阶段，召开班级交流与评估会。每位班级干部都要在会上介绍本部门的绩效和经验，并开展部门之间的互评。

第三部分为找出班级绩效评价中不合理的部分，提出改进建议与方案，并加以确认。

2. 需要搜集的信息有：

（1）班级原有的各项评价体系与标准，每人最后评价分数。

（2）班级改进后的各项评价标准以及每人意见的归纳总结。

实训要求

在班级进行总结与交流：

1. 能完整地搜集和整理有关本班级与本人绩效的信息，并能把握总结的方法与要领，进行客观公正的总结评价。

2. 掌握如何进行绩效考核评价与改进的方法。

◎ **实训二**：请以主持或参加社团活动为例分析如何进行控制，下列活动任选一项：

（1）"一二·九"纪念活动；

（2）主题演讲比赛。

实训目标

1. 增强对控制过程的认识。

2. 掌握控制的方法与技术要领。

实训内容与方法

1. 为本次活动制定一个控制方案。

2. 活动方案必须充分体现控制的职能作用与要求，有完整的结构。

3. 提出活动中可能出现的偏差并找出控制方法预案。

需要搜集的信息有：

本次活动时间安排、场地要求、受邀人员数量、经费等信息。

实训要求

1. 由本次活动组委会研究并讨论。

2. 本次活动的规模控制、预算控制。

3. 进行必要的调查研究，正确地确定控制方法与技术标准，要具有可操作性。

4. 简要写一份具有控制要领的本次活动的计划书。

【案例分析题】

西湖公司的控制方法

西湖公司是由李先生靠 3 000 元创建起来的一家化妆品公司。公司开始时只经营指甲油，后来逐渐发展成为颇具规模的化妆品公司，资产已达 6 000 万元。李先生于 1984 年发现自己患癌症之后，对公司的发展采取了两个重要措施：（1）制定了公司要向科学医疗卫生方面发展的目标；（2）高薪聘请雷先生接替自己的职位，担任董事长。

雷先生上任以后，采取了一系列措施，推进李先生为公司制订的进入医疗卫生行业的计划：在特殊医疗卫生业方面开辟一个新行业，同时开设一个凭处方配药的药店，并开辟上述两个新部门所需产品的货源、运输渠道。与此同时，他在全公司内建立了一个严格的控制系统：要求各部门制定出每月的预算报告，每个部门在每月初都要对本部门的问题提出切实的解决方案，每月定期举行一次由各部门经理和顾客参加的管理会议。要求各部门经理在会上提出自己本部门在当月的主要工作目标和经济来往数目。同时他特别注意资产回收率、销售边际及生产成本等经济动向。他也注意人事、财务收入和降低成本费用方面的问题。

由于实行了上述措施，该公司获得了巨大成功。到 20 世纪 80 年代末期，年销售量提高24%，到1990年销售额达到20亿元。然而进入90年代以来，该公司逐渐出现了问题。1992年出现了公司有史以来第一次收入下降趋势。商品滞销、价格下跌。主要原因：（1）化妆品市场的销售量已达到饱和状态；（2）该会司制造的高级香水，一直未能打开市场，销售情况没有预测的那样乐观；（3）国外公司对本国市场的占领；（4）公司在国际市场上出现了不少问题，如推销员的冒进得罪了推销商，公司形象未能很好地树立。

雷先生也意识到公司存在的问题。准备采取有力措施，以改变公司目前的处境，他计划要对国际市场方面进行总结和调整。公司开始研制新产品。他相信用大量资金研制的医疗卫生工业品不久也可进入市场。

讨论：

1. 雷先生在西湖公司采用了哪些控制方法？

2. 就西湖公司目前的状况而言，怎样健全控制系统？

【思考与练习题】

一、问答题

1. 怎样理解控制职能与控制机制？

2. 试分析管理控制的类型。

3. 怎样理解控制的要领？

4. 怎样认识并管理控制过程中的行为反应问题？

5. 怎样理解预算控制？有哪些现代预算方法？

二、填空题

1. 在管理控制中，通常根据实施控制活动的时间进程把控制分成三种类型：_____、同步控制和_____。

2. 管理者实施控制的过程主要包括_____、_____和纠正行动三大阶段。

3. 控制的方法主要包括预算控制和_____，现代预算控制主要方法有_____、_____和_____三种。

第十一章

质量管理
ZHILIANG GUANLI

【学习目标】

　　掌握质量的定义和质量形成的基本规律，全面了解质量管理的基本思想和特点，质量管理体系的基本要求、质量管理的 PDCA 循环；熟悉质量管理的概念与内容、质量管理常用的方法，ISO9000 族标准的基本内容；了解质量管理的发展过程、ISO9000 族标准在质量管理中的作用、质量认证的基本程序及要求、过程方法的基本思路；能运用所学知识对某一企业或组织的质量管理体系及一般质量问题进行初步分析，并可提出解决问题的基本思路。

【引例】

　　随着我国企业机制不断转换，一个鲜为人知的集体小厂，靠名牌之光，经过 8 年卧薪尝胆的拼搏，一跃跻身于中国工业 500 强之列，并稳坐中国洗衣机行业的第二把交椅，这就是合肥荣事达集体公司。

　　荣事达公司一直视产品质量为企业的生命，使"荣事达"牌洗衣机在质量上处于国内领先水平，高质量来自于"高标准、严要求"，荣事达公司按照国际标准，制定出 27 项内控指标。其中有 17 项高于国际电工协会标准。为了使内控标准付诸实施，他们制定了 160 条工业质量标准，设立了 5 个关键工序质量控制点；占职工总数 10% 的专职检验员扼守在生产流水线上，对形成中的动态产品进行 60 多项检测，荣事达人的这种做法在全国同行业中独树一帜。

　　"高标准、严要求"来自于"用户至上"的经营思想，给用户奉献的应是"贡品"。荣事达人在强化员工质量意识和狠抓产品质量上提出"1% =100%"的"换位思考"方法，1 台不合格产品，只占产量的 1%、1‰，但是到消费者手里就是 100% 不合格（次品）。对此，合肥荣事达集体公司董事长、总经理兼合肥洗衣机厂厂长陈荣珍作过一番精辟的哲学思考：如果允许1%的缺陷产品出厂，按目前的产量，1天就有18台整机不合格出厂，1年将有5 400多台不合格产品流入市场。据测试，每位消费者可影响包括亲属、朋友在内的13个人的选择取舍。按此，产品1年就将对7万个消费者失去吸引力，更为可怕的是，会在职工中滋生"有点毛病不要紧"的错误思想，进而导致更严重的缺陷出现，势必将企业最终推向死谷。

第一节　质量概述

一、质量及质量管理

（一）质量的概念

自从有了商品生产，质量的概念也就随之出现了，人们对质量的认识也随着生产的发展而逐步得到深化。质量通常是指产品或工作的优劣程度。质量的概念有狭义和广义之分，狭义的质量只包括产品质量和工程质量；广义的质量除包括产品质量、工程质量外，还包括工作质量和服务质量等。全面质量管理中所说的质量，是指广义的质量。

1. 产品质量。产品质量是指产品对人们的有用性和适用性，它可用一系列质量特性表示或测量。产品质量特性一般可概括为适用性、经济性和可靠性三个方面。

（1）适用性。是指产品用途、性能、规格、等级等可用程度的指标。主要表现在以下几个方面：

①物质方面的指标，如产品本身的化学成分、物理性能等；

②运行方面的指标，如操作范围、运转性能、安全措施、自动化程度等；

③结构方面的指标，如系统完整和结构简易程度、维修保养、加工工艺等；

④外观方面的指标，如造型美观、式样新颖等。

（2）经济性。主要是指产品或工程在一定条件下的综合经济效益。如可能达到的效率、成本和动力与材料消耗等。

（3）可靠性。主要是指产品在一定的条件下，在规定期间内按特定功能进行无故障工作的可能性，以及产品寿命的耐久性、精度的保持性和使用的安全性。

用户对产品的要求各有所异，因此，就一定意义上说，质量具有时间性、空间性和相对性。所谓时间性是指随着时间的推移、生产力的提高，人们会对质量提出不同或更高的要求，就这一意义上说，质量具有时间性；所谓空间性是指质量的要求因地域环境而异。例如，对不同的地区、国家、民族，由于生活方式、风俗习惯不同，对质量的要求也不同；所谓相对性是指质量适合用户需求的程度因人而异，另外，还表现在质量相对价格或成本的等级上。

2. 工程质量。工程质量是指各项生产技术准备等施工工程满足使用要求所具备的特性。通常包括施工工程的功能要求、耐用年限、安全程度、经济效益以及造型美观等因素。

工程质量是否具备一定的特性，又与以下五个因素（简称"4M1E"）有关：

人（Man）：包括人的质量意识、责任心、技术熟练程度。即人的技术责任素质和思想素质。

设备（Machine）：包括各种作业中所用的设备的性能、维修及保养状态等。

材料（Material）：包括各种材料的规格、物理、化学性能等因素。

方法（Method）：包括加工工艺、作业规程、操作规程等。

环境（Environment）：包括温度、湿度、含尘量、噪音、震动等因素。

3. 工作质量。工作质量是指为保证和提高产品和工程质量，企业的经营工作、管理工作、技术工作和组织工作所达到的水平。

在工程质量的五大因素中，人是最关键、最积极、最活跃的因素，也是最难控制的因素。事在人为，其他因素都是通过人的作用而得到不断改善和提高的，而人的质量（包括质量意识，业务能力及其相应的活动规范）是通过工作质量表现出来的，只有抓住工作质量才能控制产品质量和工程质量。工作质量是由企业素质决定的，又是企业一切成果的基础和保证。

4. 服务质量。服务质量是指企业为用户提供售后服务的完善程度。

用户需要的或是产品或是服务，但用户关心的其实是服务。因为产品的使用价值只有在使用中才能真正体现出来。产品质量也只有通过用户的使用才能得到检验。因此，企业为用户提供售后服务的质量在很大程度上影响使用价值的发挥，它直接或间接地构成产品使用价值的一种附加。从发展趋势看，产品的竞争愈来愈转移到服务上来。

请看以下案例：胡先生有一次居住在香港的一家五星级酒店——香格里拉饭店。在这家饭店中有洗衣的服务项目。当时胡先生的衬衫掉了一粒扣子，胡先生外出时只能用领带遮住。后来，饭店服务生帮他洗完衬衫，并把衣服送回来。胡先生发现，掉的扣子已经被缝上了。由于衬衫的扣子是特制的，无法找其他扣子来代替，饭店服务生将胡先生衬衫下面的扣子拆下来，缝到上面的位置。这样既美观，又不影响衬衣的穿着，胡先生以后出去时不再需要用领带来遮挡了。这件事给胡先生留下了非常深刻的印象，对饭店的服务非常满意，即酒店的服务质量超出了客户的期望，正好又满足了客户的要求。

我国首个售后服务国家标准《商品售后服务评价体系》已于2011年4月通过专家审定，进入公示阶段，并于2011年5月正式颁布实施。

5. 国际标准中关于质量的定义。随着社会经济的发展，人们生活水平不断提高，人们对生产与服务质量的要求在不断地调整，从而对质量的认识也在不断丰富和深入。国际标准化组织（ISO）在总结、概括人们对质量认识的基础上，形成了关于质量的定义。

ISO9000：2000年《质量管理体系·基础和术语》中对质量（Quality）的定义是：一组固有的特性满足要求的程度。

这一定义使"质量"的概念得到了扩展、深化和高度概括。理解定义时，要把握以下要点：

（1）质量具有广义性，它是以产品、体系和过程作为载体的。这里的质量不仅是指产品、零部件、服务的质量，也可以是某项活动和过程的工作质量，还可以指设计人的素质、设备能力、管理水平的体系运行的质量。因此，质量是一个广义的概念。

（2）质量的内涵是由一组固有特性组成的。固有特性是指某事物中本来就有的特性，也就是常说的质量特性。它是通过产品设计、开发以及其后的实现过程所形成的属性。质量的实质就是其固有特性满足顾客要求的程度。

（3）质量要求是动态和相对的。包括三个方面：

①明示的要求，即顾客明确提出的或文件中规定的要求。

②通常隐含的要求，即惯例或一般做法，如化妆品对顾客皮肤的保护性等。

③必须履行的要求，即法律法规的要求及强制性标准的要求。企业在质量管理中应兼顾各方面的要求。

质量要求是动态的，具有时效性。随着技术的发展、生活水平的提高，人们对产品、过程和体系会提出新的质量要求。因此，应定期对质量进行评审，按照各方面变化的需要和期望，相应地改进产品、体系和过程的质量，以保证满足顾客及相关方的要求。同时，质量要求还具有相对性，不同国家、不同地区因自然环境条件不同、技术发达的程度不同、消费水平和风俗习惯等的不同，对产品会提出不同的要求。例如，销往欧洲的彩电要符合欧洲的电视制式、电压计电压的波动范围等质量要求，而与国内销售的彩电不同。因而企业产品应具有对环境的适应性。

【小看板 11 -1】

质量管理小故事——懒燕子垒窝

有一勤一懒两只燕子同时垒窝，勤燕子仔细寻找结实的树枝和稻草，精心地布置自己的房子，丝毫没有怠慢垒窝这件事。而懒燕子则就近取材，偷工减料，心想只要能容身就行。勤燕子的窝还没有建到一半，懒燕子的新窝就大功告成，住了进去，还时不时地嘲笑勤燕子愚蠢，说："反正就住一年，要这么认真干嘛！"勤燕子没有理会它，还是兢兢业业地干着自己的事情。

时隔不久，它们都有了自己的孩子，懒燕子的窝本来就小且不结实，加上被孩子们一折腾，有点摇摇欲坠的感觉。但懒燕子毫不在意还自我安慰道："没多久就要走了，坚持一下就过去了。"

有一天，懒燕子和小燕子们都睡熟了，窝突然掉了下来，它万幸没事，可怜它那些无辜的孩子们，因为刚出生不久还不会飞，一只只活活地被摔死了。

现在懒燕子只好伤心地住到勤燕子那里去，看到勤燕子结实的窝和可爱的孩子们，它悲痛地哭了。

管理启示：勤燕子和它的孩子们之所以能够安全，是因为有高质量的窝，而懒燕子却不同，它因为懒而建造不过关的窝才失去了自己的孩子。

在企业管理中，产品质量对企业生存具有决定性的意义，所有企业在质量管理上都不能有丝毫的懈怠。追求质量也是管理的一种艺术，如果企业能建立正确的质量观念并且执行有效的质量管理计划，就能预防不良产品的出现，使工作充满乐趣，不会为整天层出不穷的质量问题而头痛不已。没有质量作保证的企业是走不远的。

（二）质量的形成

在实践中，人们逐渐认识到质量不是检验出来的，而是有一个产生、形成和实现的过程。这一过程可用"朱兰螺旋曲线"来表示。朱兰（J. M. Juran）是美国质量管理专家，他用一条螺旋上升的曲线来反映产品质量形成的规律，如图 11 - 1 所示。这一规律可以告诉我们以下几点。

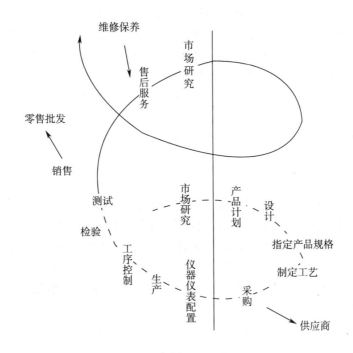

图 11 - 1　朱兰螺旋曲线

（1）质量有一个产生、形成和发展的过程。产品（如硬件）质量形成的全过程包括以下环节：市场研究、产品开发、设计、生产技术准备、制定工艺、采购、仪器仪表及设备装置、生产制造、工序控制、检验、测试、销售、服务。这些环节构成了一个系统，质量就是在这个系统汇总经过每一环节的作用而逐步形成的。

（2）质量以需求的变化为中心，不断改进和提高。质量形成的若干环节以产品的适用性——需求为轴心，构成一个循环，每经过一轮循环，质量就会有所提高。这是因为人们的需求在不断发展，为满足需求，质量也要在不断适应、不断改进的过程中得到上升。

（3）质量的形成取决于每一个环节。作为一个质量系统，其目标的实现取决于每个环节的质量保证和各环节之间的协调。因此，必须将质量形成过程中的各个环节都纳入质量管理体系，实行全过程管理。

（4）质量形成过程是一个开放的系统。质量的形成过程与社会环境有着密切的联系，朱兰螺旋曲线中有三个环节与企业外部相联系，分别是：采购环节与物料供应商、销售环节与顾客、市场研究与产品市场。所以，产品质量的形成并不只是企业内部行为的结果，质量的形成过程是一个开放的系统，质量管理也是一项系统工程。

（5）影响质量形成的最根本因素是人。在质量形成的全过程中，每一环节都要靠人来完成，人的素质及对人的管理是过程质量乃至产品质量的基本保证。所以，质量管理必须重视人的因素。

（三）质量管理

1. 质量管理的发展过程。任何一门科学的发展都有其内在的规律性，质量管理科学的发展就是以社会对质量的要求为原动力的。按照质量管理在工业发达国家实践中的特点，质量管理的发展一般可分为三个阶段：（1）质量检验阶段；（2）统计质量控制阶段；（3）全面质量管理阶段。现分别介绍如下：

（1）质量检验阶段（20世纪初至20世纪30年代）。这一阶段是质量管理的初级阶段。其主要特点是以事后检验为主。第二次世界大战之前，人们对质量管理的理解还只限于质量的检验。也就是说，通过严格的检验来控制和保证出厂或转入下一道工序的产品质量。检验工作是这一阶段执行质量职能的主要内容。在由谁来检验把关方面，也有一个逐步发展的过程。

①在20世纪以前，生产方式主要是小作坊形式，那时的工人既是操作者，又是检验者，制造和检验的职能都集中在操作者身上，因此被称为"操作者质量管理"。

②20世纪初，科学管理的奠基人泰罗提出了在生产中应该将计划与执行、生产与检验分开的主张。于是，在一些工厂中建立了"工长制"，将质量检验的职能从操作者身上分离出来，由工长行使对产品质量的检验。这一变化强化了质量检验的职能，称为"工长质量管理"。

③随着科学技术和生产力的发展，企业的生产规模不断扩大，管理分工的概念就被提了出来。在管理分工概念的影响下，一些工厂便设立了专职的检验部门并配备专职的检验人员来对产品质量进行检验。质量检验的职能从工长身上转移给了质量检验员，称为"检验员质量管理"。专门的质量检验部门和专职的质量检验员，使用专门的检验工具，业务比较专精，对保证产品质量起到了把关的作用。然而，它也存在着许多不足，主要表现在：a. 对产品质量的检验只有检验部门负责，没有其他管理部门和全体员工的参与，尤其是直接操作者不参与质量检验和管理，就容易与检验人员产生矛盾，不利于产品质量的提高。b. 主要采取全数检验，不仅检验工作量大，检验周期长，而且检验费用高。c. 由于是事后检验，犹如"死后验尸"，没有在制造过程中起到预防和控制作用，即使检验出废品，也已是"既成事实"，质量问题造成的损失已难以挽回。d. 全数检验在技术上有时变得不可能，如破坏性检验，判断质量与保留产品之间发生了矛盾。这种质量管理方式逐渐不能适应经济发展的要求，需要改进和发展。

（2）统计质量控制阶段（20世纪40年代至20世纪50年代）。这一阶段的主要特点是：从单纯依靠质量检验、事后把关，发展到过程控制，突出了质量的预防性控制的管理方式。1926年美国贝尔电话研究室工程师休哈特（W. A. Shewhart）提出了"事先控制，预防废品"的观念，并且应用概率论和数理统计理论，发明了具有可操作性的"质量控制图"，用于解决事后把关的不足。随后，美国人道奇（H. F. Dodge）和罗米格（H. G. Romig）提出了抽样检验法，并设计了可以运用的"抽样检验表"，解决了全数检验和破坏性检验所带来的麻烦。但是，由于当时经济危机的影响，这些方法没有得到足够的重视和应用。

第二次世界大战爆发后，由于战争对高可靠性军需品的大量需求，质量检验的弱点严重影响军需品的供应。为此，美国政府和国防部组织了一批统计专家和技术人员，研究军需品的质量和可靠性问题，促使数理统计在质量管理中的应用，先后制定了三个战时质量控制标准：AWSZ1.1—1941 质量控制指南、WSZ1.2—1941 数据分析用控制图、AWSZ1.3—1941 工序控制图法。这些标准的提出和应用，标志着质量管理进入了统计质量控制阶段。

从质量检验阶段发展到统计质量控制阶段，质量管理的理论和实践都发生了一次飞跃，从"事后把关"变为预先控制，并很好地解决了全数检验和破坏性检验的问题，但也存在许多不足之处：①它仍然以满足产品标准为目的，而不是以满足用户的需求为目的。②它仅偏重于工序管理，而没有对产品质量形成的整个过程进行管理。③统计技术难度较大，主要靠专家和技术人员，难以调动广大工人参与质量管理的积极性。④质量管理与组织管理未密切结合起来，质量管理仅限于数学方法，常被领导忽略。由于上述问题，统计质量控制也无法适应现代工业生产发展的需要。自 20 世纪 60 年代以后，质量管理便进入了全面质量管理阶段。

（3）全面质量管理阶段（20 世纪 60 年代起至今）。这一阶段是从 20 世纪 60 年代开始，至今仍在不断地发展和完善之中。促使统计质量控制向全面质量管理过渡的原因主要有以下几个方面：①科学技术的进步，出现了许多高、精、尖的产品，这些产品对安全性、可靠性等方面的要求越来越高，统计质量控制的方法已不能满足这些高质量产品的要求。随着生活水平的提高，人们对产品的品种和质量有了更高的要求，而且保护消费者利益的运动也向企业提出了"质量责任"问题，这就要求质量管理进一步发展。系统理论和行为科学理论等管理理论的出现和发展，对企业组织管理提出了变革要求，并促进了质量管理的发展。②激烈的市场竞争要求企业深入研究市场需求情况，制定合适的质量，不断研制新产品，同时还要作出质量、成本、交货期、用户服务等方面的经营决策。而这些均需要科学管理作指导，现代管理科学也就得到迅速的发展。正是在这样的历史背景和社会经济条件下，美国的费根堡姆（A. V. Feigenbaum）和朱兰提出了"全面质量管理"的概念。1961 年，费根堡姆出版了《全面质量管理》一书，其主要见解是：①质量管理仅仅靠数理统计方法是不够的，还需要一整套的组织管理工作。②质量管理必须综合考虑质量、价格、交货期和服务，而不能只考虑狭义的产品质量。③产品质量有一个产生、形成和实现的过程，因此质量管理必须对质量形成的全过程进行综合管理，而不应只对制造过程进行管理。④质量涉及企业的各个部门和全体人员，因此企业的全体人员都应具有质量意识和承担质量责任。

从统计质量控制发展到全面质量管理，是质量管理工作的一个质的飞跃，全面质量管理活动的兴起标志着质量管理进入了一个新的阶段，它使质量管理更加完善，成为一种新的科学化管理技术。随着对全面质量管理认识的不断深化，人们认识到全面质量管理实质上是一种以质量为核心的经营管理，可以称之为质量经营。实际上日本人早就把全面质量管理同企业的经营联系在一起。日本著名的质量管理专家石川馨教授在其《质量管理入门》一书中高度概括地指出："全面质量管理是经营的一种思想革命，是新的经营哲学。"

随着全面质量管理的发展，20 世纪 80 年代世界标准化组织（ISO）发布了第一个质量管理的国际标准——ISO9000 标准；20 世纪 90 年代国际上又掀起了六西格玛管理的高潮。前者将质量管理形成标准，后者追求卓越的质量管理。有关 ISO9000 标准以及六西格玛管理的内容将在后续的章节中具体阐述。

2. 质量管理的基本概念。

（1）质量管理。质量管理就是对确定和达到质量要求所必需的职能和活动的管理。它包括质量政策的制定，质量目标的确定和企业内部或外部有关质量保证和质量控制的组织和措施等内容。

（2）质量策划（Quality Planning）。确定质量目标以及采用质量体系要素的活动包括：收集、分析顾客的质量要求，向管理层提出建议、制定质量标准、开展宣传和培训活动等。

（3）质量控制（Quality Control）。为达到质量要求所采取的作业技术和活动。质量控制的目的在于监视过程，使之处于受控状态，并排除质量环节所有手段中导致不满意的原因，以取得经济效益。

（4）质量保证（Quality Assurance）。质量控制贯穿于产品和服务质量形成的全过程。为提供某种实体能满足质量要求的适当信赖程度，在质量体系内实施并按需要进行证实的全部有策划和有系统的活动。质量保证包括两个方面：一是内部质量保证，即向组织内的各层管理者提供信任，使其相信本组织提供给顾客的产品满足质量要求；二是外部质量保证，即向外部顾客或其他方面（如认证机构或行业协会等）提供信任，使其相信组织有能力持续、稳定地提供满足质量要求的产品。

质量控制与质量保证有一定的关联性。质量控制是为了达到规定的质量要求所开展的一系列活动，而质量保证是提供客观证据以证实已经达到规定质量要求的各项活动，并取得顾客和相关方面的信任。因此，有效地实施质量控制是质量保证的基础。

（5）质量管理体系（Quality Management System）。在质量方面指挥和控制组织的管理体系。质量管理体系是一个把与质量有关的组织结构、过程和资源等组合起来的有机整体，强调系统性和协调性。

（6）质量改进（Quality Improvement）。质量改进是指为了向本组织及其顾客提供更多的收益而在整个组织内所采取的旨在提高活动过程收益及效率的各种措施。它的基本目的在于提高活动和过程的收益和效率，最终使顾客受益。为此，质量改进关键在于搞好人员培训，使其正确使用有关的工具盒操作技巧，它是企业长期坚持不懈的奋斗目标。

【小看板 11 –2】

国际三大质量奖

1. 美国国家质量奖——马尔科姆·鲍德里奇国家质量奖

美国国家质量奖是以 20 世纪 80 年代里根政府商务部部长马尔科姆·鲍德里奇（Malcolm Baldrige）命名的，也称为美国马尔科姆·鲍德里奇国家质量奖，它是美国各种质量奖的基础。

鲍德里奇质量奖从 1988 年开始，分为企业、健康卫生和教育机构 3 类，每年度在每个领域颁发 3 个奖项。评奖的依据是"鲍德里奇优秀业绩评定准则"（Baldrige Criteria for Performance Excellence）。这是一个非常重要的质量工作评定标准，它为机构业绩管理提供了一种可验证的先进管理模式以及系统的评估、观察方法。对照它，一个机构可以衡量自己是属于国内还是国际水平的优秀业绩模式，它不仅是评定美国国家质量奖的主要依据，也是评定美国总统质量奖、州颁奖项以及军队机构业绩改进的主要准则。通过马尔科姆·鲍德里奇国家质量奖的评定和颁发工作，已促使美国许多企业达到了优秀业绩水平，提高了整个美国的竞争力。

2. 欧洲质量奖

1988 年欧洲 14 家大公司发起成立了欧洲质量管理基金会（EFQM）。欧洲质量管理基金会所发挥的巨大作用在于：强调质量管理在所有活动中的重要性，把促成开发质量改进作为企业达成卓越的基础，从而增强欧洲企业的效率和效果。1990 年在欧洲质量组织和欧盟委员会的支持下，欧洲质量管理基金会开始筹划欧洲质量奖。1991 年 10 月在法国巴黎召开的欧洲质量管理基金会年度论坛上，欧盟委员会副主席马丁·本格曼正式提出设立欧洲质量奖。1992 年 10 月在西班牙马德里欧洲质量管理基金会论坛上由西班牙国王朱安·卡洛斯首次向获奖者颁发了欧洲质量奖。

欧洲质量奖是欧洲最具声望和影响力的用来表彰优秀企业的奖项，代表着欧洲质量管理基金会表彰优秀企业的最高荣誉。

3. 日本戴明奖

世界范围内影响较大的质量奖中，日本戴明奖是创立最早的一个。它始创于 1951 年，是为了纪念已故的戴明博士（William Edwards Deming），他为日本战后统计质量控制的发展作出了巨大贡献。戴明博士（1900—1993）是美国最著名的质量控制专家之一。1950 年 7 月，受日本科学技术联盟（JUSE）邀请赴日本讲学。在日期间，戴明首先在东京的日本医药协会大礼堂就质量控制这一主题进行了为期 8 天的讲授，接着，又在日本本州岛东南部的箱根镇为企业的高级主管讲授了一天。在这些课程的讲授过程中，戴明博士用通俗易懂的语言将统计质量管理的基础知识完整地传授给了日本工业界的主管、经理、工程师和研究人员。他的讲授为现场听众留下深刻印象，并为当时正处在幼年期的日本工业的质量控制提供了极大的推动力。听课的人们将这 8

天课程的速记、笔录汇总整理为《戴明博士论质量的统计控制》的手抄本竞相传播，戴明博士随即慷慨地把这一讲稿的版税赠送给日本科学技术联盟。为了感激戴明博士的这一慷慨之举，日本科学技术联盟决定用这笔资金建立一个奖项，以永久纪念戴明博士对日本人民的贡献和友情，并促进日本质量控制的持续发展。日本科学技术联盟理事会全体成员一致通过了这项提议，戴明奖由此建立。随后，戴明博士的著作《样本分析》在日本翻译出版，他再一次捐赠了该书的版税。自那以后，戴明奖不断发展，直到今天日本科学技术联盟依然负责戴明奖的所有经费管理。

二、全面质量管理

（一）全面质量管理的概念

全面质量管理简称 TQM（Total Quality Management），是指由企业的全体职工和有关部门同心协力，综合运用现代科学和管理技术，把专业技术、经营管理、数理统计和思想教育结合起来，控制影响产品质量和工程质量全过程的各因素，用经济的手段生产和提供用户满意的产品的一系列管理活动。TQM 是 20 世纪 60 年代初美国质量管理专家 A. V. 费根堡姆在他的《全面质量管理》一书中提出的。TQM 被提出后，相继为各工业发达国家乃至发展中国家所重视和运用，并在日本取得了巨大的成功。

（二）全面质量管理的基本观点

1. 为用户服务的观点。在全面质量管理中，"用户"不仅是指产成品销售后的直接用户，还包括"下道工序是上道工序的用户"，要建立服务对象便是用户的概念。

（1）产成品的消费者是用户。企业生产的目的是为了满足社会的需要，产品质量就应满足用户的要求。企业的各个部门、各类人员；都要树立一切为了用户、一切为了满足用户需要的观点。衡量产品质量的标准，传统的管理是以国家标准、部颁标准、技术标准为准，而全面质量管理则要把产品质量的好坏以市场和用户的评价且满意程度为标准。企业必须把用户的需要放在第一位，只有生产出市场、用户需要和满意的产品，才能有利于企业的生存和发展，有利于提高企业的经济效益。

（2）下道工序是上道工序的用户。企业的各个生产过程、各个环节、各道工序乃至每一名职工都要为自己服务和工作的对象提供符合产品质量、工程质量和工作质量要求的物质和服务条件，明确下道工序就是上道工序的用户，上道工序的质量是下道工序质量的基础。

2. 以预防为主的观点。质量管理的目标是预防，而不是单纯的反映。优质的产品是靠设计、生产控制和检验得出来的，而不是单纯检查出来的。企业要将质量管理工作的重点从"事后把关"转移到"事先控制"上来，实行防检结合，贯彻以预防为主的方针。

【小看板 11 -3】

海信质量管理创新的七条箴言

目前，我国家电业愈演愈烈的价格战导致企业的经营质量严重滑坡。作为上市公司中净资产回报率最高的企业之一，海信集团将其成功归结为技术与质量的回报。海信集团董事长周厚健在北京召开的质量管理箴言研讨会上透露，为成为中国一流的"制造专家"，海信质量管理控制推行了7条"戒规"。

第一，质量不能使企业一荣俱荣，却可以让企业一损俱损。质量管理是"一把手工程"。

第二，用户是质量的唯一彩票。用户标准、市场标准就是企业最高的质量标准。

第三，技术创新是产品质量的根本。采用新的技术手段不断提高产品的设计质量、制造质量是须臾不可淡忘的一项重要内容。

第四，供应商要提高自己的素质。企业要有专门的质量工程师帮助上游供应商进行培训、诊断、改进革新，供应商的进步有助于原材料品质的提高。在采购环节中，必须坚持"选材第一、价格第二"的原则。

第五，好的产品质量源自员工的质量。选择质量管理人员，要挑选那些富有责任心同时又有创新意识和灵活性的管理者；而选择质量检验人员，应当选择正直、严谨甚至是"苛刻"的员工，并且给他最高的待遇、最能发挥才能和作用的工作环境。

第六，创新是重要的，但绝不能以创新为由改变质量标准和传统实用的方法。在企业内部，质量绝对不能屈从于销售。宁可丧失暂时的份额，也不允许破坏长远的市场。

第七，质量是财务指标的红绿灯。

3. 以数据说话的观点。用数据说话，就是用定量的标准和事实来衡量、分析、处理和解决各种质量问题。只有定量地描述和揭示质量变化的过程和现象，才能从本质上深刻地反映质量形成的内在规律性。一切用数据说话，就是提倡在质量管理中要深入实际，调查了解真实情况，对质量及质量管理中存在的问题做到心中有数，使解决问题做到准确、可靠；同时也为数理统计方法和建立数学模型提供可靠的依据。因此，要有完善的质量检测手段和完备的记录资料，要采用科学的方法和工具，在大量的数据分析中找出反映质量运动与变异的特征和规律，以便切实有效地解决质量中存在的问题。

4. 讲究经济效益的观点。企业进行全面质量管理的目的在于提高企业的经济效益，企业的产品既要做到价廉物美，又要适销对路。产品质量过高，剩余的产品功能过多，不仅增加了生产成本，对用户也是多余的，而且提高了售价，减少销售量，最终将影响企业的经济效益。因此，在考虑产品质量时，必须考虑用户的要求并与生产成本、销售价格和销售利润等相联系。

（三）全面质量管理的特点

全面质量管理是一项综合性的管理，它与企业的各项工作发生直接关系，渗透于各项工作的全过程，需要企业的全体人员参与，从使用价值的角度组织和控制企业的各方面工作。全面质量管理具有以下特点：

1. 管理的对象是全面的。全面质量管理不仅要管好产品质量，而且要管好产品赖以形成的工作质量。它要求保证质量、功能、及时交货、服务周到、一切使用户满意。

2. 质量管理的范围是全面的。全面质量管理即实行全过程的质量管理，要求把形成产品质量的设计试制过程、制造过程、辅助生产过程、使用过程都加以管理，以便全面提高产品质量。

3. 参加质量管理的人员是全面的。全面质量管理要求企业各业务部门、各环节的全体职工都要参加质量管理。

4. 质量管理的方法是全面的。全面质量管理要求在质量分析和质量控制时必须以数据为科学依据，以统计质量控制方法为基础，全面综合运用各种质量管理方法；实行组织管理、专业技术和数理统计三结合，充分发挥它们在质量管理中的作用。

（四）全面质量管理的工作原则

1. 预防原则。凡事要防患于未然，并要以具体措施和科学方法来保证。在设计阶段要采用统计过程控制方法（SPC），对生产过程要进行控制，把不合格品消灭在产生之前。

2. 经济原则。20 世纪 80 年代以来市场竞争更趋激烈，使经济质量管理（EQC）成为发展方向之一，即在推行全面质量管理时追求经济上的最适宜方案，如最适宜的质量水平、最适宜的质量保证水平、控制图的最优设计、抽样检验方案的最优设计等。

3. 协调原则。生产规模越大，分工越细，环节越多，就越要在全面质量管理中强调协作。协作原则反映了系统科学全面观点的要求。

4. 按 PDCA 循环组织质量活动原则。全面质量管理要求采用一套科学的程序来处理问题，即按 PDCA 循环来开展工作，通过不断循环来达到提高质量管理水平和产品质量的目的。

三、全面质量管理的基本工作方法

人们想要顺利完成一项工作，必须经历四个阶段：计划（Plan）、实施（Do）、检查（Check）和处理（Action）。这四个阶段反映了事物发展的客观规律。全面质量管理作为一个工作体系，也必须使其活动遵照这种规律。

由"计划、实施、检查、处理"这四个密切相关的阶段所构成的工作方式，称为 PDCA 循环。因首创于美国学者戴明，所以又称为戴明循环。

1. PDCA 循环的四个阶段。

（1）计划阶段（P）。包括制定质量目标、活动计划、管理项目和措施方案。这一阶段包括四个步骤：

①分析现状，找出存在的质量问题；

②分析造成质量问题的原因或影响因素；

③从各种原因或因素中找出主要原因或因素；

④针对主要原因或因素制定提高质量的技术组织措施方案和实施计划。

（2）实施阶段（D）。具体地组织实施制定的计划和措施。

（3）检查阶段（C）。检查措施和计划的执行情况，找出存在的问题。

（4）处理阶段（A）。根据检查的结果进行处理，它分为两个步骤：

①总结成功的经验和失败教训，把成功的经验进行标准化、制度化，以便以后遵循，对失败的教训，也记录在案，以作为借鉴；

②把没有解决的问题，转入下一个管理循环，继续解决。PDCA 管理循环的内容如图 11 - 2 所示。

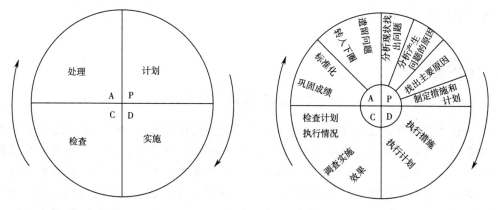

图 11 - 2　PDCA 管理循环的内容

2. PDCA 循环的运转特点。

（1）大环套小环，小环保大环，一环扣一环，推动大循环（见图 11 - 3）。

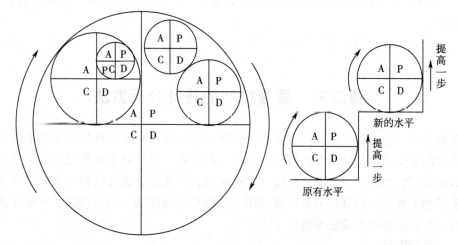

图 11 - 3　PDCA 循环运转特点

整个企业质量保证体系构成一个大的管理循环，而各级、各部门又都有各自的管理循环，依次还有更小的管理循环，直至各个班组和个人，都有自己的管理循环，形成一个大循环套小循环的综合循环体系。在企业质量管理的循环中，上一级的管理循环是下一级管理循环的依据，而下一级管理又是上一级循环的组成部分和实现的保证。通过各个小循环的不断运转，推动大循环的不断转动，大小循环一齐运作，把企业各方面的质量管理活动有效地联系起来，彼此协调，互相促进。

（2）爬楼梯。PDCA循环每运转一次，就前进一步，解决一批质量问题，质量水平就步步提高。

（3）关键在"处理"阶段。处理阶段的目的在于总结经验，巩固成果。每经过一轮循环后，必须把成功的经验纳入标准，定为规程，加以"标准化"、"制度化"，以便有章可循。对失败的教训，也要总结在案，形成另一种标准，引以为戒。处理阶段是保证质量管理水平的关键。

【小看板 11 - 4】

海尔全过程的质量控制

一切工作都是通过过程来完成的，高质量是通过过程来控制的。海尔在 OEC 和市场链管理平台的基础上，在质量控制中遵循螺旋上升的计划、实施、检查、处理的 PDCA 循环工作程序，灵活运用有效的质量管理技术和方法，认真评价和控制质量成本。在海尔每个车间都有"主要问题、原因、对策及效果总结"管理看板，对每个月的问题点、产生问题的原因、实施对策、责任人、到位时间、效果跟踪都有详细总结。发现问题立刻解决，不断改进提高。同时，注重质量创新，在车间内设有"创新金点子公布"看板，提出质量攻关课题，指出现状、预期目标，由揭榜后进行擂台攻关赛。并由具体实施人在取得成果后张榜公布该项目改进的必要性，阐述及评价改进后的效果。

第二节　质量控制的统计分析方法

质量分析，是指对产品质量和工程质量状态进行分析。随着科学技术的不断发展和管理科学的不断完善，质量管理成为一门独立的学科，而且要求在质量分析、研究和控制等方面采用数理统计等方法，坚持用数据说话，使质量分析提高到一个新的水平。对产品质量和工程质量的分析可采用排列图法、因果分析图法、直方图法、控制图法、散布图法、分层法和调查表法等数学方法。

一、排列图法

排列图法也称帕累托曲线，它是由意大利经济学家帕累托发明的。

在进行产品质量和工程质量分析时，关键要找出影响质量的因素有哪些，哪些是主要因素，各种因素对质量的影响程度有多大。而排列图法正是找出影响质量的主要因素的一种有效方法，现以实例说明排列图的制作和分析方法。

例如：某矿对刚开掘的一条岩石上山进行工程质量抽点验收，其中不合格点 79 个，经过对抽样数据的整理归类，按各因素对质量的影响程度由大到小汇总于表 11 – 1。

表 11 – 1   **某矿岩石上山工程质量问题统计表**

序号	影响因素	频数	频率%	累计频率%
1	巷道成形差	47	59.5	59.5
2	喷浆厚度不够	21	26.6	86.1
3	锚杆不合格	5	6.3	92.4
4	水沟尺寸不符合设计要求	3	3.8	96.2
5	其他	3	3.8	100
合计		79	100	

1. 制图方法。作有两个纵轴，一个横轴，首先将数据按原因分层，按频数的大小不同，从大到小依次排在横轴上。左边的纵轴表示频数，即实物或价值指标，右边的纵轴表示频率，即相对百分数；每个矩形的高度表示该因素影响的大小。由矩形端点的累计数连成的折线即为帕累托曲线（见图 11 – 4）。

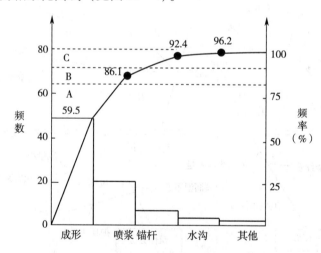

图 11 – 4 某矿岩石上山工程质量问题排列图

2. 注意事项。

（1）通常按累计百分数把各影响因素划分为三类：累计百分数 0 ~ 80%，为 A 类因素，即主要因素；累计百分数 80% ~ 90% 为 B 类因素，即次要因素；累计百分数为 90% ~ 100% 为 C 类因素，即一般因素。抓住主要因素，就抓住了主要矛盾，有针对性地解决主要问题，必使质量状况有所改观。

（2）当横轴上的一般因素较多时，为避免冗长杂乱，可将其归并为"其他类"。

（3）抓住了主要矛盾，找出了主要因素后，要采取有效措施，解决实际问题。然后再根据质量影响因素主次的变化，重画排列图，以求在更高层次上发现和解决新问题，使产品质量和工程质量水平不断提高。

二、因果分析图

因果分析图也称特性因素图、鱼刺图或树枝图。是分析、寻找产生质量根本问题原因的一种分析方法，即反映质量问题的产生原因与结果之间的关系图。

1. 因果分析图的制作方法。

（1）讨论分析。邀请有关人员，针对问题，从人、机器、材料、生产施工方法和环境等五大因素入手，积极地开展讨论，用因果分析手法层层寻找原因，直至可以采取具体措施为止。

（2）整理作图。将大家讨论的意见整理归纳，用箭头表示因果关系，将意见画入图中，即为因果分析图。

例如，某矿为了找出精煤质量差的原因，由煤质科牵头召开了专题会议分析原因。经过设计部门、洗煤厂、煤质科、生技科、运输工区等与会同志充分讨论，最后绘制了精煤质量问题的因果图（见图 11－5）。

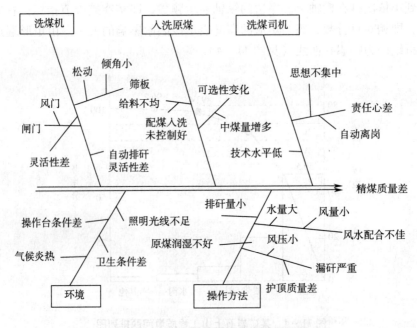

图 11－5　某矿精煤质量问题的因果图

2. 注意事项。

（1）原因分析要详细到便于采取措施为止，因为分析的目的是为了明确因果关系，从而达到预防不合格品出现、改进产品质量和工程质量的目的。

（2）原因之间层次要清楚合理，即大原因—中原因—小原因，切不可因果倒置。

（3）在因果分析时，可与其他分析方法相结合，以便抓住关键，对症下药。

三、直方图法

直方图又称质量分布图或频数图，是用来分析产品某项质量特性值分布状态的一种图形。

1. 直方图的制作方法。以实例说明直方图的具体制作方法。某矿用直方图法对 12

级精煤灰分进行质量分析和控制，具体方法如下：

（1）收集数据。数据个数一般是 50~200 个，以 100 个较为理想，本例收集灰分数据 100 个（原始数据从略）；找出灰分最大值 $X_{max} = 10.94\%$ 和最小值 $X_{min} = 10.57\%$；并计算出极差 R 为

$$R = X_{man} - X_{min} = 10.94\% - 10.57\% = 0.37\%$$

（2）数据分组。当数据的数目在 100 个以上时，可分为 6~10 组，数据的数目较多时，其组数可多些。本例 100 个数据，将它分为 10 组，即 $k = 10$。

（3）确定组距。组距 h 就是指组与组之间的间隔，也就是分组的幅度。组距 h 可按下式计算：

$$h = \frac{X_{max} - X_{min}}{k} = \frac{R}{k}$$

本例组距 h 为 $h = R/k = 0.37/10 = 0.037$，近似取 $h = 0.04$。

（4）确定分组的组界。先计算第一组的上下界限值，其计算公式为

$$X_{min} \pm h/2$$

然后计算其余各组的上下限，第一组的上限就是第二组的下限，第二组的下界值加上组距就是第二组的上限，依此类推。

本例中，

第一组的下限为 $X_{min} - h/2 = 10.57 - 0.04/2 = 10.55$；

第一组的上限为 $10.55 + 0.04 = 10.59$。

依此类推。

（5）计算各组中心值 X_i，其计算公式为

$$X_i = \frac{第 i 组下限 + 第 i 组上限}{2}$$

（6）绘制频数分布及计算表。频数分布及计算如表 11-2 所示。

表 11-2　　　　　　　　　　　　12 级精煤灰分频数分布及计算表

组号	灰分区间	中心值 X_i	频数 f_i	$X_i f_i$	$X_i - \bar{X}$	$(X_i - \bar{X})^2$	$(X_i - \bar{X})^2 f_i$
1	10.55~10.59	10.57	2	21.14	-0.18	0.0324	0.0648
2	10.59~10.63	10.61	6	63.66	-0.14	0.0196	0.1176
3	10.63~10.67	10.65	8	85.2	-0.1	0.01	0.08
4	10.67~10.71	10.69	13	138.97	-0.06	0.0036	0.0468
5	10.71~10.75	10.73	18	193.14	-0.02	0.0004	0.0072
6	10.75~10.97	10.77	23	247.71	0.02	0.0004	0.0092
7	10.97~10.83	10.81	16	172.96	0.06	0.0036	0.0576
8	10.83~10.87	10.85	11	119.35	0.1	0.01	0.11
9	10.87~10.91	10.890	2	21.78	0.14	0.0196	0.0392
10	10.91~10.95	10.93	1	10.93	0.18	0.0324	0.0324
合计			100	1 074.84		0.132	0.5648

（7）绘制直方图。以组距为底边，以频数为高度，画出由一系列长方形构成的直方图（见图 11 - 6）。

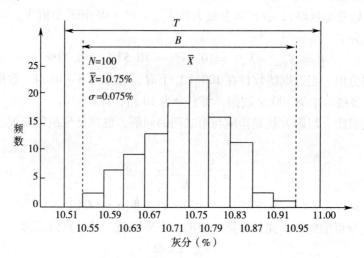

图 11 - 6　12 级精煤灰分直方图

（8）计算平均值 $\overline{X}$ 与标准差 σ，并注于图中。

$$\overline{X} = \sum X f_i / f_i = 1\,074.84/100 = 10.75\%$$

$$\sigma = \sqrt{\frac{\sum (X_i - \overline{X})^2 f_i}{\sum f_i}} = \sqrt{\frac{0.5648}{100}} = 0.075\%$$

（9）绘制标准区间 T。将 12 级精煤灰分标准区间 10.50% ~ 11.00% 画于图中，以便于分析控制。

2. 直方图的分析。

（1）实际质量分布与标准的比较分析。将直方图和被控制的质量特性和标准区间进行比较，可明显看出质量的分布状况及差距，它将为指挥生产、控制产品和工程质量提供依据。根据直方图的实际分布范围 B 和被验质量的特性标准 T 相比，可能出现以下六种情况，如图 11 - 7 所示。

在图 11 - 7 中，图（a）为理想型，B 位于 T 中，且两侧均有余量，说明质量全部合格，且处于受控状态；图（b）为偏向型，B 也位于 T 中，但分布中心偏离标准中心，说明控制有偏差，需纠正。图（c）为无富余型，T 等于 B，说明此时条件稍有变化就会出现不合格品，必须谨慎操作，或及时调整，消除偏差。图（d）为能力富余型，标准范围 T 过于大于实际分布范围，虽质量有保证，但技术要求过高，易造成成本上升，此时可降低精度要求，以提高效率，降低成本。图（e）为能力不足型，$T < B$，出现不合格品，应采取措施，缩小分布范围，保证产品和工程质量。图（f）为陡壁型，B 与 T 的界限交叉，实际分布与标准分布偏差，且出现不合格品，应采取措施，调整偏差，保证质量。

（2）常见直方图的分析。运用直方图形状判断生产过程是否正常。常见的几种直方图形状如图 11 - 8 所示。

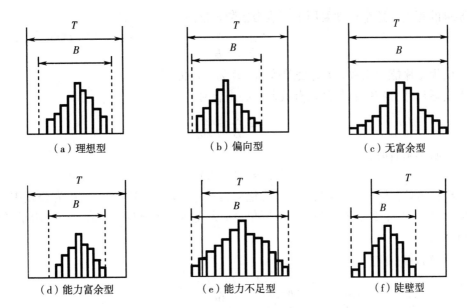

图 11 - 7　直方图分布范围与特性标准比较

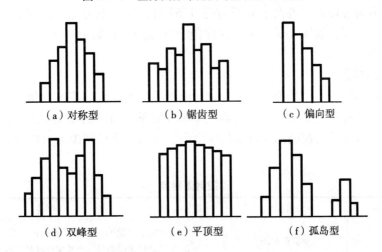

图 11 - 8　几种常见的直方图

在图 11 - 8 中，图（a）为对称型，为正常状况；图（b）为锯齿型，说明因测量方法不当、读数不正确或是分组不当引起的；图（c）为偏向型，说明工序状态不够稳定，工序稍有变化，就可能出现大量不合格品；图（d）为双峰型，这是由两个不同的分布混在一起造成的；图（e）为平顶型，说明有某些缓慢的质量因素在起作用；图（f）为孤岛型，说明生产过程异常，有可能加工条件有变动。

（3）工序能力测算。工序能力是指工序处于稳定状态下的质量波动幅度，即保证产品质量的能力。通常用质量特征分布的 6 倍标准偏差来表示。即

$$B = 6\sigma$$

工序能力只能反映产品一定质量特性分布下的工序实力，它不能反映工序满足产品

质量要求的程度，这个程度要用工序能力指数来描述：

$$C_p = \frac{T}{B}$$

式中，C_p 为工序能力指数；T 为公差范围；B 为工序能力。

当实际尺寸分布中心与公差有效期中心重合时：

$$C_p = \frac{T}{B} = \frac{T}{6\sigma}$$

当中心不重合时：

$$C_{PK} = (1 - K) C_p$$

式中，K 为相对偏移量，$K = 2\varepsilon/T$；ε 为绝对偏移量，$\varepsilon = |M - u|$；M 为公差中心值，$M = 1/2 (T_u - T_i)$；T_u、T_i 为公差上下限值；u 为实际尺寸分布中心值，一般用子样分布中心值 $\overline{X}$ 代替。

经替换后得

$$C_{PK} = \frac{T - 2|M - \overline{X}|}{6\sigma}$$

运用工序能力指数以判断工序满足质量要求的程度，通常为当 C_P 或 C_{PK} 值为 1.33 时，工序能力为最理想；若大于 1.33 小于 1.67 时，工序能力充足；若小于 1.33 大于 1 时，工序能力一般；如果大于 1.67，工序能力就过高了；如果小于 1，则工序能力不能保证质量要求。

四、控制图法

控制图也称管理图。是美国管理专家休哈特发明的，它是用来分析生产过程的是否稳定、控制工艺过程的质量、发现失调现象和预防不合格品的发生。控制图按研究对象的不同，可分为计量值控制图和计数值控制图，而每一类控制图又可以分为若干种（见表 11 - 3）。

表 11 - 3   控制图种类

控制图种类	名称	符号	用途
计量值控制图	单值控制图	X	用于计量值。在加工时间长，测量费用高，需长时间才能测量一个数据或样品数据不需分组时
	单值变异控制图	$X - R$	
	平均数—极差控制图	$\overline{X} - R$	用于各种计量值。如尺寸，重量等
	中位数—极差控制图	$\tilde{X} - R$	用于各种计量值。如尺寸，重量等
计数值控制图	不合格个数控制图	P_n	用于各种计数值。如不合格个数的管理
	不合格率控制图	P	用于各种计数值。如不合格率，出勤率等的管理
	单位缺陷数控制图	U	用于单位面积、单位长度上的缺陷数的管理
	缺陷数控制图	C	用于焊接、电镀件等表面缺陷数的管理

控制图的种类很多，用途也不一样。单值控制图，因方法简便，适用于现场工序管理。现以单值控制图为例来说明控制图的制作方法。

1. 单值控制图的制作方法。

（1）收集数据。现以某矿 2369 工作面为例，毛煤灰分指标为 36.00%，而全月 30d，实际完成灰分数如下（单位%）：

79.69	31.29	31.68	31.58	32.59	30.90	29.89	28.87
33.92	32.30	29.29	29.84	28.87	28.94	30.36	29.20
27.31	28.02	27.93	29.47	31.07	30.21	30.09	31.84
30.24	31.18	31.00	30.83	31.07	31.61		

（2）求平均值 $\overline{X}$ 和标准差 σ。计算如下：

$$\overline{X} = \frac{\sum X}{n} = \frac{911.98}{30} = 30.40\%$$

$$\sigma = \sqrt{\frac{\sum (X - \overline{X})^2}{n}} = \sqrt{\frac{66.69}{30}} = 1.49\%$$

（3）建立直角坐标系。纵轴表示测得的质量特性数据值或统计量，横轴表示取样时间或子样序号。如本例中，纵轴表示灰分（%）；横轴表示日期（d）。

（4）确定和绘制控制界限线和中心线。控制图一般有三条线，上面的叫上控制线，用 UCL（Upper Control Limit）表示，也就是控制上限。下面的叫下控制线，用 LCL（Lower Control Limit）表示，也就是控制下限。中间的叫中心线，用 CL（Central Line）表示。本例中：

中心线：$CL = \overline{X} = 30.40\%$。

控制上限：$UCL = \overline{X} + 3\sigma = 30.40 + 3 \times 1.49 = 34.87\%$。

控制下限：$LCL = \overline{X} - 3\sigma = 30.40 - 3 \times 1.49 = 25.93\%$。

将计算的结果绘于图中。

（5）描点并连接各点。将所有的特征值描在图上，并用折线将它画成特性曲线（见图 11 - 9）。

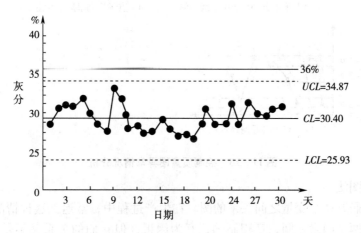

图 11 - 9 2369 工作面毛煤灰分控制图

2. 控制图的分析与应用。控制图能直观地反映工艺过程的变化，表面质量的被控状态。根据统计理论，如果将上下控制界定在 $\pm 3\sigma$ 内时，则 99.73% 的质量特性值落在被控范围内，这时，只有千分之三错判的可能性，所以也称控制图的"千分之三法则"。如果特征点围绕着平均值随机波动的范围不大，这说明是正常的。但如果出现下列情况之一时，说明工序已处于非受控状态。

(1) 点子超出控制界限以外。

(2) 点子虽未超出控制界限，但排列有缺陷，见图 11 - 10 的几种情况。即

点子在中心线一侧连续出现七次以上，见图 11 - 10 (a)。

连续七个点子上升或下降，见图 11 - 10 (b)。

点子在中心线一侧多次出现，如连续 11 个点子有 10 个出现在中心线一侧；连续 15 个点子有 13 个出现于中心线一侧等，见图 11 - 10 (c)。

点子排列成周期状态，见图 11 - 10 (d)。

点子接近控制界限，在 3σ 与 2σ 之间出现，见图 11 - 10 (e)。

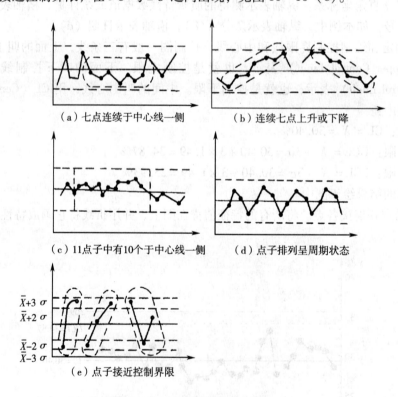

（a）七点连续于中心线一侧 （b）连续七点上升或下降

（c）11点子中有10个于中心线一侧 （d）点子排列呈周期状态

（e）点子接近控制界限

图 11 - 10 控制质量图异常情况分析

五、散布图法

散布图是研究两个变量之间关系的图。在生产过程中，常遇到这种情况，同处于一个统一体内的两个因素之间，互相制约，互为因果，但它们的关系又不是确定型关系，而是相关关系，即这些变量（因素）之间既有关系但又不能由一个变量的数值精确地求

出另一个变量的数值。把这些相关关系的数据，用点子填布在坐标纸上，就能得到一个散布图，因为它只说明两者的相关关系，所以也叫相关图或相关分布图。

相关图以直角坐标表示，以横坐标轴 X 代表相关原因，纵轴 $f(x)$ 代表相关结果。

相关可分为两类，即线性相关和非线性相关。线性相关是相关原因和相关结果大体呈直线关系，这种线性关系按原因和结果的变化，又可分为正相关和负相关。按结果分布的宽度 σ 又可分为强相关和弱相关。非线性相关是指相关的结果与相关原因大体呈指数函数分布。此外，还可能出现不相关的情况，这种不相关现象说明原因与结果之间不存在某种内在的联系或者说明原来判断为相关的关系并不存在，即判断失误。在这种情况下，就应改进相应的方法和手段，重新检测，以便如实地反映事物本来存在关系，保证和提高产品质量。散布图的各种情况如图 11 - 11 所示。

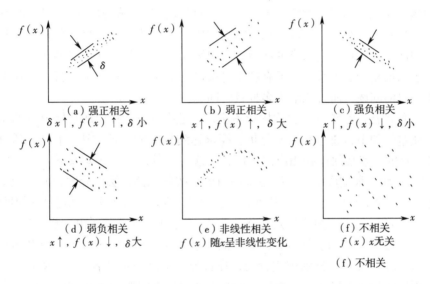

（a）强正相关　　　　　　（b）弱正相关　　　　　　（c）强负相关
$\delta x\uparrow, f(x)\uparrow, \delta$ 小　　　$x\uparrow, f(x)\uparrow, \delta$ 大　　　$x\uparrow, f(x)\downarrow, \delta$ 小

（d）弱负相关　　　　　　（e）非线性相关　　　　　　（f）不相关
$x\uparrow, f(x)\downarrow, \delta$ 大　　　$f(x)$ 随 x 呈非线性变化　　　$f(x)$ x 无关

（f）不相关

图 11 -11　相关图的几种基本形式

相关图可以用来控制产品及工程质量，它能使诸多复杂的相关关系图形化、简单化，从而找出物质运动的内在规律性。

六、分层法

分层法是分析质量原因的一种常用方法。所谓"分层"，就是将性质相同的数据归到一起，作为一类，然后根据不同类别或层次，分别采取有针对性的措施，达到提高质量的目的。

分层的标志应根据研究的目的来决定。常用的标志有材料、操作者、设备、操作方法、时间、测量工作、环境等方面。此方法一般与其他质量分析方法一并使用。

七、调查表法

调查表法也称统计分析法、检查表法，它是进行数据收集、整理和粗略分析的统计图表。按调查对象、调查目的、调查范围，可将调查表设计成多种形式，如质量特性分布调查表、不合格项目调查表、缺陷位置调查表等。

上述七种方法，是质量管理中常用的七种工具，在产品质量和工程质量的分析中结合起来使用。

上述质量分析为"老七种工具",它强调用数据说话,重视对生产过程的控制,是分析和管理的有效工具,目前在质量管理中得到广泛的应用,开创了"预防性全面质量管理"时代。但在 20 世纪 70 年代初,世界经济发生了新的变化,为适应市场激烈竞争的要求,日本质量管理研究会开始探讨来自于运筹学并经通俗化的"新七种工具",这七种新的质量管理工具是指关联图法、系统图法、矩阵图法、数据矩阵分析法、过程决策程序图法、KJ 法和箭头图法,它主要用于 PDCA 循环中的计划阶段,使质量管理转向了"思考性全面质量管理"阶段。

八、"新七种工具"简介

(1) 关联图法。关联图又称关系图,旨在分析各因素间横向关系的一种有效工具。它对"原因与结果"或"目的与手段"等错综复杂、互相缠绕的问题,以图示的形式,用箭头符号将其连接起来,用以表示其间的逻辑关系,然后进行综合分析,以找出解决的办法。关联图的特点是用图形灵活地表示出因素间的关系,且不受形式的限制;用简单的图形表示出复杂的关系,不但有利于打破固定成见,且有利于取得一致意见;不仅能解决单一目的问题,而且能解决多种目的的问题。

(2) 系统图法。系统图法也称树形图法,它是将价值工程中的机能分析的思想和手法应用到质量管理中,通过对系统分析,探求达到目的的一种方法。在质量管理中,为了达到某种目的,就必须选择相应的手段,而这一手段,又必须采取下一级的措施(手段)。这样上一级手段就成了下一级措施的目的。按此思路,层层分解,并形成图形,就能对问题有一个全面认识,并掌握其重点,也就能合理地寻找出实现规定目的的理想办法。

(3) 矩阵图法。矩阵图法就是从作为需要解决的问题的事项中,找出成对的因素,排成矩阵图,见图 11-12。如将 L 因素群的因素 L_i ($i=1$, 2, $\cdots$, n) 和 R 因素群的因素 R_i ($i=1$, 2, $\cdots$, n) 分别排成行列,在行列的交点用符号表示 L、R 关系程度。经过统计,可以达到两个目的:一是从二元的排列中探索问题的所在和问题的形态;二是从二元的关系中,求得解决问题的方法和设想。利用坐标交点找出解决问题的"着眼点"。这种通过多元思考逐步明确存在问题的方法即为矩阵图法。

L		R					
		R_1	R_2	$\cdots$	R_i	$\cdots$	R_n
	L_1						
	L_2						
	$\vdots$						
	L_i				○←"着眼点"		
	$\vdots$						
	L_n						

图 11-12 矩阵图

（4）数据矩阵分析法。数据矩阵分析法是将矩阵图中多元素之间的关系不用符号表示，而是用特征值（数据定量）表示，然后，再对这些排列在图中的数据进行解析运算，经过分析、整理得出所需结果的一种多变量质量分析方法。

（5）过程决策程序图法。过程决策程序图法也称 PDPC 法，它原是运筹学中的一个分支。所谓 PDPC 法，是指在制订达到研制目标的计划时，事先估计到各种可能出现的障碍和结果，设想并制定相应的解决问题的措施，从而尽可能把过程引向理想结果的一种方法。过程决策程序图法的最大特点是预见性和预防性。

（6）KJ 法。KJ 法以该法的创始人 Kawakita Jiro（川喜田二郎）的首字母而命名，是对从无序状态下收集来的信息资料或对未知问题的有关意见、事实、构思等语言资料，按相近的要求进行统一，通过复杂现象整理出思路，以便抓住实质，明确解决问题途径的一种方法。

（7）箭头图法。箭头图就是在推行某种计划时，将若干因素，根据彼此相互联系、相互制约的关系，用网络的方式联系起来的一种图。箭头图法在日常计划及进度管理中可用于合理确定最佳计划、编制更详细的计划，对实施计划的各阶段出现的问题提供准确情报，一边尽早采取措施；对计划的内容、进度等进行高效率的管理。

第三节　质量管理体系标准

任何组织都需要管理。当管理与质量有关时，则为质量管理。质量管理是在质量方面指挥和控制组织的协调活动，通常包括制定质量方针、目标以及质量策划、质量控制、质量保证和质量改进等活动。实现质量管理的方针目标，有效地开展各项质量管理活动，必须建立相应的管理体系，这个体系就叫质量管理体系，它可以有效达到质量改进。质量管理体系是全面管理体系的组成部分，包括制定、实施、实现评审所需的组织结构、策划活动、职责、操作惯例、程序、过程和资源。ISO9000 是国际上通用的质量管理体系。

ISO9000 族标准是由国际标准化组织的质量管理和质量保证技术委员会（ISO/TC176）制定的一组国际标准。该标准族可以帮助组织实施并有效运行质量管理体系，是质量管理体系通用的要求和指南。它不受具体的行业或经济部门的限制，可广泛适用于各种类型和规模的组织。

一、ISO9000 标准的产生和发展

1. ISO9000 标准产生的原因和条件。

（1）科学技术的发展是产生 ISO9000 标准的重要技术基础。20 世纪后半叶，由于科学技术的迅速发展，产品更新的速度日益加快，新材料、新设计和新结构的产品不断涌现，特别是高新技术产品和高安全性产品，这些产品的质量缺陷常常给用户造成巨大损失，有的甚至影响到国家的安全、生态环境和人类的生存。如核工业产品、核能的利用、工业毒物的泄漏等。据美国产品安全全国委员会1970 年的统计报告，每年因使用具有缺陷的产品而使身体受到伤害的约有 2 000 万人，其中致残的有 11 万人，致死的有 3

万人。这表明现代文明既给人们带来丰富的产品，同时也伴随着更多的危险和更大的灾难。因此，社会和顾客都要求生产企业能建立一套质量管理体系，对产品质量形成全过程的每一个环节的技术、管理和人员等方面进行控制，长期稳定地生产满足顾客需要的产品。

（2）严格产品责任要求有完善的质量体系和足够的质量保证能力。产品责任问题是伴随着现代工业发展而出现的，是商品经济高度发达的产物。产品责任是指由于产品的生产或销售存在缺陷而造成了消费者或第三者的人身伤害或财产损失，依法由生产者或销售者负责赔偿的一种法律责任。

早在20世纪30年代，人们就逐步形成了产品责任的概念。1936年，在美国纽约成立了"消费者联盟"，这是最早的消费者组织。到20世纪60年代初，各种保护消费者的团体纷纷成立，几乎成为一种世界性的趋势。一些国家在处理产品责任问题中，也逐步从根据合同法处理向侵权法转化，由过失责任原则向无过失责任原则转化，以侵权行为诉讼处理产品责任问题，为用户利益和社会安全免受新技术的影响提供更充分的保护。这时，用户已不再满足供应厂商一般的担保，因为这仅仅解决事后的赔偿问题。人们更关心的是能长期稳定地使用产品。为此，就要求对产品质量进行管理和监督。

产品的质量要求由技术规范来体现，但对于现代产品来说，由于产品日趋复杂，仅按技术规范进行验证已显得很不够了。如果规范本身有缺陷时，或者设计、生产和提供产品或服务的组织体系存在某些不足时，技术规范本身就不能保证产品质量始终满足顾客要求。因此必须在生产过程中建立质量管理体系，以补充技术规范对产品或服务的要求，提供能充分说明质量符合要求的客观证据。这些质量保证活动需要发生一定的费用，但是对不少现代产品，尤其是具有高安全性和高可靠性要求的产品，如果发生故障和失效，它所造成的损失，对用户来说是相当巨大的。因而用户宁愿承担由于对生产方提出质量管理体系要求所增加的费用，以求得安全可靠的产品，把风险降到最低限度。

（3）质量保证活动的成功经验为ISO9000标准的产生奠定了基础。1959年后，美国一些军工企业率先有系统地开展了质量保证活动。1959年，美国颁布了世界上最早的有关质量保证的标准文件 MIL－Q－9858A《质量大纲要求》，MIL－Q－45208A《检验系统要求》以及 MIL－HDBK－50《承包方质量大纲评定》，MILHDBK－51《承包方检验系统评定》作为前述两个标准的补充，从而形成了一套完善的质量保证标准文件。

军工产品生产中开展质量保证活动的成功经验，很快就被推广到民用产品生产领域。1971年，美国颁布了国家标准 ANSI－N45.2《核电站质量保证大纲》，美国机械工程师协会发布了 ASME－III－NA40000《锅炉与压力容器质量保证大纲》，使此类产品质量事故大大减少。

美国的成功经验很快被一些发达国家所借鉴。英国于1979年发布了一套质量保证标准，BS5750：Part1《质量体系——设计、制造和安装规范》，BS5750：Part2《质量体系——制造和安装规范》，BS5750：Part3《质量体系——最终检验和试验规范》。接着，加拿大、法国也制定了相应的国家标准。所有这些质量保证活动以及各国实施质量保证的成功经验，为ISO9000标准的产生奠定了基础。

（4）企业的生存和市场竞争是产生 ISO9000 标准的重要原因。随着社会经济和生产力的发展，用户对质量提出了越来越严格的要求，各企业都把提供高质量的产品和提高顾客的满意度作为企业经营的主要内容和市场竞争的有力手段。企业的经营管理者清楚地认识到，低廉价格已不再是顾客购买商品的唯一选择，高质量的产品和服务才是顾客购买的真正动因。因此各企业都竞相建立效果更好、效率更高的质量管理体系；不断地改进产品质量，提供高质量的产品和服务，使顾客（消费者）、企业员工以及社会各方面都得到益处。

（5）激烈的贸易竞争加速了 ISO9000 标准的形成。自 20 世纪 60 年代以来，世界贸易有了长足的发展，随着国际交往的日益增多，产品越出了国界，出现产品国际化，其结果必然出现产品责任国际化问题。为了有效开展国际贸易，分清产品责任，减少产品质量问题的争端，人们希望在产品国际化的基础上再提高一步，要求质量管理国际化。这不仅要求产品的质量符合统一的技术标准，而且要求生产产品的企业的质量管理能够在国际间求得一定程度的统一，使各国有一个共同的语言，能对企业的技术、管理和人员能力进行评价。许多国家和地区性组织陆续发布了一系列质量保证标准，作为贸易往来供需双方认证的依据和评价的规范，但国际统一标准的缺乏，给不同国家之间在技术合作、质量认证和贸易往来等方面带来困难。在这样的背景下，为保证国际贸易的迅速发展，制定质量管理和质量保证方面的国际标准已势在必行。

2. ISO9000 族标准的发展沿革。自 1986 年至 1987 年，国际标准化组织首次发布 ISO9000 标准以来，至今已经历了三个阶段：

（1）1987 年版的 ISO9000 系列标准。

1986 年发布的 ISO8402 标准与 1987 年发布的 ISO9000—ISO9004 标准构成了 1987 年版的 ISO9000 系列标准。这套标准对规范质量管理活动，促进国际间的贸易发展起到了积极的作用。

ISO8402：1986 年《质量——术语》。

ISO9000：1987 年《质量管理和质量保证标准——选择和使用指南》。

ISO9001：1987 年《质量体系——设计、开发、生产、安装和服务的质量保证模式》。

ISO9002：1987 年《质量体系——生产和安装的质量保证模式》。

ISO9003：1987 年《质量体系——最终检验和试验的质量保证模式》。

ISO9004：1987 年《质量管理和质量体系要素——指南》。

（2）1994 年版的 ISO9000 族标准。

由于 ISO9000 系列标准主要适用于制造业，为此，ISO/TC176 在维持 ISO9000 标准总体结构和思路不变的前提下，对 ISO9000 系列标准进行了局部修改，并补充制定了 ISO10000 系列标准，对质量体系的一些要素活动作出具体的规定，形成了 1994 年版的 ISO9000 族标准。1994 年版 ISO9000 族标准共有 22 个标准和两个技术报告，可以划分为五类。

第一类：术语标准。ISO8402：1994 年《质量管理和质量保证——术语》。

第二类：使用指南标准。ISO9000－1：1994年《质量管理和质量保证标准——第一部分：选择和使用指南》；ISO9000－2：1993年《质量管理和质量保证标准——第二部分：ISO9001、ISO9002、ISO9003的实施通用指南》；ISO9000－3：1991年《质量管理和质量保证标准——第三部分：ISO9001在软件开发、供应和维护中的使用指南》；ISO9000－4：1993年《质量管理和质量保证标准——第四部分：可信性大纲管理指南》。

第三类。质量保证标准：ISO9001：1994年《质量体系——设计、开发、生产、安装和服务的质量保证模式》；ISO9002：1994年《质量体系——生产、安装和服务的质量保证模式》；ISO9003：1994年《质量体系——最终检验和试验的质量保证模式》。

第四类：质量管理标准。ISO9004－1：1994年《质量管理和质量体系要素——第一部分：指南》；ISO9004－2：1991年《质量管理和质量体系要素——第二部分：服务指南》；ISO9004－3：1993年《质量管理和质量体系要素——第三部分：流程性材料指南》；ISO9004－4：1993年《质量管理和质量体系要素——第四部分：质量改进指南》。

第五类：支持性标准。ISO10011－1：1990年《质量体系审核指南——第一部分：审核》；ISO10011－2：1991年《质量体系审核指南——第二部分：质量体系审核员的评定准则》；ISO10011－3：1991年《质量体系审核指南——第三部分：审核工作管理》；ISO10012－1：1992年《测量设备的质量保证要求——第一部分：测量设备的计量确认体系》；ISO10012－2：1997年《测量设备的质量保证要求——第二部分：测量过程控制指南》；ISO10005：1995年《质量管理——质量计划指南》；ISO10006：1997年《质量管理——项目管理指南》；ISO10007：1995年《质量管理——技术状态管理指南》；ISO10013：1995年《质量手册编制指南》；ISO10015：1999年《质量管理——培训指南》；ISO/TR10014：1998年《质量经济管理指南》；ISO/TR10017：1999年《ISO9001：1994年统计技术指南》。

（3）2000年版的ISO9000族标准。

随着ISO9000：1994年族标准在国际上广泛应用，也出现了一些不足。国际标准化组织在调查研究的基础上，对这套标准进行了总体结构及技术内容等全面的修改，并于2000年12月正式颁布了2000年版的ISO9000族标准。2000年版ISO9000族标准目前只有5项标准，对原有的其他标准，除进行合并、转出外，或以技术报告（TR）、技术规范（TS）的形式发布，或以小册子的形式出版发行。因此，目前2000年版ISO9000族标准的结构是由5项标准、技术报告和小册子组成的。技术报告和小册子属于对质量管理体系建立和运行的指导性文件，也是ISO9000族标准的支持性文件。各标准的名称如下。

ISO9000《质量管理体系——基础和术语》。

ISO9001《质量管理体系——要求》。

ISO9004《质量管理体系——业绩改进指南》。

ISO19011《质量和（或）环境管理体系审核指南》。

ISO10012《测量控制系统》。

ISO/TS10006《项目管理质量指南》。

ISO/TS10007《技术状态管理指南》。

ISO/TR10013《质量管理体系文件指南》。

ISO/TR10014《质量经济性管理指南》。

ISO/TR10017《统计技术在 ISO9001：2000 中的应用指南》。

ISO/TR10018《投诉处理》。

ISO/TS21095《质量管理体系咨询师选择指南》。

2000 年版 ISO9000 族标准明确指出 ISO9000、ISO9001、ISO9004 和 ISO19011 等 4 个标准共同构成了一组密切相关的质量管理体系标准，可以帮助各种类型和规模的组织实施并运行有效的质量管理体系。

二、2000 年版 ISO9000 核心标准简介

（1）ISO9000：2000 年《质量管理体系——基础和术语》。此标准取代 ISO8402：1994 年《质量管理和质量保证——术语》和 ISO9000 - 1：1994 年《质量管理和质量保证标准——第一部分：选择和使用指南》两个标准。

标准表述了质量管理体系的基础，并确定了相关的术语。标准明确了质量管理的 8 项原则，是组织改进其业绩的框架，能帮助组织获得持续成功，也是 ISO9000 族质量管理体系标准的基础。标准表述了建立和运行质量管理体系应遵循的 12 个方面的质量管理体系基础知识。

标准给出了有关质量的术语共 80 个词条，分成 10 个部分，阐明了质量管理领域所用术语的概念，并提供了术语之间的关系图。

（2）ISO9001：2000 年《质量管理体系——要求》。此标准取代 1994 年版的 ISO9001、ISO9002 和 ISO9003 等 3 个质量保证模式标准，成为用于第三方认证的唯一质量管理体系要求标准。

标准提供了质量管理体系的要求，供组织需要证实其具有稳定地提供满足顾客要求和适用法律法规要求的产品的能力时使用，组织可通过体系的有效应用，包括持续改进体系的过程及保证符合顾客与适用的法规要求，增强顾客满意度。

标准应用了以过程为基础的质量管理体系模式的结构，鼓励组织在建立、实施和改进质量管理体系及提高其有效性时，采用过程方法，通过满足顾客要求来增强顾客满意度。过程方法的优点是对质量管理体系中诸多单个过程之间的联系及过程的组合和相互作用进行连续的控制，以达到质量管理体系的持续改进。

（3）ISO9004：2000 年《质量管理体系——业绩改进指南》。此标准取代 1994 年版的 ISO9004《质量管理和质量体系要素——指南》标准。

标准以 8 项质量管理原则为基础，帮助组织用有效和高效的方式识别并满足顾客和其他相关方的需求和期望，实现、保持和改进组织的整体业绩，从而使组织获得成功。

标准提供了超出 ISO9001 要求的指南和建议，不用于认证或合同的目的，也不是 ISO9001 的实施指南。

标准的结构也应用了以过程为基础的质量管理体系模式，鼓励组织在建立、实施和改进质量管理体系及提高其有效性和效率时，采用过程方法，以便通过满足相关方要求来提高相关方的满意程度。

标准还给出了自我评定和持续改进过程的示例，用于帮助组织寻找改进的机会；通过 5 个等级来评价组织质量管理体系的成熟程度；通过给出的持续改进方法，提高组织的总体业绩并使相关方受益。

（4）ISO19011：2000 年《质量和（或）环境管理体系审核指南》。此标准取代 1994 年版的 ISO10011、ISO14010、ISO14011 和 ISO14012。

标准遵循"不同管理体系可以有共同的管理和审核要求"的原则，为质量和环境管理体系审核的基本原则、审核方案的管理、环境和质量管理体系审核的实施以及对环境和质量管理体系审核员的资格要求提供了指南。它适用于所有运行质量和（或）环境管理体系的组织，指导其内部审核和外部审核的管理工作。

该标准在术语和内容方面，兼容了质量管理体系和环境管理体系的特点。在对审核员的基本能力及审核方案的管理中，均增加了应了解及确定法律和法规的要求。

【小看板 11 –5】

质量管理小故事——小和尚撞钟

有一个小和尚担任撞钟一职，半年下来，觉得无聊至极，"做一天和尚撞一天钟"而已。有一天，住持宣布调他到后院劈柴挑水，原因是他不能胜任撞钟一职。小和尚很不服气地问："我撞的钟难道不准时、不响亮？"老住持耐心地告诉他："你撞的钟虽然很准时，也很响亮，但钟声空泛、疲软，没有感召力。钟声是要唤醒沉迷的众生，因此，撞出的钟声不仅要洪亮，而且要圆润、浑厚、深沉、悠远。"

管理启示：

1. 本故事中的住持犯了一个常识性管理错误，"做一天和尚撞一天钟"的结果，是由于住持没有提前公布工作标准造成的。如果小和尚进入寺院的当天就明白撞钟的标准和重要性，也许就不会因怠工而被撤职了。

2. 工作标准是员工的行为指南和考核依据。缺乏工作标准，往往导致员工的努力方向与公司整体发展方向不统一，造成大量的人力和物力资源浪费。因为缺乏参照物，时间久了员工容易形成自满情绪，导致工作懈怠。制定工作标准应尽量做到数字化，要与考核联系起来，注意可操作性。

3. 既然我们有了工作标准就应该很好地去执行它，不要打折扣，不要等到领导认为你不能胜任工作才后悔！

4. 公司、各部门、各岗位的培训都是很重要的，为了让员工知道该怎么做，就必须定好标准，做好培训！领导——请重视制度和培训，这样才能培养员工，您才不需要这么忙；员工——请遵守制度，这样才能胜任工作，你才不会因怠工而被撤职。

三、质量认证

1. 质量认证的概念。产品质量认证是依据产品标准和相应技术要求，经认证机构确认并通过颁发合格证书和合格标志来证明某一产品符合相应标准和相应技术要求的活动。目前产品质量认证的种类很多，按认证性质可分为自愿性认证和强制性认证；按认证范围可分为国家认证、区域认证和国际认证；按认证标志有合格标志认证和安全标志认证。

　　任何企业产品要想取得认证资格，都必须同时具备两个条件：一是产品质量符合认证机构规定的技术标准，二是企业质量保证能力符合规定要求。

　　2. 产品质量认证的工作流程。

　　（1）提出申请。申请者向有关机构口头提出申请认证意向，询问需要了解的事项，并索取公开的资料和申请表。

　　（2）专家咨询（非必要程序）。申请者根据自身的具体情况，可以向咨询机构提出咨询。

　　（3）申请认证。申请者按认证机构的要求填写申请表，提交质量手册和其他有关资料。

　　（4）审查申请材料。认证机构对申请者的申请表和附件的完整性进行审查，决定是否受理申请。若不受理，应书面通知申请者并说明理由。

　　（5）签订合同。认证机构将印制的合同文本提交申请者，经双方协商确定各自的义务，双方授权人签字并加盖公章。

　　（6）质量体系检查委托书。合同生效后，认证机构向本机构所利用的经认可的质量体系审核机构发出质量体系检查委托书。

　　（7）产品检验委托书。认证机构在发出质量体系检查委托书的同时，向本机构所利用的经认可的检验机构发出产品检验委托书。

　　（8）组成审核组。审核机构指定一名审核组组长，会同组长一起确定审核组成员，并将审核组成员名单书面通知申请者确认。

　　（9）文件审查。审核组审查申请者提交的质量手册是否符合质量体系标准的要求。

　　（10）预访或预审（需要时）。预访是审核组组长为了编制审核计划事先对需要检查的场所进行的一次访问。预审是在正式检查之前，应申请者的请求，由审核组对被检查单位的质量体系是否符合质量体系标准要求进行的一次全面的、系统的检查和评定，目的是把质量体系的不足之处尽可能在正式检查之前解决。

　　（11）现场审核前的准备。审核成员分工，编制审核表，熟悉审核依据的文件，准备现场审核使用的记录等。

　　（12）现场审核。

　　（13）审核报告。审核组离开被审核单位后，要尽快填写审核报告，经授权人审核签字后，连同原认证机构转交的全部申请材料，一起报认证机构。

　　（14）检验机构安排计划。

　　（15）型式试验。检验机构按认证机构委托书的要求对样品进行型式试验。

　　（16）检验报告。各项检验和试验完成后，检验机构填写检验报告，经授权人审核签字后报认证机构。

（17）审查报告。认证机构审查提交的质量体系审核报告和产品质量检验报告，作出是否批准认证的决定。

（18）颁发认证证书。对认证合格的申请者颁发认证证书并进行注册管理。对认证不合格的申请者应书面通知，说明原因和申请者今后应采取的行动。

（19）质量体系监督审核。对被认证的产品的生产企业，认证机构应按年度安排质量体系监督审核计划并按期组织实施。

（20）监督审核报告。每次监督审核后，应编写质量体系监督审核报告报认证机构。

（21）产品质量监督检验。对认证的产品，认证机构安排年度产品监督检验计划，委托经认可的检验机构进行抽样检验。

（22）监督检验报告。每次监督检验后，将检验报告报认证机构。

（23）审查报告。认证机构审查质量体系监督审核报告和产品质量检验报告，依据规定的要求作出维持、暂停或撤销的决定。

（24）通知监督决定。认证机构将监督检查的结果书面通知认证证书持有者，并跟踪监督决定的实施。

本章自测题

【实训题】

◎ 实训一：了解质量管理工作程序，熟悉质量管理的内容、常用的方法，ISO9000 族标准的基本内容的调查

实训目标

1. 增强对质量、质量管理、质量形成的基本规律的感性认识。

2. 加强对质量管理的内容、质量管理的常用方法的感性认识。

3. 能运用所学知识对某一企业或组织的质量管理体系及一般质量问题进行初步分析，并学会提出解决问题的基本思路。

实训内容与方法

1. 调查一企业，全面了解该企业的管理情况，重点调查该企业质量管理的基本思想和特点、ISO9000 族标准在质量管理中的作用。

2. 需搜集的主要信息有：

（1）所调查企业的质量管理状况，质量控制的基本方法，管理工作的主要内容、特色。

（2）所访问企业的质量认证的基本情况。了解所访问企业的质量认证的基本程序及要求、过程方法的基本思路。

（3）了解 ISO9000 族标准在所访问企业的质量管理中的作用，并运用所学知识进行分析诊断。

实训要求

1. 每个团队由 3 ~ 4 人自由组合而成，并指定一个主发言人，在班级进行团队间的交流与研讨，与其他团队一起分享你们的成果，并做好记录。

2. 根据本章所学的内容，组织分析所访问企业的质量管理状况、特色、控制方法的利与弊，质量管理的优缺点，说明是否存在有待改善的方面。

3. 运用所学知识对所访问企业的质量管理体系及一般质量问题进行初步分析，并提出解决问题的基本思路。

◎ **实训二**：调查我国一个优秀的企业，如"海尔"、"联想"等知名企业或组织的质量管理的方式、方法，然后分析该企业或组织的质量管理特色及成功经验。

实训目标

1. 增强质量管理意识，增加对优秀企业或组织的质量管理方法的感性认识。

2. 培养对质量管理分析的初步能力。

实训内容与方法

1. 调查一家企业或你所在院校，对该企业或你所在院校的组织文化情况进行调查，并运用所学知识进行分析诊断。

2. 需搜集的主要信息有：

（1）企业或你所在院校的组织文化建设情况；

（2）企业或你所在院校的组织文化内容。

实训要求

1. 每个团队由 3 ~ 4 人自由组合而成，并指定一个主发言人，在班级进行团队间的交流与研讨，与其他团队一起分享你们的成果，并做好记录。

2. 组织分析所调查的企业或组织质量管理的基本思想和特点，质量管理体系的内容、基本要求。

3. 组织分析所调查的企业或组织质量管理的优缺点，说明是否存在有待改善的方面，并提出解决问题的基本思路。

【案例分析题】

品质部部长该怎么办

1997 年入夏以来，大连某电束线有限公司的产品索赔率已经连续两个月居高不下，每个月都有 7 起索赔案件发生。为此，公司于 8 月开展了"查问题原因，补管理漏洞，全面提高质量意识"的质量月活动。品质保证部一时成为公司最忙的部门，品质保证部王部长则成为全公司最忙的人。

这家公司是一家日本独资的、以外销为主的、生产电束线的专业工厂。有员工 350 多人，各种先进精密仪器设备 100 余台（套），建筑面积 10 000 余平方米，可根据用户要求生产或加工各种专业电束线，产品规格已达 150 余种。自 1995 年初投产以来，公司以其先进的工艺技术和可靠的产品质量，赢得了国内外客户的广泛赞誉，需求量直线上升，因此，公司在 1995 年末和 1996 年末两次扩大生产规模。但是，随着产品规格的不断增多、生产规模的迅速扩大，质量波动也随之而来，用户投诉开始逐渐增多。

根据质量月中各部门自查、互查中发现的问题，王部长将其归纳为以下几类：

（1）新员工素质较差（90% 为初中生），教育不够、质量意识淡薄，对产品质量的认识比较模糊，不能严格地按照操作规程去做。

（2）技术文件不规范，个别工序有随意更改、涂写图纸和按领导口头指示作业的现象，造成过程参数和质量特性值不清晰、不准确，导致批量性的加工错误。

（3）工序间的质量控制力度不够，产品质量仅靠最终检查保证。只重视事后处理，无事前预防控制，直接导致不合格品失控。

（4）缺乏完善的质量管理体系，对不合格品的产生原因及对策缺乏深层次的探讨，因而导致同类质量问题多次重复出现。

为了解决目前出现的各种质量问题，提高公司的经营管理水平，公司董事会决定根据 ISO9000 族标准建立高水平的质量管理体系，同时授权品质保证部组织实施，要求尽快通过认证审核，并取得认证证书。

但在各部门经理参加的认证准备会上，这个决定并未得到积极响应，原因很简单：一是认为造成近期质量问题的主要原因是新职工较多，只要加强教育、监督、指导，就完全可以减少和避免类似事故，而使大家对 ISO9000 族标准缺乏充分的了解和认识，认为 ISO9000 标准是国际水平的要求，对于我们这个技术含量较低的来料加工型企业没有太大必要，而且 ISO9000 族标准概括性太强，理解起来很困难，执行中容易流于形式，成为空架子，不如原有的 TQM 质量体系来得实在。因而，大家未能就进行 ISO9000 族标准认证活动取得共识。

会后，王部长又重新研究了有关 ISO9000 族标准的资料，并将之与 TQM 作了仔细比较，分别分析了它们对企业发展的意义，又重新树立起推行 ISO9000 族标准的信心。为了便于大家的理解和接受，王部长根据自己多年质量工作的经验，将 ISO9000 族标准的内容高度概括为 12 个字："有章可循，有章必依，有据可查"。即与标准要求相关的业务都有规章制度和工作基准可以查验。看着自己的"杰作"，他不禁生出几分得意。

兴奋之余，王部长又组织召开了 ISO9000 族标准学习会，但与会者的反应仍很冷淡。仍有一些人坚持认为现有的质量管理体系 TQM 完全可以满足需要，搞 ISO9000 质量标准认证纯属多此一举。还有人说现有的质量管理体系已运行 4 年了，公司上下都已适应了它的要求，如果再搞新体系弄不好会引起混乱，甚至还有人强调说现在生产忙，恐怕没有时间再搞什么认证。王部长听了之后，得意之情一扫而光，不觉又陷入了迷茫之中。

讨论：请应用你掌握的质量管理的理论知识，给王部长提出一些建议。

【思考与练习题】

一、单选题

1. 第二次世界大战以前，质量管理处于_____阶段。

A. 质量检验 B. 统计质量控制 C. 全面质量管理 D. 全面质量保证

2. 统计质量管理阶段，由_____承担质量管理工作。

A. 操作者本人　　　　　　　　　　　B. 工长

C. 专职检验人员　　　　　　　　　　D. 工程师和技术人员

3. 最早提出全面质量管理概念的是_____通用电气公司质量总经理费根堡姆。

A. 中国　　　　　　B. 日本　　　　　　C. 美国　　　　　　D. 德国

4. 能够代表一个国家科学技术水平、管理水平和文化水平的是_____。

A. 综合国力　　　　B. 质量　　　　　　C. 产量　　　　　　D. 效益

5. 全面质量管理的指导思想是_____。

A. 质量第一　　　　　　　　　　　　B. 安全第一

C. 用户第一　　　　　　　　　　　　D. 质量第一、顾客至上

6. 衡量产品质量和各项工作的尺度是_____。

A. 计量　　　　　　B. 标准　　　　　　C. 质量　　　　　　D. 技术监督

7. PDCA 循环中，关键的环节是_____阶段。

A. 计划　　　　　　B. 实施　　　　　　C. 检查　　　　　　D. 处理

8. 在质量控制中，从影响产品质量的诸因素中找出主要因素，可用_____方法。

A. 排列图、散布图　　　　　　　　　B. 直方图、控制图

C. 直方图、因果图　　　　　　　　　D. 排列图、直方图

9. 产品质量和工作质量的关系是_____。

A. 产品质量是工作质量的综合反映，工作质量是产品质量的保证和基础

B. 产品质量是工作质量的保证和基础，工作质量是产品质量的综合反映

C. 产品质量和工作质量是两个不同的概念

D. 产品质量和工作质量没有关系

10. 衡量产品质量和各项工作的尺度是_____。

A. 计量　　　　　　B. 标准　　　　　　C. 质量　　　　　　D. 技术监督

二、简答题

1. 什么是质量？如何理解质量的含义？

2. 什么是质量管理？它包含哪些内容？

3. 简述全面质量管理的基本思想和特点。

4. 说明 PDCA 循环的特点和步骤。

5. 质量控制的统计方法有哪些？

6. 一个替人割草打工的男孩打电话给陈太太说："您需不需要割草？"陈太太回答说："不需要了，我已有了割草工。"男孩又说："我会帮您拔掉花丛中的杂草。"陈太太回答："我的割草工也做了。"男孩又说："我会帮您把草与走道的四周割齐。"陈太太说："我请的那人也已做了，谢谢你，我不需要新的割草工人。"男孩便挂了电话，此时男孩的室友问他说："你不是就在陈太太那割草打工吗？为什么还要打这电话？"男孩说："我只是想知道我做得有多好！"

请问：这个小故事说明了什么道理？

参考文献

1. 曹秀娟、刘卫东主编：《管理实务》，青岛，中国海洋大学出版社，2011。

2. 崔生祥主编：《管理学》，武汉，武汉理工大学出版社，2007。

3. 谈留芳主编：《管理学》，武汉，华中科技大学出版社，2006。

4. 蒋永忠主编：《管理学》，大连，东北财经大学出版社，2009。

5. 倪杰主编：《管理学》，北京，清华大学出版社，2008。

6. 单风儒主编：《管理学基础》，北京，高等教育出版社，2006。

7. 朱南主编：《现代企业管理使用方法》，成都，西南财经大学出版社，2006。

8. ［法］亨利·法约尔著，周安华译：《工业管理与一般管理》，北京，中国社会科学出版社，1982。

9. 宋晶、郭凤侠主编：《管理学原理》，大连，东北财经大学出版社，2007。

10. 周三多、陈传明主编：《管理学》，北京，高等教育出版社，2005。

11. ［美］斯蒂芬·P. 罗宾斯、玛丽·库尔特著，孙建敏等译：《管理学》（第七版），北京，中国人民大学出版社，2008。

12. 李军主编：《管理学基础》，北京，清华大学出版社，2010。

13. 傅夏仙主编：《管理学》，杭州，浙江大学出版社，2007。

高职高专系列教材书目

一、高职高专金融类系列教材

货币金融学概论	周建松	主编	25.00 元	2006.12 出版
货币金融学概论习题与案例集	周建松 郭福春等	编著	25.00 元	2008.05 出版
金融法概论（第二版）	朱 明	主编	25.00 元	2012.04 出版

（普通高等教育"十一五"国家级规划教材）

商业银行客户经理	伏琳娜 满玉华	主编	36.00 元	2010.08 出版
商业银行客户经理	刘旭东	主编	21.50 元	2006.08 出版
商业银行综合柜台业务（第二版）	董瑞丽	主编	36.00 元	2012.07 出版

（国家精品课程教材·2006）

商业银行综合业务技能	董瑞丽	主编	30.50 元	2008.01 出版
商业银行中间业务	张传良 倪信琦	主编	22.00 元	2006.08 出版
商业银行业务与经营	王红梅 吴军梅	主编	34.00 元	2007.05 出版
商业银行服务营销	徐海洁	编著	27.00 元	2008.08 出版
商业银行基层网点经营管理	赵振华	主编	32.00 元	2009.08 出版
商业银行柜面英语口语	汪卫芳	主编	15.00 元	2008.08 出版
银行卡业务	孙 颖 郭福春	编著	36.50 元	2008.08 出版
银行产品	彭陆军	主编	25.00 元	2010.01 出版
反假货币技术	方秀丽 陈光荣 包可栋	主编	58.00 元	2008.12 出版
小额信贷实务	邱俊如	主编	23.00 元	2012.03 出版
商业银行审计	刘 琳 张金城	主编	31.50 元	2007.03 出版
商业银行会计实务	赵丽梅	编著	43.00 元	2012.02 出版
金融企业会计	唐宴春	主编	25.50 元	2006.08 出版

（普通高等教育"十一五"国家级规划教材）

金融企业会计实训与实验	唐宴春	主编	24.00 元	2006.08 出版

（普通高等教育"十一五"国家级规划教材辅助教材）

新编国际金融	徐杰芳	主编	39.00 元	2011.08 出版
国际金融概论	方 洁 刘 燕	主编	21.50 元	2006.08 出版

（普通高等教育"十一五"国家级规划教材）

国际金融实务	赵海荣 梁 涛	主编	30.00 元	2012.07 出版
风险管理	刘金波	主编	30.00 元	2010.08 出版
外汇交易实务	郭也群	主编	25.00 元	2008.07 出版
外汇交易实务	樊祎斌	主编	23.00 元	2009.01 出版
国际融资实务	崔 荫	主编	28.00 元	2006.08 出版
理财学（第二版）	边智群 朱澍清	主编	39.00 元	2012.01 出版

（普通高等教育"十一五"国家级规划教材）

投资银行概论	董雪梅	主编	34.00 元	2010.06 出版
金融信托与租赁	蔡鸣龙	主编	30.50 元	2006.08 出版
公司理财实务	钭志斌	主编	34.00 元	2012.01 出版
个人理财规划	胡君晖	主编	29.00 元	2012.07 出版
证券投资概论	王 静	主编	22.00 元	2006.10 出版

（普通高等教育"十一五"国家级规划教材/国家精品课程教材·2007）

金融应用文写作	李先智 贾晋文	主编	32.00 元	2007.02 出版
金融职业道德概论	王 琦	主编	25.00 元	2008.09 出版
金融职业礼仪	王 华	主编	21.50 元	2006.12 出版
金融职业服务礼仪	王 华	主编	24.00 元	2009.03 出版
金融职业形体礼仪	钱利安 王 华	主编	22.00 元	2009.03 出版
金融服务礼仪	伏琳娜 孙迎春	主编	33.00 元	2012.04 出版
合作金融概论	曾赛红 郭福春	主编	24.00 元	2007.05 出版
网络金融	杨国明 蔡 军	主编	26.00 元	2006.08 出版

（普通高等教育"十一五"国家级规划教材）

现代农村金融	郭延安 陶永诚	主编	23.00 元	2009.03 出版
"三农"经济基础	凌海波 郭福春	主编	34.00 元	2009.08 出版

二、高职高专会计类系列教材

管理会计	黄庆平	主编	28.00 元	2012.04 出版
商业银行会计实务	赵丽梅	编著	43.00 元	2012.02 出版
基础会计	田玉兰 郭晓红	主编	26.50 元	2007.04 出版
基础会计实训与练习	田玉兰 郭晓红	主编	17.50 元	2007.04 出版
新编基础会计及实训	周 峰 尹 莉	主编	33.00 元	2009.01 出版
财务会计（第二版）	尹 莉	主编	40.00 元	2009.09 出版
财务会计学习指导与实训	尹 莉	主编	24.00 元	2007.09 出版
高级财务会计	何海东	主编	30.00 元	2012.04 出版
成本会计	孔德兰	主编	25.00 元	2007.03 出版

（普通高等教育"十一五"国家级规划教材）

成本会计实训与练习	孔德兰	主编	19.50 元	2007.03 出版

（普通高等教育"十一五"国家级规划教材辅助教材）

管理会计	周 峰	主编	25.50 元	2007.03 出版
管理会计学习指导与训练	周 峰	主编	16.00 元	2007.03 出版
会计电算化	潘上永	主编	40.00 元	2007.09 出版

（普通高等教育"十一五"国家级规划教材）

会计电算化实训与实验	潘上永	主编	10.00 元	2007.09 出版

（普通高等教育"十一五"国家级规划教材辅助教材）

财政与税收（第三版）	单惟婷	主编	35.00 元	2009.11 出版
金融企业会计	唐宴春	主编	25.50 元	2006.08 出版

（普通高等教育"十一五"国家级规划教材）

金融企业会计实训与实验	唐宴春		主编	24.00 元	2006.08 出版
（普通高等教育"十一五"国家级规划教材辅助教材）					
会计综合模拟实训	施海丽		主编	46.00 元	2012.07 出版
会计分岗位实训	舒岳		主编	40.00 元	2012.07 出版

三、高职高专经济管理类系列教材

经济学基础	高同彪		主编	45.00 元	2012.07 出版
管理学基础	曹秀娟		主编	39.00 元	2012.08 出版
大学生就业能力实训教程	张国威	褚义兵	编著	25.00 元	2012.08 出版
	王小云	张雅娟等			

四、高职高专保险类系列教材

保险实务	梁涛	南沈卫	主编	35.00 元	2012.07 出版
保险营销实务	章金萍	李兵	主编	21.00 元	2012.02 出版
新编保险医学基础	任森林		主编	30.00 元	2012.02 出版
保险学基础	何惠珍		主编	23.00 元	2006.12 出版
财产保险	曹晓兰		主编	33.50 元	2007.03 出版
（普通高等教育"十一五"国家级规划教材）					
人身保险	池小萍	郑袆华	主编	31.50 元	2006.12 出版
人身保险实务	朱佳		主编	22.00 元	2008.11 出版
保险营销	章金萍		主编	25.50 元	2006.12 出版
保险营销	李兵		主编	31.00 元	2010.01 出版
保险医学基础	吴艾竞		主编	28.00 元	2009.08 出版
保险中介	何惠珍		主编	40.00 元	2009.10 出版
非水险实务	沈洁颖		主编	43.00 元	2008.12 出版
海上保险实务	冯芳怡		主编	22.00 元	2009.04 出版
汽车保险	费洁		主编	32.00 元	2009.04 出版
保险法案例教程	冯芳怡		主编	31.00 元	2009.09 出版
保险客户服务与管理	韩雪		主编	29.00 元	2009.08 出版
风险管理	毛通		主编	31.00 元	2010.07 出版
保险职业道德修养	邢运凯		主编	21.00 元	2008.12 出版
医疗保险理论与实务	曹晓兰		主编	43.00 元	2009.01 出版

、高职高专国际商务类系列教材

国际贸易概论	易海峰		主编	36.00 元	2012.04 出版
国际商务文化与礼仪	蒋景东	刘晓枫	主编	23.00 元	2012.01 出版
国际结算	靳生		主编	31.00 元	2007.09 出版
国际结算实验教程	靳生		主编	23.50 元	2007.09 出版
际结算（第二版）	贺瑛	漆腊应	主编	19.00 元	2006.01 出版
际结算（第三版）	苏宗祥	徐捷	编著	23.00 元	2010.01 出版

国际结算操作	刘晶红	主编	25.00 元	2012.07 出版
国际贸易与金融函电	张海燕	主编	20.00 元	2008.11 出版
国际市场营销实务	王 婧	主编	28.00 元	2012.06 出版

如有任何意见或建议，欢迎致函编辑部： jiaocaibu@ yahoo. com. cn。